国家出版基金资助项目
国家"十三五"重点出版物出版规划项目

农地制度改革与流转研究丛书

丛书主编 洪名勇

东北地区农地流转与农民增收研究

郭翔宇 黄善林 刘兆军◎等著

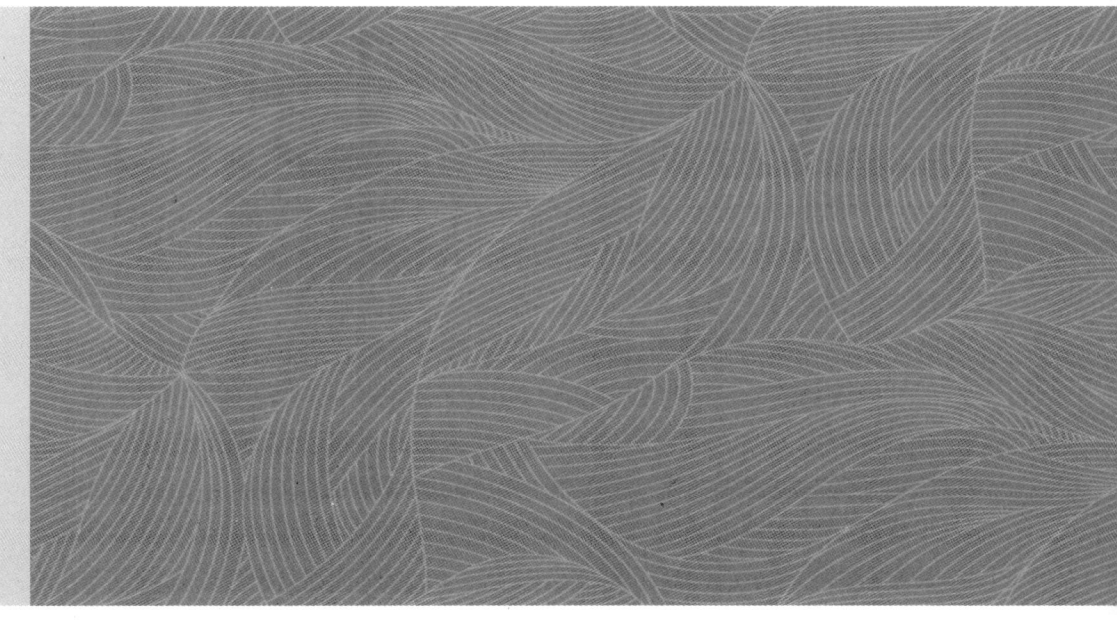

中国财经出版传媒集团
中国财政经济出版社

图书在版编目（CIP）数据

东北地区农地流转与农民增收研究／郭翔宇等著 . —北京：中国财政经济出版社，2019.12

（农地制度改革与流转研究丛书）

"十三五"国家重点出版物出版规划项目

国家出版基金资助项目

ISBN 978 - 7 - 5095 - 9076 - 8

Ⅰ. ①东… Ⅱ. ①郭… Ⅲ. ①农业用地 - 土地流转 - 关系 - 农民收入 - 收入增长 - 研究 - 东北地区 Ⅳ. ①F321.1 ②F323.8

中国版本图书馆 CIP 数据核字（2019）第 131436 号

责任编辑：彭　波　　　　责任印制：史大鹏
封面设计：孙俪铭　　　　责任校对：徐艳丽

中国财政经济出版社 出版

URL：http://www.cfeph.cn

E - mail：cfeph@ cfeph.cn

（版权所有　翻印必究）

社址：北京市海淀区阜成路甲28号　邮政编码：100142

营销中心电话：010 - 88191522

天猫网店：中国财政经济出版社旗舰店

网址：https://zgczjjcbs.tmall.com

北京财经印刷厂印刷　各地新华书店经销

成品尺寸：170mm×240mm　16开　27印张　470 000字

2019年12月第1版　2019年12月北京第1次印刷

定价：88.00元

ISBN 978 - 7 - 5095 - 9076 - 8

（图书出现印装问题，本社负责调换，电话：010 - 88190548）

本社质量投诉电话：010 - 88190744

打击盗版举报热线：010 - 88191661　QQ：2242791300

本书是国家自然科学基金项目"东北地区促进农地流转与农民增收机制及政策研究"（项目编号：71341049）、文化名家暨"四个一批"人才工程项目"农民合作社、农地流转与农业现代化研究"的阶段性成果。

本书的内容研究与出版得到黑龙江省高水平大学和优势特色学科建设、黑龙江省重点培育智库"东北农业大学现代农业发展研究中心"的支持。

序

　　土地是财富之母、发展之基、民生之本，关系国计民生。土地问题不仅是关系我国现代化进程中的重大经济问题，而且是一个社会问题、政治问题，关系到国家的兴衰成败。对于农业发展、对于农村发展、对于农民增收而言，土地不仅是财富的重要源泉，而且还为人们提供了生活、生产及行为活动的空间。从财富生产的视角来看，土地要素发挥作用的大小，不仅取决于土地禀赋的具体情况，而且还取决于土地要素与其他生产要素的配置效果与配置效率。而这种配置效果、配置效率的高低与土地制度安排密切相关，因为不同的土地制度安排激励有关行为主体将与土地配置的要素的投入，不同要素的投入将影响土地资源的产出结果与效率。正因为如此，对于农业发展、对于农村发展、对于农民增收来讲，土地制度是最为根本的制度安排。就中国土地制度对发展的影响而言，不同土地制度安排的绩效是不一样的。

　　新中国成立之初，由于封建土地制度的废除和农民土地产权制度的建立，让农民将自己的资源及劳动力时间配置到生产活动之中，短期内使单位土地资源的产出大幅度增加，实现了中国农业快速增长。农民用土地入股自愿、退社自由的制度安排，不仅给农民充分的资源配置权，而且还使农民拥有用手投票权和用脚投票权，这给合作社经营主体足够的经营压力，使其在竞争中将更多的时间、精力投入到经营之中。结果，土地合作社超越了土地农民产权制度安排，推进了中国农业持续发展。在人民公社土地产权制度安排下，农民被强制捆绑在人民公社之内，不仅失去了"用手投票"的权利和"用脚投票"的退出机会，而且还失去了劳动时间的配置权利。这样，人民公社的负责人的前途与经营无关，公社负责人完全没有经营、管理好公社的动力和压力。在人民公社土地产权制度安排下，中国农业生产停滞不前，不少地区农村面临生存危机。为了使生活于村庄之内的村民能够生存，安徽凤阳县小岗村的农民才会在明知自己面临非常严重的政治惩罚时，仍然以"托孤"的方式，冒险在土地承包责任书上按下鲜红手印，实行包产到户。正是这一"包"推进农地产权制度创新，不仅赋予农民耕地要素、劳动时间、品种选择等进行灵活配置的权利以及对生产过程的控制权，而且还赋予农民生产剩余的财产索取权。这一制度安排激发了农民生产积极性，提高了土地资源配置的效率，而且解决了中国农民的吃饭问题，促进了农业生产发展和农村经济繁荣。

对于学习和研究经济学的人来讲，我们都知道，在一定条件下，土地、资本和劳动力投入都会呈现出边际报酬递增递减规律。与土地要素投入一样，如果其他条件不变，某一制度安排也有边际报酬递增递减规律。不可否认，以土地产权制度为核心的承包制在解决农民吃饭问题、减少贫困及促进农业农村发展中起了巨大作用。随着市场环境的变化及人们认知心理及观念等的变化，农地家庭承包制的边际报酬也由递增走向边际报酬递减。因此，从20世纪80年代中期开始，国家选择贵州湄潭、江苏苏南、广东南海、北京顺义等地进行农地制度改革试点。在这些地区进行的农地制度改革试验取得了丰硕成果，不少成功经验已经得到国家认可并在全国推广。我们知道，中国制度改革走了一条渐进之路，农地制度改革也一样。针对农地制度运行中存在的具体问题，走了一条渐进改革之路。近年来，在农地"三权分置"这一政策之下，各地区结合本区域的实际情况，在推进农地流转方面做了大量的工作。农地流转一方面促进农地由"资源"向"资产"、农村闲置"资金"向"资本"，农户身份由"农民"向"股民"的变化，推进农地制度安排的创新；另一方面，在农地制度改革与创新过程中出现一些新情况、新问题，需要学术界进行总结和研究。例如，农地流转空间规律性、农地"三权分置"的路径、农地流转与非就业的内在逻辑、农地流转与农民增收、农地抵押贷款、城乡土地制度分割带来的危害、农地流转过程中农民权益的保障等。这些问题迫切需要我们进行理性反思与探讨。更何况从2013年以来中央1号文件均用相当大的篇幅对农地制度改革与流转进行了阐述，习近平总书记在党的十九大报告中明确指出："深化农村土地制度改革，完善承包地'三权'分置制度。保持土地承包关系稳定并长久不变，第二轮土地承包到期后再延长三十年。"可见党和国家高度重视农地制度改革与创新。因此，对农地制度与流转问题进行深入、全面、系统研究是我们义不容辞的责任，正是基于这一认知，瞄准农地制度改革与流转中存在的重大实践与理论问题，我们组织有关学者、专家对此进行深入研究，形成了系列成果。这些成果以"农地制度改革与流转研究"丛书形式，由中国财政经济出版社出版发行，意义重大。本套丛书的出版不仅得到各位专家、学者的支持，而且还得到中国财政经济出版社的鼎力相助，没有他们的努力，丛书是不可能入选国家"十三五"重点出版图书的。在此，对他们的支持和努力表明最诚挚的感谢！

洪名勇

2017年11月7日

前　言

习近平总书记在党的十九大报告中提出，实施乡村振兴战略，要坚持农民生活富裕的总要求，加快推进农业农村现代化。农业现代化是农业发展和乡村振兴的方向和根本任务，是国家现代化的基础和重要支撑。在推进农业现代化过程中，必须把增加农民收入作为基本目标。从现代化建设一般规律与"四化同步"发展战略来看，从新常态下稳定经济增长来看，从两个"天花板"与两个"紧箍咒"约束下促进农业长期持续发展来看，都迫切需要加快推进农业现代化，这是现实和历史的重大任务。实现农业现代化，必须突破规模狭小、经营分散的小农经济的限制，发展适度规模经营。在农村家庭承包经营体制下，土地流转是农业适度规模经营的重要有效方式。近年来的实践证明，土地流转和适度规模经营是发展现代农业的必由之路。

伴随我国工业化、信息化、城镇化和农业现代化进程，近些年来，农村劳动力大量转移，农业物资技术装备水平不断提高，农户承包土地的经营权流转明显加快，发展适度规模经营已成为必然趋势。党的十八届三中全会提出，鼓励承包经营权在公开市场上向专业大户、家庭农场、农民合作社、农业企业流转，发展多种形式的适度规模经营。在各地农地流转实践中，存在农户之间的分散流转、新型经营主体与承包农户之间的规模流转等多种模式。但是，不同经营主体参与农地流转具有不同的特点，具有不同的绩效水平和适应性，具有不同的制约因素和发展趋势。

在黑龙江省高水平大学和优势特色学科建设项目、黑龙江省重点培育智库"现代农业发展研究中心"的支持下，东北农业大学农林经济管理学科的"农业经济理论与政策""土地经济与管理"等相关团队以东北地区为重点，对农地流转和农民增收问题持续进行研究，先后承担了多个相关科研项目。本书是国家自然科学基金项目"东北地区促进农地流转与农民增收机制及政策研究"（项目编号：71341049）、文化名家暨"四个一批"人才工程项目"农民合作社、农地流转与农业现代化研究"等项目的阶段性研究成果。

本书分为三篇，上篇是综合研究，以东北地区为对象，主要研究了农地流转的基本现状和主要问题、影响因素与约束条件、模式比较与机制构建、农地流转促进农民增收效应、政策组合及配套措施等；中篇是专题研究，主要研究了土地承包经营权流转模式与方式、土地规模化流转背景下的农业雇工及雇佣生产、土地承包经营权流转价格与外部性问题、土地承包经营权流转立法、农地流转与农业转移人口市民化、依托家庭农场和农机合作社促进农地流转与农民增收、土地整治促进黑土保护等；下篇为分省研究，分别对黑龙江、辽宁、吉林三省的农村土地流转现状与问题进行调查研究。

本书是郭翔宇、黄善林、刘兆军等多位作者共同研究完成的一部集体合著，参加研究的其他作者有赵继颖、吴玲、王颜齐、杜国明、李红、刘从敏、刘雨欣等。书中某些章节的内容已经在相关学术期刊上发表，有些作者的合作导师和研究生也参加了部分论文的研究和撰写工作。

作者

2019 年 10 月

目 录

上篇 综合研究

第一章 东北地区农地流转的基本现状和主要问题 …………………（3）
  第一节 东北地区农业发展的基本概况 …………………………（4）
  第二节 东北地区农地流转的基本现状与主要特征 ……………（7）
  第三节 东北地区农地流转存在的主要问题 ……………………（14）

第二章 东北地区农地流转促进农民增收效应分析 …………………（18）
  第一节 农地流转对农民增收的作用机理分析 …………………（18）
  第二节 不同农地流转模式促进农民增收的绩效比较 …………（25）
  第三节 东北地区农民收入及其结构动态变化分析 ……………（45）
  第四节 东北地区农地流转、经营规模对农民收入影响的实证
     分析 ……………………………………………………（56）
  第五节 东北地区农民合作社对农民收入影响 …………………（62）

第三章 东北地区农地流转影响因素与约束条件分析 ………………（75）
  第一节 分析框架 …………………………………………………（75）
  第二节 农地流转的影响因素分析 ………………………………（77）
  第三节 农地流转影响因素实证分析 ……………………………（92）
  第四节 东北地区农地流转的约束条件分析 ……………………（100）
  第五节 本章小结 …………………………………………………（104）

第四章 东北地区农地流转模式比较与机制构建 …………… (106)
第一节 东北地区农地流转模式及其比较 ………………… (106)
第二节 东北地区农地流转的机制构建 …………………… (118)

第五章 东北地区促进农地流转和农民增收的政策组合及配套措施 …… (131)
第一节 促进农地流转的制度改革及政策方案 …………… (131)
第二节 促进农地流转和农民增收的实现路径和政策保障 …… (144)
第三节 促进农地流转和农民增收的配套措施 …………… (154)

中篇 专题研究

第六章 土地承包经营权流转模式与方式研究 ……………… (177)
第一节 我国土地承包经营权流转典型模式比较研究 …… (177)
第二节 "三权分置"权利关系下的农地流转方式研究 …… (186)

第七章 土地规模化流转背景下的农业雇工及雇用生产 …… (196)
第一节 农业雇工受雇现状及问题 ………………………… (196)
第二节 农业雇工受雇意愿及影响因素 …………………… (204)
第三节 种植户雇佣生产意愿及影响因素分析 …………… (212)
第四节 种植户雇佣生产行为选择及其影响效应分析——基于黑龙江和内蒙古大豆种植户的面板数据 ……………………… (222)

第八章 土地承包经营权流转价格与外部性问题研究 ……… (238)
第一节 基于发展权价值评估视角的农地经营权流转定价方法研究 ……………………………………………………… (238)
第二节 农村土地承包经营权流转议价机理及成因分析 …… (246)
第三节 土地承包经营权流转外部性问题探索 …………… (256)

第九章 黑龙江省土地承包经营权流转立法研究 …………… (262)
第一节 问题的提出 ………………………………………… (262)

第二节 流转法制建设的主要问题 ………………………………… (265)
第三节 黑龙江省土地承包经营权流转的立法基础 ……………… (269)
第四节 流转立法的构建设想 ………………………………………… (275)

第十章 农地流转与农业转移人口市民化研究 ……………………… (287)
第一节 农村人口非农化形式及其对农地流转的影响 …………… (287)
第二节 农业转移人口市民化的现状与困境分析 ………………… (294)
第三节 农民工市民化内生机制构建 ……………………………… (300)
第四节 有序推进农业转移人口市民化的制度安排与对策建议 …… (311)

第十一章 依托家庭农场促进农地流转与农民增收研究 …………… (318)
第一节 大力家庭农场经营状况分析 ……………………………… (319)
第二节 大力家庭农场经营存在的问题及对策分析 ……………… (323)

第十二章 依托农机合作社促进农地流转与农民增收研究 ………… (328)
第一节 仁发农机合作社经营状况分析 …………………………… (329)
第二节 仁发农机合作社促农增收原因与政策启示 ……………… (337)

第十三章 黑龙江省土地整治促进黑土保护研究 …………………… (344)
第一节 黑龙江省黑土区概况 ……………………………………… (344)
第二节 开展黑土区综合性土地整治规划 ………………………… (346)
第三节 拓展土地整治领域 ………………………………………… (348)
第四节 开展黑土区耕地资源安全监测与预警 …………………… (349)
第五节 加强土地整治与黑土保护科学研究 ……………………… (351)
第六节 推动黑土保护法制与机制建设 …………………………… (353)

下篇 分省研究

第十四章 关于黑龙江省农村土地流转现状与问题的调研报告 …… (357)
第一节 黑龙江省农村土地流转现状与主要特点 ………………… (358)

  第二节 黑龙江省农村土地流转存在的突出问题 ……………（366）
  第三节 推进黑龙江省农村土地流转的策略与建议 ……………（369）

第十五章 关于吉林省农村土地流转现状与问题的调研报告 ………（376）
  第一节 吉林省经济社会发展概况 ………………………………（376）
  第二节 吉林省农村土地流转现状与显著特征 …………………（377）
  第三节 吉林省农村土地流转存在的突出问题 …………………（385）
  第四节 推进吉林省农村土地流转的策略与建议 ………………（387）

第十六章 关于辽宁省农村土地流转现状与问题的调研报告 ………（391）
  第一节 辽宁省经济社会发展概况 ………………………………（391）
  第二节 辽宁省农村土地流转现状与主要特点 …………………（392）
  第三节 辽宁省农村土地流转存在的突出问题 …………………（398）
  第四节 推进辽宁省农村土地流转的策略与建议 ………………（400）

主要参考文献 ……………………………………………………………（404）

上篇

综合研究

第一章　东北地区农地流转的基本现状和主要问题

肇始于20世纪70年代末的农村土地制度改革成果——家庭联产承包责任制曾经使土地耕作效率和农民收入大幅度增长，城乡居民收入差距不断缩小。但进入80年代中期，制度效应释放殆尽，农村土地分散经营的局限性逐渐显现，城镇化与工业化发展带来的人口结构、产业结构和劳动力结构的深刻变化，土地的超小规模、土地细碎化和耕作效率低下等问题浮现，农民老龄化、农业兼业化、村庄空心化等现象突出，农民收入增长缓慢甚至下降，城乡居民收入差距也不断扩大，农村土地由分散经营转为集约经营已成为必然趋势。农村土地流转是实现土地集约经营、发展现代农业的重要举措，是农村经济社会发展到一定历史阶段的必然趋势，是中国特色社会主义农业现代化道路上土地制度持续性、关键性创新的制度安排，完善与发展家庭承包责任制，实现了土地、人口等农业生产要素的优化组合，提高了要素生产效率。国家一直积极推动农村土地流转，从法律层面到制度、政策层面，并通过中央"一号文件"的形式不断补充与完善。根据农业农村部统计，截至2017年年底，全国土地经营权流转面积达到5.12亿亩，流转率37%，流转和部分流转土地的农户达到7434.3万户，占比近30%。[①] 尽管耕地流转形式仍以转包和出租为主，互换和出租面积增长较快，农户间流转的比重继续下降，但流转入种植大户、农民专业合作社和企业的比重上升，在确保国家粮食安全和推进现代农业建设、实现农业增效、农民增收的目标上，已初步显示其作为农村改革第二次飞跃的端倪。

有序推动东北地区三省（黑龙江、吉林和辽宁）土地流转作为大力发展现代农业的一项重要部署，是实现农业增效、农民增收目标的战略举措，作为现阶

---

① 凤凰网：土地承包法修正案二审保护"新农民"土地经营权不得侵犯，21世纪经济报道，http://finance.ifeng.com/a/20181024/16540805_0.shtml，2018-10-24。

段我国区域经济社会发展的热点与难点问题，这是党和政府亟待解决的重要和关键问题，需要课题项目研究快速做出反应，对政府决策提供支持性研究，为党和政府高层科学决策与施政及时提供政策建议及科学基础。因此，深入系统研究本项目具有重要的理论意义和应用价值。

本书试图通过对东北地区三省土地流转的基本现状、基本特点和典型流转经营形式的准确把握，深刻剖析土地流转存在的主要问题与制约因素，有助于廓清研究范畴，找准研究内容，厘清研究目标，为有的放矢地实施和建构东北地区土地流转和农民增收的政策组合及配套措施提供实证基础与实践依据。

为了贯彻落实党的十八届三中全会、中央农村工作会议和2018年"一号文件"精神，东北地区三省按照稳定政策、改革创新、持续发展的总要求，为了实现保障国家粮食安全、促进农民持续增收、推进农业现代化的新突破，农村土地流转作为促进农业规模经营、有效增加农产品供给、提高资源配置效率、促进农民增收的重要途径，需要系统梳理与准确把握现阶段东北地区农村土地流转发展的状况，及时发现和解决面临的主要问题，促进农村土地流转健康有序规范进行，达到农业增产、农民增收、农村发展的目的，亟须根据新情况在政策上做出调整与改进。课题组通过走访东北三省省农委、省国土资源厅等相关政府部门调研，深入三省各乡镇，通过召开乡村干部座谈会、走访农户、问卷调查等方式，对三省农村土地流转现状与特点进行了宏观把握，对存在的主要问题进行了梳理，并据此提出了相应的策略与建议。

第一节　东北地区农业发展的基本概况

东北地区总体经济实力显著增强。自2003年国家实施东北振兴战略以来，10余年间，东北地区取得了重要阶段性成果，经济实力明显增强。2017年东北三省经济总量达到5.54万亿元，占全国比重的6.7%；经济发展速度均值为5.3%，低于全国平均水平1.6个百分点；三省（黑、吉、辽）城镇化率分别为59.4%、56.65%、67.49%，黑龙江、辽宁城镇化率均高于全国平均水平（58.52%）。[①]

---

① 根据国家统计局2017年全国及各省国民经济和社会发展统计公报计算得出。

第一章 东北地区农地流转的基本现状和主要问题

东北地区农业资源优势明显。东北三省地域辽阔、土地肥沃，是我国农业资源禀赋最好、粮食增产潜力最大的地区，拥有不可替代的粮食生产优势。东北三省的土地总面积 81.33 万平方公里，约占全国总面积的 8.5%，拥有世界仅有的三大黑土平原之一，黑土和草甸土等肥沃土壤占 70% 以上，土地后备资源丰富。东北三省的耕地面积 4.18 亿亩（黑龙江 2.38 亿亩，吉林 1.05 亿亩，辽宁 0.75 亿亩），占全国耕地总量的 20.6%；人口总计 10875 万人，占全国总人口的 7.8%；三省人均耕地面积 3.8 亩，是全国人均耕地（1.46 亩）的 2 倍多，也高于世界人均水平（2.85 亩）。[①]

东北地区维护国家粮食安全贡献突出，农民收入显著增加。东北三省作为重要粮食生产区域，肩负着维护国家粮食安全的重大责任，成为国家可靠的战略大粮仓。国家统计局资料显示（具体见表 1-1），东北三省经济总量只是全国的 6.7%，人口总数是全国的 7.8%，但 2017 年三省全年粮食总产量 11875.5 万吨，占全国粮食总产量（61791 万吨）的 19.2%，[②] 相当于中国粮食总产量中近 1/5 来自东北，约占全世界粮食总产量的 5%，为全国粮食产量增加做出了重要贡献，可以说，东北粮食安中国。近年来，黑龙江省以"发展现代化大农业、打造国家可靠大粮仓"为目标，其粮食总产量、增长幅度、商品量和调出量均居全国第一，以占全国 1/10 的耕地面积，生产了全国近 1/4 的商品粮，养活全国 1/6 的人口。2017 年黑龙江粮食总产量达到 6018 万吨，粮食全国占比为 9.74%，实现"十四连丰"，连续七年居全国首位，[③] 成为持续保障国家粮食安全的"压舱石"，为"中国饭碗""中国粮食"提供坚强支撑。东北地区农民收入连年递增。2017 年东北地区三省（黑、吉、辽）人均地区生产总值分别为 42699 元、56102 元和 54745 元，人均值低于全国人均国内生产总值水平（59660 元），但农村居民人均纯收入增幅较大，分别为 12665 元、12950 元和 13747 元。黑龙江省自 2012—2018 年，全省农民人均纯收入 6 年增幅约 47%，增幅之大居全国首位，结束了农民人均纯收入低于全国平均水平的局面。[④] 同时，全省城乡收入差别比预计缩小至 2∶1，大大低于全国约 3∶1 的平均水平。10 年间，吉林省农民人均纯收入先后跨越 2000 元到 9000 元 8 个千元大关，创造了 2001 年以来的连增，年均增幅 14%。

---

①② 根据国家统计局全国及各省第三次全国农业普查主要数据公报计算得出。
③ 新华网：黑龙江粮食产量连续七年居全国首位，http://www.xinhuanet.com/food/2018-02/23/c_1122439668.htm，2018-02-23。
④ 根据黑龙江省、吉林省和辽宁省各省统计局统计数据得出。

表 1-1　　　　　　　2017 年东北地区经济社会发展主要指标

指标名称	数量					占全国比重（%）
	黑龙江	吉林	辽宁	合计	全国	
经济总量（万亿）	1.62	1.53	2.39	5.54	82.71	6.7
人口（万）	3788.7	2717.4	4368.9	10875.0	139000	7.8
城镇化率（%）	59.4	56.65	67.49	—	58.52	黑、辽高于全国水平
土地总面积（万亩）	70950	28110	21885	120945	1440000	8.5
耕地面积（万亩）	23775	10490	7462	41727	201381.5	20.8
粮食总产量（万吨）	6018.8	3720	2136.7	11875.5	61791.0	19.2
土地流转面积（万亩）	6897	2366	1942.3	—	—	
土地流转比率（%）	53.05	37.56	38.10		36.5	三省均高于全国水平
人均地区生产总值（元）	42699	56102	54745		59660	三省均低于全国水平
农村居民人均纯收入（元）	12665	12950	13747	—	13432	辽宁高于全国水平

注：2017 年数据。
资料来源：根据国家统计局全国及各省国民经济和社会发展统计公报计算得出。

东北地区农村土地流转速度与质量有待提高。到 2017 年年底，黑龙江省累计流转土地面积超过 6897 万亩，约占农村土地承包面积的 53.05%，其中规模经营面积达到 6389 万亩。[①] 2017 年吉林省累计流转土地面积已经超过 2366 万亩，约占农村土地承包面积的 37.6%。[②] 到 2017 年年底辽宁省土地流转面积为 1942.3 万亩，占农村土地承包面积的 38.1%（郭涛，2018）。对比 2017 年全国 36.5% 的流转率，辽宁省和吉林省的流转率只是略高于全国平均水平，农地流转层面仍然存在着流转速度慢、规模小、效益低、形式单一等问题，严重制约了农业增效、农民增收，对于进一步发挥东北地区的优势和特色，加快发展现代农业，进一步凸显东北地区保障国家粮食安全方面的战略地位，还有待于持续推进。

认清东北地区三省农业发展现状、优势和潜力，把握农业发展道路，就找准了持续发展的根本出路。东北三省发展规模型农业的优势和潜力很大：耕地资源富集，自然禀赋优越，具有规模经营优势和产品质量优势；粮食总产量居首，产业基础雄厚；农机装备领先，农业科技发达，农业发展潜力巨大。具备发展现代

---

① 新华网：中国农业现代化之"龙江探路"，http://www.xinhuanet.com/mrdx/2016-07/05/c_135490038.htm，2016-07-05。

② 人民网：吉林省全力推进乡村振兴发展 踏出铿锵足音，http://jl.people.com.cn/n2/2018/0815/c349771-31935305.html，2018-08-15。

化大农业的基础和条件,因而,发展现代化大农业是符合东北三省实际的战略选择。

一是有土地资源优势。广袤的黑土地是世界仅有的三大寒带黑土带之一,加之开发时间晚,土壤有机质含量高,为粮食作物生长提供了优越条件。

二是有规模经营优势。三省人均耕地面积大,多数地块地势平坦开阔,而且土地集中连片,适合大规模耕种、集约化经营,目前在土地流转和规模经营上已经有了很好的基础,种养大户、合作社、专业农场发展积累了一些好的经验,发展现代化大农业具有比较好的条件。

三是有水利资源优势。三省江河湖泊众多,水资源总量位居华北和西北各省之首,是我国北方地区水资源最富集的省份,丰富的水资源可以为农业持续增产丰收提供重要保障。

四是有机械装备优势。东北三省农机保有量、机械化耕地和播种、综合机械化程度都位居全国之首,机械化程度达到95%以上。特别是近年来现代农机装备制造业发展较快,已经具备生产大型农机的能力,可以为发展现代化大农业提供先进的农业机械装备。

五是有科技研发优势。东北三省的农科院、农垦、农业院校以及科研机构的实力都很强,在超级良种、种子繁育、模式化栽培和病虫害防治等方面成果丰硕,在基因工程、克隆技术、分子标记等先进技术领域有所突破,一大批科研成果的推广应用,可以为农业增产增效提供有力支撑。

六是有农垦示范优势。黑龙江省垦区组织化、机械化、科技化、产业化程度在全国都是最高,粮食生产能力达到世界先进水平,可以为全省现代化大农业发展提供样板、做出示范。

七是有产品质量优势。东北三省生态环境优良,农产品质量非常好,绿色无公害食品认证数量、种植规模、生产总量连续多年居全国首位,在国内外市场享有很高的知名度,深受消费者欢迎,为发展农业产业化和扩大三省农产品供给提供了广阔的市场空间。

第二节 东北地区农地流转的基本现状与主要特征

近年来,随着全面废止农业税、现代农业建设的整体推进以及农业劳动力市场的变化,东北地区农村土地流转呈快速发展趋势,流转的数量和规模逐步增长,流转的形式以转包和入股为主,流转的对象从农户对农户拓展到家庭农场、专业大户、合作社、企业等。各地以坚持推进农业机械化为手段,以创新农村土地管理制度为基础,以提高农业组织化为核心,积极引导农村土地有序流转,把推进农村土地流转实现规模经营作为加快转变农业发展方式和建设现代化大农业的重要内容,在坚持稳定和完善家庭承包关系的基础上,采取完善服务体系、搭建合作平台、加大扶持力度和实施典型引带等措施,引导农民按照依法自愿有偿的原则进行农村土地承包经营权流转,有效地促进了粮食增产、农业增效和农民增收。

一、流转数量与规模扩大

东北地区素以人均占有土地数量多而著称,通过不断完善以家庭承包经营为主、统分结合的双层经营体制,依法有序推进土地流转,加快土地规模化、集约化经营,土地流转呈现加速发展的态势,流转规模和流转比例不断提高。2014年10月,黑龙江省农村土地流转6507万亩,流转比例为50%;到2017年年末,土地承包经营权流转面积6897万亩,流转比例超过50%。① 截至2017年,吉林省土地流转达到了2366万亩,辽宁省农民承包耕地流转面积达到1942.3万亩,分别达到家庭承包地总面积的38%,土地流转面积呈现逐年稳步增长的趋势。②

二、新型农业经营主体成为引领土地流转的重要力量

从调查情况看,东北地区三省流转形式多样化与规模化趋势显著,土地承包经营权流转主要有转包、入股、出租、转让和互换等五种方式,其中转包、入股和出租是最主要的流转形式。截至2014年年底,黑龙江省转包形式占土地流转总量的69%。入社(入股)形式占土地流转总量的17.2%,出租方式占土地流转总量的10.9%。③ 各地以农业经营主体创新引领土地流转向规模化方向发展,新型农业经营主体已经成为引领土地流转的重要力量。从调查情况看,三省土地

---

① 新华网:中国农业现代化之"龙江探路",http://www.xinhuanet.com/mrdx/2016-07/05/c_135490038.htm,2016-07-05。
② 人民网:吉林省2017年三农工作综述,http://jl.people.com.cn/GB/n2/2018/0223/c349771-31273990.html,2018-02-23。
③ 土流网:黑龙江省土地流转发展态势及相关措施,https://www.tuliu.com/read-38068.html,2016-08-08。

规模经营主要有四种形式。

（1）专业大户（家庭农场）经营。主要是指农户通过承包其他农民土地形成种植大户和家庭农场。2014年黑龙江省200亩以上的种植大户（家庭农场）发展到10.5万个，规模经营面积2819万亩，占规模经营总面积的47.2%，平均每个大户（农场）经营土地268亩。[1] 2017年吉林省从事种植业的新型经营主体达到16.8万户。建设农村土地流转服务中心881个，覆盖县乡村农村土地流转服务体系基本形成。[2] 种植大户和家庭农场通过承包集体或流转其他农户承包地实现规模经营，改变了过去传统、超小规模生产经营，提高了农业生产的集约化、专业化和标准化，增产增收幅度提升明显。

（2）合作经营。黑龙江省素以土地集中连片和大农机规模化作业著称，通过组建农机合作社、种植合作社等农民合作组织，通过入股或转包等方式将土地集中连片经营，使土地、机械等生产要素有机整合，变分散个体经营为合作经营，推动农业生产实现机械化、规模化、专业化和市场化，提高组织化程度。2017年年末，黑龙江省土地流转面积6897万亩，208个村实现整村土地规模经营，其中已投入使用的1359个农机合作社，自主经营土地1128万亩。2017年年底，辽宁省在农业部门备案的家庭农场7424个；成立农民专业合作社52509个。其中，从事种植业家庭农场6418个；种植业合作社30615个（郭涛，2018）。具体形式主要有三种：一是"农民合作社+农户"模式，又称"生产在家，服务在社"；二是农民合作社租赁经营模式，农民合作社按约定支付租金租赁经营农户土地来实现农业规模经营；三是"股份+合作"模式，又称土地股份合作社模式。通过农民合作社经营，既节约了生产成本，又提高了产品品质，增加了收入。

（3）集体经营。就是没有实行家庭承包经营的村统一经营集体土地，或村及村民小组通过流转将农民土地统一连片经营。黑龙江省有24个村规模经营土地26万亩，占规模经营总面积的0.4%。甘南县音河镇兴十四村18户农民经营全村1.68万亩耕地，2%的劳动力务农，98%的劳动力从事非农产业。

（4）企业经营。以企业为生产经营主体，租赁农户土地承包经营权建立原料生产基地，或农户将土地承包经营权作价入股，土地由企业直接经营。黑龙江省企业以工业化、产业化的思维和方式组织开展农业生产，通过采取"企业+基

---

[1] 土流网：黑龙江省土地流转发展态势及相关措施，https://www.tuliu.com/read-38068.html，2016-08-08。

[2] 人民网：吉林省2017年三农工作综述，http://jl.people.com.cn/GB/n2/2018/0223/c349771-31273990.html，2018-02-23。

地+农户"和"企业+专业合作组织+基地+农户"的方式,将土地集中连片经营。全省268个农业企业规模经营面积120万亩,占规模经营总面积的17%;平均每个企业经营土地4477亩。① 农业产业化龙头企业具有雄厚的资本,与农民合作社、种植大户、家庭农场等相比,在产品销售和资本投入等方面优势明显,产业链条更加完善,企业资本介入,缓解了农业生产资金投入不足的困境。

三、流转经营机械化程度高

农业机械是农业生产力中的关键因素,是实现传统农业向现代农业转变的重要载体。东北地区三省加快组建大型现代农机专业合作社,健全完善农机公共服务体系,积极引进先进农业机械和应用现代农机新技术,装备深松整地机械、玉米收获机械、水稻插秧机械等大型先进配套农机具,切实提高田间作业综合机械化水平,规模作业面积不断扩大。2016年我国农作物耕种收综合机械化水平超过66%②,我国农业生产已从人力畜力为主转到以机械化为主的历史新阶段。农业机械的广泛应用,大批劳动力从农业生产中解放出来,提高了劳动生产率,为土地流转提供了坚实的物资装备支撑。目前,东北地区三省粮食作物耕种收综合机械化率均超过85%,小麦生产基本实现全过程机械化。水稻机械种植、收获水平为45%、85%,玉米机收水平为65%。黑龙江省普及应用大农机,全面提高农业生产劳动效率,深入实施大农机发展战略,加快推进农业生产全程机械化,努力提高土地产出率、资源利用率和劳动生产率。黑龙江省农业综合机械化水平已跃上90%台阶,达到96.8%,位居全国第一。黑龙江省组建的1359个现代农机合作社,经营土地1128万亩(黑龙江省农村发展研究中心课题组,2017),其中克山县仁发现代农业农机合作社是一面重要旗帜。2017年,吉林省农作物耕种收综合机械化水平达到86%,③ 2016年辽宁耕种收综合机械化水平达到78.3%,水稻机械种植水平达到90.2%,玉米生产全程机械化水平达到了81.6%。辽宁农机合作社达到2902个,入社成员50215人,服务农户116万户,农机服务面积3161.5万亩。从事农机作业农机户达到56.3万户,其中,拥有农

---

① 土流网:黑龙江省土地流转发展态势及相关措施,https://www.tuliu.com/read-38068.html,2016-08-08。
② 中国质量新闻网:农业部:2016年我国农作物耕种收综合机械化水平超过66%。
③ 人民网:吉林省2017年三农工作综述,http://jl.people.com.cn/GB/n2/2018/0223/c349771-31273990.html,2018-02-23。

机原值100万元以上的农机大户983个。农业机械化的迅猛发展，为促进东北地区三省农业持续增产、农民持续增收发挥了重要作用。①

四、流转效益综合化

从实践看，三省农村土地流转和规模经营的深入开展，促进了现代化大农业建设，农业农村经济发展的作用也越来越明显。

一是农村经济结构不断优化。规模经营把更多的农民从土地中解放出来，在土地收益得到充分保证的基础上，他们大多选择了从事畜牧业、外出务工，发展二三产业等"第二职业"，打破了种植业单打一的就业格局，农村的第二产业与第三产业得到迅猛发展。

二是农业综合效能显著增强。发展土地规模经营，实现了土地、机械、资金、技术、人才等生产要素优化配置，加快了大农机、新品种、新技术、新农艺的集成运用，有效提高了资源利用率、劳动生产率和土地产出率，直接促进了粮食增产、农业增效、农民增收。规模经营后生产投入环节实现了集中采购，生产成本下降了10%。规模经营采用大机械连片作业，减少垄沟增加土地3%左右。规模经营采用良种、良法和先进耕暄整地及配套农艺等措施，亩增产10%以上。据有关部门测算，黑龙江省种植大户（家庭农场）通过规模经营拉动粮食增产在8%左右，农机合作社拉动粮食增产在15%左右，好的达到20%以上，新型农业经营主体已成为推动全省粮食增产的重要力量。肇源县和平乡原华村种粮大户刘宏伟以每亩400元的价格从137个农户流转土地2000多亩，全程实行机械化作业、开展科学种田和连片规模经营，玉米平均亩产达到750公斤，比一般生产田高200公斤。黑龙江克山县仁发农机合作社规模经营土地30128亩，实现利润2758万元，1222个成员获得分红达到852万元，户均分红6972元。通过进行土地流转和发展规模经营，促进了产业分工和效能提升，农民增收渠道不断拓宽，土地转入和转出农民都受益。土地转入方农民从降低成本和提高单产两个方面获取规模效益，特别是农机合作社通过统一购买生产资料、统一播种和田间管理、统一收获和销售产品等，大幅度提高了土地收益，增加了社员收入。据黑龙江省61个农机规范社统计，2013年平均亩收益668元，比非入社农户高200多元；

---

① 中国农业机械化信息网：辽宁省农村经济委员会，辽宁省2016年机械化工作总结，http://www.amic.agri.gov.cn/nxtwebfreamwork/detail.jsp?articleId=ff8080815a93513d015aa24d2da361c4，2017-03-07。

2013年仁发农机合作社亩收益达922元，比非入社农户高450元。土地转出方农民获得财产（流转）收入、转移收入（粮补）和务工收入，2013年黑龙江省农民人均劳务收入达到1991元，人均财产性收入达598元，分别占农民人均纯收入的20.7%和6.2%。

三是农业竞争力显著增强。新型经济组织和规模经营主体的形成，使农业经营方式发生转变，农业经营主体不断优化种植结构和品种结构，注重应用新品种、新技术、新机械提高生产水平，大力发展品牌农业，农业生产的科技化、机械化、规模化、产业化水平明显提升，市场竞争能力明显增强。特别是通过土地流转吸引工商企业投资开发农业，加快企业与合作社联合，推进了农业产业化经营，有效提高了农产品市场开拓能力。黑龙江省已有531家企业与750个合作社开展联合，辐射基地1500多万亩，受益农户20多万户。目前，全省各类经营主体已建设绿色有机和特色农产品专营店、连锁店（专柜）达到2100多家，2013年实现销售额680多亿元。2016年全省各类规模经营主体农产品订单面积发展到3150万亩，实现了以销定产。兰西县长江乡光辉水稻种植专业合作社，现有水田5万亩，他们依托省农科院水稻研究所，注册了自己的品牌"河顺"牌大米和杂粮，根据市场需求，利用自己资源优势，生产的"河顺有机贡米""河顺珍珠米""河顺香米"市场供不应求，目前，根据市场需要正在研发"乳香米""月子米""儿童生长米"等高端米，开拓市场的能力显著增强。

五、流转市场雏形化

东北地区三省都建立了土地流转管理服务机构，搭建了信息服务平台，形成了省、市、县、乡四级土地流转信息网络平台，通过土地流转信息网络平台，统一发布、统一交易、统一签订合同、统一合同鉴证，使农村土地依法、有序、公开、快捷流转，推进了土地流转信息化、网络化管理服务，逐步形成信息顺畅、运转高效、服务规范的土地经营权流转交易市场。建立了农村土地流转制度，落实了农村土地流转合同制度和土地流转登记管理制度，统一制发了规范的土地流转合同文本，提高了合同签订率，重点建设了土地流转的备案登记、资格审查、信息报送发布、合同管理和鉴证、收益评估、档案管理、服务承诺、投诉举报、流转主体预审申报以及工作例会等相关制度，使土地流转工作制度化、规范化。完善了流转纠纷调处机制，建立了民间协商、乡村调解、县级仲裁、司法保障的农村土地承包纠纷调处机制。从调查统计看，黑龙江省有35个县（市）建立了土地流转信息网络服务平台，24个县（市）建立了土地流转交易大厅，789个乡（镇）建立了土地流转中心，初步形成了"村有信息员、乡镇有服务窗口、县市有流转大厅"的流转管理服务体系。80个涉农县（市、区）建立了农村土地纠纷仲裁机构，集中开展土地流转信息发布、合同签订、纠纷调解仲裁和土地承包经营权证抵押贷款等服务。

六、流转价格低位固化

东北地区三省各地土地流转期限均以短期和中期为主，多为5年以下。农户间土地流转期限多数为3~5年，由乡镇政府、村委会组织的土地流转，一般流转年限较长。调研资料显示，期限为1年的占71%，2~3年占16%，3~5年占7%，5~10年占2%，10年以上占4%。土地流转的合同方式为书面合同的占40.2%，多为转给企业、合作社或部分种粮大户；口头合同占55.3%，有见证人的口头约定占4.5%，多为转给本村普通农户。三省各地土地流转价格通过平等协商来决定，初步建立了市场化的价格形成机制。在已经建立土地流转服务中心的地方，流转土地的面积、位置、价格等信息在电子显示屏上公开发布，流转双方自行协商确定流转价格。由于经济发展水平和流转土地用途不同，各地土地流转价格差别较大。辽宁流转价格大体在一亩300~450元之间，多数为400元左右，黑龙江省流转价格平均为500元左右，吉林省流转价格平均为450元左右。从流转形式看，各省一般以出租形式流转的价格较高，农户间转包价格较低，其中口头协议流转的土地价格较低，集中连片的土地流转价格较高。费用支付方式多样，一般采用实物计价、货币结算和实物计价、实物结算等方式，普遍采用了"上打租"办法，在生产前转入方就要将流转费用支付给转出方，转出土地的农户不承担生产风险。调查显示，虽然土地流转形式多样，但是"长期出租、固定租金、每年支付"仍然是当前土地流转的主导模式，多数采取的按实物当年价格计算租金的方式虽然基本保证了土地流转收益的安全性，但农民仍然难以充分参与农业规模经营过程和分享产业增值收益。

七、流转政策主导化

为了促进规模经营与现代农业发展，政府的主导、引导作用日益凸显。东北地区三省省委、省政府高度重视土地流转规模经营工作，多次深入基层开展调研，专项研究部署培育新型经营主体、加快土地流转和发展规模经营工作。三省分别出台了关于规模经营主体、合作社发展、机械化经营、流转补贴、健全流转服务体系、完善纠纷仲裁体系建设方案等政策，促进了多元化新型农业经营主体发展；建成了全省农机调度指挥中心，对全省农机合作社机械设备和作业实现了远程监控，提高了农机作业效率和质量；强化对新型经营主体指导服务，举办农民合作社、农机合作社理事长、财会人员和驾驶员培训班等。加大政策支持力度，出台了支持农地流转的政策措施，包括财政补贴、投资倾斜、就业扶持、政策倾斜等。2013年黑龙江政府补贴3.56亿元资金，支持组建了99个农机合作社，确保大农机真正发挥作用，让农民真正受益；同时省级财政拿出5000多万元资金，对省级农民专业合作社、农机合作社规范社、示范社给予奖补，支持农机设备更新，全省组建的现代农机合作社已成为带动土地流转规模经营的重要力量。齐齐哈尔、绥化等市县出台了扶持土地规模经营的优惠政策，涉农项目资金重点向土地规模经营主体倾斜。一些地方还设立专项资金对土地规模经营成效显著的乡村给予奖励，充分调动了地方政府及村级组织发展规模经营的积极性。黑龙江对实现整乡流转的乡镇奖励5万元，实现整村流转的村奖励2万元，经营规模达到1000亩以上的生产大户奖励2000元，规模经营面积达到2000亩以上的农业专业合作社奖励5000元。辽宁省对经营面积在60亩及以上的粮油种植大户每亩补贴20元，种植规模超过100亩的每亩补贴50元。

第三节 东北地区农地流转存在的主要问题

从总体上看，东北地区三省土地流转和规模经营发展得很快，农村土地流转总体上平稳健康，但也存在一些需要重视和解决的问题。从调查的情况看，要切实关注土地流转进程中出现的带有方向性、趋势性、政策性的重大问题。例如，有的地方强行推动土地流转，片面追求流转规模、比例，侵害了农民合法权益；有的地方土地流转市场不健全，服务水平有待提高；有的工商企业长时间、大面积租赁农户承包地，"非粮化""非农化"问题比较突出。

一、区域间土地流转发展不平衡

据农业部统计，截至2012年年底，全国土地流转面积约2.7亿亩，占家庭承包耕地面积的 21.5%;截至 2014 年 6 月底,全国家庭承包经营耕地流转面积 3.8 亿亩,占家庭承包耕地总面积的 28.8%;根据农业农村部统计,截至 2017 年年底,全国土地经营权流转面积达到 5.12 亿亩,流转率 37%,流转和部分流转土地的农户达到 7434.3 万户,占比近 30%[①]。近年来,尽管东北地区三省土地流转规模有所增加,但由于各地经济发展水平、自然条件差异较大,土地流转工作进展不平衡。其中黑龙江流转比例远远高于全国平均水平,近 60%,处于全国上游水平,而辽、吉两省流转率相对较低,略高于全国平均水平,同时区域内流转态势差异性较大,如辽宁铁岭流转率相对较高,而本溪流转率相对较低。

二、流转思想消极

一是基层重视程度不够。部分基层干部对土地流转的政策法规、方式方法、矛盾问题等研究不深、宣传不够、引导不力,认为土地流转与乡镇村社关系不大,造成土地流转无人监管。二是小农经济思想严重。部分农民恋土观念强,认为务工经商虽然收入高但有风险,宁可粗放经营,甚至不惜撂荒弃耕,即使外出务工也不愿转让土地,担心失业、没地而未来养老没有保障;农业税全面取消,优惠政策不断出台,土地收益逐年上升,按承包面积给予的粮补使部分农民不愿转出土地;城镇扩建或国家重点工程实施,导致部分农民等待承包地被征用而试图获得高额补偿费。三是对流转政策心存误解。部分农民担心政策不稳,政府收回土地承包权,没有安全感。

三、流转权益难保障

在农地流转中,农民是流转的主体。然而,从实际情况看,农民的流转主体地位往往受到侵害。少数地方政府将土地流转作为增加乡村集体收入、干部福利的手段,用行政手段干预农民土地流转,承租大量土地进行规模开发,压低流转价格,使农民获得补偿较低;业主因投资失败和市场变化等原因,不能及时兑现农民租金,农民流转收益存在风险;在流转价格合同约定上,农民土地流转收益一般固化,流转期间不再调整租金,流转收益缺乏增长机制。

---

① 凤凰网:土地承包法修正案二审保护"新农民"土地经营权不得侵犯,21 世纪经济报道,ht-tp://finance.ifeng.com/a/20181024/16540805_0.shtml,2018-10-24。

四、规模实力不强大

目前,东北地区三省土地规模经营主体普遍存在实力不强、集约化水平不高、市场带动能力弱化等问题。部分种植大户转包土地期限短,经营稳定性差,影响到规模经营的效果;家庭农场经营模式数量不足、发展缓慢;合作社发展迟滞,不规范,带动力不强。在我国农村金融支持不足、农业保险缺乏的背景下,经营农业效益低、风险高,面临着自然风险和市场风险的双重威胁。

五、流转行为不规范

目前,全国流转合同签订率达到68.3%。东北地区三省农村土地流转大多是农民自发进行,土地流转的程序不规范、手续不完备。虽然统一制发了规范的土地流转合同文本,多数地方农户流转土地未到村集体经济组织登记备案,没有签订书面合同,只是口头约定,即使签订书面合同,也不使用规范的土地流转合同文本,造成合同内容不完整,由此引发了很多土地流转纠纷。个别地方还存在土地流转合同期限超过二轮土地承包结束期等问题。部分业主借合同不规范,经营不善违约逃债,或未经有关部门审批同意,擅自改变土地农用性质。

六、流转体系不健全

土地流转服务平台建设滞后,土地供需信息平台尚未形成,各省还有一定区域没有建立土地流转服务大厅,没有建立土地流转信息网络服务平台。由于土地流转市场信息不对称,土地流转衔接难,导致一些拥有土地的农户流转不畅,部分有规模经营愿望的经营者又找不到地源。很多流转的土地往往分散无序,不能形成连片规模经营。流转管理制度不完善、流转行为不规范,流转服务能力比较弱,在信息收集与发布、咨询服务、合同服务、纠纷调解等方面的功能还不健全。特别是缺少土地流转价格评估指导机制,土地流转价格增长过快,导致规模经营成本快速提升,在一定程度上阻碍了土地流转和规模经营的健康发展。在农地流转过程中,存在土地确权不到位、流转无合同、合同不完备、缺乏利益协调机制、强制流转等不规范行为。

七、流转倾向"非粮化"

农地流转后存在"非粮化"倾向。由于种植传统的粮食作物收益比较低,部分规模经营主体流入农地种植水果、花卉等,发展高效农业、设施农业等,利用流转土地从事非粮食产业发展。部分流转土地还有"非农化"现象,一些企业在耕地修水泥路、建饭店、建简易宾馆,建设农业休闲园区,发展休闲观光业等,破坏了耕作层,减少了耕地数量,加大了耕地保护的难度,导致农地的非农化。

八、租赁流转待规范

一些农民由于缺乏资金、技术、信息和市场网络,工商企业利用资本、信息、市场、部分基层政府和干部支持等优势,在与农民的谈判和签约中占据有利地位,租赁合同条款往往有利于企业一方,在市场竞争产生"挤出效应"。在与农户的流转合作中,农民处于弱势地位,难以获得与农业企业、工商资本平等协商的地位与权利,流转双方难以建立合理的收益分配机制,产业发展的收益绝大部分归业主,流转土地的农民仅是取得较低的租金收入和部分打工收入等相对固定的收益,而不能比照产业发展和土地经营效益提高获得持续增长的土地增值收益,对周边农户很难形成带动效应。同时,农民的土地承包经营权被一次性以低价格、长时间流转出去,丧失了持续增收的依托,随着现代农业效益进一步提高,极易由此引发矛盾,既影响农业持续发展,也破坏农村社会稳定。

九、流转政策不完善

据调查,东北地区三省虽然出台了一些扶持土地流转和规模经营的政策措施,但扶持政策不系统、不配套,难以形成工作推进合力。新型经营主体资金需求量大,一些涉农项目资金还没有集中向规模经营主体倾斜。很多规模经营主体需要提前预付土地租金,在购买农机具和种子、化肥等生产资料方面投入大。由于农村信贷门槛较高,种地大户、合作社等普遍缺乏抵押物,融资难,导致一些规模经营主体资金匮乏,难以扩大经营规模和新上加工经营项目,融资难已经成为制约规模经营发展的"瓶颈"问题。

第二章 东北地区农地流转促进农民增收效应分析

农地流转通过凸显农地财产属性、促进劳动力非农就业推动农地转出户增收,通过促进农业经营规模扩大进而节本增效推动农地转入者增收。由于不同农地流转模式(分散流转模式、家庭农场模式、农民合作社模式、农业企业参与模式)具有不同的特点,其促进农民增收的机制不同。东北地区农民收入结构与全国整体状况不同,农业经营性收入是农民收入的重要构成,所占比重较大,且东北区域内的各省份亦有所不同。近年来,东北地区农民经营农地的规模不断增大,其中农地流转是推动农地经营规模扩大的重要原因。为弄清楚农地流转对农民收入的影响机制,需要从实证的角度进行剖析;同时,农民合作社作为东北地区农地流转的重要模式,有必要对其进行专门的分析。

第一节 农地流转对农民增收的作用机理分析

一、文献回顾

农民收入包括总收入和纯收入。总收入是指农民家庭及其成员从各种来源渠道得到的收入总和。纯收入是指总收入扣除所发生的费用后的收入总和,按其性质划分为工资性收入、家庭经营收入、财产性收入和转移性收入。其中,家庭经营性收入主要包括农业收入、林业收入、牧业收入、渔业收入、工业收入、建筑业收入、交通运输业和邮电业收入、批发零售贸易及餐饮业收入、社会服务业收入、文教卫生业收入和其他收入;工资性收入主要包括在非企业组织中获得的收入、在本地企业劳动获得的收入、外出务工和其他单位劳动获得的收入等;财产性收入主要包括利息、股息、红利、租金、出售财物及转让无形资产等收入;转移性收入主要指农村住户在二次分配中的所有收入,包括国家给予的粮食直补、良种补贴、农机具购置补贴和农资综合直补等补贴资金以及救济金、保险赔偿、退休金等收入。

农地流转对农民收入的影响，一方面，通过农地流转来显化农地的财产性功能，进而影响农民家庭财产性收入；另一方面，通过农地流转促进农业规模经营和农村劳动力非农就业，进而影响农民家庭经营性收入和工资性收入。胡初枝、黄贤金和张力军（2008）基于农户调查的研究结果表明，不论是农地流入和流出，都能够提高农户的收入水平，并通过直接或间接的效应促进农户的消费。基于湖南邵阳市的农户调查数据，李中（2013）运用 DID 模型研究了农村土地流转对农户收入的影响，结果表明，农村土地流转后参与农户同未参与农户相比，农户人均纯收入、非农务工人均纯收入和农村土地出租人均纯收入都明显增加；农作物种植人均纯收入明显下降；其中非农务工收入、土地出租收入对农户人均纯收入增收的贡献率较大，分别为 49% 和 27%。薛凤蕊、乔光华和苏日娜（2011）对内蒙古鄂尔多斯市的研究结果表明，土地流转后参与农户与未参与农户相比，人均纯收入显著增加，且土地流转后非农务工和土地出租收入对参与农户人均纯收入增长的贡献率较大，分别为 48% 和 27%，合计贡献率高达 75%。滕海峰（2013）基于甘肃省青城镇的农户调查数据，分析了土地要素对农户农业收入、非农收入及农户纯收入的影响，结果表明，土地流转行为中的土地转入行为对农户农业收入具有正向影响、对农户非农业收入具有负向影响，土地流转对农户纯收入没有显著影响。胡初枝和黄贤金（2007）以江苏省铜山县为例，对农户土地经营规模与农业生产绩效之间的影响进行分析，研究发现，土地经营规模的扩大能实现土地与资金、土地与劳动力的优化配置，并带来全要素节约，即提高土地经营规模可以在一定水平上提高农业生产绩效，但农业绩效受地区自然、社会和经济条件的制约，对于土地经营规模不能盲目推崇，而应根据当地实际促进农业生产绩效的提高。王春超（2011）从农户家庭经济资源配置的角度分析影响中国农户收入增长的关键因素，结果表明，推动农村土地流转市场的发育和劳动力市场的发展，进而促进农户土地流转和劳动力非农就业是提高农民收入的重要途径。杨渝红和欧名豪（2009）分析了土地经营规模与农村劳动力转移及农民收入之间的关系，结果表明，人均土地经营规模与农民人均纯收入之间存在"U"形关系，即土地经营规模过小或者是处于规模经营水平都可能使农民获得较高的人均纯收入。

从现有的研究文献来看，多数学者支持并得出通过农地流转可以促进农民增收的观点和结论。然而，不同的农地流转方式对农民增收的效果及不同农业经营主体通过农地流转促进增收的结果存在一定的差异。姜松和王钊（2012）基于重庆市"一圈两翼"截面数据，在C-D生产函数模型的基础上，构建土地流转对农业适度规模经营和农民增收影响的实证模型，研究结果显示，土地流转对农业适度规模经营具有显著正向效应、对农民增收具有显著负向效应；不同土地流转形式对农业适度规模经营和农民增收的影响存在差异，转让、互换等土地流转形式对农业适度规模经营的弹性最大，而除出租对农民增收具有正向效应外，其余土地流转形式对农民增收的效应均为负；土地流转及其各种形式对农业适度规模经营和农民增收的影响在空间上存在差异。除了研究普通农户之间农地流转对农民收入的影响外，当前有关农地流转对不同农业经营主体收入影响的研究主要集中于对土地合作社的研究。张笑寒（2008）以江苏省苏南地区的农户实地调查为依据，运用DID模型分析农村土地股份合作制对农户收入的影响，研究结果表明，现行土地股份合作制可以提高农户家庭人均总收入、人均非农业收入，但其影响作用不太显著，对农户人均农业纯收入和人均种植业纯收入的作用也很小。薛凤蕊、乔光华和姜冬梅（2012）基于内蒙古鄂尔多斯市的农户调查，运用DID模型对参与和未参与土地合作社的农户收入进行分析，结果表明，土地合作社成立后参与户与未参与户相比人均纯收入显著增加；土地合作社成立后畜牧业和务工收入对参与户农民收入增长的贡献高达77%；耕地面积除与人均务工收入呈负相关外，与人均纯收入、人均种植业收入、人均畜牧业收入均呈显著的正相关。张会萍、倪全学和杨国涛（2011）基于宁夏平罗县农户的调查，分析是否参与土地信用合作社对农户家庭收入的影响，结果表明，参与土地信用合作社对农户家庭收入有着显著的正面影响。

现阶段的农地流转制度与政策安排明显提高了农地的使用效率，但并不能直接给予农民经济利益，其内含的农民增收目标实现却有前提条件，农地流转只为农民收入增加提供了充分条件，而非必要条件，受到农村劳动力自身技能、非农就业机会、农业经营主体经营能力和社会保障体系等一系列环境和制度安排的制约，因此农地流转的收入增长效应以一定的客观环境、农地制度和其他相关制度共同创新为条件（刘鸿渊，2010；游和远、吴次芳、鲍海君，2013）。游和远、吴次芳、鲍海君（2013）选择Sen的"可行能力"框架下的福利理论，构建了农地流转后农地转出户福利的测度指标，采用结构方程模型研究农地转出户福利。研究结果表明，农户农地流转可能无法给农户带来全部福利改善，农地流转对农户福利的效应集中在收入增加，而对成员健康和保障的改善却没有带来应有的正面效应，对农户的社会联系影响则同时存在着正负两种效应。因此，对于农地转出户来说，在获得收入提高的同时失去了部分与收入同等重要的可行能力，而这将最终影响到农地流转状态改变后或家庭现状变化后的农户生存。

二、分析框架

促进农民增收是解决"三农"问题的核心。推进农地健康、有序地流转是推动土地适度规模经营、发展现代农业的必然路径，最终实现农业增效和农民增收。农地流转能够有效改善土地资源配置效率，进一步激活农业剩余劳动力的转移，为农业规模化、集约化、高效化经营提供广阔空间（罗必良、吴晨，2008），是实现新型城镇化与农业现代化同步协调发展的桥梁与纽带。农地流转是农地转入、转出双方的理性选择，只有当双方的效用都能够达到其预期才能发生农地流转行为，其中农地流转带来双方的收入增长是其效用的核心内容。农地流转使具有不同农地资源禀赋的农户的土地边际生产率均等化，从而提高了农地资源配置效率和农业生产率，可使具有农业生产优势的农户通过扩大生产规模、进行专业化生产而增加农业收入，还可使有非农就业机会的农户安心地从事非农生产并获得土地租金，从而增加其总收入，还可以提高农户土地投资的积极性（Feng，2008）。

对转出农地的农户而言，一方面，通过农地承包经营权的市场流通实现了农户农地的财产权利，从禁止流转到私下流转再到市场流转，农户通过获得农地转出收益（包括租金及入股方式转出所获得分红收益）增加家庭的财产性收入；另一方面，通过转出农地使家庭更多的劳动力从土地上得以解放，该部分劳动力通过自我雇用或被他人雇用获得经营性收入或工资性收入（其中以非农就业获得工资性收入较为普遍，以下将以此为转出农地者收入增长分析的重点），从而增加农户家庭经营性收入或工资性收入。对于转入农地者（不仅包括普通农户，还包括种植大户、家庭农场、合作社及农业企业等新型农业生产经营主体）而言，通过农地流转扩大土地经营规模，实施规模化、集约化、产业化经营获取农业规模经营收益，从而增加转入者的农业经营收入。

农地流转并不必然带来农民的收入增长，需要与其他外部条件及农业生产要素的投入紧密结合才能达到农民增收的目标。农地流转对农民增收的作用机理如图2-1所示。

三、农地流转对转出农户增收的作用机理

对农地转出户而言，通过农地流转，一方面实现了农地产权的财产化，获得

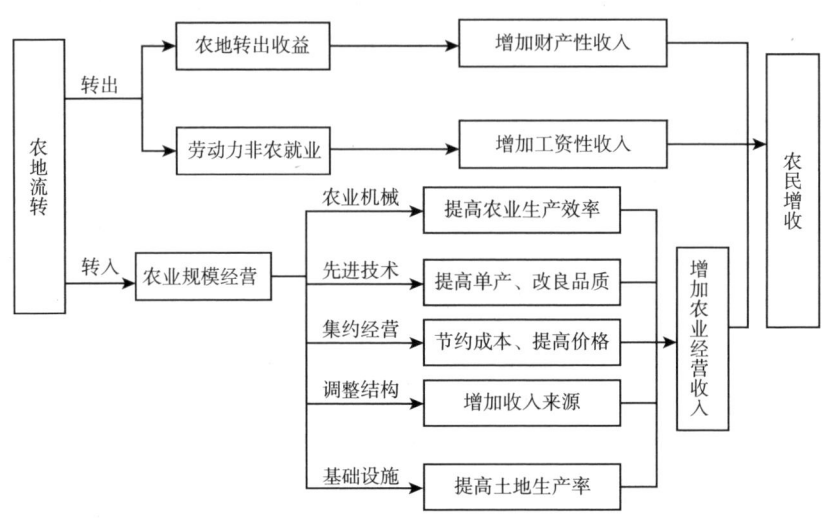

图 2-1 农地流转对农民增收的作用机理示意图

土地财产性收入;另一方面,从土地上解放出来的劳动力通过"再就业"尤其是向非农产业转移就业获得非农收入。

(一) 凸显农地财产属性,增加农户财产性收入

在城乡二元经济结构和农村土地集体所有制度的影响下,农民没有完全的、充分的土地处置权,不能充分自由地实现市场化交易,土地流转、土地征收是农民获得财产性收入的主要途径(金丽馥,2013)。农地流转的合法化与规范化,使农地的财产属性得以显化,为农民增添了一项收入来源和增收渠道。以 1995 年价格计算,《中华人民共和国农村土地承包法》(以下简称《农村土地承包法》)的实施,促使农村居民人均财产性收入和纯收入分别以年均 34.6 元和 122.6 元左右的幅度增长(陈刚,2014)。农地流转增加农户土地财产性收入的来源主要有两种:其一,通过出租、转包、转让等方式转出农地,获得租金收入;其二,通过入股(即土地股份制)的方式转出农地,获得分红收益(金丽馥,2013)。其中,土地股份合作制是新的历史时期农民获得更多财产性收入的实现条件(夏宁、夏锋,2008)。从全国平均水平来看,当前财产性收入占农民收入的比例较低,财产性收入尤其是土地财产性收入是农民增收的重要潜力来源,尤其对于人均农地资源丰富的东北地区来说,健康有序的农地流转将为农民带来更加稳定的、可观的财产性收入。

（二）促进劳动力非农就业，增加农户工资性收入

就业功能是农地的重要功能之一。农户通过转出农地使部分或全部劳动力从土地上解放出来，其"再就业"的主要途径有：少数流出土地的农户劳动力被长期性或临时性地"返聘"到种植大户、家庭农场、合作社及农业企业等务工；多数转出农地的劳动力在本地或异地从事非农劳动。可见，农地流转会增加农户家庭的工资性收入。当前，从总量上来说，除家庭经营性收入外，工资性收入已成为农民收入最重要的构成内容；从收入增长贡献率来看，工资性收入已超过家庭经营性收入，成为农民收入增长的主要动力。可见，农民收入越来越多地依靠农民工资性收入的贡献作用（关浩杰，2013）。从全国范围来看，由于人均耕地面积较小，农民收入中的工资性收入不完全是由农地流转而导致的非农就业带来的。因多方面因素的影响，农户家庭基于家庭内部成员的分工优势，为实现家庭效益的最大化，农户经营兼业化特征明显，即部分家庭成员非农就业，部分成员继续从事农业生产，农地流转速度并没有显著加快（钱忠好，2008），农户工资性收入更多地来源于家庭部分劳动力的非农就业收入。就东北地区而言，由于人均耕地资源较多，需要更多的劳动力投入，农户工资性收入及其占家庭收入的比重较全国平均水平低。由此，在东北地区，通过农地流转推动劳动力非农就业以增加农户工资性收入的潜力较大，然而其前提条件是创造更多的非农就业机会。

四、农地流转对转入者增收的作用机理

在传统的小规模、细碎化生产经营格局下，农户经济实力薄弱、生产经营分散、组织化程度低，造成农户农业生产与市场接轨程度低、抵御风险能力差，结果造成农户农业经营低效率、高成本、增收困难（张益丰，2012）。然而，在农地流转过程中，对农地转入者而言，通过农地流转使转入者的农地经营面积扩大，一方面通过耕种面积的增大，带来总产量和总收入的增加；另一方面，促进规模经营，与其他农业生产要素进行合理配置，如农业机械、农业科技、基础设施等，通过实施规模化、集约化、产业化经营，提高农业劳动生产率和土地生产率，提高农产品品质，节约生产成本，最终提高农业经营效率，获取规模效益，进而提高农地转入者的农业经营收入。

（一）促进大中型农业机械使用，提高农业生产效率

通过农地流转形成土地规模化经营，可以避免家庭联产承包责任制下固定资

产的重复投资，发挥大中型农业机械作业的优势，提高农业机械化水平，进而提高农业生产效率。大中型农业机械的使用，一方面通过机耕可耕翻土层、松碎土壤，改善土壤结构，有利于土地积蓄水分和养分，使农作物更好地生长，提高了农作物的单位产量；另一方面，可降低劳动强度，提高工效和作业质量，实现农作物生产高产稳产，尤其是大型农机具的连片作业，农业机械作业成本明显降低，大大提高了耕作效率。

（二）促进先进技术的应用与推广，提高单产、改良品质

先进农业技术的应用与推广，需要以一定的农地经营规模为基础和条件。农业规模化经营效益的展现，也需要先进农业技术的支撑。先进农业技术的应用，如良种技术、节水灌溉、精量播种、测土施肥、保护性耕作、田间管理技术、信息化技术等先进适宜技术的应用与推广，不仅能够显著地提高单位面积产量，还能够节约农业生产的单位成本，同时可以提高农产品的品质，提高产品的销售价格，进而促进农地转入者的经营收入。

（三）实施集约化、规模化经营，节约生产成本、降低采购价格、提高销售价格

实施集约化、规模化经营，会提高生产要素的利用率和配置效率，降低单位产品中的固定成本；此外，因规模经营的市场水平相对较高，获取市场信息及交易谈判能力相对较高，在市场交易谈判中处于有利地位，结果因生产资料采购量大而价格相应较低，因农产品销售量大而价格相应较高，从而取得生产成本节约、销售收入增加的节支增收效果。

（四）促进种植结构调整、产业链条延伸，增加收入来源

通过不断调整种植结构，增加高收益作物的种植比重，同时采用多元化种植，分散农业经营风险，不断提高农业经营收入。同时，通过实施产业化发展战略，延伸产业链条，将产业链条向产前、产后延伸，不仅带来成本的节约，还能增加农业生产经营的附加值，最终实现收入增长。

（五）促进农田基础设施建设，提高土地生产率

良好的农田基础设施条件是农业增效、农民增收的基础。基础设施具有公共产品属性，且需要一定的资金投入，分散及小规模经营的农户不愿也难以承担。规模

经营会使部分基础设施失去公共产品属性，成为农地转入者为追求经营效益最大化的理性选择；同时，实施规模经营的农地转入者，对基础设施进行投入的资本实力相对较强，且对农田基础设施条件进行改善的需求和意愿更强烈。然而，农地转入者自行投资农田基础设施最终决策受农地流转期限长短及其稳定性的影响和制约。

第二节 不同农地流转模式促进农民增收的绩效比较

《农村土地承包法》将农地流转的方式划分为转包、出租、互换、转让及其他方式。在农地流转实践过程中，还出现土地入股、土地银行、土地信托等创新模式。除转让方式是农地承包权发生变化外，其他流转方式只涉及农地经营权的转移。从农户转出农地所获得的收益是否与转入方生产经营效果相关，可以将以上农地流转方式划分为两种：一种为仅获得农地流转费，其实质为租金收益，此租金的获取与转入方转入农地后的经营效果无关，如转包、出租、土地银行、土地信托等，统称为"租赁"方式；另一种为获得红利，其实质为将农地经营权作为股权而获得的分红，该部分收益的获取与转入方转入农地后的经营效果息息相关。此外，为吸引更多的农户参与，部分转入方还会承诺支付农地转出农户类似于租金的保底收益，该种农地流转方式称为"入股"方式。

农地流转的参与主体包括农地转出方和农地转入方。农地流转的转出方主要为依据集体成员权而获得农地承包经营权的农户。农地流转的转入主体较为丰富，除普通农户外，还包括各种新型农业生产经营主体，主要有种植大户、家庭农场、农民合作社和农业企业等。当前，无论学术研究还是各级政府制定的相关政策，对于种植大户与家庭农场之间的区别并没有严格的界定（部分地方政府制定的相关扶持政策中仅在经营规模上对两者进行了区别），有部分学者认为这两者没有本质性差异，故本书仅以社会各界较为关注的家庭农场为代表进行讨论。此外，农户因便于生产而组建的农民专业合作社作为农业生产各环节提供服务的服务性组织，并不是农地流转的参与主体，故本书以从事农业生产经营的农民合作社为主要分析对象。

一、分散流转模式

（一）分散流转的界定——转入与转出方都是农户

分散流转是指拥有承包经营权的农户将农地承包经营权依法自愿转给其他农

户经营，并从中获取租金收入。在分散流转模式中，土地的转入方和转出方都是农户，主要通过租赁的方式实施农地流转。转出土地的农户主要分为两类：一类家庭劳动力短缺，他们选择流出自己无力耕种或收益较差的土地；另一类农户部分劳动力向非农产业转移，发现从事非农产业的收益远高于耕种土地所获得的收益，所以将大部分或全部农地转出。转入土地的农户也分为两类：第一类农户劳动力充裕，足以负担更多的农地，他们选择耕种更多的土地来获取更多第一产业收入；第二类农户资金充足，他们有能力转入较大面积的相邻土地，然后雇佣他人务农，进行一定程度的机械化作业。这类农户成为种植大户，但没有更多条件形成更大的规模（如家庭农场、合作社等）。据笔者在东北地区调研，对村级问卷进行统计，发现经营100亩以上农田的种植大户仅占4.81%，而经营200亩以上的只占1.46%，种植大户的发展也参差不齐，有的村庄30%以上为经营面积在100亩以上的大户，有的村庄则没有种植大户存在。对农地流转农户进行调研，转包流转形式农民比较认可，是东北农村土地承包经营权流转的主要形式，占整个调研流转面积的73%（不包括转包与其他形式并存的农地流转面积）。由于分散流转多发生在村组内尤其是亲戚、朋友之间，农地流转费用相对其他转入主体偏低。

（二）主要特点

1. 操作方便灵活

农户间农地的相互流转多为私下口头交易，完全出自农民自愿，思想阻力较小，且对地方经济发展水平没有过高的要求，具有普适性。转出土地的形式多以转包为主。图2-2为转出户各种流转模式在流转的土地中所占的比重。

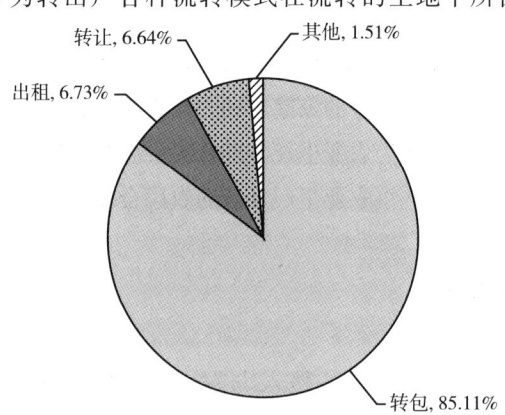

图2-2　样本农户农地转出方式所占比重

2. 获取信息容易

此类流转由农民自发形成，大多在亲朋好友和本村村民之间进行，不改变原承包方与发包方的关系。

价格调整及时：分散流转以短期流转为主，农户一年一交流转费用，及时根据农地收益调整土地租金，保证了流转价格合理。图2-3为东北三省调查区域土地流转的期限。

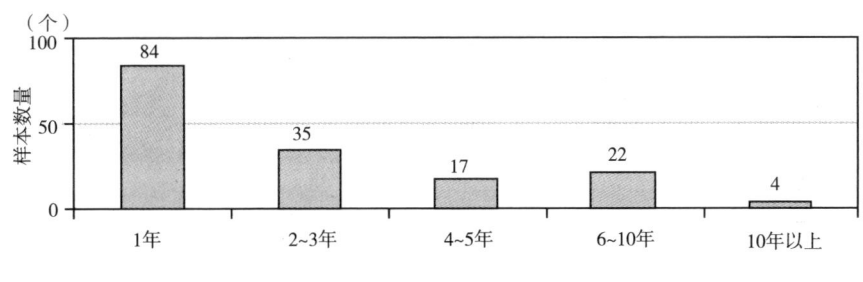

图2-3 样本农户农地转入期限

3. 权利归属稳定、收回土地容易

农户流转的只是土地的经营权，不改变原承包方与发包方的关系，流转期限一到，随时收回土地。

（三）积极效果

普通农户之间的流转能够促进流转双方共同增收：农地转出户如因家庭劳动力短缺，流出土地能增加租金收入，避免耕地撂荒。在调研样本中，东北农地流转到农户手中的平均价格为419元/亩，其中最高为吉林513元/亩；最低为辽宁354元/亩，比东北三省农地流转的平均价格低。图2-4为东北三省调研区域土地流转平均价格。

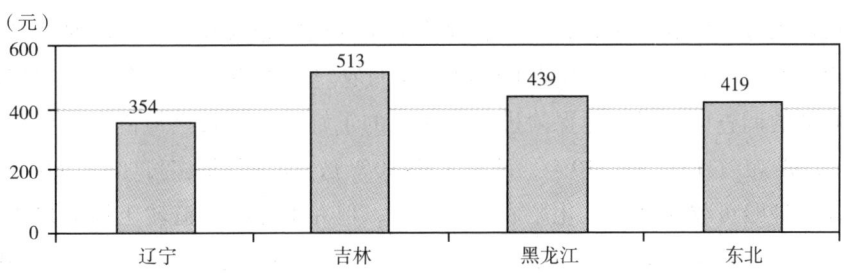

图2-4 样本农户农地流转价格

若家庭劳动力富裕，有从事第二、第三产业的能力，农户不仅可以获得流出土地所带来的财产性收入，还可获得非农劳动带来的工资性收入，农民外出打工从事体力劳动的工资为150元/天，每月便可获得近5000元的工资性收入，若有技术，工资为最低300元/天，月收入8000～9000元。转入较小面积耕地的农户，可以充分发挥劳动力要素的优势，随耕种面积的增加获得线性增长的农业收益，转入的土地所获得的净利润200～300元/亩；若土地集中连片，形成规模大户，能够在一定程度上解决农地细碎化的问题，获得规模收益，通过农机化的作业方式，解放部分农村劳动力支援非农产业。种植大户的经营模式促进经营方式的转变，由一家一户的分散经营向初级的集中过渡，为家庭农场和合作社的形成作准备。政府为促进农地集中经营，还对规模大户给予不同形式的补贴，推进其发展。

（四）局限性

尽管分散流转确能促进农户增收，但收益增长并不明显。转入农地的普通农户，由于其资本、技术等要素的限制，在农业社会化服务（包括农民专业化合作组织）尚未发挥很大作用的情况下，通过农地流转仅仅扩大了农地经营规模，且多从事粮食种植，其农业生产基础及其条件并没有明显改善（如农地细碎化状况、农田基础设施等），农业经营总收入与农地经营规模同步增加，且增加的收入为原转出户在其转出农地上所获得的农业经营收入（扣除农地流转费用）。可见，普通农户之间的分散流转虽然可以促进流转双方农户增收，但就整体而言，农民收入的净增长仅由农地转出户劳动力非农就业所创造，转入户并没有因农地流转产生农业经营效率的提高而带来增收。

此外，由于农地流转过程中只是转移了短期的土地经营权，不改变原承包方与发包方的关系，制约转入户长期投入和生产效益的提高。小规模转入方受面积限制无法转变经营方式，对新技术和新机械的应用难以实现。转包费用的连年增长也给转入方造成成本压力，虽然有保险但小规模的分散流转难以应对和抵抗经营风险（自然、市场），特别是小规模经营的农户很多不投保。在对辽宁省铁岭市铁岭县的调查中，对农地保险进行了深入的了解：一般农户每亩地的保险价格为5.36元/亩（个人承担20%，政府承担80%），如绝收最多可赔付280元/亩，该保险的理赔可收回种子、化肥农药的成本，但并不能收回流转土地的成本；铁岭县已建立商业保险试点，若绝收玉米可赔付560元/亩，水稻可赔付800元/亩。政府对分散流转的补贴不足，农户只能通过个人贷款周转资金。如形成种植大户才可能获得一定扶持，但种植大户的规模、扶持标准各地都没有形成明确规范。

（五）政策建议

1. 推进农地流转服务体系建设

市县乡逐层设置土地流转服务平台，市级成立土地流转综合服务中心，负责土地承包经营权流转供求信息的收集、登记、发布和土地流转合同的备案工作，组织流转对接。各乡镇成立土地流转办公室，各村成立土地流转服务站，保证土地流转价格合理，推动土地整村、规模流转。

2. 加强农业社会化服务体系的构建

引导农户组建农民专业合作组织，提高农户在农业生产各个环节中组织化程度，从而促进普通农户农业生产过程中的节本增效，进而实现增收。

3. 促进农业保险发展

破除农民"听天由命，生产自救"的传统观念，进一步扩大农业政策性保险的覆盖范围；加强合作，促进"政府＋商业保险公司"经营方式的发展。

4. 促进农村劳动力转移

加快县镇建设，重点建设中小城市、县城和新市镇，加强基础设施建设投入，寻找支撑县镇发展的主导产业，引导农村劳动力向中小城市和县镇转移，并促进其在县镇稳定定居。

二、家庭农场模式

（一）家庭农场的界定

家庭农场作为新型农业经营主体，以农民家庭成员为主要劳动力，以农业经营收入为主要收入来源，利用家庭承包土地或流转土地，从事规模化、集约化、商品化农业生产。在农村改革发展的新阶段，2013年中央"一号文件"提出鼓励和支持承包土地向专业大户、家庭农场、农民合作社流转。其中，"家庭农场"的概念是首次在中央"一号文件"中出现。此后，家庭农场越发得到国家政策的重视。党的十八届三中全会强调，"坚持家庭经营在农业中的基础性地位，推进家庭经营、集体经营、合作经营、企业经营等共同发展的农业经营方式创新"。2014年中央"一号文件"进一步提出：以解决好"地怎么种"为导向加快构建新型农业经营体系，引导和扶持家庭农场发展。因此，发展家庭农场已成为新时期我国推动农业经营方式创新、解决好"地怎么种"问题的重要途径。近两年，我国家庭农场发展势头迅猛。2012年农业部确定的33个农村土地流转规范化管理和服务试点地区内有家庭农场6670多个；截至2012年年底，全国30个省、区、市（不含西藏）共有家庭农场87.7万个。对于黑龙江来说，截至2013年6月末，全省通过自发形成的家庭农场数已达到98077家，在改变全省农业传统格局、促进现代农业发展方面发挥了积极作用。截至2013年年底，吉林省家庭农场数量已达21508个，各类农民合作社也发展到41108个。根据测算，经营规模10~15公顷家庭农场的户均年收入可达10万元左右，如按户均3.6人计算，人均年收入2.8万元左右，与城镇居民人均年收入相比略有优势。截至2013年6月底，辽宁省已登记家庭农场361户，其中个体工商户57户、个人独资企业304户；从事种植业286户、养殖业24户、种养结合51户。已登记的"家庭农场"土地经营规模达到14.6万亩，其中达到500亩以上的98户。一方面家庭农场保留了家庭作为农业经营基本单位的优势；另一方面，它将改变传统小农经济粗放式的耕作模式，实现规模化、集约化经营，是适应现阶段中国人地矛盾突出现状的新型农业经营体制。

（二）主要特点

目前家庭农场尚属于新生事物，与种植大户的界限比较模糊，但家庭农场的部分特点已基本达成共识。

1. 家庭成员经营

家庭农场的经营者原则上必须是本村农户家庭，且必须要依靠家庭人员从事农业生产经营活动；有常年雇工的其数量不超过农场经营者家庭在农场中务农的人员数量（季节性、临时性聘用的雇工除外），这是家庭农场区别于其他农业经营组织的最主要特征。

2. 经营规模适度

家庭农场农业生产经营规模能发挥家庭经营优势，一是与家庭成员的劳动生产能力相适应，实现较高的土地产出率和资源利用率；二是能确保经营者获得与当地城镇居民相当的收入水平。

3. 商品化经营

即家庭农场生产产品的目的不是自给自足，而是将农产品作为一种商品通过一定销售形式和流转环节从生产领域转移到消费领域。家庭农场主必须按照企业管理模式来核算成本、加强管理、追逐利润，必须要适应市场、开拓市场。这是区别传统家庭承包农户的重要特征。

4. 经营者接受过相关技能培训

通过开展家庭农场生产技能、农机操作、经营管理等农业技能培训,提高农民的信息采集能力、决策能力、抵御风险能力、博弈能力、盈利能力,可以进一步激发农民的积极性、释放农业的潜力。

(三)积极效果

家庭农场在一定程度上破解了小农户经营细碎化土地的问题,推进了大型农业机械和高新科学技术的推广,从而使土地的生产效率有所提高。家庭农场生产经营规模的适度扩大,使农业生产拥有较高的专业化、规模化水平,必然会造成农户提高经济效率的内在动力,其发育和成长有利于农业效率的全面提高和产量的大幅增加。与普通农户相比,家庭农场拥有相对较强的资金实力、机械装备、农业生产技能,在追求利润最大化的驱动下,家庭农场对于新技术、新产品、新管理等外界信息反应比较敏感,会不断追求生产要素的优化配置和更新,并以现代机械设备、先进技术、现代经营管理方式等具有规模特性的现代生产要素引入为手段,来不断扩大生产经营规模,提高市场竞争力。家庭农场把现代农业要素融入传统意义上的农户家庭经营中以追求效益最大化为目标,使农业由保障功能向盈利功能转变,既克服了自给自足的小农经济弊端,又避免了流转规模过大带来的解放劳动力过多、企业运行风险累及农民、农作精细化程度不够等问题。同时,家庭农场作为规模生产主体,发挥了对小规模农户的示范效应。

家庭农场主要通过租赁的方式从本村或邻村农户手中转入农地。与普通农户间的农地流转类似,农地转出户主要通过非农就业获取的工资性收入和转出农地的租金收益实现增收。其中,农地流转租金收益为当地农地流转的市场价格。家庭农场通过规模经营,不仅能获得规模扩大带来总收入的增加,同时也由于规模经营带来的规模效益,获得因农业生产效率提高带来的收入增长。就国家及村集体而言,家庭农场的经营模式可以提高农业生产效率,促进粮食产能的提升,为国家粮食安全提供保障;同时,可以为村集体带来非农收入和农业经营收入的同步增长。

本书对黑龙江省第一个登记注册的家庭农场——"大力家庭农场"进行调研,通过了解家庭农场运作的现实状况,进而提出推动黑龙江省家庭农场健康快速发展并有利于农民增收的对策建议。表2-1和表2-2为"大力家庭农场"的基本情况。

表 2-1　　　　　　　　　大力家庭农场的主要资产

主要资产	详细情况	数量
生产用土地	使用中土地：	
	水田	1960 亩
	林地	795 亩
	水面	45 亩
	新流转土地	2045 亩
	合计	4845 亩
农机具	水稻插秧机、旋耕机、打浆机、收割机、推土机	12 台
农机库房	占地 1400 平方米	1 栋
双拱钢筋骨架育苗大棚	总占地面积 2 万平方米、单栋面积 1800 平方米	8 栋

表 2-2　　　　　　　　　大力家庭农场的主要成果

基础设施建设	新拉高压线路 3 公里
	打井 23 眼
	改造水田投入 150 万元
	农机具大机械投入 140 万元
新技术应用	种子包衣、智能催芽、毯式育秧、水稻机打浆、机插秧、机收割
经营范围	水稻种植为主,林业、木耳种植、畜禽养殖和粮食收购为辅
管理模式	参照现代企业管理模式,建立了财务管理、农机管理、用工管理等规章制度
主打品牌	"大力"牌大米

家庭农场每亩土地种植水稻成本构成如图 2-5 和图 2-6 所示。

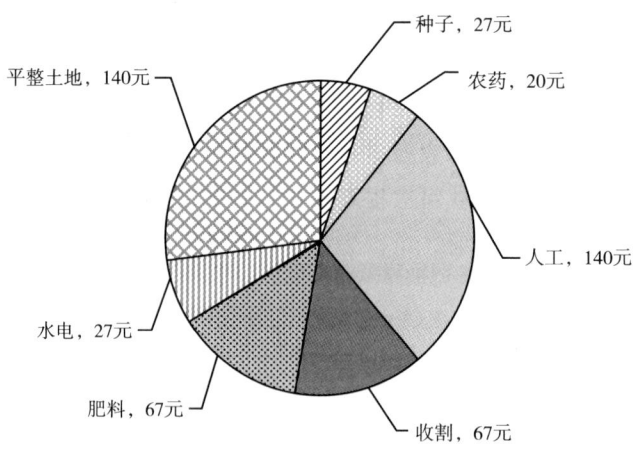

图 2-5　原有土地每亩平均成本

第二章 东北地区农地流转促进农民增收效应分析

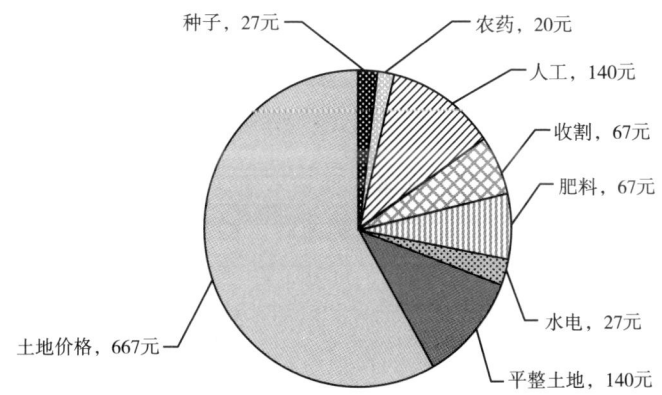

图 2-6 流转土地每亩平均成本

假设原有土地每亩成本共计 400 元，土地流转 667 元/亩，成本变为 1067 元/亩。以 2013 年水稻产量 500 公斤/亩，售价 2.94 元/公斤，每亩总收入为 1470 元。

大力家庭农场在促进农地收入上所取得成果如下。

1. 直接从耕种土地上取得的收益

通过前面的成本和收益相抵，无须承担土地成本的自己土地每亩约 1067 元；承担转包费用的新转入土地，每亩约 400 元。农户分散经营的收益在 1000 元/亩，比家庭农场自有土地在单位面积上的平均收益水平略低（每亩少 70 元左右），但这是以土地分散零散利用、未能充分发挥土地利用效率作为代价而实现的。

2. 解放劳动力

大力家庭农场通过流转土地扩大了经营规模，而流转出土地的农户则通过外出打工、留在村内成为雇工等方式选择从业。这样，转出方每年获得的土地收益在每垧 667 元左右，其他的打工收入每人年均都在 2 万元左右。因此，对于一个三口人的农户来说，获得的土地转包费用约 3 万元，如同时在外务工则会获得 6 万元左右的收入，全年家庭总收入约 9 万元；如仅是耕种土地，则只能获得 45000 元的收益，前后相比相差一倍。

3. 雇工收益

如春耕看水的雇工可获得约 50 元/亩的收入；其他雇工从育苗开始可获约 160 元/天的收入，一个周期都可获得近万元的收入。

大力家庭农场直接提升了农业生产者的人均耕种面积，在很大程度上可以降低生产成本投入，提升人均产出，并可为城镇化发展提供更多人口和劳动力，这种转变也必然推动农资供应体系的进步和发展。

(四) 局限性

1. 农民意愿难协调，导致土地承包关系不稳定

家庭农场的推广离不开大规模的土地流转，如何说服不同的农户将农地转给家庭农场是农场主和政府都需要考虑的问题。由于转出土地的农户对土地租金缺乏准确的预期，乐于签订短期合同，那么作为土地转入方的家庭农场对于流转来的土地的投入就会相对保守，农民的惜地意识也自然不强，家庭农场的发展必然会受到制约。

2. 融资困难

家庭农场由原来的分散经营向规模集约经营发展，必然需要大量的资金，农民很少有可以抵押的资产，靠少量贷款根本解决不了问题。由于缺少资金，对基础设施和生产资料长期性投入不足，流转来的大量土地无法进行整理，资金短缺成为制约家庭农场规模化发展的重要因素。

3. 农业保险理赔不足

由于家庭农场已是具有规模的农业生产主体，一旦因自然因素等导致产量下降，损失将比分散农户惨重。然而目前农业保险政策落实难，灾害认定不规范，政府对农业保险补贴力度较小。又由于农业长期以来是小农户分散经营，农户抗灾能力较差，生产水平和经营效益较低，外加上农业保险的综合赔付率较高，许多保险公司不愿开展农业保险项目。

4. 国家支农政策不平衡

目前国家针对农业生产出台了不少优惠政策，但这些优惠政策针对农业合作社、龙头企业的较多，而很少惠及家庭农场。

(五) 政策建议

1. 规范流转程序，解决农民后顾之忧

家庭农场在流转土地的过程中要具有法律效应的书面协议，保证交易双方权利，避免不必要的纠纷；要进一步加强土地承包管理，健全土地流转服务市场；指导农户依据自身经营能力与要素条件合理确定家庭农场的适度规模，并取得长期、稳定的农地流转期限；搭建信息交流平台，确保交易双方必要的信息透明度。

2. 积极提高家庭农场主的综合素质

围绕家庭农场主的实际经营需求，政府在农业技术、家庭农场管理、参与市场交易等环节组织有针对性的技能、知识培训,提高家庭农场主在农业生产、农场管理等方面的知识水平和综合素质。

3. 完善农业保险

政府须确定农业灾害等级认定的标准,进一步扩大农业政策性保险的覆盖范围,并将家庭农场列为农业政策性保险的推广对象;涉农金融机构可针对农业经营多元化的实际,开发多样化险种,满足不同家庭农场投保需求;减少农场参保的中间环节,灾害一旦发生,直接赔付到家庭农场。

4. 加大对家庭农场的金融支持力度

涉农金融机构要对经营规模大、技术力量强的家庭农场提高贷款额度、延长贷款期限、灵活确定利率浮动方式;探索大额农贷品种,以满足土地流转前后资金需求量增大的实际需要;完善农村贷款抵押担保体系,建立土地承包经营权的抵押价值认定和抵押登记制度,防范抵押贷款的风险。

三、农民合作社模式

(一)农民合作社的界定

农民合作社是指农民在家庭承包经营基础上按照自愿联合、民主管理原则组织起来的一种互助性生产经营组织。农民合作社是多样化、混合型的农业现代化发展模式和经营形态。农地转出户除与将农地转给普通农户及家庭农场的农户拥有相同的增收路径外(即非农就业收入与租金收入,为租入更多集中连片的农地,合作社通常会以高于当地市场价格支付农户租金),还拥有选择另一个获得工资性收入的途径,即被合作社雇用从事农业生产。首先,合作社统一购买农业生产资料,既享受批发价格又减少了农民的生产成本投入。其次,农业生产规模的扩大,土地的集约化利用,规模经济实现还会带来规模收益;最后,各户原耕地之间的地垄被推平,人们过去不愿意耕种而废弃的边角地、劣等地被有效利用,扩大了耕种面积;农民在转出经营权的同时,成为该公司的股东,还可以在公司中作员工,既得分红,又得工资性收入,或者农机服务队为农户代耕土地,使农民转向畜牧养殖业或外出务工,挣取更多的收入。近年来,在农民强烈需求和政府积极推动下,覆盖乡村、农户的范围不断扩大。特别是《中华人民共和国农民专业合作社法》(以下简称《农民合作社法》)实施以来,农民合作社数量急剧增加,合作领域不断拓宽,出现土地股份合作、联合社、资金互助合作、加工合作等多种合作形式,成为组织农户生产、发展农产品加工、对接龙头企业、开展市场营销的有效载体。据 2012 年东北三省统计年鉴显示，黑龙江省农民合作社发展到 2.1 万个，居全国第 7 位，带动近 100 万农户。吉林省农民合作社 2.13 万家，2010 年增长 85%，带动农户 259 万户。辽宁省积极发展农民合作社，推进规范化建设，农民合作社总数达到 12961 个，带动农户 135 万户，入社社员 80 万人。

(二) 主要特点

1. 主要服务对象为合作社社员（农民为主体）

主要宗旨是服务全体社员，谋求全体社员的共同利益，入社自愿，退社自由，社员地位平等；服务核心内容是提供农业生产资料的采购，农产品的加工、贮藏、运输、销售以及与农业生产经营相关的农技、信息等方面的服务。

2. 方式多元化

农民合作社发展具有多种形式：按照创办人的不同可分为纯种植业农民组成的合作社、由村组干部带头领办的合作组织、由农民技术人才牵头组织创办的农民合作组织。

3. 合作社组织建设内容产业化

大多数农民合作社围绕当地已形成的主导产业和特色产品开展专业性生产经营活动。形成区域产业化，有利促进"一村一品""一乡一业"的发展，有利于农业区域布局优化调整和特色优势产业的发展。

4. 合作开放化

近年来组建的农民合作社打破农村区域、专业等局限，形成了跨乡镇、跨行业的合作社，消除了地方分割和行业、部门垄断，实现了跨地区、跨行业的资源优化配置。

(三) 积极效果

1. 资金支持更充分

合作社可以为农户提供金融支持，农民合作社可以通过融资及已有资金为社员提供资金互助、无息贷款等资金支持，相对于其他方式来讲利息相对较低，手续相对简单，有合作社作为担保，也使资金的偿还有了保障。再加上政府对合作社的金融支持，合作社可以从一些政府财政扶持项目中获得直接的项目投资，这也为合作社发展提供了便捷路径。本书通过对 2013 年黑龙江第三批 30 个现代农机合作社规范社的资金运营进行统计分析，该批农机合作社社员户数为 325 户，平均入社土地面积 15947.17 亩，农机合作社平均参与分配的资金达 1826.87 万元，具体资金构成如图2-7所示，其中国投资产所占比例最大为39.11%。

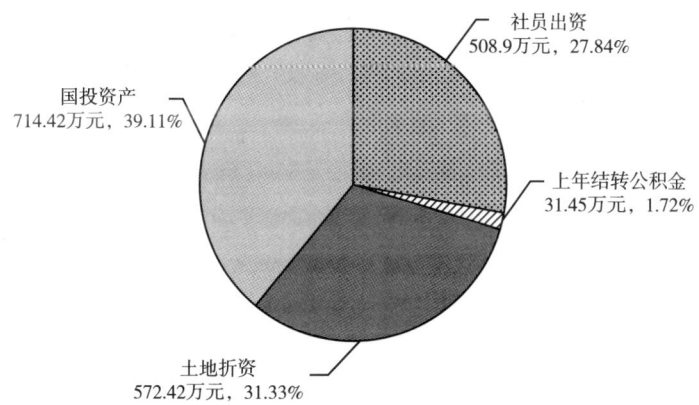

图2-7 黑龙江省第三批现代农机合作社规范社资金构成

2. 产业分布、服务领域相对较广泛

2011年年底，黑龙江省种植业合作社11315个，占总数的53.9%；养殖业合作社4689个，占22.3%；农产品加工销售合作社2810个，占13.4%；从事技术、信息、农业生产资料经营等服务合作社2186个，占10.4%。2011年年底，统一销售农产品达80%的专业合作社达到5194个，比2010年增长41%；统一组织购买农业生产投入品达80%以上的专业合作社达到5258个，比2010年增长44%。

从黑龙江农民合作社分类图（见图2-8）中我们能够看出，黑龙江省农民合作社主要以种植业合作社和养殖业合作社为主，农产品加工销售合作社以及从事技术、信息、农业生产资料经营等科技含量较高的服务合作社较少。

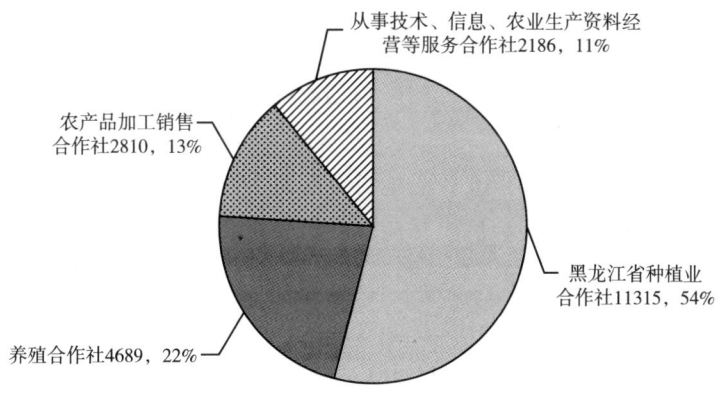

图2-8 黑龙江省农民合作社分类

3. 信息处理完善化

农民合作社作为农户和市场的中间机构既要了解市场情况开拓市场，也要掌握社员情况，以保证合作社的良性发展。农民合作社凭借着其优质的社会网络资源、更为科学的信息获取渠道，可以实现市场信息的整合处理，提高了农户获取信息的效率，克服了个别农户的弱质性，单个农户在获取市场信息上往往存在信息不完全或不对称现象。

4. 带动性强

农民合作社具有带动散户、组织大户、对接企业、联结市场的功能，应成为引领农民进入国内外市场的主要经营组织，发挥其提升农民组织化程度的作用。农民合作社通过农户间的合作与联合，不仅解决了传统农户家庭经营存在的规模不经济缺陷，还通过技术、资金等合作，推动了农户生产的集约化水平。从事农产品生产或营销的专业农户能否成为专业合作社的利益主体，这应是农民合作社未来走向健康与否的"试金石"。

5. 产业发展优势化

农民加入合作社后形成了完整的产业链条，共同利益是两者连接的关键。"风险共担、利益均沾、共同发展"是合作社对农户生产经营的保障，上接农业企业，降低企业与松散农户的交易成本。通过建立"公司+合作社+农户"的产业化模式，将农民引入了产业化经营的轨道，农民合作社下的统购统销，变"农户—市场"关系为"农户—合作社—市场"关系，打破了行业界限，而不再是单独的农业生产主体。通过市场需求来寻求商机，通过竞争来调整，发挥自身优势，以产业化形式应对市场变化。

除此之外，农民合作社作为互助合作组织，还为其他农户或家庭农场等提供农业服务，促进其农业发展。

对黑龙江省第三批农机合作社的平均创收情况进行分析，发现其相较于家庭农场也有所提高：合作社的平均总盈余达1132.13万元，其中国投分红191.70万元，成员出资分红82.71万元，土地折资分红181.53万元。对于入社的社员，每亩地保底金为406元，与家庭农场流转来的土地收益相差无几，但每户可获得土地折资每亩收益分红94.91元和部分国投收益，入社农民每亩收益最终定在600元以上，比家庭农场收益提高了50%。

课题组对辽宁省铁岭市张庄玉米合作社进行调查，通过了解张庄玉米合作社运作的现实状况，进而提出推动农民专业合作社健康快速发展并有利于农民增收的对策建议。

张庄玉米合作社的基本情况：张庄玉米合作社位于辽宁省铁岭市蔡牛镇，成立于2007年9月，原有农户7户，资金468万元。合作社所涉区域包括三县（铁岭县、法库县、调兵山市）、六镇（阿吉镇、晓南镇、晓明镇、大明镇、三面船镇、大孤家子镇）、五乡（蔡牛乡、镇西堡乡、冯贝堡乡、柏家沟乡、双井乡），辐射周边土地面积达60多万亩，带动周边群众1.2万户。拥有农机具：大型玉米联合收割机23台，各型号拖拉机8台，免耕播种机6台，年5万吨玉米烘干设备1套。合作社组织构成：合作社设有农资经销服务部、农机作业服务队和土地流转经营服务部。合作社经营范围集农资经销、农机作业、粮食生产等产、供、销于一体。在技术推广方面，积极与中国农科院、辽宁省农科院、沈阳农业大学等6家国内知名的农业科研单位实现对接，其中沈阳农业大学教授齐华以玉米超高产理论与实践、作物逆境生理生态机制与调控等为研究方向进行科研攻关，设有实验基地200亩；中国科学院实验基地100亩，试种500株苗；四川农业大学实验基地200亩，进行品种繁育。依托新建的试验田，这些科研单位重点种植600多个玉米新品种以及部分水稻新品种。各科研单位抽调20多名骨干技术人员常驻管理，即从播种到收获的整个生长周期内，常驻试验田进行日常管理，确保最佳的科研效果。

合作社生产运营方式：(1) 入股形式。带地入股，每亩地年末分红800元。(2) 转包形式。支付转出方700~750元/亩。(3) 托管形式。九三集团有4000亩地交由合作社代管，从耕种到秋收，每亩赚取服务费500元。另有沈北新区3000亩地和造化镇7000亩地代耕，保证产量650~750公斤/亩。

合作社创收成果：2011年合作社直接经营土地面积5100亩，粮食总产400万公斤，年收入2100万元，盈利300万元，股金分红180万元，每股（1000元）分红552元。2012年被评为全国农民专业合作社示范社、省先进集体，流转农地16500亩，向国家销售玉米12380吨，合作社直接创收300万元，社员分红199万元。2013年张庄合作社已流转土地27780亩（旱田26000万亩，水田1780亩），涉及周边10余个乡镇、32个村、1150户农户，使1600多名农村剩余劳动力实现了外出打工、从事第二、第三产业。通过产、供、销一体化的经营模式，为社员增收2000多万元，帮助320户社员脱贫致富。2014年合作社贷款600万元，流转土地30200亩。

(四) 局限性

从目前的发展形势来看，农民合作社在发展农村经济、促进城镇化建设上确实体现出了积极的作用。但是，就当前的农民合作社的发展情况而言，农民合作社的发展过程中还存在一些问题。

1. 组织发展规模较小

多数合作社的资金还是以社员出资为主，入社成员多局限于周边村镇，覆盖面较小。农民合作社绝大多数集中在乡的范围以内，并且多数以村为基础，以血缘、地缘关系为纽带，其发展处于萌芽状态。这说明传统的区域界限尚未打破，这种区域性的发展，也在一定程度上反映了农民合作社的带动性还不是很强，示范性和辐射性也仍局限在原有的行政区域内。

2. 成员素质不高

管理团队的决策能力和社员的个人素质对合作社有深远的影响，是合作社生存和发展的关键因素。合作社农民大多带地、带资金、农机作价入社，对农民经营管理能力没有严格的把关，合作还是只停留在社员内部共用机械、互助生产的初级阶段，从总体来看，成员中缺乏懂技术、会管理和善经营的人才，这限制了合作社创新的能力，制约了合作社发展的广度和深度。

3. 内部运行不规范

存在合作社只办理营业执照，但无基本设施或运作资金的现象，合作社以套取国家优惠政策为目的，有"空壳"合作社成立后并没有实际运作；一些合作社组织制度不健全，普通社员无话语权，合作社与社员之间是松散的供给关系，"风险共担、利益同享"没有得到有效的实施；有些合作社在财务、管理上不透明，一旦出现自然风险或农产品的价格、销路问题，合作社往往将风险转嫁给农户。

4. 外部力量介入多

多元主体领办得多，农民自己兴办得少，除农民以外，农村专业合作社的创办主体主要有基层政府、农业部门、供销社、科协、企业或其他经济实体。在经营实力相对较强的合作社中，较为普遍的现象是民主机制不健全，领办人控制合作社，成员账户没有建立或形同虚设，财务管理不规范，普通农民社员的参与度低，普通成员与组织没有建立起利益共享、风险同担的激励和约束机制，一些农民合作社甚至不过是"公司+农户"的翻版。

（五）政策建议

1. 加大宣传力度，提高农户自身素质

农户的自身素质是决定农民合作社发展的重要内在因素。农民的平均文化程度不高，有时未必能充分意识到参加农民合作社带给他们的益处，应建立一套完善的农户培训再教育机制，让农户明白参加农民合作社会给他们带来的各方面收益，将社员互助合作效益放大。

2. 加强合作社与社员之间的利益联结

要真正实现农民创造的利益由农民共享，才能在合作社内部形成一种约束力，才能激励合作社成员共同遵守合作社的规章和原则，共同维护合作社的无形资本和有形资产，才能真正使合作社发挥提高家庭经营的效益，才能真正使合作社发挥提高家庭经营的效益，使小规模生产者在激烈的市场竞争中能够保全自己的经济地位，增加经营收益。

3. 完善合作社提供的各项服务

农民合作社通过为社员提供各项服务而影响其经济效益，获得过各项服务的农户的经济效益要显著高于没有获得过服务的农户，服务项目要涵盖产前、产中、产后各个环节，社员要对合作社服务充分共享；此外，还要注重新的服务项目的开发和创新，尤其在农产品加工和品牌建设推广方面，要积极引进新技术新人才，延长农业产业链。

4. 发挥政府的促进作用

农民合作社的发展离不开政府的支持，我国的国情决定，农民专业合作社的发展不能走欧美国家完全自发化、市场化的道路，必须是政府推动和农民自发相结合。具体来说，首先要进一步健全相关的制度和法律法规；其次在政策和税收上提供支持；最后要在技术和经费上予以扶持，派遣专业人员对合作社的发展提供细致的指导和支援，以促进我国农民合作社规范有序发展。

四、企业参与模式

（一）企业参与模式的界定

农业企业是通过订单合同、合作等方式带动农户进入市场，实行产加销、贸工农一体化的农产品加工或流通企业。20世纪90年代中期以来，农业企业实力不断增强，农业企业逐渐成为创新农业经营体制的重要方式，由此也得到了政府的大力推动，大批龙头企业应运而生。截至2011年年底，全国有农业产业化龙头企业11万多家，销售收入5.7万亿元，企业平均固定资产2300多万元。农民将农地转给农业企业经营，其增收的方式与转给农民合作社基本一致。作为转入农地的农业企业，其很少直接参与种植，主要通过其资金运营、对外融资、经营市场来实施农业的企业化运营,取得规模收益。

(二) 主要特点

与其他新型农业经营主体相比,企业参与模式具有以下特点。

1. 雄厚的经济实力

农业企业以一定的注册资金为基础逐步发展,形成一定规模后融资上市,可获得股民资金支持;可与银行洽谈农业经营链金融合作,也可与政府商讨专项贷款。融资渠道多,资金储备足,不仅可以促进自身发展,还可为优秀的合作伙伴、种粮大户、农业合作社组织提供便捷高效的融资支持与增值服务。

2. 先进的生产技术

由于农业企业拥有雄厚的资金基础和成片的待耕农地,农业企业往往采用现代化的作业方式,收获机、农用飞机卫星定位系统得以运用,极大地提高了农业生产效率,解放大量劳动力。

3. 科技成果转化率高

为获得高质高产的农产品,农业企业选择与院校对接,为院校提供试验田,实力强的农业企业拥有自己的科研院所,将研发的新品种直接用于农业生产,提高了科技成果的转化效率。

4. 现代化的经营管理人才

农业企业一般拥有专业化的研发、生产、营销、管理团队,公司员工拥有高能力、高素质,在生产管理、品质优化、销售模式、资源整合等方面比家庭农场和农业合作社均有所突破和提升,最大限度地实现了社会效益和经济效益双丰收。

(三) 积极效果

1. 促进农民增收

村委会出面帮助企业解决原料生产基地和加工基地,企业吸纳农村富余劳动力和帮助村里搞好新农村建设,最终实现互惠互利、共同发展2009年黑龙江省神农科技集团与大兴村合作,在大兴村成立"乐姆"农业科技开发股份有限公司,企业通过"公司+基地+农户"这个平台,2011年吸纳土地7000亩,收入600万元,同时企业共支付雇用农民工资约600万元,全村农民人均增收1420元。

2. 促进农业生产力的发展

农业企业通过土地流转机制的建立,进一步调动了生产经营者的积极性,促进了土地、资金、技术、市场等各类生产要素的优化配置,加快了农业新品种、新技术、新机具的推广应用,实现了农业生产力的新提升,改变了当地长期以来只种植单季农作物的习惯,并为粮食长期优质、高产、稳产、高效创造了牢固的基础条件,解决了土地分散经营、管理粗放、种植技术落后、机械化水平低等制约农业上规模、出效益的"瓶颈",大大地提高了土地产出率。

3. 推动粮食产业化发展与产业升级

农业企业在获得土地经营权后,统一规划土地,集中连片经营,实现了规模化、集约化生产,把农业的产前、产中、产后诸环节链接成紧密的产业链条,有效地解决了农户小生产和大市场的矛盾,妥善破解了保护农民利益和土地适度规模经营之间的矛盾,架起传统农业与现代农业的桥梁,拓展了企业经营空间,增加了新的经济增长点,保障了企业掌握优质粮源,降低了生产成本,创建了绿色有机品牌,提高了产品的竞争力,促进了粮食产业化的发展。

(四)局限性

1. 农业企业发展仍处于初级阶段

一个农业企业的经济实力越强、牵动能力越大,那么其开拓市场、引导产业开发、带动农民增收的能力就越强。从目前东北农业企业的发展情况来看,农业企业无论在数量上还是经营实力上还有待进一步提高。农业企业在整体上数量偏少且规模不大,使农业企业带动作用不强,农民的参与率不高,大多数农户依然被排斥在"产业化"的大门之外,从而大大地制约了农民收入水平的提高。因此,大力推进农业产业化经营,促进农民增收,必须加快发展一批有竞争优势和带动能力强的农业企业。

2. 小规模企业短期化行为明显

由于不同规模企业能力不同,为获得利益最大化,小规模企业在生产过程中易出现对农地进行掠夺性利用以追求短期效益、对农地进行非粮食化与非农化利用以追求更高回报、借农业之名套取国家高额补贴等。当农业企业由于资金缺乏或管理不善而倒闭时,会造成农户利益直接受损。

3. 流转交易信息不对等

农业企业作为规模组织,掌握着丰富的农业知识,能够准确地把握市场脉络。而作为普通农户,由于自身的弱质性,很难获得与农业企业相同的市场信息，在交易中处于弱势地位。

(五) 政策建议

1. 增强农业企业实力并提高其带动农户能力

农业企业要充分发挥自身资金、技术、管理、市场、人才的优势，促进产业结构升级，增强企业核心竞争力和创新能力，拓展企业产品市场占有率，致力于长期投资合作，谋求获得长期利益回报和企业可持续发展。

2. 土地流转后企业应合理规划好土地的使用

企业应该肩负自身的社会责任，立足长远，坚持可持续发展和科学发展相结合。对于农药化肥的使用次数要适当控制，保护好农业生态环境。

3. 发挥政府协调监督作用

对于无其他生存技能的农户而言，土地是生存之本。政府要更加关注那些弱势群体，采取有力措施保障他们的基本生活，寻求为他们创造就业的机会。通过政府协调监督职能，促进企业与农户关系的协调发展。

4. 提升农户法律意识

农户要增强自身的法律法规意识，提升自身素质，对于流转过程中损害自己权益的行为要积极地维权。

五、小结

与传统小农户相比，专业大户、家庭农场等规模经营主体更容易接受和应用新品种、新技术，对现代生产要素需求更为强烈；专业合作社、农业企业等则是先进生产要素的有效载体，并能为农户提供技术指导和支持。各类新型农业经营主体并不存在优劣、高低之分。

不同类型的经营主体，在农业生产发展实践中承担的角色不同，定位不同，却可以发挥各自的优势形成联合的组织形态。农业企业统一制定了生产规划和生产标准，以优惠价格向家庭农场提供种苗及农业生产资料，并以高于市场的价格回收农产品；合作社统一向家庭农场提供技术、信息服务等；家庭农场按照标准进行生产，向农业企业提供安全可靠农产品。农业企业的引进，不仅延长了整个产业链，在订单农业、加工销售等方向的探索也使农业生产的自然风险和市场风险更加可控。通过各类经营主体的联合，农民每年土地流转将会增加4笔收入：一是通过发展适度规模经营，增加家庭经营性收入；二是强农、惠农、富农政策的转移性收入;三是增加农民的工资性收入;四是通过土地承包经营权确权,增加农民的财产性收入。各地区要针对各类主体的不同特点,发挥各自的比较优势,努力形成各类主体间合作与联合的组织形态,如表 2-3 所示。

表 2-3 农地流转模式比较

流转模式	优点	缺点	适宜性
分散流转模式	可形成农业内部生产要素优化配置	流转范围局限性	普适性
家庭农场模式	农业生产精细化	未形成区域化服务	农户需具备专业农业知识和一定经济实力
合作社模式	农户带动性强	合作层次不高	需有一定经济基础形成一定产业形态的地区
企业参与模式	形成产业链降低风险	以逐利为本农户利益保障差	第二、第三产业较发达的城镇周边地区

第三节 东北地区农民收入及其结构动态变化分析[①]

一、东北地区农民收入变化情况

从东北地区与全国平均水平比较来看,如图 2-9 所示,1993—2013 年,东北地区的农民人均纯收入由 1026.99 元增加到 9926 元,年均名义增长率为 36.5%,扣除价格因素影响,年均实际增长率为 7.9%,与全国平均增长速度相当(年均名义增长率为 36.44%,年均实际增长率为 7.6%);除 2000 年和 2001 年外,东北地区农民人均纯收入均高于全国平均水平,且从总体上看,差距不断上升;近 10 年(2004—2013 年)来,东北地区农民人均纯收入年均实际增长速度(9.9%)略高于全国平均水平(9.2%)。

从东北三省的具体情况来看,如图 2-9 所示,1993—2013 年,辽宁省、吉林省和黑龙江省农民人均纯收入分别由 1161 元、891.61 元和 1028.36 元增加到 10522.7 元、9621.2 元和 9634.1 元,年均实际增长率分别为 7.4%、8.8% 和

---

① 本节有关黑龙江省的部分内容发表于《农业经济与管理》(2015.5):侯淑涛,张羽鑫,黄善林. 黑龙江省农民收入的结构、贡献与限制因素研究。

7.7%，其中，近10年的年均实际增长率分别为9.4%、10.3%和9.9%；从整体上看，辽宁省农民人均纯收入水平高于吉林省和黑龙江省，且差距有不断扩大的趋势，而吉林和黑龙江的整体水平相当、差距较小。

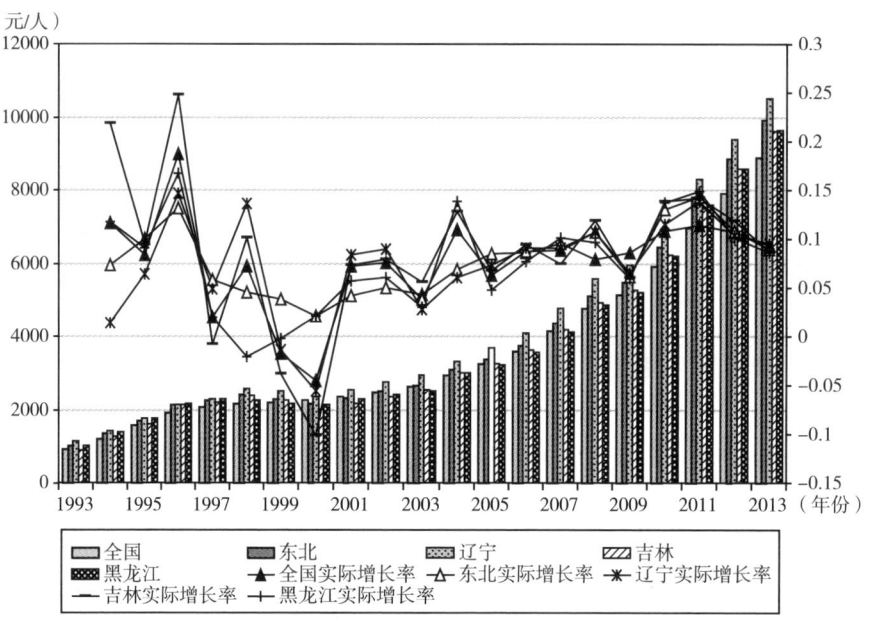

图2-9 东北地区农民人均纯收入及其变化状况（1993—2013年）

资料来源：历年《中国统计年鉴》《辽宁统计年鉴》《吉林统计年鉴》《黑龙江统计年鉴》及2013年全国和东北三省的国民经济和社会发展统计公报。其中，农民人均纯收入的实际增长率为名义增长率扣除价格因素（分别利用相应的全国及东北三省的农村居民消费价格指数进行修正）影响后的数据。东北地区的数据为东北三省的算术平均数。

二、东北地区农民收入结构及其变化状况

农民纯收入由家庭经营性收入、工资性收入、财产性收入和转移性收入构成。如表2-4所示，1993—2012年的20年间，东北地区农民人均纯收入中家庭经营性收入所占比例不断降低，由1993年的82.52%降低到2012年的59.56%，平均为70.31%；工资性收入、财产性收入和转移性收入所占比例不断增加，分别由1993年的15.05%、0.75%和1.68%增加到27.23%、4.59%和8.62%，平均水平分别为21.49%、3.5%和4.71%，其中工资性收入占农民收入的比例增幅最大，转移性收入次之，财产性收入所占比例虽然有所增加，但增幅较小且变化较为平稳。与全国平均水平相比，家庭经营性收入仍然是东北地区农民收

入的最重要组成部分，东北地区工资性收入占农民收入的比例与全国平均水平还有不小的差距，财产性收入和转移性收入所占比例与全国平均水平差异较小。

表2-4　　　　　东北地区农民收入结构状况（1993—2012年）

年份	东北地区				全国			
	家庭经营性收入	工资性收入	财产性收入	转移性收入	家庭经营性收入	工资性收入	财产性收入	转移性收入
1993	82.52%	15.05%	0.75%	1.68%	73.62%	21.10%	0.76%	4.51%
1994	79.66%	14.40%	4.61%	1.33%	72.23%	21.54%	2.34%	3.90%
1995	77.41%	15.24%	5.78%	1.57%	71.36%	22.42%	2.60%	3.63%
1996	77.74%	16.35%	4.37%	1.55%	70.74%	23.40%	2.21%	3.64%
1997	79.93%	17.31%	1.19%	1.58%	70.46%	24.62%	1.13%	3.79%
1998	79.23%	17.58%	0.93%	2.27%	67.81%	26.53%	1.41%	4.26%
1999	76.92%	19.99%	0.86%	2.24%	65.53%	28.52%	1.43%	4.53%
2000	71.47%	23.98%	2.30%	2.25%	63.34%	31.17%	2.00%	3.50%
2001	72.44%	22.46%	2.89%	2.21%	61.68%	32.62%	1.99%	3.71%
2002	71.25%	23.76%	2.32%	2.67%	60.05%	33.94%	2.05%	3.96%
2003	70.88%	23.53%	3.41%	2.19%	58.78%	35.02%	2.51%	3.69%
2004	71.02%	20.90%	3.42%	4.65%	59.45%	34.00%	2.61%	3.93%
2005	68.04%	21.50%	4.84%	5.63%	56.67%	36.08%	2.72%	4.53%
2006	64.60%	24.46%	4.21%	6.74%	53.83%	38.33%	2.80%	5.04%
2007	63.16%	24.47%	5.03%	7.34%	52.98%	38.55%	3.10%	5.37%
2008	61.44%	24.49%	4.09%	9.99%	51.16%	38.94%	3.11%	6.79%
2009	59.53%	25.13%	4.49%	10.86%	49.03%	40.00%	3.24%	7.72%
2010	59.48%	25.64%	4.94%	9.94%	47.86%	41.07%	3.42%	7.65%
2011	59.86%	26.27%	5.07%	8.81%	46.18%	42.47%	3.28%	8.07%
2012	59.56%	27.23%	4.59%	8.62%	44.63%	43.55%	3.15%	8.67%
平均	70.31%	21.49%	3.50%	4.71%	59.87%	32.69%	2.39%	5.05%

资料来源：依据历年《中国统计年鉴》《辽宁统计年鉴》《吉林统计年鉴》及《黑龙江统计年鉴》整理计算而来。

从东北三省农民收入结构的具体情况来看，如表2-5所示，2012年辽宁省、吉林省和黑龙江省家庭经营性收入占农民人均纯收入的比例分别为50.98%、65.34%和63.15%，工资性收入所占比例分别为38.69%、20.84%和21.12%，财产性收入所占比例分别为2.62%、4.57%和6.74%，转移性收入所占比例分别为7.72%、9.25%和8.98%。从近20年（1993—2012年）及近10年（2003—2012年）的平均水平来看，吉林省和黑龙江省农民收入中各项收入所占比例均相差较小，辽宁省家庭经营性收入、财产性收入和转移性收入所占比例均小于吉林省和黑龙江省，而其工资性收入所占比例高于吉林省和黑龙江省。

表2-5　　　　东北三省农民收入结构状况（1993—2012年）　　　　单位:%

年份	辽宁				吉林				黑龙江			
	家庭经营性收入	工资性收入	财产性收入	转移性收入	家庭经营性收入	工资性收入	财产性收入	转移性收入	家庭经营性收入	工资性收入	财产性收入	转移性收入
1993	71.11	26.02	1.00	1.87	86.81	10.89	0.84	1.47	91.70	6.27	0.38	1.66
1994	65.40	27.88	4.75	1.97	85.20	8.71	5.15	0.94	89.16	5.82	3.98	1.04
1995	66.13	27.68	4.02	2.17	79.37	10.29	9.03	1.32	86.85	7.38	4.56	1.21
1996	67.64	28.15	2.50	1.72	78.17	13.13	7.19	1.52	87.27	7.86	3.46	1.43
1997	67.25	29.91	1.06	1.78	84.63	12.26	1.78	1.33	88.11	9.52	0.76	1.61
1998	67.06	29.19	1.25	2.50	86.03	11.74	0.50	1.72	85.98	10.45	1.01	2.57
1999	63.48	32.64	1.07	2.81	85.71	12.52	0.55	1.22	83.25	13.17	0.93	2.64
2000	57.45	37.49	2.47	2.59	79.69	17.00	1.55	1.77	79.11	15.73	2.82	2.33
2001	60.64	35.76	1.39	2.21	79.36	15.05	3.23	2.35	79.06	14.62	4.25	2.08
2002	58.83	37.10	1.16	2.91	79.49	16.48	1.97	2.06	77.38	15.66	3.97	2.99
2003	58.28	36.00	2.26	3.46	78.69	16.82	2.62	1.87	77.73	15.71	5.54	1.02
2004	60.22	32.53	3.03	4.23	76.42	15.26	2.71	5.59	77.51	13.75	4.56	4.18
2005	58.63	32.85	3.07	5.45	73.39	15.65	4.55	6.41	73.38	14.41	7.16	5.04
2006	54.05	36.66	3.47	5.83	70.22	16.62	5.16	8.01	70.98	18.44	4.10	6.49
2007	54.31	36.03	3.76	5.91	67.54	16.97	6.76	8.73	68.94	18.73	4.75	7.58
2008	52.57	36.50	3.61	7.32	67.81	16.42	3.71	12.06	65.16	18.88	5.02	10.95
2009	50.64	37.59	3.45	8.31	65.26	16.50	5.52	12.71	63.89	19.58	4.63	11.90
2010	50.47	38.36	3.39	7.78	65.51	17.19	6.05	11.25	63.46	19.99	5.54	11.00

续表

单位:%

年份	辽宁				吉林				黑龙江			
	家庭经营性收入	工资性收入	财产性收入	转移性收入	家庭经营性收入	工资性收入	财产性收入	转移性收入	家庭经营性收入	工资性收入	财产性收入	转移性收入
2011	51.48	38.33	2.95	7.25	65.92	19.56	5.27	9.25	63.03	19.71	7.18	10.08
2012	50.98	38.69	2.62	7.72	65.34	20.84	4.57	9.25	63.15	21.12	6.74	8.98
1993—2012均值	59.33	33.77	2.61	4.29	76.03	15.00	3.94	5.04	76.76	14.34	4.07	4.84
2003—2012均值	54.16	36.35	3.16	6.33	69.61	17.18	4.69	8.51	68.72	18.03	5.52	7.72

资料来源:依据历年《辽宁统计年鉴》《吉林统计年鉴》及《黑龙江统计年鉴》整理计算而来。

家庭经营性收入中最重要的组成部分是农业收入,尤其是东北地区,由于人均农地资源丰富,农业经营收入不仅是家庭经营性收入,同时也是农民收入的重要构成。东北地区农业收入占家庭经营性收入的比例由1993年的81.07%变化为2012年的80.1%,20年平均为78.6%;就全国平均水平而言,农业收入占家庭经营性收入的比例由1993年的66.09%变化为59.63%,20年平均为62.09%;就东北三省的具体情况而言,辽宁省、吉林省和黑龙江省农业收入占家庭经营性收入的比例分别由1993年的71.03%、83.74%和87.67%变化为2012年的67.3%、81.59%和89.82%,20年平均占比分别为66.5%、81.31%和86.35%。如图2-10所示,无论是东北三省还是全国平均水平,近20年来尤其是从2001年之后,农业收入占家庭经营性收入的比例变化较小,整体走势较为平稳,东北地区占比高于全国平均水平,平均差异近20%;黑龙江省占比略高于吉林省,平均差异近5%;黑龙江省和吉林省占比均高于辽宁省,黑龙江省与辽宁省占比平均差异约20%,吉林省与辽宁省占比差异约15%。由于家庭经营性收入占农民人均纯收入的比例逐渐下降,农业收入占农民收入的比例也处于不断减小的发展态势,如图2-11所示。但东北地区农业收入仍然是农民收入的重要构成,2012年所占比例为47.71%,高于全国平均水平的26.61%;吉林省和黑龙江省农业收入占农民收入的比例分别为53.31%和56.72%,均高于辽宁省的34.31%。

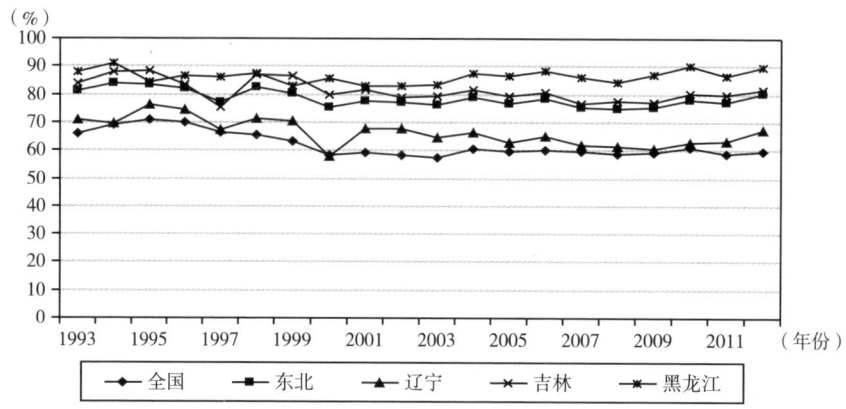

图2-10 东北地区农业收入占家庭经营性收入的比例及其变化情况（1993—2012年）

资料来源：依据历年《中国统计年鉴》《辽宁统计年鉴》《吉林统计年鉴》及《黑龙江统计年鉴》整理计算而来。因统计指标的变化，1999年之前吉林省的农业收入及2001年之前辽宁省和黑龙江省的农业收入均用种植业收入表示。

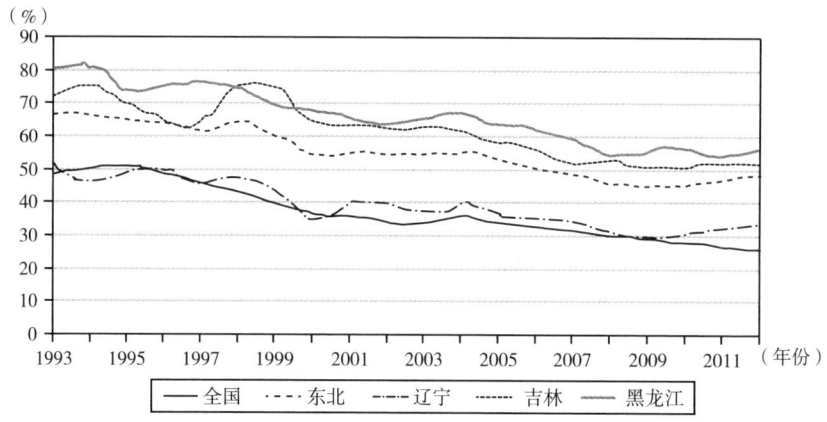

图2-11 东北地区农业收入占农民人均纯收入的比例及其变化情况（1993—2012年）

资料来源：依据历年《中国统计年鉴》《辽宁统计年鉴》《吉林统计年鉴》及《黑龙江统计年鉴》整理计算而来。因统计指标的变化，1999年之前吉林省的农业收入及2001年之前辽宁省和黑龙江省的农业收入均用农业收入中的种植业收入表示。依据部分年份统计年鉴中同时统计的农业收入及其中的种植业收入计算，种植业收入占农业收入的比例高达90%以上，因而，用种植业收入表示部分年份中的农业收入，不影响农民收入结构及其变动分析所得出的结论。

三、东北地区各项收入对农民增收的贡献程度分析

对农民收入结构进行分析，可以得出各项收入在农民收入中所占据的重要

地位。弄清各项收入对农民增收的贡献程度,可以全面掌握各项收入对农民增收的重要作用,以便更好地巩固并拓宽农民增收渠道。

如表2-6所示,1994—2012年,对东北地区农民增收贡献最大的是农民家庭经营性收入,年均贡献率为62.9%,高于全国平均水平的32.05%;贡献程度排在第二位的是工资性收入,年均贡献率为25.51%,低于全国平均水平的57.09%,其与家庭经营性收入对农民增收的年均贡献率之和达88.41%;排在第三位的是转移性收入,其对农民增收的年均贡献率为8.97%,高于全国平均水平的6.05%,尤其是从2004年在黑龙江省和吉林省实施农业补贴方式改革试点至2009年,转移性收入对东北地区农民增收的年均贡献程度高达18.7%,此后其贡献有所减弱;排在第四位的是财产性收入,其对东北地区农民增收的贡献水平波动较大,年均贡献率为2.62%,低于全国平均水平的4.8%;转移性收入与财产性收入对东北地区农民增收的年均贡献之和为11.59%,与全国平均水平的10.85%差距较小。可见,对东北地区而言,稳定并促进家庭经营性收入增长是实现农民增收的基本保障,继续促进工资性收入增长是实现农民增收的重要渠道,努力实现转移性收入和财产性收入增长是实现农民增收的重要潜力。

表2-6　东北地区各项收入对农民增收的贡献情况(1994—2012年)　　单位:%

年份	东北地区				全国			
	工资性收入贡献	经营性收入贡献	财产性收入贡献	转移性收入贡献	工资性收入贡献	经营性收入贡献	财产性收入贡献	转移性收入贡献
1994	12.41	70.89	16.43	0.27	22.88	67.94	7.21	2.00
1995	18.53	68.62	10.34	2.51	25.43	68.38	3.48	2.72
1996	20.64	78.98	-1.10	1.48	27.87	67.94	0.46	3.70
1997	35.59	121.72	-59.38	2.04	38.90	67.20	-11.59	5.55
1998	21.93	68.00	-3.33	13.42	82.06	-9.32	9.46	17.66
1999	—	—	—	—	117.39	-36.44	2.48	16.98
2000					167.05	-48.96	31.09	-49.65
2001	2.36	85.24	10.73	1.71	61.59	28.58	1.77	8.05
2002	42.20	54.49	-5.83	9.14	62.55	24.63	3.39	9.25
2003	19.69	64.66	21.42	-5.76	53.34	37.38	10.30	-0.82
2004	5.28	71.85	3.48	19.31	25.49	65.09	3.44	5.95
2005	27.90	35.84	20.14	16.21	55.26	30.99	3.74	10.02
2006	51.61	33.03	-1.53	16.91	60.31	26.05	3.61	10.06

续表 单位:%

年份	东北地区				全国			
	工资性收入贡献	经营性收入贡献	财产性收入贡献	转移性收入贡献	工资性收入贡献	经营性收入贡献	财产性收入贡献	转移性收入贡献
2007	24.57	54.20	10.13	11.10	40.01	47.47	5.01	7.50
2008	24.58	51.51	-1.35	25.26	41.52	39.00	3.21	16.27
2009	34.34	32.00	10.25	23.40	52.88	23.23	4.87	19.05
2010	28.55	59.24	7.47	4.75	48.29	39.96	4.57	7.17
2011	29.24	61.66	5.69	3.41	50.30	36.78	2.49	10.43
2012	34.30	57.37	1.06	7.27	51.54	33.15	2.18	13.14
平均	25.51	62.90	2.62	8.97	57.09	32.05	4.80	6.05

资料来源:依据历年《中国统计年鉴》《辽宁统计年鉴》《吉林统计年鉴》及《黑龙江统计年鉴》整理计算而来。各项收入对农民人均纯收入增长的贡献程度为各项收入的增量与人均纯收入之间的比值。为更加准确、清晰地展示各项收入对农民增收的贡献,表格中省略了农民人均纯收入增量为负值的状况。

东北三省各项收入对农民增收的贡献存在一定的共性和差异。如表2-7所示,1994—2012年,在各项收入中,家庭经营性收入对各省份农民增收的贡献最大,从高到低依次为吉林省的78.73%、黑龙江省的64.72%和辽宁省的52.9%;工资性收入对各省份农民增收的贡献次之,从高到低依次为辽宁省的36.57%、黑龙江省的21.3%和吉林省的15.27%;辽宁省、吉林省和黑龙江省家庭经营性收入和工资性收入共同对农民增收的贡献分别达到89.48%、93.99%和86.02%;转移性收入及财产性收入对各省份农民增收的贡献较小,其中转移性收入的贡献从高到低分别为吉林省的9.12%、辽宁省的8.17%和黑龙江省的7.58%,财产性收入的贡献从高到低分别为黑龙江省的6.4%、辽宁省的2.36%和吉林省的-3.11%。然而,随着国家农业补贴政策及农村土地制度尤其是农地流转制度的不断深化改革,转移性收入和财产性收入对农民增收的重要性不断增强,尤其是转移性收入对吉林省和黑龙江省农民增收的影响,2004—2012年,黑龙江省和吉林省转移性收入对农民增收的贡献分别为15.59%和15.78%。

从以上对东北地区及其具体省份农民收入与结构及各项收入对农民增收的贡献程度分析结果可以看出,当前家庭经营性收入尤其是农业收入仍然是东北地区农民收入的核心构成;工资性收入占农民收入的比重不断增加,对农民增收的影响不断增强,与全国平均水平相比,还有较大的提升空间;转移性收入和财产性收入虽然在农民收入中所占比例较小,然而却是对农民收入具有较大影响的潜在增收途径。针对东北地区区域特点和优势及其在国家战略尤其是粮食安全战略

表 2-7 东北三省各项收入对农民增收的贡献情况（1994—2012 年）

单位：%

年份	辽宁省				吉林省				黑龙江省			
	工资性收入贡献	经营性收入贡献	财产性收入贡献	转移性收入贡献	工资性收入贡献	经营性收入贡献	财产性收入贡献	转移性收入贡献	工资性收入贡献	经营性收入贡献	财产性收入贡献	转移性收入贡献
1994	36.09	40.13	21.34	2.44	3.62	81.43	15.26	-0.31	4.55	82.03	14.11	-0.69
1995	26.84	69.26	0.90	3.00	16.21	57.42	23.63	2.74	13.20	78.21	6.73	1.85
1996	30.24	74.36	-4.29	-0.30	21.98	74.42	1.45	2.15	9.89	89.03	-1.23	2.33
1997	54.92	61.78	-19.34	2.64	-18.23	311.02	-187.70	-5.09	38.29	102.61	-45.73	4.75
1998	23.21	65.43	2.84	8.52	6.08	101.56	-13.68	6.05	—	—	—	—
1999	—	—	—	—	—	—	—	—	—	—	—	—
2000	—	—	—	—	—	—	—	—	—	—	—	—
2001	15.62	97.76	-11.15	-2.23	-9.60	75.20	24.59	9.80	-3.48	78.20	27.48	-2.04
2002	54.82	34.89	-1.88	12.17	33.85	81.13	-13.47	-1.52	34.59	46.76	-1.04	19.70
2003	19.51	49.94	18.75	11.80	21.53	67.52	11.74	-0.79	16.97	85.92	41.95	-44.84
2004	5.24	75.48	9.05	10.22	6.87	64.17	3.18	25.61	3.81	76.41	-0.42	20.17
2005	35.59	44.90	3.43	16.07	20.17	38.98	25.42	15.72	23.69	15.96	43.31	17.03

续表

单位:%

年份	辽宁省				吉林省				黑龙江省			
	工资性收入贡献	经营性收入贡献	财产性收入贡献	转移性收入贡献	工资性收入贡献	经营性收入贡献	财产性收入贡献	转移性收入贡献	工资性收入贡献	经营性收入贡献	财产性收入贡献	转移性收入贡献
2006	71.79	11.82	7.15	9.25	24.96	42.74	10.44	21.86	57.57	47.60	-25.64	20.54
2007	32.24	55.84	5.51	6.41	19.30	49.75	17.42	13.53	20.52	56.46	8.69	14.31
2008	39.32	42.22	2.73	15.73	13.35	69.32	-13.48	30.80	19.75	43.52	6.56	30.16
2009	53.55	22.54	1.10	22.80	17.66	27.63	32.31	22.39	29.28	46.41	-0.73	25.01
2010	43.18	49.35	3.02	4.45	20.91	66.82	8.91	3.36	22.11	61.25	10.27	6.38
2011	38.15	56.52	0.75	4.57	31.20	67.94	1.44	-0.57	18.47	61.05	14.57	5.91
2012	41.44	47.13	0.15	11.30	29.67	61.31	-0.25	9.27	31.62	64.12	3.46	0.80
1994—2012均值	36.57	52.90	2.36	8.17	15.27	78.73	-3.11	9.12	21.30	64.72	6.40	7.58
2004—2012均值	40.06	45.09	3.65	11.20	20.45	54.30	9.49	15.78	25.20	52.53	6.68	15.59

资料来源：依据历年《中国统计年鉴》《辽宁统计年鉴》《吉林统计年鉴》及《黑龙江统计年鉴》整理计算而来。各项收入对农民人均纯收入增长的贡献程度为各项收入的增量与人均纯收入的增量之间的比值。为更加准确、清晰地展示各项收入对农民人均纯收入增长的贡献，表格中省略了农民人均纯收入增量为负值的状况。

中的特殊地位，为促进东北地区农民增收，应加快研究制定促进农地健康、有序流转的制度及相关配套政策，通过农地流转：一方面通过规模经营，巩固并提升家庭经营性收入尤其是农业收入对农民增收的贡献，同时加大农业投入力度，加快推进现代农业发展步伐；另一方面通过加快农业劳动力非农就业转移，促进工资性收入的不断增长；再者，要加大农业补贴尤其是对新型农业生产经营主体的补贴力度，依据农地流转对农业现代化发展的贡献对农地流转双方给予奖励和补贴，提高农民转移性收入；同时，建立农地流转市场，促进农地流转价格市场机制的形成，提高农民农地财产性收入。

四、东北地区农民增收的限制因素分析

通过对不同来源类型收入结构贡献率的分析，找出限制其发展的主要因素，可为农民收入的可持续增长提供有效指导。通过不同收入结构对农民总收入的贡献率的分析可以看出，现阶段，虽然东北地区农民家庭经营性收入占农民收入的比例逐渐下降，但仍是影响农民收入的主要因素；随着社会经济的发展，农民与市场的联系越来越紧密，农民外出务工及农地流转行为将越来越普遍，因此，农民的工资性收入及流转土地过程中的财产性收入对农民收入的贡献将会逐渐增大（任淑荣，2007）。

（一）农民家庭经营性收入限制因素分析

影响农民家庭经营性收入增加的主要问题是农业生产成本增加及效益提高难的问题。提高农产品价格与提高粮食产量是农民收入增长的主要手段（朱娜、王宁，2012），然而，目前大多数农产品的价格上涨空间较小，继续依靠农产品提价来增加农民收入更难实现。同时，农业生产还面临着粮食增产难度大的问题。社会经济的发展导致大量耕地被占用、生态环境的破坏及土地的过度开发，最终导致农田生产力的下降，阻碍粮食产量的增加。在农业生产经营成本方面，农业生产资料价格逐年上涨，提高了农业生产经营成本，加重了农民生产投入的负担，以上原因均在一定程度上阻碍了农民经营性收入的增加。

（二）农民工资性收入限制因素分析

农民工资性收入是农村剩余劳动力在当地或外地务工获得的收入。城镇化水平相对较低，可提供的非农就业机会较少，非农就业工资较低且缺乏保障等都在

一定程度上限制了农民的非农就业和收入（黄艳娴，2012）。同时，受城乡二元户籍制度的限制，兼业化农民往往难以享受与城镇居民相同的工资待遇与最低生活保障，增加了农民外出就业的生活成本，使农民的工资性收入尚未实现稳定增长。

（三）农民财产性收入限制因素分析

农民财产性收入的稳定增长是影响黑龙江省农民收入增长的重要因素。随着农业现代化的发展及新型农业经营体系的构建，农村土地流转成为常态，因农地流转等行为产生的财产性收入也在逐渐增加，但受农村产权制度不明晰、农地流转过程不规范、农地流转纠纷仲裁机构不完善等原因的限制，农民流转土地的合法权益无法保障，导致农地流转价格不合理，农地流转期限较短，降低了农民流转土地的积极性，限制农民财产性收入的增长及其稳定性。

（四）农民转移性收入限制因素分析

农民转移性收入的主要来源是国家的政策补贴。影响农民转移性收入稳定性的原因之一是由于地方政府在制订及发放农业补贴过程中存在农业补贴种类繁多、补贴标准不一、补贴发放不到位等问题；另外，在农民流转土地过程中，由于现阶段农地流转制度不健全，对农地流转后农业补贴的归属未有明确的界定，因此部分流转土地的农民自愿被迫放弃了领取农业补贴的权利。

第四节 东北地区农地流转、经营规模对农民收入影响的实证分析[①]

由于人均耕地资源丰富，通过农地流转促进农民农业经营收入不断增长，是实现东北地区农民增收的重要任务。同时，通过前面对东北地区农民收入结构的分析结果可见，农业收入是东北地区农村居民家庭经营性收入的核心部分，也是整个家庭纯收入的重要构成，因此，农业收入增长将直接影响东北地区农民增收的效果。理论上，通过农地流转，扩大农地转入方的农地经营规模，实施规模化、集约化、产业化经营，可以实现农业增效、农民增收的目标。然而，农地流

---

① 本节内容发表于《干旱区资源与环境》（2016.5）：黄善林，张羽鑫，侯淑涛，杜国明．东北地区农地经营规模对农民收入的影响研究。

转本身并不会必然带来农业效率的提高和农民收入的增长,除完善的农地流转制度以赋予农地流转畅通的政策环境外,更加关键的是农地流转后农业生产要素的优化配置。农地流转的直接效果是农地经营规模的变化,其最终对农民收入的影响如何?为弄清农地流转对东北地区农村居民农业经营收入的影响,本节依据统计数据,运用传统的 C-D 生产函数(Cobb-Douglas 生产函数)模型,揭示农地经营规模(反映农地流转的效果)及与之相配合的劳动力和资本投入对农业收入的影响,为制订农地流转及其配套政策提供参考依据。

一、模型构建

农业生产效益主要受生产过程中各种生产要素投入的影响,主要包括土地、劳动力和资本。C-D 生产函数模型揭示了农业生产中各种要素对农业生产效益的贡献,其理论模型可表示为:

$$Y = f(T, L, C) = Ae^{\eta}T^{\alpha}L^{\beta}C^{\gamma} \quad (2-1)$$

其中,Y 表示农业产出水平(产量、产值或收益等),T、L 和 C 分别表示投入的土地、劳动力和资本,α、β 和 γ 分别表示土地、劳动力和资本的产出弹性,η 通常被称为技术进步率。在对式(2-1)进行估计时,一般对公式两边分别取自然对数将其转化为线性模型进行估计(式中 ε 表示随机扰动项),即:

$$\ln Y = \ln A + \eta + \alpha \ln T + \beta \ln L + \gamma \ln C + \varepsilon \quad (2-2)$$

由于影响农业生产的因素较多,在进行实证分析的过程中,通常会根据实际情况及研究需要,选取相关的变量对经典的 C-D 生产函数形式进行扩展或补充。

二、变量选取

为研究东北地区农地流转对农业收入的影响,除选取土地和劳动力外,将资本要素拆分为农业生产固定资产和农业生产支出两个要素,同时为控制地域及时间的影响,在传统的 C-D 模型中加入地域和时间两个变量。因而,传统的 C-D 生产函数模型的估计形式调整为:

$$\ln Income = A + \alpha \ln Land + \beta \ln Labor + \gamma \ln Asset + \lambda \ln Cost + \delta Region + \psi Year + \varepsilon$$

$$(2-3)$$

其中，Income 为解释变量，表示农业纯收入。为揭示农地流转引起的农地经营规模变化对不同产出效率的影响，分别用 Income_Land 表示地均农业纯收入，Income_Labor 表示劳均农业纯收入。

被解释变量主要包括：(1) Land（农地经营规模），以家庭劳均耕地面积表示；(2) Labor（劳动力数量），以家庭整半劳动力数量表示；(3) Asset（农业生产固定资产），以家庭地均农业生产性固定资产原值表示；(4) Cost（农业生产支出），以家庭地均农业费用支出表示；(5) Region（地域）为虚拟变量，是某个地域则为1，不是则为0，东北地区包括三个省份，为区别省份之间的差异，以黑龙江省为参照，设置两个变量，即 Liaoning（辽宁省为1，其他为0）、Jilin（吉林省为1，其他为0）；(6) Year（时间）为虚拟变量，2003年及之前为0，2003年之后为1。由于2003年开始实施《农村土地承包法》，并在东北地区开始进行农业税费和农业补贴政策改革，以2003年作为时间节点，用该时间虚拟变量控制农地流转及相关政策对农业收入的影响。选取的具体变量如表2-8所示。

表2-8　　　　　　　　　　变量选取及定义

	变量	定义	
因变量	Income	农业纯收入（元）	农村居民家庭人均农业纯收入乘以家庭常住人口数
	Income_Land	地均农业纯收入（元/亩）	家庭农业收入除以家庭经营耕地总面积
	Income_Labor	劳均农业纯收入（元/人）	家庭农业收入除以劳动力人数
自变量	Land	劳均耕地面积（亩/人）	家庭经营耕地面积除以劳动力人数
	Labor	劳动力数量（人）	家庭整半劳动力人数
	Asset	地均农业生产性固定资产（元/亩）	家庭农业生产性固定资产原值除以耕地总面积
	Cost	地均农业生产费用（元/亩）	家庭农业生产总费用/耕地总面积
	Liaoning	辽宁省	是=1，否=0
	Jilin	吉林省	是=1，否=0
	Year	2003年之后	2003年之后=1，其他=0

三、数 据 来 源

自1978年提出实行家庭联产承包责任制到全面实施大约经历了5年时间，即1983年开始实施第一轮承包。实证分析的数据时间跨度为1983—2012年共30

年。数据来源于历年的统计年鉴,包括主要来源于东北三省的统计年鉴,即《辽宁统计年鉴》《吉林统计年鉴》和《黑龙江统计年鉴》,部分数据来源于《中国统计年鉴》中分地区的数据。由于统计指标的变化,部分年份的部分指标因没有统计而缺失,最终筛选出 76 个样本,其中,辽宁省 24 个(1985 年及 1990—2012 年),吉林省 26 个(1985—1996 年及 1999—2012 年),黑龙江省 26 个(1985 年及 1988—2012 年)。

四、模型检验

按式(2-3)建立的实证模型,利用软件 SPSS 16.0 对东北地区农村居民家庭农业纯收入、地均农业纯收入和劳均农业纯收入分别进行模型拟合,且均采用逐步回归(Stepwise)的方式进行多元线性回归分析,模型检验结果如表 2-9 所示。从模型拟合结果来看,农业纯收入模型、地均农业纯收入模型和劳均农业纯收入模型的调整后确定系数(Adjusted R Square)分别为 0.946、0.951 和 0.939,F 统计量分别为 266.261、366.355 和 289.089,且均在 1% 水平上显著,说明三个模型的拟合效果比较理想。

表 2-9　　　　　　　　　　回归结果

Variables	ln Income	ln Income_Land	ln Income_Labor
lnLand	0.277 ***	-0.447 ***	0.312 ***
lnLabor	0.174 ***		
lnAsset	—		
lnCost	1.034 ***	0.977 ***	1.092 ***
Liaoning	-0.288 ***	-0.260 ***	-0.291 ***
Jilin	—		
Year	-0.123 ***	-0.112 ***	-0.126 ***
Constant	4.673 ***	4.527 **	4.527 ***
Adjusted R Square	0.946	0.951	0.939
F	266.261 ***	366.355 ***	289.089 ***

注:*、**、*** 分别表示统计检验达到 10%、5% 和 1% 的显著性水平。各自变量的系数均为标准化系数。"—"表示该变量在逐步回归中被剔除。

五、结果分析

从回归结果可以看出,耕地规模、劳动力数量、农业生产费用、地域(辽宁省）及时间变量对东北地区农村居民家庭农业经营收入存在显著影响，其中，劳动力数量仅对农业纯收入存在显著影响，而对地均农业纯收入和劳均农业纯收入的影响不显著。从各因素的影响程度来看，在农业纯收入模型中，影响程度从高到低依次为地均农业生产费用、是否为辽宁省、劳均耕地面积、劳动力数量及是否2003年之后；在地均农业纯收入模型和劳均农业纯收入模型中，依次为地均农业生产费用、劳均耕地面积、是否为辽宁省及是否2003年之后。

劳均耕地面积对农业纯收入和劳均农业纯收入具有显著的正向影响，而对地均农业纯收入具有显著的负向影响。这说明，农村居民家庭每个劳动力经营的耕地规模越大，其家庭整体的农业纯收入和每个劳动力的农业纯收入越多，然而，平均每亩耕地上所产生的农业纯收入越少。可见，随着农户经营农地规模的不断扩大，东北地区农村居民家庭农业经营纯收入不断提高，家庭劳动力从事农业生产的收入效应不断增大，然而，农地经营的土地产出（就收入而非产量而言）效应却没有显著增加，反而处于降低的状态。该结果反映出当前农地流转使农户农地经营规模增加，有效提高了农户农业经营纯收入和劳均农业纯收入，但却牺牲了农地的收入效率。出现该结果的原因可能有两个方面：一方面，当前的农地流转促进农户农地经营规模增加，有效提高了农户家庭现有劳动力的利用效率，使得每个劳动力的劳动能力得以有效发挥，进而有效提高了农业纯收入和劳均农业纯收入；另一方面，虽然农地流转促进了农户农地经营规模的有效增加，但由于其他农业生产要素的投入与农地规模的匹配不合理，如农业机械、农业科技及田间管理等，降低了农地生产的亩均收入效率。

劳动力数量对东北地区农村居民家庭农业纯收入具有显著的正向影响，而对地均农业纯收入和劳均农业纯收入影响不显著。这说明，劳动力越多，家庭农业纯收入越高。较多的劳动力可以耕种较多的农地，能够促进家庭农业纯收入的增加，然而，劳动力的多寡，对当前农业生产中劳动力收入效应和土地收入效应的影响不显著。由于统计数据中缺乏农村居民家庭劳动力参与非农就业的状况，本书的实证分析采用的是农村居民家庭整半劳动力的总数，没有将外出务工或参与本地非农就业的劳动力剔除，故该结论还有待进一步的商榷。

地均农业生产费用对农业纯收入、地均农业纯收入及劳均农业纯收入均具有显著的正向影响，且是所有显著性影响因素中影响程度最大的。这说明，地均农业生产支出越多，东北地区农村居民家庭农业纯收入、地均农业纯收入和劳均纯收入越高。地均农业生产支出水平是体现农地集约化利用程度的重要指标之一，地均农业生产支出多，说明农地集约利用水平高，有利于农地产出率的提升，然而，由于土地报酬存在递减规律，地均农业生产投入须适度，否则会适得其反。该结果说明，当前东北地区土地报酬（农业纯收入视角）还处于增长阶段，继续加大地均农业生产投入能够有效提高农户的农业收入。

地域（辽宁省）和时间变量对农业纯收入、地均农业纯收入及劳均农业纯收入均具有显著的负向影响。辽宁省的农业纯收入、地均农业纯收入及劳均农业纯收入低于黑龙江省，吉林省和黑龙江省没有显著差异。该结果与前面东北三省农民收入及其结构状况的分析结果相呼应。就农业经营及农民收入而言，吉林省和黑龙江省的状况比较相似，而与辽宁省的差异较大。就时间变量而言，与2003年及之前相比，2003年之后东北地区农业纯收入、地均农业纯收入和劳均农业纯收入有所减少。该结果说明，虽然2003年之后国家实施了一系列农业改革，如农地流转、农业补贴及农业税收等，有效地促进了农业生产（产量）、提高了农民收入（主要是财产性收入和转移性收入），然而对提高东北地区农村居民农业经营收入的效果不佳。可见，除了现有的农业扶持政策外，今后国家及地方政府的农业扶持政策重点应放在能够有效提高农业经营效益、提高农户农业经营收入的领域。

常数项显著且均为正数，说明除实证模型中所选取的土地、劳动力及资本之外的因素，主要科技因素对东北地区农村居民家庭农业纯收入、地均农业纯收入及劳均农业纯收入具有显著的正向影响，且影响程度较大。可见，先进农业技术的应用对提高农民农业经营收入具有非常重要的积极作用，尤其对于农地经营规模较大的东北地区来说，在农地流转促进农民农地经营规模扩大的基础上，加大先进农业科学技术的推广与应用（如农机、良种等），是实现东北地区农地流转促进农民增收的重要途径。

六、结论与启示

以上实证分析结果表明，东北地区农地经营规模的扩大，有效提高了农民家庭农业纯收入。该结果与钱贵霞和李宁辉（2005）及杨渝红和欧名豪（2009）的研究结果相似。同时，农地经营规模的扩大亦有利于每个劳动力所创造的农业纯收入的增长。从这两个结果可以看出，东北地区农地经营规模的增加，实现了家庭劳动力农业生产能力的充分利用，带动了家庭整体农业收入和单个劳动力农业收入的增长。从这两种形式农业收入效应来看，为促进种地农民的农业收入，可以通过继续加大农地流转制度与政策的实施与改革力度，鼓励农户流转农地，促进农地适度集中,以提高种地农户的农业收入。然而,实证结果亦发现,东北地区农地经营规模的增加,不但没有有效提高反而显著降低了农地的亩均收益。该结果与胡初枝和黄贤金(2008)所发现的结果相似。可见,东北地区农地经营规模的扩大,并没有有效提高农地的收入效率。从农地经营规模对农业纯收入、劳均农业纯收入及地均农业纯收入三种农业收入形式的影响结果看,农地经营规模的扩大,提高劳动力创造农业收入的效率,带动了家庭农业收入的增长,却牺牲了土地收入效率。

在今后一段时期,中央及地方政府尤其是东北地区在进行农地流转制度改革及农业相关政策的制定与调整过程中,应努力改善农业生产条件,促进农地经营规模与其他农业生产要素间的优化配置,以更好地发挥农地经营规模扩大过程中的规模效应,提升土地产出效益,有效增加农业生产的地均收益。

第五节 东北地区农民合作社对农民收入影响

一、农机合作社对农民收入的影响[①]

在农村家庭承包经营体制下,普通农户的小规模、分散经营制约着大型农业机械设备的使用、现代科学技术的推广和生产性要素的投入,影响了农民收入的快速增长。因此,培育和发展新型农业经营主体,促进农民增加收入成为一项重要任务。农机合作社作为新型农业经营主体之一,是农民合作社的一种具体形式,具有土地和资本密集型的特点,兼有规模化生产和服务两种功能,在东北地区现代农业发展中发挥着重要作用,尤其在黑龙江省表现得更为突出。截至2015年9月,黑龙江省现代农机合作社总数达到1107家,总投入131.4亿元,购置大型先进农机设备4.9万台(套),入社农民22.1万人,独立经营耕地面积11.8万hm^2。2014年黑龙江省农机合作社总收入141.3亿元,总盈余68.9亿元,社员平均收入3.8万元。因而,以黑龙江省为研究区域,研究农机合作社对农民收入的影响意义重大。

---

① 本节内容发表于《农机化研究》(2017.11):张一豪、刘雨欣、姜天瑞、郭翔宇.黑龙江省农机合作社助农增收绩效评价——基于DID模型的实证研究.

(一) 模型构建

为了剖析农机合作社对农民收入的影响,本节建立 DID 模型(Difference – In – Differences Model)进行分析。在国内外研究中,DID 模型被广泛运用于政策效果评估。对于本节而言,DID 模型的基本思路是通过比较是否入社对处理组、对照组在不同时间农民收入影响的差异,从而得到农机合作社助农增收的效果。将农机合作社的社员设置为"处理组",农机合作社的非社员设置为"对照组"。使用自然科学的处理组、对照组对比实验原理,其中处理组在第一个时期不入社,在第二个时期入社;对照组在两个时期均未入社。采用对比实验原理后,可以将对照组的共同部分从处理组的共同部分中扣除,这样就消除了只对处理组、对照组在第二个时期作对比时产生的误差,避免数据结构产生内生性,同时也消除了仅对处理组的不同时期比较时产生的由时间因素所产生的误差。

因此,建立农机合作社对农民收入影响的基本 DID 模型:

$$Y = \alpha_0 + \alpha_1 T + \alpha_2 D + \alpha_3 TD + u \qquad (2-4)$$

其中,T 是代表时间的虚拟变量,T=0 对应 2011 年(所有农户均未加入农机合作社),T=1 对应 2015 年(处理组农户加入了农机合作社,对照组农户则依然没有加入农机合作社);D 是代表是否加入农机合作社的虚拟变量,D=0 对应未入社农户,D=1 对应入社农户;交叉项 TD 的回归系数 α_3 是代表农机合作社助农增收的效果,即 DID 估计值或双重差分估计值;u 为随机扰动项。建立 DID 模型对调查数据进行计量分析,能够准确评估农机合作社成立前后对处理组和对照组农户收入的净影响程度。

为了更准确地剖析农机合作社对农民收入的影响,采用固定效应模型:

$$Y_{it} = \alpha_0 + \alpha_1 T_t + \alpha_2 D_i + \alpha_3 T_t D_i + \alpha_4 X_{it} + u_{it} \qquad (2-5)$$

其中,Y_{it} 表示编号 i 的农户在 t 时间的家庭收入;T_t 是代表时间的 0-1 虚拟变量;D_i 是代表编号 i 的农户是否加入农机合作社的 0—1 虚拟变量;X_{it} 是影响编号 i 的农户在 t 时间家庭收入的控制变量。

(二) 变量选取

1. 因变量

根据农机合作社成立前后农户家庭收入的变动,来分析农机合作社促进农户增收的效应。依据国家统计局的分类,将农户的家庭收入分为经营性收入、工资性收入、财产性收入、转移性收入。因此，除了分析农机合作社对农户家庭总收入的影响外，还要分别分析其对农户家庭收入四个组成部分的影响。

2. 自变量

影响农户家庭收入的变量包括户主个人情况（年龄、受教育程度）、家庭情况（家庭人数、家庭资产价值）和经营情况（人均耕地面积、粮食亩产量、粮食销售价格、土地租金、非农收入所占比重、是否在社内打工）。

（三）数据来源

截至 2015 年 9 月，黑龙江省拥有现代农机合作社 1107 家，其中规模较大、实力较强、运行规范的农机合作社示范社 203 家。与一般农机合作社相比，农机合作社示范社在助农增效效果上更为突出，更具有代表性与研究价值，因此选取黑龙江省农机合作社示范社作为研究对象。采取随机抽样方法，从农业部发布的全国农机合作社示范社名单和黑龙江省农委发布的共四批现代农机合作社示范社、规范社候选社名单中选取 30 家示范社。课题组分别于 2012 年、2016 年对所选取的 30 家农机合作社进行了调研，涉及 287 户农户，其中 191 户为农机合作社社员，97 户为非社员。通过问卷调查与深度访谈的方式获取了农机合作社及其社社员、非社员的一手数据。

（四）模型检验

根据建立的基本 DID 模型，使用 Stata 计量分析软件，得出了模型 I 的估计结果，见表 2-10。其中，Y、Y_1、Y_2、Y_3、Y_4 列分别表示因变量为家庭总收入、经营性收入、工资性收入、财产性收入、转移性收入的模型估计结果。在表 2-10 中，Y、Y_1、Y_2、Y_3、Y_4 的 R^2 值分别为 0.7457、0.6291、0.6599、0.6327、0.7749，说明它们的模型拟合度均较好。

表 2-10　　　　　　　基本 DID 模型估计结果（模型 I）

	Y	Y_1	Y_2	Y_3	Y_4
α_3	22694***	-4191*	18233**	2900**	5751***
α_2	5058	-4782**	8667*	1400	227***
α_1	2644	-1789	3433	1000	15
cons	21070***	10762***	9333***	23	975***
R^2	0.7457	0.6291	0.6599	0.6327	0.7749

注：***、**、* 分别表示 $p<0.01$、$p<0.05$、$p<0.1$。

在模型 I 的基础上，采用固定效应模型，得出了模型 II 的估计结果，见表 2-11。其中，模型的自变量分别为年龄 X_1、受教育程度 X_2、家庭人数 X_3、家庭资产价值 X_4、人均耕地面积 X_5、粮食亩产量 X_6、粮食销售价格 X_7、土地租金 X_8、非农收入所占比重 X_9、是否在社内打工 X_{10}。模型 II Y、Y_1、Y_2、Y_3、Y_4 的 R^2 值分别为 0.9349、0.8935、0.9402、0.8719、0.9481，说明它们的模型拟合度比模型 I 更好。

表 2-11　　　　　引入控制变量的 DID 模型估计结果（模型 II）

	Y	Y_1	Y_2	Y_3	Y_4
α_3	16423***	-2345**	10389***	1319**	7061***
α_2	-2091	-2838***	-85	1431**	-599***
α_1	4275**	336	4165***	431	15
X_1	-523*	-304***	-329*	-110**	-2
X_2	1508	-244	1844	163	254***
X_3	4568**	860	2106	1227*	374***
X_5	1746	-4261**	3564**	2088**	355**
X_9	44253***	-22801***	56022***	12477***	1445**
X_{10}	3287*	-3571***	2635	1924***	7569***
cons	10563	41493***	-7415	-20723***	-2792*
R^2	0.9349	0.8935	0.9402	0.8719	0.9481

注：***、**、* 分别表示 $p<0.01$、$p<0.05$、$p<0.1$。

（五）结果分析

针对模型 I 的估计结果，家庭总收入 Y、工资性收入 Y_2、财产性收入 Y_3、转移性收入 Y_4 的 DID 估计值 α_3 分别为 22694、18233、2900、5751，且分别通过了 1%、5%、5%、1% 水平上的显著性检验，说明处理组与对照组相比，农户的家庭总收入、工资性收入、财产性收入、转移性收入有显著的正向影响，即加入农机合作社后，农户家庭总收入、工资性收入、财产性收入、转移性收入分别增加了 22694 元、18233 元、2900 元、5751 元。经营性收入 Y_1 的 DID 估计值 α_3 为 -4191，且通过了 10% 水平上的显著性检验，说明处理组与对照组相比，农户的经营性收入有显著的负向影响，即加入农机合作社后，农户经营性收入减少 4191 元。

针对模型Ⅱ的估计结果，家庭总收入 Y、工资性收入 Y_2、财产性收入 Y_3、转移性收入 Y_4 的 DID 估计值 α_3 分别为 16423、10389、1319、7061，且分别通过了 1%、1%、5%、1% 水平上的显著性检验。这说明引入控制变量后，处理组与对照组相比，农户的家庭总收入、工资性收入、财产性收入、转移性收入有显著的正向影响，即加入农机合作社后，农户家庭总收入、工资性收入、财产性收入、转移性收入分别增加了 16423 元、10389 元、1319 元、7061 元。经营性收入 Y_1 的 DID 估计值 α_3 为 -2345，且通过了 5% 水平上的显著性检验。这说明引入控制变量后，处理组与对照组相比，农户的经营性收入有显著的负向影响，即加入农机合作社后，农户经营性收入减少 2345 元。

在模型Ⅱ中，年龄 X_1 与家庭收入呈负相关，说明年龄越大，农户在土地的经营和外出务工的效果上越差。受教育程度 X_2 与经营性收入呈负相关，与其他家庭收入呈正相关，说明受教育程度越高，农户越倾向于加入农机合作社，将土地流转。因而，经营性收入减少，其他家庭收入增加。家庭人数 X_3 与家庭收入呈正相关，说明家庭人数越多，对应的农户家庭收入越高。人均耕地面积 X_5 与经营性收入呈负相关，与其他家庭收入呈正相关，说明人均耕地面积越大，农户越倾向于加入农机合作社。因而，经营性收入减少，其他家庭收入增加。非农收入所占比重 X_9 与经营性收入呈负相关，与其他家庭收入呈正相关，说明非农收入所占比重越高，经营性收入越低，其他家庭收入越高。是否在社内打工 X_{10} 与经营性收入呈负相关，与其他家庭收入呈正相关，说明农户作为社员经营性收入将会减少，而同时在社内打工会有更高的其他家庭收入。

（六）结论与启示

通过构建 DID 模型剖析农机合作社对农民收入的影响，可以看出，农户加入农机合作社后，家庭总收入、工资性收入、财产性收入、转移性收入显著增加，经营性收入显著减少。引入控制变量后，户主年龄与家庭总收入、经营性收入、工资性收入、财产性收入、转移性收入呈负相关；户主受教育程度、人均耕地面积、非农收入所占比重、是否在社内打工与家庭总收入、工资性收入、财产性收入、转移性收入呈正相关，与经营性收入呈负相关；家庭人数与家庭总收入、经营性收入、工资性收入、财产性收入、转移性收入呈正相关。

在分析农机合作社对农民收入影响的基础上，结合黑龙江省乃至东北地区的实际，可以得出如下政策启示：（1）东北地区尤其是黑龙江省人少地多，农机合作社作为新型农业经营主体，在助农增收方面效果显著。因此，政府应大力发展农机合作社,尤其是省级、国家级示范社。既要注重对示范社的评定,也要注重对示范社的监测,实行竞争淘汰机制。(2)在培育其他新型农业经营主体的同时,可以在适宜地区以农机合作社为主导,解放农村富余生产力,带动当地农业、农村、农民发展,切实保障和提升农户的家庭收入水平。(3)政府要加强对农民的教育与培训,提高农民的现代农业生产技能、经营管理能力以及科学文化素质,培养新型职业农民。同时,要鼓励农民将土地流转给农机合作社,更多地外出打工,特别是到农机合作社内打工,将农地经营机会成本转化为经济收入,以增加农户的家庭收入。

二、农产品供应链中农民合作社对农民收入的影响[①]

随着全球经济一体化以及信息技术的迅猛发展,我国农产品市场涌现出不同的农产品流通方式,进一步促进了农业产业化的发展。农产品供应链贯穿于农产品的产前、产中、产后的整个过程,是实现农业产业化发展的重要保证。农民合作社作为农产品供应链中的重要组织成员,有效弥补了分散农户生产规模小、抗风险能力弱、市场信息不灵、不具有谈判优势及成本优势的先天弱质性,在降低运作成本与交易成本、提高农户谈判地位等方面起到了重要作用。2016年中央"一号文件"提出要"支持供销合作社创办领办农民合作社,引领农民参与农村产业融合发展、分享产业链收益"。在此背景下,为更深入地探索农民合作社对农民收入的影响效应,将农民合作社置于农产品供应链当中进行研究,旨在促进农民专业合作社在顺利运行和健康发展的基础上更好地帮助农民实现收入倍增目标和推动现代农业加快发展。

(一) 模型构建

目前,对于农户是否是理性的观点国内外学者存在争议。根据现有研究结果,认为农户是理性的观点更加具有说服力。因此,我们认为农户参加合作社的行为是理性的,并且可以用经济学方法进行研究。为此,提出以下假设:

假设 H2-1:参加农民合作社的农户能够享受更多的收益。农民合作社融入农产品供应链有利于节约流通成本,分享利益增值和增加农户收入。

假设 H2-2:享受合作社提供物流服务的农户收益要高于未享受过物流服务的农户。

[①] 本节内容发表于《江苏农业科学》(2017.3):姜天瑞,张一豪,刘永悦,郭翔宇. 农产品供应链中农民合作社的助农增收效应——以黑龙江省240个农户为例。

从而将构建如下模型来验证上述假设：

（1）构建农户"是否加入合作社"虚拟变量，并对农户的每亩纯收入进行回归分析，进而研究农户加入合作社与否对其收入的影响，确定出一个基本的模型：

$$LnY = C + \alpha_1 x_1 + \alpha_2 x_2 + \alpha_3 x_3 + \alpha_4 x_4 + \alpha_5 x_5 + \alpha_6 x_6 + \varepsilon \quad (2-6)$$

其中，Y 为每亩的纯收入，x_1 为性别，x_2 为受教育程度，x_3 为家庭人口，x_4 为种植经验，x_5 为 Ln 每亩生产成本，x_6 为农户是否参加合作社的虚拟变量，系数 α_i 是对应自变量的回归系数。每亩生产成本是各项成本之和，包括种子成本，农药、化肥成本，水电成本等。

（2）在模型（2-6）的基础上，加入合作社各物流服务项目虚拟变量，并对每亩纯收入进行回归，研究各项物流服务对于农户收入的影响，来验证上述假设。

$$Y = C + \sum \alpha_i x_i + \beta w + \varepsilon \quad (2-7)$$

其中，Y 为每亩的纯收入，i = 1，2，3，4，5 分别代表性别、受教育程度、家庭人口、种植经验、Ln 每亩成本投入，w 为各项物流服务虚拟变量，系数 α_i 和 β 是对应自变量的回归系数。各项物流服务内容包括：固定供应商、农资采购、生产技术服务、病虫害防治、配送与仓储、市场信息、统一品牌与包装、按保护价收购和代理销售等业务。

（二）变量选取

结合前面的定性分析与提出的假设，利用多元线性回归模型来检验前面的假设，模型中各变量的设置方法如表 2-12 所示。

表 2-12　　　　　　　　变量选取与变量定义

代码	变量名称	变量定义
Y	Ln 每亩纯收入	每亩纯收入的对数
x_1	性别	1 = 男性；2 = 女性
x_2	受教育程度	1 = 小学以下；2 = 小学；3 = 初中；4 = 高中及以上
x_3	家庭人口	农户家庭人口
x_4	种植经验	种植时间（年）
x_5	Ln 每亩总成本	农户每亩总成本投入的对数
x_6	是否参加合作社	0 = 否；1 = 是
w	物流服务项目	农户是否享受过合作社提供的服务。0 = 否；1 = 是

注：合作社提供的各项物流服务包括固定供应商、农资采购、生产技术服务、病虫害防治、配送与仓储、市场信息、统一品牌与包装、按保护价收购和代理销售等业务。

(三) 数据来源

本节数据来源于 2015 年 12 月对哈尔滨、齐齐哈尔、牡丹江、佳木斯、绥化及大庆等 6 市的农户问卷调查，发放并收回有效问卷 240 份，其中哈尔滨 74 份、齐齐哈尔 72 份、牡丹江 51 份、佳木斯 22 份、绥化 11 份、大庆 10 份。由于本节是通过对入社成员与非入社成员的收入情况进行对比来考察合作社助农增收的影响，因此，在调查中将农户分为两组，合作社成员 120 户，非合作社成员 120 户，问卷比例合理。具体的样本分布见表 2-13。

表 2-13　　　　　　　　　调查样本分布情况

区域	参加合作社（户）	未参加合作社（户）	合计（户）	所占比例（%）
哈尔滨	42	32	74	30.83
齐齐哈尔	34	38	72	30.00
牡丹江	21	30	51	21.25
佳木斯	12	10	22	9.17
绥化	5	6	11	4.58
大庆	6	4	10	4.17
合计	120	120	240	100

(四) 模型检验

模型（2-6）中的自变量有性别、受教育程度、家庭人口、种植经验、Ln每亩总成本和是否参加合作社虚拟变量，回归结果见表 2-14。可以看出，模型中 R^2 的值为 0.573，模型拟合度一般，说明农户每亩纯收入除是否加入合作社以外还受其他因素的影响。鉴于本节主要考察农民合作社融入农产品供应链对农民收入的影响，所以 R^2 值大小的影响可以忽略不计。F 值为 16.205，通过 1% 水平的显著性检验，说明模型效果好，自变量适合做回归模型。此外，从 D-W 检验值来看，模型不存在多重共线性，回归模型具有统计学意义。

表 2-14　　　　　　　　　模型（2-6）估计结果

变量	系数	标准差	T 值	显著性水平
常数项	5.036***	0.403	9.661	0.000
性别	0.130	0.124	0.902	0.368
受教育程度	0.082	0.041	1.431	0.132

续表

变量	系数	标准差	T值	显著性水平
家庭人口	0.003	0.027	-0.113	0.947
种植经验	-0.064***	0.012	-5.447	0.000
ln（1hm²生产成本）	0.421***	0.061	3.415	0.001
是否参加合作社	0.591***	0.113	4.414	0.0000
样本数	240			
R^2	0.573			
调整后的R^2	0.535			
F值	16.205***			
D-W检验值	2.071			

注：***、**、*分别表示在0.01、0.05和0.1的水平上通过显著性检验。

在模型（2-6）的基础上，将合作社提供的固定的供应商、农资采购、生产技术服务、统一配送与仓储、病虫害防治、品牌销售与包装等服务与是否参加合作社变量相乘，构建新变量"是否参加合作社×物流服务项目"。模型回归结果见表2-15和表2-16，各模型F值均通过1%水平的显著性检验，说明模型效果好，自变量适合做回归模型。此外，从D-W检验值来看，各模型不存在多重共线性，回归模型具有统计学意义。

表2-15 产前与产中环节物流服务项目对农户1hm²收入影响的估计结果

变量	指标	①	②	③	④
性别	回归系数	0.123	0.087	0.112	0.134
	t值	0.972	0.673	0.862	1.050
受教育程度	回归系数	0.092	0.081	0.073	0.071
	t值	1.534	1.394	1.206	1.201
家庭人口	回归系数	-0.003	-0.005	0.012	0.002
	t值	-0.177	-0.241	0.364	0.033
种植经验	回归系数	-0.093	-0.096	-0.081	-0.087
	t值	-5.746***	-5.764***	-5.296***	-5.474***
ln（1hm²生产成本）	回归系数	0.251	0.234	0.234	0.213
	t值	3.814***	3.447***	3.611***	3.503***

续表

变量	指标	①	②	③	④
固定供应商	回归系数	0.306			
	t 值	1.707*			
农资采购	回归系数		0.434		
	t 值		2.376***		
生产技术服务	回归系数			0.363	
	t 值			3.001***	
病虫害防治	回归系数				0.414
	t 值				3.361***
常数项	回归系数	5.057	5.260	5.151	5.153
	t 值	9.453***	9.673***	9.906***	9.949***
样本数		240	240	240	240
R^2		0.521	0.533	0.563	0.546
调整后 R^2		0.483	0.496	0.518	0.513
D-W 检验值		2.091	2.071	1.966	2.021
F 值		13.412***	13.884***	15.692***	14.799***

注：***、**、*分别表示在0.01、0.05和0.1的水平上通过显著性检验。①为引入"固定供应商×是否加入合作社"的回归统计；②为引入"农资采购×是否加入合作社"的回归统计；③为引入"生产技术服务×是否加入合作社"的回归统计；④为引入"病虫害防治×是否加入合作社"的回归统计。

表 2-16　产后环节物流服务项目对农户 1hm² 收入影响的估计结果

变量	指标	①	②	③	④	⑤
性别	回归系数	0.109	0.126	0.106	0.143	0.152
	t 值	0.904	1.001	0.847	1.121	1.243
受教育程度	回归系数	0.083	0.093	0.120	0.117	0.115
	t 值	1.412	1.542	1.934*	2.036***	2.034**
家庭人口	回归系数	0.005	-0.007	0.007	-0.005	0.001
	t 值	0.187	-0.301	0.272	-0.234	0.051
种植经验	回归系数	-0.083	-0.087	-0.086	-0.085	-0.082
	t 值	-5.307***	-5.501***	-5.334***	-5.434***	-5.451***

续表

变量	指标	①	②	③	④	⑤
ln（1hm²生产成本）	回归系数	0.251	0.233	0.227	0.247	0.204
	t 值	3.871***	3.357***	3.360***	3.651***	3.087***
配送与仓储	回归系数	0.362				
	t 值	3.036***				
市场信息	回归系数		0.331			
	t 值		2.417**			
统一品牌与包装	回归系数			0.447		
	t 值			3.779***		
按保护价收购	回归系数				0.306	
	t 值				2.017**	
代理销售	回归系数					0.421
	t 值					2.741***
常数项	回归系数	4.904	5.196	5.240	4.983	5.112
	t 值	9.673***	9.690***	10.177***	9.481***	9.747***
样本数		240	240	240	240	240
R^2		0.534	0.533	0.566	0.527	0.535
调整后 R^2		0.496	0.498	0.517	0.489	0.501
D－W 检验值		2.013	2.071	1.967	2.062	2.103
F 值		14.061***	13.946***	15.368***	13.611***	14.199***

注：***、**、* 分别表示在 0.01、0.05 和 0.1 的水平上通过显著性检验。①为引入"配送与仓储×是否加入合作社"的回归统计；②为引入"市场信息×是否加入合作社"的回归统计；③为引入"统一品牌与包装×是否加入合作社"的回归统计；④为引入"按保护价收购×是否加入合作社"的回归统计；⑤为引入"代理销售×是否加入合作社"的回归统计。

（五）结果分析

从模型（2-6）的估计结果来看，是否参加合作社变量系数为正，并在1%的水平上显著，表明参加合作社对每亩收入有显著的正向影响作用，加入合作社的农户会比未参加的农户获得更高的收益。每亩总成本对农户收入有显著的正向影响作用，表明在农产品种植的过程中，投入与收益成正比。种植经验的系数为负，说明种植经验对于农户收入有负影响作用。这可能是由于经验少的农户更容易接受先进的管理思想和种植理念，而这些先进的种植理念往往在提高生产效率方面有显著的作用。此外,农户个体特征对农户纯收入无显著性影响。

从表 2-15 的估计结果来看,在产前与产中环节,农资采购、生产技术服务与病虫害防治在 1% 水平上显著,说明合作社提供的这三项物流服务对于农民收入的增长有着重要的作用。合作社统一进行农资采购,有利于减少中间环节,降低单个农户采购农产品的交易成本,提高了合作社农产品的市场竞争力,规范了农产品市场秩序。在生产技术服务方面,被调研合作社大多采取机械化服务或集中经营的生产方式,降低了合作社成员的劳动强度,深化了产中环节的分工。农药和化肥作为农户生产成本的主要构成部分,在农产品种植过程中起到了重要的作用。统计结果显示,合作社社员在农药采购方面平均每亩比非社员节约 10.13 元,有效降低了农户的采购成本,提升了利润空间。另外,有固定的供应商在 10% 水平上显著,说明通过特定渠道进行农产品采购,有利于合作社掌握农户的生产信息,降低交易费用,保障农资质量安全。

从表 2-16 的估计结果来看,在产后环节,统一品牌与包装、代理销售等均在 1% 水平上显著,表明合作社通过对农产品进行品牌包装,引导社员树立质量意识、品牌意识、包装意识,提高农产品知名度,从而定位高端农产品市场,提高农产品的附加值。农民合作社提供的代理销售服务会在很大程度上解决分散、孤立的农户农产品销路问题,有利于使分散经营的弱势农民通过合作社这一组织来更多地分享销售收益,促进农民增收。提供市场信息和按保护价收购成员产品在 5% 水平上显著,表明农民合作社融入农产品供应链有利于搭建农户与消费者之间的桥梁,迅速把消费者的信息传递给种养生产源头的农户,从而缩短流通时间,提高农产品供应链的运作效率。对于农户来说,实现利益的最终环节就是销售,然而在实际情况中,销售环节却存在诸多问题。由于单个农户生产经营分散、对市场信息把握不全、谈判不具优势等原因,经常出现贱卖农产品的情况。而合作社能够按保护价收购农产品,对于保障农户收入的稳定性、提高农户抵御市场风险的能力起着至关重要的作用。

(六) 结论与启示

实证研究发现,农户参加合作社是一种高产出、高收益的生产方式。从模型结果可以看出,参加农民合作社对提高农户收入有显著影响,入社农户的人均收入和获取的利润普遍高于非入社农户。可见,农民合作社对农户收入具有显著的促进作用。此外,积极、主动地进入农产品供应链的价值增值环节是合作社未来发展的必然选择。研究结果表明,农民合作社在农产品供应链中获取更多的价值增值和溢价活动并不是在生产环节，而是在加工与销售环节（刘永悦、郭翔宇、刘雨欣，2016）。现阶段，农民合作社的深加工与精加工能力仍然不足，农户只能从中获得农产品初加工的利润，收入提高幅度不是很大；合作社的品牌开发和建设能力仍然较弱，即使获得了质量认证，其市场知名度和影响力也较小，很难赢得消费者的信任。

基于实证研究结果，可以得出如下政策启示：第一，农民合作社要不断提升自我发展能力，主动融入农产品供应链中，特别是在农产品加工和销售等价值增值环节。尽快由以生产为主导的经营方式向以加工和销售为主导的经营方式转变，建立具有深加工和精加工能力的合作社，从内部保障农产品的优质化生产。努力打造自有品牌，积极进入高端市场，提高农产品附加值，增强合作社盈利能力，从而吸引更多的农户加入合作社，带动农民增收。第二，农民合作社的发展离不开政府的扶持，尤其是在农产品储藏和冷链运输方面。由于农产品具有特殊的季节性，对物流仓储能力具有较高的要求。相关部门要加大对物流基础设施的资金投入和建设力度，在农产品加工和销售方面给予税收优惠，这既是合作社向农产品深加工领域发展的关键，也是合作社健康运行和持续发展的重要保障。第三，要加强对农民合作社经营管理人才的培养。经营管理者素质是影响合作社发展水平的重要因素。陈旧的合作社经营管理理念、落后的供应链管理模式很难适应当今市场经济快速发展的需要。因此，要加强对合作社管理者与核心成员的专业技术培训，通过与高校之间的交流、沟通与合作，实现知识共享，培育出具有管理能力和领导能力的新型人才，从而更好地带动合作社发展，增加农民收入。

第三章　东北地区农地流转影响因素与约束条件分析

全面掌握农地流转的影响因素和约束条件，是制定促进和规范农地流转的重要依据。本章遵循提出问题、调查问题、分析问题、解决问题的逻辑构建了东北地区农地流转影响因素与约束条件分析的框架，从宏观、区域性和个体三个不同层次分析影响农地流转的主要因素，并以黑龙江省为研究区，基于农户调查数据开展实证研究。最后，通过全面分析东北地区农地流转约束条件，以期对创新农业生产用地经营权制度、建立灵活有效的土地流转机制、实现土地适度规模经营提供借鉴。

第一节　分析框架

农地的适度集中和规模经营是经济社会发展到一定阶段的必然要求和选择。纵观世界各国的农业现代化发展历程，发达国家基本上都通过农地流转实现了从传统农业向现代农业的转变。而我国虽然凭借30多年来的农村改革开放取得了巨大的成就，但是随着工业化和城镇化的快速推进，尤其是20世纪80年代中期家庭联产承包责任制改革效应释放殆尽后，土地细碎化、农村土地产权模糊等影响地权稳定性和农地效益的问题，以及土地行政性调整频繁等影响地权稳定性和耕作效率的问题日益凸显。党的十八大以来，新的一届中央领导集体就事关农业、农村、农民，"三农"改革发展的全局性、战略性问题提出新的理念、新的判断、新的举措，为我们做好新阶段的"三农"工作提供了基本的遵循，对"农村土地承包经营权"的保护力度在不断加强，支农惠农政策的强度也在增大，农村土地问题更是被视为关系到农村改革、发展和稳定的大局，关系到农村民主政治建设、构建农村和谐社会的关键备受重视。2014年中共中央、国务院印发了《关于全面深化农村改革加快推进农业现代化的若干意见》，这不仅是中央"一号文件"连续第11年聚焦"三农"问题,更是首次对包括土地流转在内的农村改革促进农业现代化作出全面的安排。

作为能够有效缓解人地矛盾、推进城镇化建设的重要手段,农地流转问题受到了学者们的广泛关注。钟涨宝通过对湖北、浙江等地的农户问卷调查,研究了不同地区的农户在农地流转过程中的行为差异(钟涨宝、汪萍,2003;宋辉、钟涨宝,2013;聂建亮、钟涨宝,2014);曹建华(2007)通过研究农村土地流转的农户供求意愿,定量评价土地流转的经济效率;史清华(2007)基于1986—2005年长三角15村固定观察点的农户资料,对长三角农户家庭农地的流转进程以及形成根源进行分析;游和远以中国30个省份为数据分析对象,研究了农地流转、禀赋依赖与农村劳动力转移的关系(游和远、吴次芳、鲍海君,2013;游和远、吴次芳,2010);卞琦娟(2010,2011)以浙江省的农户调研数据为基础研究农地流转的影响因素,并进行了农户农地流转现状、特征及其区域差异分析;王德福(2011,2012)基于一起由行政力量主导的大规模农地流转案例,分析大规模农地流转分别在经济层面与社会层面产生的后果,以及对农民生活与乡村治理造成的影响;郭翔宇(2010)从"反租倒包"农地流转模式的形成机理出发,建立了"反租倒包"参与主体关系模型,研究了农地流转中农户博弈行为;罗必良(2012,2013)通过构建"农户土地产权—农地禀赋效应—农地流转行为"的概念模型,揭示了农地流转抑制的内在机理。尽管已有众多研究分析了农地流转,但鲜有学者立足于东北地区,全面厘清农地流转影响因素与约束条件。

基于此,本章以黑龙江省"两大平原"农业综合配套改革为契机,特选取宏观、区域性和个体三个不同层次,深入研究影响农地流转的主要因素,以期对创新农地承包经营权制度,建立灵活有效的土地流转机制,优化土地资源配置,实现土地适度规模经营,完善农业生产要素市场,促进农业和农村经济发展大有裨益。本部分研究的技术路线如图3-1所示。

第三章　东北地区农地流转影响因素与约束条件分析

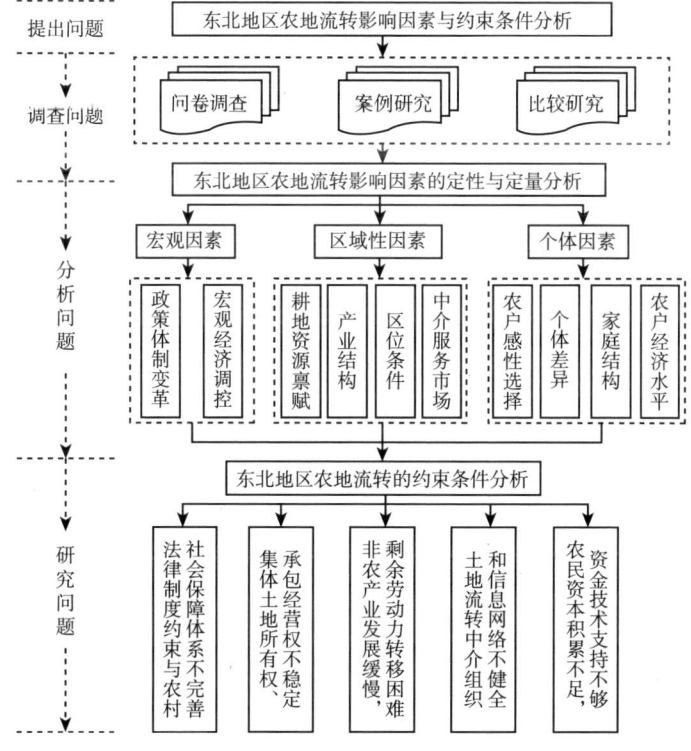

图 3-1　农地流转的影响因素与约束条件研究

第二节　农地流转的影响因素分析

一、宏观影响因素

（一）体制、政策变革对农地流转的影响

体制和政策直接影响并规划了人们的各种行为。国家政府往往通过体制、政策变革来实现对地区发展战略、经济增长、产业结构等的宏观调控，以最大限度地促进社会经济的统筹协调发展。

作为农业大国，在我国漫长的经济体制改革和政策机制探索的过程中，农业相关制度、政策的完善尤为重要。最初，十一届四中全会上做出了《关于加快农业发展若干问题的决定》为后期的包产到户政策打下了一个基础，随后1981年全国农村工作会议通过的《全国农村工作纪要》中肯定了农业生产责任制,以及"包产到户和包干到户"的做法,"双包"体制在全国迅速铺开,家庭联产承包责任制也逐步实施。1984年中共中央发出的《关于1984年农村工作的通知》中明确规定土地承包期限为15年,为稳定家庭承包责任制给出了明确期限,所以到年末家庭联产责任制已经完全取代了集体农地经营制度,实现了将农村土地所有权和经营权相分离的目的,承包农民只需要签订土地承包经营合同就可以获得土地的经营使用权,这使农民生产积极性空前高涨。但《全国农村工作会议纪要》明确土地承包户没有买卖、出租、转让所承包土地的权利,在1987年之后关于农村土地的政策开始逐渐松动,农村也陆续出现了小范围的土地流转。之后,十三届八中全会通过的《中共中央关于进一步加强农业和农村工作的决定》提出了家庭承包分散经营和集体联合统一经营统分结合的双层经营体制,并提出要不断完善双层经营制度,要把双层经营制度作为农村的基本经营制度要求。在1993年通过的《关于当前农业和农村经济发展的若干政策措施》中提到"经作为发包方的集体组织同意,可以依法自愿有偿流转土地经营权,流转的土地不能改变土地的农业生产用途",这为促进农村土地流转和建立土地流转市场打开了政策上缺口。同年颁布的《中华人民共和国农业法》(以下简称《农业法》)第十三条规定,"承包户享有生产经营决策权、产品处分权、收益权、转包权、转让权、期满时的优先承包权、继承人的继续承包权等权利"(肖绮芳,2010)。1994年农业部在发布的《关于稳定和完善土地承包关系的意见》中指出:"在坚持土地集体所有和不改变土地农业用途的前提下,经发包方同意,允许承包方在承包期内,对承包标的,依法转包、转让、互换、入股,其合法权益受法律保护。"到了20世纪90年代,全国相继出现了两田制、反租倒包制、股份制以及"四荒"地拍卖制等流转形式,这时候的土地流转已经初步具备了市场化流转土地的特征。而自90年代以来,受工商业经济发展迅速,各产业在国民经济中所占比重与农民的家庭收入结构的变化的影响纯粹从土地经营中得到的收益越来越少,农村劳动力正逐步从传统农业向二三产业转移,在这种大趋势下为了避免产生土地撂荒现象,维护国家粮食安全,保护越来越珍贵的耕地资源,我国农村土地流转规模呈现出逐步扩大的趋势,这一趋势在1997年后越来越明显,出现这一现象的原因在很大程度上是由于国家出台了将土地承包期限延长30年的政策(张红宇,2002)。而且2002年颁布了《农村土地承包法》,第一次赋予了农村土地流转合法地位,其中明确规定农民承包的土地可以通过合法的形式(转包、出租、互换、转让或其他方式)进行流转,自此土地流转进入了法制化发展阶段。2005年发布的《关于进一步加强农村工作提高农业综合生产能力若干政策的意见》中提出了关于农村土地经营流转和发展适度规模经营所必须坚持的前提条件，这就是必须在坚持农户自愿、依法有偿的前提下进行，防止过度追求土地规模集中，忽视了经济效益和农民的根本利益。中央紧接着颁布施行了《农村土地承包经营权流转管理办法》，关于流转土地承包经营权的细则问题都得到了明确解释，主要包括采用何种流转方式、如何签订流转合同等问题，这促进了各级地方政府规范化管理土地流转，加强监督土地流转的力度，建立健全土地承包经营全流转制度，探索新的土地流转模式。2007年中共十七大报告提出"坚持农村基本的双层经营制度，稳定和完善土地责任承包关系，按照依法、自愿、有偿原则，建立健全土地的承包经营权流转市场，发展多种形式的适度规模经营"。中共十七届三中全会通过《中共中央关于推进农村改革发展若干重大问题的决定》中重点强调了健全严格规范的农村土地管理制度、坚持最严格的耕地保护制度、搞好农村土地确权、登记、颁证工作、完善土地承包经营权权能、维持现有的土地承包经营权长久不变，这就解决了多年以来一直困扰农民的一个重大问题：承包来的土地什么时候会收回去。农地流转现象已经出现很多年了，但是流转市场一直没有正式建立，流转规模难以扩大，其中最主要的原因就是农民担心土地承包经营权不够稳定，农民不敢发展深层次经营，现在中央出台文件确立土地承包关系长久不变，这为土地的市场化流转提供了政策支持，这表明国家将会逐步完善土地政策法规、完善土地承包权能，给予农民切实有力的政策支持和完整的土地承包权益，强化对农民土地承包经营权的物权保护，推动土地承包经营权的合理流转（叶剑平、蒋妍、丰雷，2006）。

东北地区作为我国重要的商品粮和农牧业生产基地，2009年9月国务院发布《关于进一步实施东北地区等老工业基地振兴战略的若干意见》（国发〔2009〕33号），提出"抓紧研究制定加快东北地区现代农业发展的政策措施"，包括加大补贴及投入、推动强农惠农资金发放，采取贷款贴息、投资补助、以奖代补、费用补贴等方式，引导社会力量投资现代农业建设等，这对于东北地区农业发展方式转变以及现代农业的发展意义重大，为粮食生产、种植业、水产养殖业、林业等行业及相关产业发展创造了良好氛围的同时，极大地推动了农村土地的流转。之后，2010年12月，发改委和农业部共同出台《关于加快转变东北地区农业发展方式建设现代农业的指导意见》提出，"到2015年，东北地区粮食综合生产能力稳定在1亿吨以上；到2020年，东北地区农业土地产出率、资源利用率和劳动生产率达到发达国家水平，现代农业发展取得显著成效"。随后2012年国家政策再次发力,调整农业补贴政策,平均每生产1公斤粮食,国家补贴0.28元,重大技术推广补贴力度之大前所未有。从"联地补贴"向"联技补贴"转变,解决了技术落地、技术到位的问题,极大地调动了农民采用先进技术的积极性,对发展规模农业、现代农业举足轻重(刘克春、池泽新,2008)。2014年,据21世纪经济报道获悉,国家发改委已开始研究新的振兴东北经济中长期措施。同时,国家发改委东北司制定的《近期支持东北地区发展的十个方面政策举措(草案)》目前征求意见已经完毕,有望近期出台。这一系列的发展东北现代农业的具体政策措施,实现了东北地区体制、机制的创新,加快了农业发展方式的转变,夯实了农业发展基础,优化了农业产业结构,强化了农业科技支撑,创新了农业经营机制,使东北地区的农地流转势在必行且日益兴盛。

综上所述,农村土地流转是受政策体制的变革影响逐步形成的,是在坚持家庭联产承包责任制的基础上形成的一项衍生行为,因此兼具家庭联产承包责任制激发劳动者积极性、符合农业生产特性等优点的同时,克服了家庭联产承包责任制下无法解决的土地小规模化经营缺点。对整合、集约利用农村土地资源,实现土地资源的优化配置和促进农业增产、农民增收,实现现代农业具有现实上的重大作用。

(二) 宏观经济调控对农地流转的影响

宏观调控亦称国家干预,是政府对国民经济的总体管理,是一个国家政府特别是中央政府的经济职能。它是国家在经济运行中,为了促进市场发育、规范市场运行,对社会经济总体的调节与控制。我国长期以来的系列宏观经济调控策略的实施,极大地融合了社会主义公有制的制度优势与市场经济资源配置的高效活力,社会主义建设者的劳动积极性、创造性显著提高,社会主义制度的优越性得到了充分释放,社会主义生产力迅速发展壮大起来。

最初人民公社化时期,农民的收入处于停滞状态,其低效率的生产状况,更使农民的生活水平不断倒退,1958—1965年中国农民的生活消费水平还达不到1957年的水平。所以从1958年进行经济体制第一轮改革时,中国共产党人开始对社会主义经济体制变革有了基础认识。直到1978年党的十一届三中全会的召开,实行改革开放政策,才真正实现了从社会主义计划经济到商品经济再到市场经济的转变。从"计划经济为主、市场调节为辅"的阶段,改革一直是在传统体制中进行;到"有计划的商品经济"阶段,首次阐述了社会主义有计划商品经济的理论,突破将计划经济与商品经济对立起来的传统观念,确立了计划经济体制，即一种并非完全由市场调节的有计划的商品经济体制；再从"国家调节市场、市场引导企业"，国家直接运用计划调节的作用，逐步强化了对经济运行走势的宏观调控，提出了"计划经济与市场调节相结合"的经济运行机制，到党的十四大明确指出我国经济体制改革的目标是建立社会主义市场经济体制，我国市场经济体制的正式形成，极大地解放了我国被计划经济体制束缚已久的生产力。党的十五大以后，财政、税收、金融、外汇、计划和投融资体制改革继续向前推进。尤其中国加入世界贸易组织（WTO）后，为提升农产品国际竞争力，加快农业产业化进程，国家积极调整农业生产结构与现行的农业管理体制，积极主动地改革农产品流通体制，不断提高我国农产品的质量，大力发展具有比较优势的农产品；并与国际农产品信息网络联接，为农民及时准确地提供国内外农产品的需求、生产、供应、销售价格等相关信息的国际市场走势，以便在农产品国际贸易中抢占先机。WTO的"绿色"政策的充分利用，以及对农业适度保护的加强，使土地价值提升，农业投资开发机会增多，各类农业经营组织用地需求不断扩大，土地流转逐渐流行。中共十六届三中全会通过的《关于完善社会主义市场经济体制若干问题的决定》对形成完善的社会主义市场经济体制提出了全面的要求。农村统分结合、双层经营经济体制进一步得到巩固，农村税费改革试点有序进行，特别是2006年全国彻底废除了长达2600年的农业税，使农业比较效益优势充分显现，农村经济发展蒸蒸日上。

因此，随着市场经济体制的不断完善，中国经济近20年来都保持超高速发展，而且速度越来越快。同1978年相比，GDP年均增长近10%，有的地区超过20%，占世界份额超过5%；总量突破20万亿元，外汇储备第一，对外贸易第二。这种繁荣增长的背后，是农民和广大低薪劳动者节衣缩食支持了大出口大加工赚外汇，从而储蓄了劳动成果积累了资本，支持了货币信贷过多、外贸顺差过多和公共设施建设，填充了GDP总量猛增的空虚。在世界经济继续保持复苏的态势下，中国面临的国内外环境错综复杂，要想保持GDP的增长只有依靠内需，而城乡差距、贫富差距过大，福利保障不完善等问题则是导致消费不振的主要原因。为此，必须加快农村劳动力向城市转移的步伐，提高农业现代化程度，稳定和完善农村家庭承包经营制、优化农地资源配置、快速构建土地交易市场，使大量土地进行规模化、集约化、产业化、高效化的生产经营，以促进农业和农村经济的发展，最终带动GDP的增长。

一方面宏观经济发展所带来的市场信息、生产资料的丰富，生产技术、产品储存等技术的完善以及运输、加工等条件的便利，使农民收入、生活环境、生产条件和村庄文明程度显著提高,加速了农地流转;另一方面农地流转产生的规模效应和经济效应,推动了国民经济进步。因此,国家宏观经济的发展与农地流转是相辅相成、密不可分的。

二、区域性影响因素

(一) 耕地资源禀赋对农地流转的影响

从系统论的角度,耕地作为一个独立系统,以其整体性、结构性、空间性和时序性共同维持着系统内的动态平衡。从人地关系的角度看,人与地理环境之间相互作用、相互联系,使耕地的资源禀赋可借以人口与土地之间的数量具体表现,通过区域内土地垦殖的适宜性程度、垦殖率、耕地自然质量和人均耕地面积等耕地资源利用的自然条件来反映。

20世纪80年代中国全面实施家庭联产承包经营责任制,确立了在农村集体土地所有权与使用权分离基础上,以户为单位的家庭承包经营的新型农业耕作模式,有效调动了农民生产积极性,提高了农业生产率。但家庭承包的均田承包方式,使农地细碎化成了农户经营的重要禀赋特征。尽管土地的细碎化有利于分散农户的种植风险,然而其资源配置的低效率与规模不经济所隐含的潜在收益,逐渐诱导耕地集中,向规模化、集约化发展。因此,耕地的资源禀赋发展成为影响农地流转的重要因素。

本章研究耕地资源禀赋对农地流转的影响,主要从户均耕地面积的角度,抑或耕地细碎化程度,即农地流转的规模方面分析。在吉林省,由于农村地区户均耕地不到$1hm^2$,农户即使全部转出自己的土地也只能是小规模流转。因此,在这种客观条件下,吉林省农地流转呈现出了以小面积流转为主的特点,并且地块较为分散,没有集中联片形成规模。吉林地区2009年流转规模在$2\sim10hm^2$的农户有4200户,流转总面积为$12012hm^2$,占流转耕地面积的33.4%;流转规模在$11\sim50hm^2$的农户有21户,流转总面积为$306hm^2$,占流转耕地面积的0.85%(倪锦丽,2010)。2011年根据公安厅户籍人口统计数据,吉林省农村户均人口为3.59人,户均耕地面积$1.36hm^2$。虽然整体高于国家平均水平,但土地资源禀赋仍然决定了户均耕地在各地区的明显差异。通过农户流转土地情况抽样调查数据显示,样本县市的土地流转面积按地块数分,仅为2.5亩,东部地区由于耕地资源少,流转的地块更细碎化,中西部地区的户均耕地规模要远远大于东部地区。而且辽宁省的问卷结果也显示,在调查的240户农户中,流转土地的农户有

97户，占到了40.42%，流转的土地从几分到几亩不等，平均为3.9亩，同样深受农地细碎化的严重影响，难以形成规模流转、发展大机械农业。

因此，一方面可以看出，土地细碎化的资源禀赋使单宗农地流转面积过小，规模化难以实现；另一方面，可以发现户均土地规模小的农户，由于农地减少（如子女通过接受高等教育进入城市后耕地面积减少），农地本身带来的收益降低，更倾向于全部流转土地，所以耕地越细碎化的地区，农地流转的总面积相对越大，地区流转比率也较高；而户均土地规模大的农户由于其耕种技术相对成熟或者农业劳动力丰富等原因，更倾向流入土地或者仅是将部分土地流转出去，以降低非农收入的边际成本，农地流转比率反而较低。因此，东北地区的户均耕地面积大体表现出与农地转出速率呈正相关、与农地转入速率呈负相关，且耕地面积越小的区域农地流转速率越高的现象。

（二）产业结构对农地流转的影响

产业结构是指各产业的构成及各产业之间的联系和比例关系。区域产业结构，整体三次产业的发展水平，第一产业的内部结构调整，以及第二、第三产业集中程度，构成了区域的宏观经济环境，直接影响着农业的比较收益。

随着产业组织的快速发展和三大产业结构的变化，使农地经营权入股流转、发展股份合作经济等新型农业经营主体逐渐兴盛，农民就业及收入来源日益多元化，这种产业结构的变化带来的农地经营主体的改变，深刻影响了区域土地的特性和农地流转的情况。

一方面，通过调查东北地区产业结构与农地流转主体的关系发现，对于农地流出主体来说，农村少数青壮年劳动力外出到离家较远、第二、第三产业发达地区打工、经商，年纪稍大但仍具有劳动能力的人一般选择就近打工，农村附近的第二、第三产业（如乡镇企业等）就承担了吸纳通过土地流转解放出的大量农村剩余劳动力的责任。所以在第二、第三产业发达的地区，有更多的农户愿意进行农地流转，转而从事非农产业，去获得能力范围内的更高收益。而对于农地流入主体，通过计算农户参与土地流转的比例，可知东北地区流入土地的农户比例在全国范围内最高，达到27%；且黑龙江省和吉林省的土地流入主体绝大部分为农户，流向农户的面积占流转面积比例分别高达85.43%和83.63%，高于全国平均水平14.46%。虽然东北地区近年来大力发展农业专业合作社，但在吉林省其流入土地的比例仅为4.48%，企业流入比率为1.53%，而黑龙江省的企业流入率最低，仅0.69%（见表3-1）。

表3-1　粮产区各省不同主体流入土地面积占各省流转面积的比重　　单位：%

主体	农户	专业合作社	企业	其他
全国平均	69.17	11.87	8.08	10.88
辽宁省	66.82	9.72	6.55	16.92
吉林省	83.63	4.48	1.53	10.36
黑龙江省	85.43	12.07	0.69	1.82

造成这种东北地区流入主体比例中农户过高现象的原因，一是与国家政策中"保持农户是土地流转的主体"相适应，二是深受农业占产业结构的比例影响，2010年辽宁省三次产业构成为8.9：54：37.1，吉林省三次产业的结构比例为12.2：51.5：36.3，黑龙江省为12.7：49.8：37.5，具体数据见图3-2，可以发现黑、吉两省更注重第一产业的发展，农业较为发达，所以农户作为流入主体更多，而辽宁省良好的工业基础与发达的工业企业，自然有较其他两省更多的企业成为流入主体。而且第一产业增加值所占比重较大的地区，大多以农业为主导产业，农业收入是农户家庭收入的主要来源，在这种情况下，农民不愿意将土地流转出去，农地流转的供给不足，导致农地流转发展相对缓慢（易小燕、陈印军，2010）。

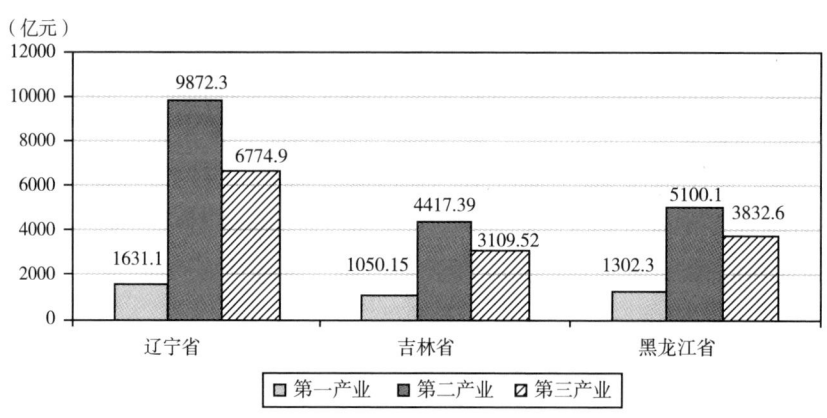

图3-2　2010年东北地区三次产业结构

另外，从第一产业内部的结构变化来看，近年来，东北地区第一产业总产值一直高速增长，这是产业结构多样化的主要原因之一。由于总产值达到了一定高度，粮食产量能够满足社会所需，温饱问题得以解决，人们也不再仅满足于单一食物需求，因此需求多样化逐渐产生（曹昆，2013）。这种需求的多样化，一是表现为食物需求的多样化，即在解决基本温饱问题后，更多的人开始关注营养结构，鱼类、肉类、蛋类和奶制品的需求日益增多，进而引发第一产业结构的多样化；二是表现为生活需求的多样化，精神文明的进步丰富了人们的生活，木制品、皮革制品等的需求增加，推动了林业、畜牧业、渔业以及副业的发展。这种变化增长结构使单一的粮食产业转向农、林、牧、渔多样化的产业发展，迫使农地必须进行流转，以释放更多的劳动力从事其他生产，以满足更多物质、精神需求。

因此，无论是三大产业结构的改变，还是第一产业内部结构的变化，不同的产业结构状态左右了农地流转意愿，产生了不同的农地流转行为和流转面积。

（三）区位条件对农地流转的影响

区位条件即区位本身具有的条件、特点、属性、资质，包括自然资源、地理位置，以及社会、经济、科技、管理、政治、文化、教育、旅游等多方面。杜能农业区位论提出的以城市为中心，由里向外依次为自由式农业、林业、轮作式农业、谷草式农业、三圃式农业、畜牧业的同心圆结构的"杜能圈"，是区位条件作用下的典型体现。

本章从狭义角度理解农地的区位条件即农地相对城市的远近距离，将其划分为近城市地段和远城市地段两类。

通过对东北地区调研发现，中心城市周边的区域，人均耕地面积虽然较小，但耕地质量好，农地流转比例也比较高，例如，哈尔滨市的近城地段流转出土地的农户有16.7万户，占农户总数的14.1%，远高于远城市地段的农地流转比例。而且据调查，在黑龙江省土地流转的平均价格是400元/亩，近城区条件较好的农地流转价格相对较高，如尚志市腹地的农地流转价格能高达1500元/亩。但某些农业发展落后、耕地质量较差的远城市地段农地流转价格多在200元/亩以下，甚至不足100元/亩。

在近城市地段，不仅交通便利，生产成本低，种植蔬菜、果树等产量高，综合收益较高；而且近城市地段多数为平原地形，耕地质量较高，便于进行规模化、集约化、机械化的经营管理，所以投资者更愿意选择这样的地段流入土地，近城区的农地流转价格也往往较高；而对于农地流出户来说，近城市区域的非农就业机会远远高于偏远地区，有更多的机会获取更高的收益，而且近城区的农户基本能实现与市民共享部分生活、教育、医疗等基础设施，对农地的依赖程度较低，所以农户也比较愿意流出土地。但在远城市的地段，交通不畅通，地形复杂，耕地零星分散，不便于规模化经营，增加了劳动、运输的成本，导致综合收益较低。并且由于偏远地区的经济较落后、产业不发达,土地仍视为农民重要的基本生活保障,农户常常会因为恋乡恋土情节而被土地束缚,大多不愿进行土地流转。这与对农户的调查结果相契合,即随着距离的增长,愿意进行土地流转的人群要比态度无所谓的人群出现的概率要小,城市近郊区的流转意愿明显强于偏远地区。

可见,区位条件尤其是与城市的距离,与农户的流入与流出意愿息息相关,偏远地区较低的农地流转速率往往是受其区位条件的限制。

(四) 中介服务市场对农地流转的影响

市场中介是指市场经济活动中,为生产型企业之间、生产型企业与消费者之间提供消费服务的服务型产业,并辅以在消费者之间沟通和获取信息、传递产品、流转资金以及帮助决策,是一种为企业的生产经营提供劳动力、资金等生产要素服务的产业形式或组织(庞君,2005)。通过中介服务市场,买卖双方不仅可以获得更多的可供选择的交易途径和方法,而且有助于了解更新、更全面的产业信息与市场行情。因此,中介服务市场是随着市场经济的发展而逐步成长起来的,是实现市场一体化机制的最佳选择。而农地流转中的中介服务市场则是农地流转市场化发展的产物,是充分实现土地流转双方的信息交流的媒介。

以辽宁省葫芦岛市连山区为例,区内耕地面积 41496hm^2,其中旱田 41357hm^2,农业人口 329270 人,人均实有耕地 1.88 亩。受农村主要劳动力减少、土地运营管理不当、农业收益低下的影响,农地流转逐渐兴起。近年来,根据实际流转的需求,积极响应国家政策,连山区成立了土地流转工作领导小组和"土地信托服务中心",乡镇设立了"土地信托服务站",村级设立了"土地信托服务社",土地信托服务组织体系逐渐成型,农地流转供求登记、资源信息、中介协调等功能日趋完善,能够及时提供、搜集流转土地的数量、质量、区位、价格等相关信息,并充分给予农地供给主体和需求主体之间的联系空间。不仅拓宽了农地流转的空间范围,也有助于延长农地流转的时间范围,使农地流转由临时性、季节性的行为转变成整体性、长期性的行为(钟涨宝,2005)。因此,这一系列中介服务组织机构的成立,使连山区的土地流转市场迅速发展并十分活跃,而且农地流转纠纷较少、农地流转价格较低,流转比率也相对较高。

中介组织机构的介入,使农地流转更具规模性与合法性,流转的农户大多拥有土地流转合同,因此流转产生的纠纷也较少。在土地中介机构成立较早、服务体系较完善的地区,通过引入市场机制下的农地流转新手段,建立了土地信托服务中心，并在县、镇两级也推广设立土地信托服务站。这是在坚持农地所有权和承包权不变的前提下，以"确保所有权、稳定承包权、搞活使用权"为原则，突出强调农地的使用价值，是将农地使用权市场化的行为方式，也是"承包农地的农户委托土地信托服务中介机构，将其拥有的农地所有权在一定期限内有偿转让给其他单位和个人"的现实体现（张立平，2007）。所以农村土地中介服务机构无疑对农地流转产生了积极的影响。

三、个体影响因素

（一）农户感性选择对农地流转的影响

从管理学的角度出发，感性选择是一种与理性选择互补的决策方法，好的决策应是这两种选择的取长补短。理性选择指向效用最大化，感性选择指向价值最大化，即以人为本。因此，感性选择不光是一种方法选择，它更是一种价值选择，它作为广大基层社会成员开展社会活动的基本形式，具有比理性选择更基础的地位和意义。

在家庭联产承包责任制的背景下，农户由于拥有对土地的直接使用权，并且作为土地流转不可回避的主体，其感性选择必然产生对农地流转行为的影响。若从社会空间范围内调查农户农地流转的来源与去向，可以发现农户的恋土、恋乡情结，农村熟人社会的人情规则，农户平均主义与保守主义心态等制约着农户的社会、文化、心理因素，深刻左右了农户的感性选择，成为影响农地流转的又一重要因素。

本章对农户的感性选择的分析主要基于对东北地区农户的调查访问。通过对辽宁省农户的调查，发现其土地承包经营权大多在农户间相互流转，流转给其他村集体、专业大户的少，向企业、专业合作社流转的更少（陈立双，姜明英，2011）。调查中，有88.9%的农户将土地流转到本村亲戚和邻居手中，仅有11.1%的农户将土地流转到外村农户和其他组织，总体上流转范围比较小。同样在吉林省，农户之间的流转占流转农户数的73.4%，流转给亲戚朋友的比例是21%。而且，通过对黑龙江省73户样本农户的统计，有42户（57.5%）转入农地来源于亲朋好友，其中17户转入农地来源于直系亲属，14户转入农地来源于旁系亲属，11户转入农地来源于邻里、朋友；有31户（42.5%）从其他关系来源，如村集体、农业合作组织、中介组织等转入农地。在农户转出农地的92户样本中，有53户（57.6%）转出农地去向是亲朋好友，其中25户转出农地去向是直系亲属，16 户转出农地去向是旁系亲属，12 户转出农地去向是邻里、朋友；有 39 户（42.4%）将农地转向其他关系，如村集体、农业合作组织、中介组织等。

众多调查结果都表明，不论是农地转入还是农地转出，样本农户农地流转在亲朋好友间的流转比例都高于其他形式，其中直系亲属具有最优先选择权，其次是旁系近亲。还有一部分受"远亲不如近邻"的思想影响，将农地直接流转给邻里、朋友。这些说明了在农地流转的过程中，农户的感性选择制约着流转对象选择。并且在调查中了解到，多数未流转农户对"永久放弃农地承包经营权"极不认同。

综上所述，尽管在东北地区，农地流转的区域空间和社会空间范围已大范围拓展，但多数流转仍然局限于村域内部或亲朋好友之间，说明现阶段农户的行为除了受经济理性影响，其感性选择也在很大程度上通过影响农户流转行为而影响农地流转。

（二）个体差异对农地流转的影响

20 世纪 90 年代以来，随着科学研究的横向拓展与纵向深入，学科之间、技术之间融会贯通，个体差异性逐渐重视起来，对个体差异的研究也进一步微观化和综合化。不仅在个体的自我效能、信息加工模式、认知方式等方面涌现了大量研究，在环境与人相互作用、个体差异的形成与发展等方面也都为学者所乐道。因此，关于个体差异的研究不仅是心理学、教育学中的热点问题，也是经济学、管理学研究中不容忽视的重要因素。

农村人口基数大、农村人均耕地少的基本国情使中国农业整体属于劳动密集型产业，劳均产值远低于第二、第三产业，农业特别是种粮效益比较低，农民收入提高幅度小，其表面的原因是农产品价格不高，更深层次的原因却是农业的经营规模偏小。因此要解决效益比较低的问题，就要通过农村土地流转，把大量农民从土地上解放出来，转移到二三产业，进而扩大农业生产经营规模。本章关于个体差异的研究，研究对象专指农户，主要通过农户的年龄结构及文化程度的差异，研究其对农地流转的影响。

受近年来东北地区人口负增长发展的影响，老龄化趋势明显，且青壮年劳动力减少。通过调查年龄结构对农地流转的影响，本章对东北地区的农户进行了详细访问。大多数的青壮年劳动力，由于认为种地太辛苦或农业经济不景气，其收入来源更为广泛，主要以外出打工和个体经营为主，对土地的依赖性较低一些，土地流转比率较高；而年龄越长者，对土地保障依赖程度越高，出于内心的"恋土情结"往往不愿意进行农地流转，在其经济来源单一且生活较为简单的情况下，更乐于守住自己的"一亩三分地"。特别对于因年龄大而丧失部分劳动力的农户来说，这种影响更深刻。由于当前农村农地耕种主要集中于年龄较大的老人手中，而大多较年轻的农民因外出打工并不愿从事农业生产，为此，农村农地流转存在较大的隐性供给。

通过调研数据、结合访谈了解可以看出，一方面，土地的保障功能使农户对土地产生了深深的依赖，且随着农户年龄的增加，对土地的依赖程度越强，对农地流转的意愿越低；而未来人口老龄化趋势的加重，无疑构成了农村土地流转最大的障碍。另一方面，农户对土地的依赖程度与其文化程度有着密切的关系。随着文化程度的提高，农民对土地的依赖程度逐渐降低，农地流转比率明显增加。未受过正式教育的农民对土地的依赖程度最高，不仅与他们年龄较大有关系，而且受自身知识水平的限制，未能用现代的科学长远的眼光看发展，对土地集约利用、规模利用、大农业生产等概念领会程度较浅，不能充分认识农地流转所带来的优势。而文化水平较高的农民，尤其是达到高中文化程度的农民，其视野和思想观念紧跟时代步伐，并且他们在学习中获得了种地以外的谋生技能，可以离开土地进入非农产业获得收入，而且非农产业还可能带给他们更高的收益（许恒周、郭忠兴，2011）。目前国家正在大力改善农村教育事业，增加农村教育投入，农民获得教育的概率较之以前大大增加。在这样一种背景下，农民从事非农生产的概率也大大提高，这也为农村出现大量流转农地提供了催化剂的作用。

（三）家庭结构对农地流转的影响

家庭结构是指家庭中成员的构成及其相互作用、相互影响的状态，以及由这种状态形成的相对稳定的联系模式。家庭结构包括两个基本方面：一是家庭人口要素，家庭由多少人组成，家庭规模大小；二是家庭模式要素，家庭成员之间怎样相互联系，以及因联系方式不同而形成的不同的家庭模式。家庭结构直接影响到了劳动力的数量与分配方式，从而影响了农地流转。

由于我国在20世纪70年代以来全面推行计划生育，并在1982年定为基本国策，2001年出台《中华人民共和国人口与计划生育法》，因此，随着社会体制的变革与计划生育的开展，农村家庭多以核心家庭（即由父母和未婚子女所组成的家庭）或主干家庭（即由父母和一对已婚子女，如由父、母、子、媳所组成的家庭）为主要形式，但也不排除有极少数的联合家庭（即由父母和两对或两对以上已婚子女所组成的家庭，或者是兄弟姐妹婚后不分家的家庭），但这种家庭一般生活条件较差。

通过调查发现,在样本村自愿转入农户多为联合家庭,其家庭劳动力比重最大,打工人数比重相对较小,可见其将家庭劳动力更多地投入农地的耕种与管理中,进而其农业收入比重在各类型流转农户中的比重最高;而自愿转出的农户多为核心家庭或主干家庭,农业收入比重较小,但打工人数比重为四种类型农户中最高,可见自愿转出的农户将家庭劳动力转移到了比较收益相对较高的打工方面,降低了机会成本,获得了更多的非农收入。而未流转农户的农业收入比自愿转入农户的收入相对减少很多。此类农户一般是家庭中的妇女、60岁左右的老人常年在农村种地,家庭青壮年劳动力在农忙时期返乡帮助耕种。种植作物多为传统的玉米、小麦等粮食作物,收益相对不高,主要是提供家庭生活所需口粮,多余部分粮食才卖掉;非自愿流转的农户数量最少,且劳动力比重、打工人数比重、上学人数比重和农业收入比重都是最低的。还有部分非自愿流转的农户是生活在县城附近的农户,生活已经与县城极其相似,但面对政府征地给予的补偿不甚满意,故而表现为非自愿流转。

当然,也存在核心家庭大规模承包农地的情况,例如,五常市靠山屯的石振民、杨秀岩夫妇,他们是哈尔滨市第一种粮大户,耕种的土地横跨八家子、背荫河、营城子、兴隆、拉林等5个乡镇16个村,面积达1.176万余亩,相当于20多个哈尔滨太平国际机场。2011年,他家生产粮食750多万公斤,能装满120多节火车车厢,纯收入至少500万元以上。石振民、杨秀岩夫妇,过去就是远近闻名的种粮大户,零零星星地承包几百亩地。2004年以后,靠山屯3700多口人,有2200多人陆续外出务工,看着村里留守的"996138部队"(老人、儿童和妇女),石振民提出把他们耕种不好的土地承包下来(蒋和平、张忠明,2013)。而农民对这种既能收获地租,又能在农忙季节赚取劳动收益的做法也十分支持,使石振民夫妇的承包田在六七年间迅速发展到1.1万余亩。

但整体来看,人口越少的家庭越容易发生农地流转,且核心或主干家庭农地流转比例远远高于联合家庭。

(四)农户经济水平对农地流转的影响

个体经济是国民经济的重要组成部分,对充分调动社会各方面的积极性,加快生产力发展具有重要作用。改革开放以来,个体经济迅速发展,在促进国民经济快速增长、拉动社会投资、创造就业岗位、增加财政收入等方面作出了重要贡献,也是衡量农户生活水平的标准(胡家勇,2003)。

第三章　东北地区农地流转影响因素与约束条件分析

经过30多年的改革开放，以家庭联产承包责任制为基础的农村改革从根本上改变了农村的面貌，农村经济发展迅速，农民收入得到了显著的提高，土地家庭联产承包责任制为农户从事非农职业提供了制度基础，非农产业的快速发展又为农户从事非农职业提供了广阔的就业空间，也为农地流转行为提供了前提条件。

不同农户由于职业的不同、收入来源的迥异、经济水平的差别，导致农户不同的农地流转行为。通过调查历年来农户经营耕地的情况发现，不同收入水平和不同经营规模的农户具有不同的耕地流转行为。东北地区近年来农户经济水平与农地流转比例的关系，如表3－2所示。

表3－2　　　东北地区农户经济水平与农地流转比例的关系　　　单位:%

年份	农地流入比例			农地流出比例			承包地面积比例		
	2007	2010	2013	2007	2010	2013	2007	2010	2013
低收入水平	0.37	0.39	0.40	0.21	0.18	0.23	0.32	0.37	0.41
中等收入水平	0.41	0.41	0.43	0.35	0.34	0.35	0.48	0.51	0.49
高收入水平	0.22	0.20	0.17	0.44	0.48	0.32	0.20	0.12	0.10

可以看出，随着收入水平的提高，农地经营面积逐渐降低，而农地流出速度逐渐提高，高收入农户耕地转入和转出速度都明显高于低收入和中等收入农户，且低收入和中等收入农户的农地流入速度明显快于流出速度。但无论是低收入还是高收入，农地流转的速率与面积都是呈现不断增长的趋势。

上述农户经济水平与农地流转之间的相互关系，大抵是由于收入高的农户往往掌握了大量农业生产资料，收入低的农户缺乏这些生产资源，这样一种资源禀赋与流转意愿之间的矛盾，造成了一个逆向选择问题，随着农户经济水平的提高，农地经营面积逐渐降低，农地流出比例逐渐提高，农地流入比例逐渐降低。而且从农户耕种意愿分析，发现非农业收入占家庭收入的比重决定着农户的就业选择，当农业占家庭收入比例减少到一定程度时，农民就会舍弃农业生产，而转向其他高效益产业。在样本农户中，高收入的农户从事非农产业的人数最多，非农收益占农户家庭总收益的比重超过半数，对农地是否流转关心程度较低，在流转的政策条件有利的条件下，愿意流转出农地以解放劳动力。而低收入的农户家庭收入主要依靠农业产业，且大多从事种植业经营，对农地依赖程度较高，随着近年来土地流转市场的发展与农业政策的倾斜，更多低收入农户选择流入农地（唐文金，2008）。另外，耕种成本的上升会也降低农地的转入意愿，相应地会提高农地的转出意愿。

农户农地流转和经营规模情况与其经济发展水平密切相关,且宏观亦然,经济发达地区农地流出速度明显快于流入速度,整体流转速度明显高于经济贫困地区。

第三节 农地流转影响因素实证分析[①]

黑龙江省作为农业大省,是中国重要的商品粮生产基地,在保障全国粮食安全方面占据重要位置。2013年4月3日,国务院常务会议确立黑龙江省"两大平原"为现代农业综合改革配套试验区;6月13日,国务院批复了国家发改委报送的关于黑龙江省"两大平原"现代农业综合配套改革试验的总体方案,批复要求以转变农业发展方式为主线,以提高农业综合生产能力和农民收入为目标。推进农地有序、健康流转是推动土地适度规模经营,发展现代农业的必然路径,最终实现农业增效和农民增收。然而,黑龙江省农户农地流转决策受到哪些因素的影响?如何促进黑龙江省农地健康、有序流转?

本节立足黑龙江省耕地资源丰富和农户土地经营规模较大的独特省情和地域特点,结合黑龙江省"两大平原"现代农业综合配套改革试验总体方案的总体任务和具体要求,基于农户调查数据,以农户为研究视角,运用Logistic回归模型,挖掘农户农地流转的主要影响因素,进而提出促进黑龙江省农地流转的相关政策启示。

一、数据来源

本节研究选取黑龙江省哈尔滨市巴彦县和五常市、鹤岗市萝北县、黑河市孙吴县作为调查区域。为使农户调查数据具有较高的代表性和典型性,在调查区域及样本点的选择上,综合考虑了区域社会经济发展水平的不同和自然地理条件的差异。依据《黑龙江统计年鉴2011》,2010年哈尔滨市、鹤岗市和黑河市的人均地区生产总值分别为36951元、23044元和14994元,在全省13个地区的排名分别为第二、第六和第十二,农业人口人均农业机械总动力分别为1.5千瓦、3.0千瓦和2.8千瓦,在全省13个地区的排名分别为第十、第三和第四;调查区域

---

① 本节内容发表于《东北农业大学学报(社会科学版)》(2014.2):黄善林等.黑龙江省农户农地流转影响因素研究.

及样本村涵盖平原、丘陵和山区等不同的地貌类型。

为提高问卷调查数据的有效性和可靠性,研究问卷调查选取在春节前后开展,此时也是多数外出务工人员集中返乡之时,具体实施时间为 2011 年 1—2 月。调查对象为拥有承包地(无论是自己耕种还是通过各种方式转给他人耕种)的农户,不包括林牧渔专业户。此外,为掌握农户所在村(行政村)的基本情况,此次调查还设计了针对农户所在村情况的问卷,调查对象为村干部。调查采用入户访谈和发放问卷两种形式相结合的方式进行,共访谈和发放农户问卷 120 份,回收 107 份,其中有效问卷 106 份,有效率达 99.1%;村调查采用访谈的方式进行,每个区域选择 1 个村共 4 个行政村。

二、计量模型构建与变量选取

(一) 计量模型构建

对于农户家庭是否参与农地流转的行为而言,由于因变量是二元可分虚拟变量(即农户有城乡转移劳动力时为 1,没有则为 0),因此,传统的回归模型由于其赖以成立的假设前提无法满足而无法用于对这类现象加以模型化并予以解释。然而,Logistic 回归模型为因变量是虚拟变量的问题提供了有效的分析工具。同时,自变量可以是定性变量、定量变量,也可以是定性与定量变量混合,即定性与定量变量可以单独出现也可以同时出现在 Logistic 模型中。

Logistic 回归模型采用的具体形式为:

$$P = \exp(Z)/(1 + \exp(Z)) \quad (3-1)$$

农户参与农地流转(转入或转出)的概率 $= P = P(Y=1)$;

农户未流转农地的概率 $= 1 - P = 1 - P(Y=1)$。

在实际分析中,通常要对 P 进行 Logit 变换,即:

$$\text{Logit } P = \ln(P/(1-P)) \quad (3-2)$$

经过 Logit 变换后变为:

$$Y = \text{Logit } P = \ln(P/(1-P)) = Z = \alpha + \sum \beta_i X_i + \varepsilon \quad (3-3)$$

其中,P 为农户参与农地流转的概率;α 为截距项;X_i 为自变量,表示农户参与农地流转的影响因素;β_i 为自变量的回归系数;ε 为方程的随机扰动项。

(二) 变量选取

借鉴国内外相关农村土地流转影响因素研究成果（陈美球等，2008；Kung，2002；黄善林、卢新海，2010；诸培新等，2011；钟涨宝、汪萍，2003；张丁、万蕾，2007），结合黑龙江农户农地流转的基本情况，本节将农户农地流转的影响因素分为农户家庭基本状况、农户家庭农地资源禀赋状况、农户家庭农地产权安全性、稳定性及认知状况及农户家庭所在村状况四大类，具体影响因素如表3-3所示。

表3-3　　　　　　　　　变量及其定义

变量类型	变量名称	定义
因变量	农户农地流转（转入或转出）	参与农地流转=1；未参与农地流转=0
农户家庭基本状况	是否有非农就业劳动力	有非农就业劳动力=1；没有非农就业劳动力=0
	劳动力总数	农户家庭16周岁以上70周岁以下具有完全劳动能力的人口数，不包括正在求学的学生
	劳动力平均年龄	劳动力总年龄/劳动力数
	劳动力平均受教育年限	劳动力总受教育年限/劳动力数
	家庭抚养比例	学前儿童与70岁以上老人数之和/劳动力数
	学生人数	处于义务教育及高中学习阶段的学生总数
农户家庭农地资源禀赋状况	劳均农地面积	家庭农地承包面积/劳动力数
	平均地块面积	家庭农地承包面积/地块总数
农户家庭农地产权安全性、稳定性及认知状况	家庭农地是否有承包合同	有承包合同=1；无承包合同=0
	土地调整次数	自实行家庭联产承包责任制以来家庭农地被调整的次数
	家庭对农地产权的认知	认为农地属农户所有=1；其他=0
农户家庭所在村状况	距乡镇政府距离	农户家庭所在村距乡镇政府的距离
	对外交通状况	农户家庭所在村对外交通不便利=1；一般=2；便利=3
	农地产权的安全程度	（详见下文注解）

注："农地产权的安全程度"是通过询问村干部有关耕地利用过程及调整限制情况的五个问题，并对其进行定量化，其数值为五个问题得分之和，具体问题为"问题1：因死亡、出嫁、外出等原因导致农户家庭人口减少时：①收回减少人口的承包地；②无调整。问题2：因生育、婚姻、外出劳动力返乡等原因导致农户家庭人口增加时：①为新增人口分配承包地；②无调整。问题3：本村对农地摆荒的限制？①有限制；②无限制。问题4：本村对于参与本地非农就业且农地没被很好耕作的劳动力，其农地承包权：①收回；②强制流转；③农忙季节必须从事农业生产；④无限制。问题5：本村对于外出就业且农地没被很好耕作的劳动力，其农地承包权：①收回；②强制流转；③只要其农地被耕作，则继续拥有各项权利；④无限制。"

三、模型检验与分析

(一) 模型检验与结果

按照以上建立的 Logistic 模型,运用软件 SPSS 16.0 分别运行农地转入模型和农地转出模型,模型估计的结果如表 3-4 所示。农地转入模型和农地转出模型的农户样本总数均为 106。农地转入 Logistic 模型的 Chi-square 值为 45.159,显著性达到 1%,模型的拟合优度 Nagelkerke R^2 为 0.580,且模型拟合准确率达 89.6%;农地转出 Logistic 模型的 Chi-square 值为 30.165,显著性达到 1%,模型的拟合优度 Nagelkerke R^2 为 0.509,且模型拟合准确率达 94.3%。可见,两个模型的拟合效果均较为理想。

表 3-4　　农户农地流转影响因素 Logistic 模型回归结果

自变量	农地转入模型		农地转出模型	
	回归系数	Wald 值	回归系数	Wald 值
是否有非农就业劳动力	-3.148***	7.981	3.065*	3.645
劳动力总数	1.003**	4.140	-0.861	0.954
劳动力平均年龄	-0.108*	3.772	0.038	0.402
劳动力平均受教育年限	-0.012	0.005	0.262	1.315
家庭抚养比例	-8.332*	2.810	1.919	0.543
学生人数	1.993**	4.199	0.751	0.265
劳均农地面积	-0.156	3.052	-0.411**	5.403
平均地块面积	0.176*	3.264	0.428**	4.594
家庭农地是否有承包合同	0.382*	0.123	-0.179	0.014
土地调整次数	-4.768	2.417	-0.757	0.412
家庭对农地产权的认知	1.373	0.478	2.093	1.636
所在村距乡镇政府距离	0.010	0.003	-0.168	1.116
所在村对外交通状况	7.873**	4.630	3.822*	3.010
所在村农地产权安全程度	0.058	0.019	-1.833**	5.204
Chi-square	45.159***		30.165***	
-2 Log likelihood	51.425		40.494	
Nagelkerke R^2	0.580		0.509	
预测准确率	89.6%		94.3%	

注:*、**、***分别表示统计检验达到 10%、5% 和 1% 的显著性水平。

在农户农地转入模型估计结果中，有 8 个变量通过显著性检验。其中，农户家庭是否有非农就业劳动力在 1% 水平上显著；农户家庭劳动力总数、学生人数及农户家庭所在村对外交通状况 3 个变量在 5% 的水平上显著；农户家庭劳动力平均年龄、家庭抚养比例、平均地块面积及家庭农地是否有承包合同 4 个变量在 10% 的水平上显著。

在农户农地转出模型估计结果中，有 5 个变量通过显著性检验。其中，农户家庭劳均农地面积、平均地块面积及农户家庭所在村农地产权安全程度 3 个变量在 5% 的水平上显著；农户家庭是否有非农就业劳动力及所在村对外交通状况 2 个变量在 10% 的水平上显著。

（二）模型估计结果分析

1. 农地转入行为影响因素分析

在所选的 14 个自变量中，8 个因素对农户农地转入行为具有显著影响。其中，农户家庭是否有非农就业劳动力、劳动力平均年龄、家庭抚养比例 3 个因素对农户农地转入行为具有抑制作用；农户家庭劳动力总数、学生人数、平均地块面积、家庭农地是否有承包合同及农户家庭所在村对外交通状况 5 个因素对农户农地转入行为具有促进作用。

（1）农户家庭是否有非农就业劳动力。家庭是否有非农就业劳动力的回归系数为负，表明拥有非农就业劳动力的农户，转入农地的意愿较低。说明拥有非农就业劳动力的农户，更愿意通过安排家庭劳动力从事非农劳动，挣取更多的非农收入，而通过转入农地扩大农业经营规模的意愿较低。同时，通过该因素对农户农地转出行为的促进作用，说明拥有非农就业劳动力的农户更倾向于转出农地，增加非农就业人数。因此，通过促进农户劳动力非农就业，提高农民非农就业能力、拓宽非农就业途径，能够推动农户农地流转。

（2）农户家庭劳动力总数。劳动力总数的回归系数为正，表明拥有劳动力人数较多的农户，转入农地的意愿较强。说明拥有较多劳动力的农户家庭，更愿意通过转入农地来扩大农业经营规模，从而提高家庭农业经营收入。拥有较多劳动力的家庭，可以更好地进行家庭内部的劳动分工，可以安排更多劳动力从事农业生产，同时可以安排部分劳动力从事非农劳动，从而增加家庭收入，分散家庭经营的整体风险。

（3）农户家庭劳动力平均年龄。家庭劳动力平均年龄的回归系数为负，表明家庭劳动力平均年龄越大的农户转入农地的意愿越弱。说明家庭劳动力平均年

第三章 东北地区农地流转影响因素与约束条件分析

龄越大，劳动力从事农业生产尤其是规模化经营的能力越弱，通过转入农地扩大农业经营规模的意愿则越弱。对于劳动力平均年龄较大的农户家庭来说，从事农业生产的目的更多地是满足家庭自身消费，同时以农业经营收入支付部分日常生活支出。

(4) 农户家庭抚养比例。家庭抚养比例的回归系数为负，表明家庭劳动力人均抚养的学前儿童及赡养的70岁以上老人数越多的农户转入农地的意愿越弱。说明家庭抚养负担越重的农户，在抚养小孩和赡养老人方面要付出更多的时间和精力，这样的农户通过转入农地扩大农业经营规模的意愿较弱。在农村，由于缺乏幼儿照料及养老机构，再加上传统居家养老习俗，农户家庭需要安排专人照料幼儿和老人，必将占用家庭劳动力的部分劳动时间和精力，故其转入农地的意愿较弱。因此，建立农村幼儿照料及养老机构、构建农村养老制度，有利于提高农户转入农地意愿。

(5) 农户家庭学生人数。家庭学生人数的回归系数为正，表明拥有较多正处于中小学阶段学习的学生，农户家庭转入农地的意愿较强。说明拥有较多学生的家庭，通过转入农地扩大农业经营规模、增加农业经营收入的意愿较强。在农村地区，处于中小学阶段学习的学生承担了一定家务工作和农业生产劳动，一方面给家长分担了部分家务，从而增加家长投入农业生产的时间；另一方面通过直接参与农业劳动，从而增加整个家庭的农业生产能力，进而提高整个家庭农地转入意愿。

(6) 农户家庭平均地块面积。家庭农地平均地块面积的回归系数为正，表明平均地块面积越大的农户，转入农地的意愿较强。说明农户农地平均地块面积越大，其农地细碎化程度越小，其通过转入农地扩大农业经营规模的意愿越强。平均地块面积越大，越有利于农户农业经营，可以节省农户经营自家农地的时间，进而可以转入更多的农地以扩大经营规模。

(7) 农户家庭农地是否有承包合同。家庭农地是否有承包合同的回归系数为正，表明拥有农地承包合同的农户，转入农地的意愿越强。说明拥有农地承包合同可以增加农户农地产权的安全性，同时由于同处一个区域的其他农地拥有承包合同的基本状况相似，进而增加转入农地的产权安全性。相应地，因农地流转产生纠纷的可能性降低，从而增加农户转入农地的意愿。

(8) 农户家庭所在村对外交通状况。农户所在村对外交通状况的回归系数为正，表明农户所在村对外交通状况越好，农户转入农地的意愿越强。说明较好的对外交通条件，可以改善区域农业生产经营的条件，有利于农产品的对外销售、节省销售成本,进而提高农户转入农地扩大农业经营规模的意愿。可见,通过增加农村基础设施尤其是交通设施投资,改善农村基础设施尤其是对外交通条件,有利于农地流转。

2. 农地转出行为影响因素分析

在所选的14个自变量中,5个因素对农户农地转出行为具有显著影响。其中,农户家庭是否有非农就业劳动力、平均地块面积及所在村对外交通状况3个因素对农户农地转出行为具有促进作用;农户家庭劳均农地面积和所在村农地产权安全程度2个因素对农户农地转出行为具有抑制作用。

(1) 农户家庭是否有非农就业劳动力。家庭是否有非农就业劳动力的回归系数为正,表明拥有非农就业劳动力的农户,转出农地的意愿较高。说明拥有非农就业劳动力的农户,更愿意通过安排家庭劳动力从事非农劳动,挣取更多的非农收入,从而通过转出农地较小农业经营规模、增加非农就业劳动力数量的意愿较高。同时,通过该因素对农户农地转入行为的抑制作用,也说明了这个观点。因此,通过促进农户劳动力非农就业,能够推动农户农地流转。

(2) 农户家庭劳均农地面积。家庭劳均农地面积的回归系数为负,表明每个劳动力拥有农地数量越多的农户,转出农地的意愿较弱。说明拥有劳均农地面积较大的农户家庭,其自身拥有的农地可实现农业规模经营,从而提高家庭农业经营收入,进而其转出农地的意愿较弱。

(3) 农户家庭平均地块面积。家庭农地平均地块面积的回归系数为正,表明平均地块面积越大的农户,转出农地的意愿较强。说明农户农地平均地块面积越大,其农地细碎化程度越小,其转出农地的意愿越强。这个结果与多数研究成果得出的结论相反。其原因可能是,由于平均地块面积越大,越容易流转出去且能获得较高的流转收益。由于样本农户中发生农地转出行为的农户数量较少,因此出现该结果的原因尚不能确定。

(4) 农户家庭所在村对外交通状况。农户所在村对外交通状况的回归系数为正,表明农户所在村对外交通状况越好,农户转出农地的意愿越强。说明较好的对外交通条件,一方面有利于农户劳动力外出从事非农业劳动;另一方面可以改善区域农业生产经营的条件,越有利于转出,因而农户转出农地的意愿较强。可见,通过改善农村基础设施尤其是对外交通条件,有利于农地流转。

(5) 农户家庭所在村农地产权安全程度。家庭所在村农地产权安全程度的回归系数为正,表明所在村在农地管理的过程中,对农户的农地产权限制越少、赋予农户较为自由的决策权,农户转出农地的意愿越强。说明农户所在村对农户农地使用的限制较少时,农户从事非农劳动时其农地产权较安全,转出农地行为不会对其拥有的农地权利带来威胁或不利影响,进而村内农户转出农地的意愿较强。因而,赋予农户更多的农地权利,保障农户农地产权的安全性,有利于农地流转。

四、促进黑龙江省农地流转的政策启示

(一) 增加农民非农就业机会,促进农村劳动力转移

农户家庭劳动力向非农产业转移会引起农地经营方式和效率的变化,劳动力转移有利于减少农业部门的剩余劳动力,从而缓解人地关系的压力,促进农业规模经营;同时,劳动力转移有利于增加农民收入,增强农户农业投资能力,进而促进农户的农地投入。减少农村劳动力的存量是提高区域农地利用效率的关键,非农就业会加速农户农地流转和农地资源优化配置,非农就业显著影响农户农地流转,促进农地规模化经营。通过各种途径和采取多种措施增加农民非农就业机会、促进农村劳动力转移是发展现代农业,扩大农户农地经营规模进而实现农业规模化经营的基础和关键。

(二) 完善农地流转制度,建立有效的农地流转市场

一方面,通过完善农地产权制度,在法律上赋予农户更加完整的农地产权,在更大程度上消除法律、农村集体经济组织对农户农地产权的限制,提高农户就业决策、农业生产经营安排的自主权。这样能够消除农户对农地流转后农地产权安全性的担忧,提高农户农地流转的积极性。另一方面,通过构建农地流转中介服务平台,为农地流转供需双方搭建信息沟通桥梁,进而建立有效的农地流转市场,促进农地流转价格机制的形成,为农户积极、有效地流转农地创造有利条件。

(三) 加大农地整治力度,改善农业基础设施条件

农业基础设施是现代农业发展的支撑条件。发达的农业基础设施对于改善农业生产条件,降低农业生产成本,提高农业生产率和农民收入,促进农地流转具有十分重要的作用。农地整治,一方面可以提高农地基本条件,如田块布局、灌排设施、田间道路等基础设施条件;另一方面还可以降低农地细碎化程度,增加农地地块面积,为农地规模化经营提供便利条件,有利于农户农地流转。要建立

以政府为主导的农地整治投入机制,加大政府财政支持力度,增加农业基础设施供给。

(四) 加大农村投入力度,提高农村基础设施及公用设施水平

基础设施及公用设施条件,是农村发展、农业增效、农民增收的基本前提。优良的基础设施尤其是交通设施条件,可以提高农业生产经营效率,为农民非农就业提供便利条件;良好的公用设施尤其是幼儿照料及农村居民养老机构的建设,能够释放农村劳动力的部分劳动时间和精力,为农户农地流转排除部分障碍。一方面通过财政投入倾向农村,加大财政投入农村的力度,改善农村基础设施条件;另一方面,在财政投入的基础上,鼓励社会资本对农村的投资,加大农村幼儿照料机构建设,改善农村居民养老条件。

第四节 东北地区农地流转的约束条件分析

基于对农地流转影响因素的探究分析,深入挖掘农地流转的约束条件,在农地流转的机制设计和制度创新研究奠定基础的同时,为提出促进东北地区农地流转的对策建议做好铺垫。

一、农地产权制度不明晰

清晰稳定的农地产权制度是农地健康有序流转的基础条件,是农户以独立完整的市场主体身份参与农地流转的前提。农地产权的清晰、明确才能使土地流转主体拥有合法的排他性转让和收益的权利,可以促进对土地的保养、农业基础设施与农业技术的投资,增加对农业基础设施与农业技术的投入,有利于农业经者的投资预期。农村土地承包经营权作为一种物权,应该包括完全的占有权、使用权、收益权以及处置权,其中处置权包括转让、抵押、作价入股等。然而,现阶段农民所拥有的土地的产权是残缺的,仅限于有限的流转权、部分的使用权、部分的收益权和极少量的处置权。导致农村土地承包经营权缺乏明晰性、排他性、安全性和可转让性,并且权责利不对称,存在相当大的产权残缺,农民的土地权利不能得以实现(潘樾、郑再良,2011)。而且在农村土地集体所有制的框架下,所有权、承包权和经营权三权可以分属集体、承包者、经营者,这种承包主体多

元、农地权和利分散的土地承包经营关系,增加了主体关系的利益摩擦。使农地虽然为农民集体所有,但基层政府却往往以发展地方经济为名,介入土地的开发流转中来,成为介于农业企业和农民之间的卖方的真正主角,垄断了土地流转市场,阻碍了市场竞争机制的形成和发育。在农地产权缺乏保障的情况下,农地的交易成本提高,履约难度加大,更是造成了对农地流转的约束。再加上农地的频繁调整造成的农地产权客体的不稳定、集体土地所有权主体不够明确,土地承包经营权权能不全和农地产权缺乏有效的法律保护等问题,降低了农民对农地投资的中长期预期,导致土地承包经营权流转价格的低廉,破坏了土地承包经营权流转的市场机制,极大地抑制了流入方和流出方的积极性,进而降低了农民对农地的有效需求。

二、农村土地流转管理不规范

加强农村土地流转管理能够为规范农村土地承包经营权流转行为,维护流转双方当事人合法权益,促进农业和农村经济发展。而目前农村的土地流转管理亟待加强,主要表现在以下几个方面:一是二轮土地承包管理需要进一步完善。在一些地方农村,存在着二轮土地承包合同不明确,承包双方权利义务关系存在纠纷,土地承包台账记录不全面,土地经营权证、承包合同、台账与实际承包地块不一致等问题,成为今后土地流转行为明晰、合理的隐患。二是土地流转管理滞后。土地流转主管部门虽然制定有规范的操作规程和土地流转合同文书格式,但在实际操作过程中,地方土地流转仍然处于自发、无序的状态,口头协议形式较多,执行过程未能通过签订书面合同来规范双方的权利和义务,即使签订合同也存在手续不规范、条款不完备等问题。三是土地流转管理机构虚设,管理经费不到位。受大多数村民自发流转土地的行为与农地多在熟人间流转的影响,乡镇政府多缺乏统一规范的土地承包和流转管理机构,土地流转管理多由村委会直接代管,而基层干部存在求稳怕乱、少找麻烦的思想,疏于对土地流转工作的引导,对相关流转服务也不到位,村级组织在引导农地流转思想、协调调剂流转地块、处理流转纠纷矛盾、监督流转行为等方面,没有发挥好应有的作用,严重阻碍了土地流转的发生范围和流转规模。

三、农村社会保障体系不完善

农村社会保障体系的不完善,致使农地承载了农民全部的生活保障、财富积累与就业医疗保障功能,因此,农民的恋土情结深厚,对土地依赖性很强。即使对于外出打工的农民,因为难以取得城市户口,无法享受市民待遇,所以依旧保留土地以解后顾之忧。尤其是以农业生产为主的家庭,农业收入是家庭的主要收入来源,对农地的保护与占有意识更强。现有农村社会保障制度单一、水平低,农村社会保障的形式主要是农村社会救济、社会优抚和少数地方推广的农村社会养老保险为主。而且保障的对象范围受限制,保障覆盖面小。目前养老保险基金的筹资渠道是以农民自我缴费为主,使养老保险的社会性不能得到充分的发挥。更突出的问题是,农村社会保障工作管理混乱,表现出多头管理、职责交叉的现象。部分在国有企业工作的农村职工的社会保障统筹归劳动部门管理,医疗保障由卫生部门和劳动者所在的单位或乡村集体共同管理,农村养老和优抚救济归民政部门,足以见得管理机构方面的混乱之处。这使农村社会保障工作存在管理隐患,一旦出现问题,责任部门就推卸责任,加之这些部门在农村社会保障的管理和决策上经常发生矛盾,因此形成解决问题、办事效率低下的局面。由于农村社会保障基金管理体制尚未确立,社会保障尚未立法,更没有形成法律体系,使农村社会保障基金管理工作无法可依,资金管理存在风险大、不能解决保值增值的问题。因此农民交来的钱挪作他用、私分等被挤占、挪用现象严重。

农村社会保障体系不完善。农村最低生活保障制度、新型农村合作医疗制度、农村社会养老保险制度和农村社会救济制度等农村社会保障制度还未能满足农村的实际和农民的需要,使农地的保障功能难以弱化,农地流转难以提速,同时也不利于长期割裂的城乡二元结构的整合,难以实现城乡一体化发展的宏伟目标。

四、农村非农产业建设不发达

通过研究影响农地流转的因素可以发现,农业收入与非农收入水平深刻影响农户的流转意愿,这种意愿大多是在比较农业收益与非农业收益后所作出的符合市场经济行为的抉择。正如夏先鹏所述:"土地流转速度应该和农村及城镇的第三产业、工业就业岗位增加的速度与城市发展的规模相适应"。因此,只有非农就业能带来足够的经济效益,并且社会保障充分解决了生活、就业、医疗、教育等方面的担忧,农民才会放松对土地的依赖,农地流转的意愿也会逐渐增强。而农村第二、第三产业的不发达,非农就业门路狭窄,城镇的经济实力不强,非农就业空间有限,农村剩余劳动力得不到有效的释放和转移(王华,2010),使人地矛盾更加恶化，农户很难从土地上解放出来，也很难弱化土地的承载与保障功能，农地流转工作将更加难以开展（赵显洲，2010）。主要表现为农村非农产业组织在起步发展阶段的小型化的组织结构，难以适应市场的开放与发展。农村非农企业规模小、缺乏核心竞争力、开拓市场的能力比较弱、成本比较高、管理手段和技术水平落后、生产设备、人才素质等方面都存在先天不足的问题，且存在空间布局分散导致的环境污染与破坏和资源浪费的现象，所以农村非农产业规模经济水平提高缓慢。而且农村工业发展不平衡，未形成合理的分工结构，创新能力和核心竞争力不足使农村非农产业的地区发展逐渐失衡，劳动力转移愈发困难，成为制约农地流转的巨大障碍。

五、土地流转中介服务组织不健全

土地流转与普通商品交易有很大区别，不仅运作程序复杂，涉及的利益主体也比较多，特别是承包使用权流转涉及承包者、经营者和使用者的利益。而且调查显示，目前在东北地区中介服务市场还不够发达，且农户更多地选择村、组集体联系的途径而较少选择作为市场化流转途径的中介组织（沈映春、周晓芳，2009）。一是因为有些农户在农地流转上对集体有较强的依赖性，在选择流转途径时往往是被动的，大部分村、组集体组织出于自身利益需要往往会代替农户选择，如集体反租倒包行为；二是目前的中介组织往往带有明显行政色彩，部分农户认为选择中介组织等同于选择村、组集体途径，还有近一半的农户对土地信托组织表示不清楚，持无所谓的态度；三是农村土地流转的中介服务机构较少，覆盖面不全，使很多农村服务工作都由集体经济组织代办。这种集体经济组织作为中介机构的行为，虽然在流转中方便操作与管理，但流转主体的使用权、处置权和收益分配权很容易受到侵害，难以体现正规中介组织的效率和媒介功能。还有农村集体经济组织的服务范围有限，信息时效性不强，农地流转的办理程序不规范，十分不利于农地的广泛流通与市场的发育，也不利于流转主体间的交流与选择。这一方面造成许多愿意转出农地的农户找不到合适的转入户，而一些想转入农地的农民又找不到适宜的转出户的局面，使土地流转速度变得十分缓慢；另一方面引起了农民的自发行为，开始进行小范围内漫无目的地寻找，导致资源闲置浪费，而且造成了较高的交易成本，最重要的是难以保证流通双方的合法权益。所以土地流转中介服务组织的缺失，直接导致交易行为不规范、交易成本提高、交易速度减慢、交易信息不及时、交易纠纷增多。再加上土地流转信息网络建设不全面，某些偏远地方对农地流转的宣传力度不够，农民法律意识淡薄，对农地流转认识不深刻，承包期限理解不到位，很多农户都对土地流转存在心理的抵触情绪，成为农地流转加速过程中的"绊脚石"。所以东北地区农地流转不发达深受土地信托服务机构不完善、中介服务市场和信息网络不健全的影响。

六、农业资金与技术支持不充分

农业不仅面临着较高的市场风险、技术风险和自然灾害风险，而且农业产业投资回收期长、需求资金大，相比于其他产业当属弱质产业。在这种情况下，农民收入低、负担重，农民很难有较多的资本积累，这也在一定程度上降低了农民对农地的有效需求（刘洋、邱道持，2011）。而要达到农业增效、农民增收，则须扩大农地经营规模，实现农业集约化、机械化生产，必然需要较多的资金投入和较高的管理水平以及必要的资金与技术支持。

从金融角度来看，现存农村金融体系不发达，对农业经营者扶持力度不够，农业经营生产缺少融资渠道，造成了一些地区农业自然基础条件和基础设施较差的局面，限制了对农业潜在生产力的进一步开发利用，而且严重制约了企业对农业的投资与开发。从技术角度来看，传统的精耕细作，缺少必要的生产技术支持，农业生产效率难以提高，日益增长的物质需求难以满足，规模经济难以形成。仅有少部分农村重视与农业大专院校及涉农专业相互交流学习，强化职业农民培训。而且受农村生产生活条件的限制，涉农高校优秀人才大多不愿充实基层农技队伍，国家缺乏对进入农业技术服务行业和领域的人才的鼓励支持，多元化农业社会化服务体系有待形成。

第五节　本章小结

本章以影响农地流转的因素与约束条件为研究对象，通过宏观、区域性、个体三个不同层次，深入分析探讨了各因素对农地流转的影响，研究结论如下：

（1）政策体制变革、国家宏观积极调控尤其是市场经济的形成，构成了影响农地流转的主要宏观因素，两者都对农地流转有积极促进的作用。

（2）从区域性的角度，耕地资源禀赋、产业结构变化、区位条件以及中介服务市场的建立，构成了农地流转中观层面的影响因素。

第三章 东北地区农地流转影响因素与约束条件分析

(3) 从农户个体的角度，农户的感性选择、个体差异（包括年龄结构和受教育程度的不同）、家庭结构改变以及农户经济水平，是农地流转的主要内部驱动力，从微观方面构成了影响农地流转的因素。

(4) 东北地区农地流转主要受行政管理体制的不成熟、农村社会保障体系不完善，集体土地所有权、承包经营权不稳定，非农产业发展缓慢、剩余劳动力转移困难，土地流转中介服务组织和信息网络不健全，农民资本积累不足、资金与技术支持不够等主要条件制约。因此，要促进农地流转、实现农民增收，亟须创新土地流转政策与机制。

第四章 东北地区农地流转模式比较与机制构建

农业土地规模经营的实现,必须确立有效的农地流转模式、构建合理的农地流转机制,东北地区因其独特的地理位置和较大的土地规模,更应该注重农地流转模式和机制。本章通过对东北地区两种农地流转模式进行阐述和比较,提出相关启示和建议;而后对东北地区农地流转机制基础、运行驱动力、核心机制及相关制度影响因素进行了一系列的分析。

第一节 东北地区农地流转模式及其比较[①]

目前各地兴起的多种土地承包经营权流转模式大致可以归结为两类:一是只在土地承包户和土地转入方之间进行的双边交易方式,二是有中介组织介入的集中交易方式。

中国的改革始于农业、农村和农民,"三农"问题的重心是土地。现阶段,在稳定家庭承包经营制度的基础上允许土地承包经营权合理流转,是深化农村改革、促进农业发展的客观要求。目前各地在中央有关政策精神指导下,依据地区情况创新出了多种土地承包经营权流转形式,但就本质而言,这些土地流转形式大致可以归结为两类:一是双边交易方式,指土地承包户与土地转入方(包括普通农户、种植大户、农业企业等)就土地承包经营权直接交易并签订双边合约的土地流转形式,这是一种一对一的分散式的土地流转;二是集中交易方式,指中介组织(如农村集体经济组织、土地产权交易中心等)作为交易当事人的委托方介入交易,提供交易平台并协助和监督交易的一种土地流转方式,这是一种一对多的集中式的土地流转。当前,两种土地流转形式都有其市场存在性。双边交

---

① 本节内容发表于《农业技术经济》(2011.10):王颜齐,郭翔宇.土地承包经营权流转:双边交易与集中交易。

易具有灵活性强、适应范围广的特性,但比之集中交易,在交易费用损耗方面有其局限性。也有学者认为,尽管促进耕地向种田大户集中的现行政策在一些地区依然发生作用,但因其局部性和短期性,不能从根本上摆脱小农经营的缺陷并借以建立现代农业(何秀荣,2009)。在当前中央鼓励土地承包经营权流转、提倡土地适度规模经营的大背景下,哪一种土地流转方式更具积极的社会效应?这是本章思考和试图探索的问题。对于土地承包经营权流转过程中的成本收益问题,国内学者已经有所关注。李孔岳(2009)利用经验数据实证分析了市场交易方式下,不确定性、资产专用性对土地承包经营权流转交易费用的影响,研究结果表明:土地流转合同没有进行公证、村干部对土地跨村流转的干预增加了土地流转过程农户行为的不确定性,进而增加了土地流转的交易费用;实物资产专用性、人力资本专用性对农地流转的交易费用影响有限;农户行为的不确定性、政策的不确定性对土地流转交易费用的影响显著。罗必良、李尚蒲(2010)运用威廉姆森分析范式,对土地承包经营权流转交易费用进行了三个维度的分析,计量分析结果表明:资产专用性对交易费用影响显著,其中,实物资产专用性有助于土地流转及土地规模化经营,状态型人力资本以及地理位置的专用性增加了土地流转的交易费用;交易频率与交易费用正相关,交易频率、交易费用以及规制结构不仅相互依存,而且反映出匹配性要求;农户行为和政策的不确定性明显影响到土地流转的交易费用,从而表达了地权稳定的重要性。伍振军、张云华、孔祥智(2011)将我国土地承包经营权流转概括为 M(土地流转市场基本完善,政府扶持市场参与主体)、M -(土地流转市场初步建立,政府扶持需求主体)、S +(土地流转市场尚未建立,政府扶持流转中介组织)和 S(土地流转市场和政府职能缺失,土地自发流转)四种主要模式,并比较了四种模式下政府行为与农户、用地主体交易费用的关系,结论是政府行为对农户、用地主体交易费用有直接影响。综合而言,目前学者对该主题的研究主要集中于以成本(主要是交易费用)为切入点,分析一般形式下的土地承包经营权流转的成本损耗问题,但对于不同土地流转方式之间成本收益的比较分析,尤其是中介组织介入土地承包经营权流转对交易当事人成本收益的影响机理等问题,尚缺乏系统深入的研究。

一、东北地区农地流转的两种典型模式

通常,在土地承包经营权转移过程中,交易双方需要为合约的签订和履行支付一定的交易费用,如谈判费用、合约执行费用以及合约风险所对应的货币化损

失等。值得注意的是,从费用的结构和总量来看,土地转入方(为便于讨论,以下统一假定农业企业为土地转入方)和土地转出方为达成交易所支付的交易费用是不同的。这是因为双方在合约签订过程中的行动是不同的(例如,土地承包户在签约前所做的工作是通过各种渠道寻找土地需求方,对潜在的交易对象的相关信息进行搜集和评估,确定是否签约。相应地,农业企业所做的工作是对农地经营项目进行规划,确定交易土地的规模和区位,寻找有流出土地意向的农户等),而不同的行动引发的费用损耗不同;进一步而言,即使合约双方的行动类型一样,由于合约当事人自身属性和合约预期等方面的差异,同样的行动也可能引发不同的费用损耗。以上两方面决定了在同一个交易过程中,合约双方承担的交易费用是不均等的。因此,进行土地承包经营权流转的成本收益分析前,有必要对该问题加以关注。这里笔者提出"单边交易费用"概念[①],并将其界定为:交易过程中,合约一方当事人为完成交易所投入的全部货币化成本,包括传播搜集信

---

① "交易费用"是新制度经济学的基础概念之一。对于交易费用外延的具体分类的理解,Coase、Williamson、Matthews、North、Kasper 和 Streit、Furubotn 和 Richter、Cheung 等人都做过深入研究。Coase(1937)认为市场交易的成本包括:交易准备阶段时发现相对价格的费用、交易活动进行时所发生的每一笔交易的谈判、签约费用和其他费用。Williamson(1985)将交易费用分为"事前的费用"和"事后的费用"两类。其中,事前的交易费用是指起草、谈判、保证落实契约的成本,即达成合同的成本;事后的交易费用指契约签订之后发生的成本,包括:交易当事人退出契约关系所必须付出的成本、交易者事先发现确定的价格等合同条款有误而必须付出的费用等。Matthews(1986)也持有相似的观点,他认为交易费用包括事前准备合同和事后监督及强制执行合同的费用。Dietrich(1994)把交易费用分解为三个构成要素,它们是:调查和信息成本、谈判和决策成本、制定和实施政策的成本。综合现有观点,笔者发现,学者在研究交易费用外延分类时基本都立足于同一个出发点,即交易的过程,或者更准确地说,是交易过程所包含的不同阶段。例如,Dahlman(1979)认为,根据交易过程本身所包含的不同阶段进行分析,可以得到与科斯定义相一致的交易费用分类。交易过程存在三个不同的连续阶段,与此相对应,也存在三个不同的交易费用类型:寻求和信息费用、讨价还价和决策费用、监督和执行费用。然而,我们要注意一点,交易费用是通过作用在交易主体和交易环境而最终体现在费用条目上的,换句话说,对于同一个费用条目,不同的交易主体或不同的交易环境则可能产生不同的费用总量。以一个简单的企业和个人间的商品交易为例,假设个人是买家,企业是卖家。按照上述学者对交易费用分类的理解思路,该笔交易所引发的交易费用应包括:前期准备工作投入的成本、谈判签约期间耗费的成本和履约期间的风险监管成本。这个交易费用显然是一个总量概念,更重要的是,这种分析思路忽略了个人与企业作为交易者在交易费用投入上存在的差异性。从信息不对称的角度看,企业作为卖家对商品拥有私人信息,而个人拥有对该商品的私人评价,在市场交易的博弈中,双方都试图揭示对方的私人信息以便做出正确的交易决策。由于自身属性的差异,交易者在信息发现过程中所耗费的成本是不同的。同样,在合约履行期间,监管投入、违约概率与违约损失等不同都会导致交易费用在交易主体间分布的差异性。因此,可以说,从交易过程对交易费用进行分类的做法考虑了总量问题,而忽略了分量问题,考虑了交易的过程性,却忽略了交易的结构性。基于上述考虑,结合本研究的需要,本章提出"单边交易费用"概念。单边交易费用的提出给我们一个提示:由于交易者自身属性的差异,在同一交易过程中,合约双方交易费用的损耗存在结构和总量上的差异,可以通过改变一方或两方交易者的单边交易费用结构或总量来影响交易进行的频次、规模和程度,从而调节和优化资源配置。

第四章 东北地区农地流转模式比较与机制构建

息、评估标的物、谈判、签约、合约监督等活动所耗费的费用。

（一）双边交易

土地承包经营权流转双边交易的相关主体包括农户和农业企业，农业企业按土地流转协议支付费用（土地转入价格），农户转让土地经营权，双方签订商品契约。合约执行期内，农户对于农业企业经营行为的约束力较弱（见图 4-1）。

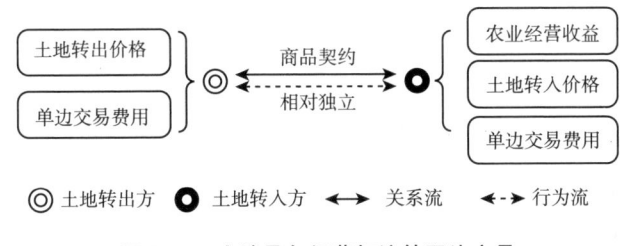

图 4-1 土地承包经营权流转双边交易

此时，农户与农业企业的关系可视为一种委托—代理关系，下面将其模型化：

假定 A 为农业企业转入土地后可选择的经营努力水平的集合，$a \in A$ 表示特定的努力程度，并决定某一产出水平 $\pi = a + \varepsilon$，其中，ε 为由不确定性因素决定的外生随机变量（自然状态），且 ε 服从均值为 μ，方差为 τ^2 的正态分布。假定农业企业经营的努力成本为 $C(a)$，满足 $C'(a) > 0$，$C''(a) > 0$，这里取 $C(a) = 1/2 ba^2$。假定信息不对称，农户对于农业企业的经营行为无法观测，但能测量其产出 π，农户提出一个线性激励合约 $S(\pi) = \alpha + \beta\pi$，其中，$\alpha$ 为固定收益，β 为产出分享系数。假定合约签订和执行过程中，农户耗费的单边交易费用为 Δ_P^1，农业企业耗费的单边交易费用为 Δ_E^1，且 Δ_P^1 和 Δ_E^1 均为常数。假定农户和农业企业均有常数绝对风险厌恶（CARA）偏好，其风险规避度分别是 η_1 和 η_2。在上述假设条件下，设计同时满足"个人理性约束"（Individual Rationality，IR）和"激励相容约束"（Incentive Compatibility，IC）的激励合同来激励农业企业有效经营，从而使农户的期望收入最大化，因此农户的问题就是选择（α，β）解下列最优化问题：

$$\max_{\alpha,\beta} P_{V_1} = E[\pi - S(\pi) - \Delta_P^1] - \frac{1}{2}\eta_1 Var[\pi - S(\pi)]$$

$$\text{s. t.} \quad E_{V_1} = E[S(\pi) - C(a) - \Delta_E^1] - \frac{1}{2}\eta_2 Var[S(\pi) - C(a)] \geq \varpi \quad (4-1)$$

$$a \in \arg\max_a \{E_{V_1}\}$$

其中，P_{V_1} 和 E_{V_1} 分别为农户和农业企业的确定性等价收入，$1/2\eta_1 \text{Var}[\pi - S(\pi)]$ 为农户收益的风险升水，$1/2\eta_2 \text{Var}[S(\pi) - C(a)]$ 为农业企业的风险升水，ϖ 为农业企业的保留效用值。求解该模型得到：

$$\alpha^* = \varpi + \Delta_E^1 + \frac{(b\eta_2\tau^2 - 2b\mu - 1)(1 + b\eta_1\tau^2)^2 - 2b^2\eta_2(1 + b\eta_1\tau^2)\mu\tau^2}{2b(1 + b\eta_2\tau^2 + b\eta_1\tau^2)^2} \quad (4-2)$$

$$\beta^* = \frac{1 + b\eta_1\tau^2}{1 + b\eta_1\tau^2 + b\eta_2\tau^2} \quad (4-3)$$

$$a^* = \frac{1 + b\eta_1\tau^2}{b(1 + b\eta_1\tau^2 + b\eta_2\tau^2)} \quad (4-4)$$

模型（4-1）的解说明农户与农业企业签订的最优合约 $S^*(\pi)$ 满足（α^*，β^*）。由于 α^* 和 β^* 是共同知识，并且农业企业的产出也是可观测的，因而这是一个可执行合约。在均衡条件下，由于农业企业的风险规避程度明显小于农户，因此，农业企业享有更多剩余索取权（$\eta_2 \to 0$，$\beta^* \to 1$），农户流转出土地后取得固定租金 $-\alpha^*$ 和一部分剩余收益（$1-\beta^*$）π^*。

（二）集中交易

土地承包经营权流转集中交易的相关主体包括农户、农业企业和各类中介组织（包括村集体经济组织、土地产权交易中心等为土地承包经营权流转提供社会化服务的中间组织）。在这种交易方式下，分散农户将土地委托给村集体经济组织并通过产权交易中心与农业企业签订商品契约。合约签订前后，村集体经济组织和产权交易中心对农业企业的相关信息（如企业规模、经营实力、诚信度等）进行审核和评估，避免显见的交易风险，同时对农户和农业企业的履约行为进行监督和约束（见图4-2）。

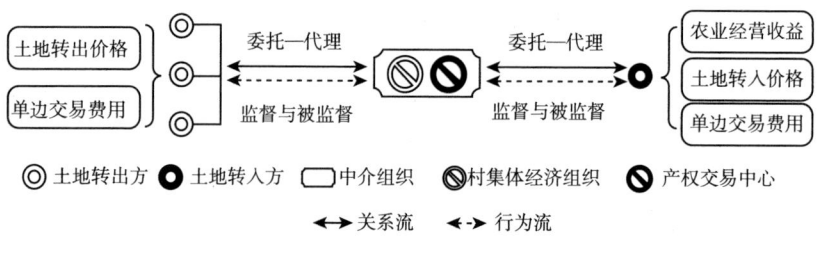

图4-2 土地承包经营权流转集中交易

第四章 东北地区农地流转模式比较与机制构建

此时，农户、中介组织和农业企业间也存在着委托—代理关系，将其模型化：

首先，假定中介组织是营利性的①。如前所述，村集体经济组织和土地产权交易中心作为中间人在土地承包经营权流转合约签订和执行过程中起着协调、统筹和保障的作用，它的努力水平会对合约执行结果产生影响。这里将村集体经济组织和土地产权交易中心视为一个行动整体，给定其努力水平 $\kappa \in K = [0, 1]$，κ 越大，表示中介组织的努力程度越高。进一步假定其努力成本函数为 $M(\kappa)$，满足 $M'(\kappa) > 0$，$M''(\kappa) > 0$，$M(0) = 0$，$M(1) = \infty$。中介组织的作用在模型中体现为两个方面：

一方面，中介组织的努力改变了土地转入方对生产过程中自然变量的认识（汪贤裕，2001；杨学南，2006；颜锦江，2000），即其正的努力程度减少了产出的不确定性。假定在中介组织努力水平 κ 下，产生了一个对自然状态 ε 的观察变量 ψ，满足：

$$\psi = \kappa\varepsilon + (1-\kappa)e \quad (4-5)$$

其中，e 为与 ε 独立的正态随机变量，$e \sim N(0, \sigma^2)$。在努力程度 κ 给定后，中介组织得到对自然状态的认识变量 ψ。记条件随机变量 $(\varepsilon|\psi)$ 的数学期望 $Y(\kappa)$ 和方差 $Z(\kappa)$，有：

$$Y(\kappa) = E(\varepsilon|\psi) = \frac{\mu(1-\kappa)^2\sigma^2 + \kappa\psi\tau^2}{\kappa^2\tau^2 + (1-\kappa)^2\sigma^2} \quad (4-6)$$

$$Z(\kappa) = D(\varepsilon|\psi) = \frac{\tau^2(1-\kappa)^2\sigma^2}{\kappa^2\tau^2 + (1-\kappa)^2\sigma^2} \quad (4-7)$$

当 $\kappa = 1$ 时，中介组织最大限度地努力工作，对自然状态 ε 的认识最完全（$\psi = \varepsilon$）；当 $\kappa = 0$ 时，中介组织不做任何工作，相应地，对自然状态没有任何改变（$\psi = e$）。对 $Z(\kappa)$ 求导得：

$$\frac{\partial Z(\kappa)}{\partial \kappa} = \frac{-2\kappa(1-\kappa)\sigma^2\tau^4}{[\kappa^2\tau^2 + (1-\kappa)^2\sigma^2]^2} < 0 \quad (4-8)$$

随着努力程度的提高，中介组织对自然状态认识的误差变小。因此，上述模型成功体现了中介组织努力的本质作用。

另一方面，中介组织的努力改变了双边交易方式下合约当事人的单边交易费

---

① 这是为了便于建模，在后续讨论中会对该假设进行讨论和调整。

用。假定集中交易方式下农业企业和农户的单边交易费用分别为 $\Delta_E^2(\kappa)$ 和 $\Delta_P^2(\kappa)$，且有 $\Delta_E^2(0) = \Delta_E^1$，$\Delta_P^2(0) = \Delta_P^1$，$(\Delta_E^2)'(\kappa) < 0$，$(\Delta_E^2)''(\kappa) > 0$，$(\Delta_P^2)'(\kappa) < 0$，$(\Delta_P^2)''(\kappa) > 0$。因此，当 $\kappa \geq 0$ 时，$\Delta_E^2 \leq \Delta_E^1$，$\Delta_P^2 \leq \Delta_P^1$，意味着中介组织借助自身的特殊属性的优势（如与农户有着天然的联系、风险规避性较个体农户弱、谈判能力和理性预期较农户强等）介入交易，使农户和农业企业的单边交易费用降低，并且中介组织的努力程度越高，对降低双方的单边交易费用的效果越明显。

进一步假定中介组织与农户签订的合约满足模型（4-1）中的最优合约形式 $S^*(\pi)$，中介组织有不变风险规避度 $\eta_3$①，并与农业企业签订激励合约 $S(\pi) = \alpha + \beta\pi$。此时，中介组织的问题是：在努力程度 κ 确定后，取得对自然状态的认识 $(\varepsilon|\psi)$，选择 (α, β) 最大化自身的期望收入。因此建立如下规划模型：

$$\max_{\alpha,\beta} M_V = (1-\beta)[a + Y(\kappa)] - \alpha - M(\kappa) - \frac{1}{2}\eta_3(1-\beta)^2 Z(\kappa)$$

$$\text{s.t.} \quad E_{V_2} = \beta[a + Y(\kappa)] + \alpha - C(a) - \Delta_E^2(\kappa) - \frac{1}{2}\eta_2\beta^2 Z(\kappa) \geq \varpi \quad (4-9)$$

$$a \in \underset{a}{\operatorname{argmax}}\{E_{V_2}\}$$

其中，M_V 为中介组织的确定性等价收入，E_{V_2} 为农业企业的确定性等价收入，$\frac{1}{2}\eta_3(1-\beta)^2 Z(\kappa)$ 和 $\frac{1}{2}\eta_2\beta^2 Z(\kappa)$ 为风险升水。求解该模型，得到：

$$\alpha^{**}(\kappa) = \varpi + \Delta_E^2(\kappa) + \frac{[b\eta_2 Z(\kappa) - 2bY(\kappa) - 1][1 + b\eta_3 Z(\kappa)]^2 - 2b^2\eta_2[1 + b\eta_3 Z(\kappa)]Y(\kappa)Z(\kappa)}{2b[1 + b\eta_2 Z(\kappa) + b\eta_3 Z(\kappa)]^2}$$

$$(4-10)$$

$$\beta^{**}(\kappa) = \frac{1 + b\eta_3 Z(\kappa)}{1 + b\eta_2 Z(\kappa) + b\eta_3 Z(\kappa)} \quad (4-11)$$

$$a^{**}(\kappa) = \frac{1 + b\eta_3 Z(\kappa)}{b[1 + b\eta_2 Z(\kappa) + b\eta_3 Z(\kappa)]} \quad (4-12)$$

模型（4-9）的解说明中介组织与农业企业签订的最优合约 $S^{**}(\pi)$ 满足 $(\alpha^{**}, \beta^{**})$。由于 α^{**} 和 β^{**} 是共同知识，并且农业企业的产出也是可观测的，因而这同样是一个可执行合约。在均衡条件下，农业企业享有大部分剩余索取权（$\eta_2 \to 0$，$\beta^{**} \to 1$），中介组织作为土地承包经营权流转的委托人取得固定租

---

① 比较而言，有：$\eta_1 > \eta_3 \gg \eta_2 > 0$。

金 $-\alpha^{**}$ 和一部分剩余收益 $(1-\beta^{**})\pi^{**}$。

二、两种模式效果比较

为便于比较分析,假定所有土地转出户为均质,即它们的自身属性和行动类型相同,且同样的交易行动引发的单边交易费用相同。

(一) 农业企业的成本收益

农业企业采用双边交易方式时,合约均衡条件下,其预期收益为:$E_{V_1} = \alpha^* + \beta^*(a^* + \mu) - \frac{1}{2}b(a^*)^2 - \Delta_E^1$,采用集中交易方式时,合约均衡条件下的预期收益为:$E_{V_2} = \alpha^{**} + \beta^{**}[a^{**} + Y(\kappa)] - \frac{1}{2}b(a^{**})^2 - \Delta_E^2(\kappa)$。因此农业企业的收益增量 $E_V = E_{V_2} - E_{V_1}$。

(1) 当 $\eta_2 > 0$ 时,有:

$$\begin{aligned} \beta^* &= \frac{1 + b\eta_1\tau^2}{1 + b\eta_1\tau^2 + b\eta_2\tau^2} = 1 - \frac{b\eta_2\tau^2}{1 + b\eta_1\tau^2 + b\eta_2\tau^2} \\ \beta^{**}(0) &= \frac{1 + b\eta_3\tau^2}{1 + b\eta_2\tau^2 + b\eta_3\tau^2} = 1 - \frac{b\eta_2\tau^2}{1 + b\eta_2\tau^2 + b\eta_3\tau^2} \\ \beta^{**}(1) &= 1 \end{aligned} \quad (4-13)$$

由于 $\eta_1 > \eta_3$,因此有 $\beta^{**}(0) < \beta^* < \beta^{**}(1)$。说明:在农业企业严格弱风险规避条件下,中介组织的介入使得合约的激励强度发生变化,表现为:若中介组织未能认真履行职责(努力程度 $\kappa = 0$),则协商签订后的土地承包经营权流转合约激励性较农户单独签约时增强,这意味着农户承担的风险增大了,原因是中介组织与农户有不同的风险规避特性($\eta_1 > \eta_3$);若中介组织尽最大努力工作($\kappa = 1$),此时交易结果是农户取得一份完全保险合约,农业企业享有完全剩余索取权 $[\beta^{**}(1) = 1]$。

(2) 当 $\eta_2 > 0$,且 $\eta_1 \to 0$,$\eta_3 \to 0$ 时。一方面,当 $\kappa = 0$ 时,$E_V = E_{V_2} - E_{V_1} = 0$,即三方都趋向风险中性时,中介组织的努力程度为零时,农业企业的预期收益没有变化。

另一方面,当 $\kappa = 1$ 时,有:

$$\lim_{\eta_3 \to 0} E_{V_2} = \varpi - \frac{1+2b\mu}{2b} + \frac{1}{b} + \mu \qquad (4-14)$$

$$\lim_{\eta_1 \to 0} E_{V_1} = \varpi + \frac{(1+b\eta_2\tau^2)(1-2b\mu)-2}{2b(1+b\eta_2\tau^2)^2} + \frac{1}{1+b\eta_2\tau^2}\left[\frac{1}{b(1+b\eta_2\tau^2)} + \mu\right] \qquad (4-15)$$

此时，$E_V = E_{V_2} - E_{V_1} = \frac{\eta_2\tau^2}{2(1+b\eta_2\tau^2)} > 0$，即三方趋向风险中性且中介组织努力水平提高到最大时，农业企业预期收益将增加，增加量为 E_V，该增量大小由农业企业风险规避度（η_2）、边际努力成本（b）和农业经营风险（τ^2）共同决定。

（3）当 $\eta_2 = 0$ 时，$E_V = E_{V_2} - E_{V_1} = 0$，即在两种合约均衡时，农业企业的收入无差异。进一步说明随着农业企业风险偏好的渐强，中介组织的激励作用被弱化。但此时，仅从模型角度来讲，双边交易合约和集中交易合约都是最优的。

（二）农户的成本收益

农户在双边交易方式和集中交易方式下合约均衡时的收益分别是：$P_{V_1} = (1-\beta^*)(a^* + \mu) - \alpha^* - \Delta_P^1$ 和 $P_{V_2} = (1-\beta^*)[(1-\beta^{**})[a^{**} + Y(\kappa)] - \alpha^{**}] - \alpha^* - \Delta_P^2(\kappa)$，因此农户预期收益增量为 $P_V = P_{V_2} - P_{V_1}$。这里重点考察两种交易方式下农户固定收益（R_P^1 和 R_P^2，$R_{P_1}^2$ 和 $R_{P_1}^2$）的比较。

（1）当 $\eta_2 \to 0$ 时，有：

$$R_P^1 = \lim_{\eta_2 \to 0}(-\alpha^*) = \frac{1+2b\mu}{2b} - \varpi - \Delta_E^1 \qquad (4-16)$$

$$R_P^2 = \lim_{\eta_2 \to 0}(-\alpha^{**}) = \frac{1+2b\mu}{2b} - \varpi - \Delta_E^2(\kappa) \qquad (4-17)$$

因为 $\Delta_E^1 \geq \Delta_E^2$，所以 $R_P^1 \leq R_P^2$。因此得到：在农业企业风险规避度趋近于零时，农户采用土地集中交易的方式所取得的固定收益高于采用双边交易时的收益，多出的固定收益部分 $[\Delta_E^1 - \Delta_E^2(\kappa)]$ 来源于农业企业单边交易费用的节约。另外，考虑到农户的单边交易费用在两种土地交易方式之间也有一部分节约，即 $\Delta_P^1 - \Delta_P^2(\kappa)$，该部分节约来自中介组织的参与。因此，农户预期固定收益增量为 $\Delta_E^1 - \Delta_E^2(\kappa) + \Delta_P^1 - \Delta_P^2(\kappa)$，该增量与中介组织努力程度呈正相关。

(2) 当 $\eta_2 > 0$ 时,有:

$$R_{P_1}^2 = -\alpha^{**}(0) = -\varpi - \Delta_E^2(0) - \frac{(b\eta_2\tau^2 - 2b\mu - 1)(1 + b\eta_3\tau^2)^2 - 2b^2\eta_2(1 + b\eta_3\tau^2)\mu\tau^2}{2b(1 + b\eta_2\tau^2 + b\eta_3\tau^2)^2} \quad (4-18)$$

$$R_{P_2}^2 = E(-\alpha^{**}(1)) = -\varpi - \Delta_E^2(1) + \frac{1 + 2b\mu}{2b} \quad (4-19)$$

此时,$R_{P_2}^2 > R_{P_1}^2$。因此得到:在农业企业严格弱风险规避条件下,中介组织的努力程度会对农户的预期固定收益产生影响:中介组织努力水平提高会给农户带来正的固定收益增加,增加的收益 ($R_{P_2}^2 - R_{P_1}^2$) 部分来源于中介组织的努力。

(三) 中介组织的成本收益

中介组织的成本收益函数为:

$$M_V = \beta^*[(1-\beta^{**})(a^{**} + Y(\kappa)) - \alpha^{**}] + \alpha^* - M(\kappa) \quad (4-20)$$

前面假定中介组织为营利性组织,以最大化自身利益为目标,但在实践过程中,村集体经济组织和大部分的土地产权交易中心对土地承包经营权流转的服务都是非营利性的。因此,在模型设计上,中介组织的最大化目标函数是虚拟的,在合约均衡条件下,其取得的收益将转移到农户手中。例如,当 $\eta_2 \to 0$ 时,β^* 和 β^{**} 皆接近零,土地转出方 (双边交易方式下土地转出方为农户,集中交易方式下土地转出方为中介组织) 取得固定收益 R_P^1、R_P^2。农户选择土地集中交易时,在均衡条件下,中介组织将返给农户部分固定收益 (R_P^2 或至少不低于 R_P^1),此时中介组织的活动成本是 $M(\kappa)$[①]。

(四) 第四方 (社会) 的收益

中介组织介入土地流转不仅使农户和农业企业预期收益产生变化,对社会总收益也会有影响。由式 (4-4) 和式 (4-12) 有:

$$a^{**}(0) = a^*, a^{**}(1) = \frac{1}{b} > a^*, 且 \frac{\partial a^{**}}{\partial \kappa} = \frac{\partial a^{**}}{\partial Z} \frac{\partial Z}{\partial \kappa} > 0 \quad (4-21)$$

因此,当 $\kappa > 0$ 时,a^{**} 严格大于 a^*。在自然状态不变的条件下,产出 π 将

---

① 本模型也揭示了农地集中流转的一个隐患,即中介组织 (尤其是以村干部为代表的村集体经济组织) 作为中间人,在土地承包经营权流转过程中借助其角色优势进行寻租。

在两种合约均衡时产生正的增量，即 $\pi^{**} = a^{**} + Y(\kappa) > \pi^{*} = a^{*} + \mu$。为此得到：中介组织参与土地承包经营权流转对农业企业经营行为产生正向影响，农业企业的经营产出增加。

三、启示及政策建议

从组织形式来看，土地承包经营权集中交易与双边交易的明显差异是中介组织的介入。从模型分析结果来看，中介组织的参与对合约当事人的成本收益产生了重要影响。对模型分析结果作进一步讨论，笔者认为，中介组织在土地承包经营权流转过程中的作用机理如下：

（1）节约单边交易费用。首先，土地产权交易中心建立的交易信息网络可以集中对外发布待交易土地的数量、质量、区位、价格等信息，其评估服务也能为供需双方提供较好的信息参考，从而减少交易者的信息搜寻、辨别成本。其次，双边交易是一种一对一的交易方式，土地转入方若想大规模承包土地，必须同每一个农户进行单独协商谈判，这是个耗时耗力的工作。在集中交易方式下，土地转入方只须面对农户委托人——村集体经济组织一方，双方的谈判效率和效果会有提高和改善，土地转入方节约了时间和财力（单边交易费用由 Δ_E^1 降低为 Δ_E^2），而由于村集体经济组织同农民天然的联系，其签约成本相对低廉，因此，农户的单边交易费用亦有降低（由 Δ_P^1 降低为 Δ_P^2）。另外，从社会学角度来说，在同质环境下，农户与村集体经济组织的契约关系的稳定性要强于农户与非本村组织（或个人）的契约关系。

（2）促进农地规模经营。在土地集中交易方式下，农户和农业企业的收益增量来源有二：一是前述单边交易费用的节约；二是土地经营产出的增加。模型中笔者设定了一个特殊的变量——观察变量 ψ，由中介组织的努力程度 κ 决定。事实上，我们先验假定了在产出函数中，除了农业企业的努力变量外，其他可能影响产出的潜在变量都被归入随机变量 ε 中。在形如 $x = a + \varepsilon$ 的生产函数中，农业企业的努力变量 a 包含资金投入和时间投入两个部分，而 ε 中包含科技进步因素、企业家才能、随机因素等。观察变量 ψ 的作用是借由对自然状态 ε 的认识（例如，鼓励和协助科技种田、利用培训等方式培养企业家才能、为鼓励农业企业规模经营而出台优惠政策等），降低不确定性，从而提高产出，而改变不确定性的变量就是 κ。中介组织在土地承包经营权流转过程中的一个重要作用是集中了大量的连片土地。这一集中行动对外提供了准确和稳定的土地可获得和可利用的预期信息，从而有利于农业企业在资金、机械设备等生产资料方面进行较长时间的规划和投入，实现生产的规模效益。在模型中体现为自然状态 ε 被进一步认识，导致产出增加。

（3）规范和优化履约环境。一方面，中介组织介入交易可以对土地承包经营权流转进行规范化管理，对交易双方进行监督，保障交易流程的公平性和公正性（邹伟、何孟飞，2009）。另一方面，中介组织在土地承包经营权流转过程中承担着一个特殊的任务，即对土地规模转入方的土地使用情况进行监督。当前各地在中央有关精神指导下出台了土地承包经营权流转的规范性文件，并对耕地占用进行计划控制，村集体经济组织和产权交易中心可以对转出土地的被利用情况进行全程监督。

在新制度经济学框架内，引入单边交易费用概念，讨论了土地承包经营权流转双边交易和集中交易的形成机理、模型化和成本收益问题，模型分析得到如下结论：①中介组织参与土地承包经营权流转会增加农户预期固定收益：当农业企业趋近风险中性时，农业企业单边交易费用的节约将由己方转移至农户一方，同时，农户单边交易费用在集中交易和双边交易间存在节约，两者共同导致农户固定收益正的增量；当农业企业风险规避性增加时，农户固定收益增加有一部分来自中介组织的努力。②中介组织参与土地承包经营权流转会在部分条件下对农业企业的预期收益产生影响：当农业企业趋近风险中性时，在双边交易和集中交易两种方式下预期收益相当；当农业企业风险规避性增加时，选择土地集中交易方式会使农业企业预期收益增加。③中介组织参与土地承包经营权流转会增加社会产出：当中介组织努力为正时，会激励农业企业在集中交易合约下努力程度的提高，从而促进产出增量。基于上述讨论分析，笔者提出以下三条建议：

第一，完善土地承包经营权流转中介机构，搭建广阔的土地流转平台。改革开放以来，我国产权市场有了长足发展，目前全国各地已经有 200 余家产权交易机构。农村土地产权交易是产权交易的一种典型形式，各地建立和完善产权交易市场须充分考虑农地产权交易的特殊性，并充分借鉴已有产权交易机构的运营经验。首先，应完善土地承包经营权流转信息发布机制。产权交易中心应逐步完善信息发布系统，建立强大的农村土地使用权转让发布机制，大范围做好信息采集工作，为土地承包经营权流转的顺利进行做好前期准备。其次，可以灵活采取多种交易方式。土地承包经营权流转要充分考虑交易双方的意愿，因势利导，通过协议转让、拍卖、招标等多种渠道进行交易，从而有利于农民、种植大户、合作社和农业企业实现双赢。再次，健全档案备份制。对交易相关的文本合同等信息进行及时、准确备份，确保交易产生纠纷时能第一时间提供具有法律效力的材料，防止出现损害农民利益的欺瞒现象。最后，加强对合约当事人的监管。产权交易中心应积极对合约当事人，尤其是土地转入方农地用途规划和变更进行及时监控，确保农地不被非法利用。

第二，加强政府监管和政策扶持，优化土地承包经营权流转环境。与国家所有的城市土地相比，集体所有的农村土地在产权及其具体形态上更为复杂，因此政府需要在土地流转过程中发挥一定的影响力。为了强化市场对土地资源配置的主导作用，政府对农村土地产权交易市场的作用应定位在监督与管理，工作重点应放在土地产权交易流程的合法、合规环节。对于各地的农地产权交易中心，应首先由政府牵头，出台一系列的指导性文件，对土地流转主体、程序、合同、市场、监管等方面进行规范。其次对产权交易中心的运作流程进行监控和定期考核，确保交易中对外发布信息的及时性、全面性和公开性，工作程序的合法合规性等。另外，也是更为重要的是，各级政府不应用行政力量干涉或包办农村承包地经营权流转，稳妥的做法是积极支持农村承包地经营权进入农村土地产权交易市场交易，提高交易透明度，为农村承包地经营权流转创造良好的交易环境。

第三，培育农业经营主体，巩固土地承包经营权流转需求市场。农地需求增加无疑会促进土地承包经营权流转规模的扩大和市场的完善，因此，地方政府可以因地制宜，面向现代农业经营主体开展细化的扶持性服务，更好地帮助新涌现的现代农业经营主体进入良性发展轨道。以浙江省海盐县为例，该县于近年出台了扶持和培育规模经营主体的政策性文件，并在全县农业系统开展农经局领导和农技人员"一对一、促发展"服务农业规模经营主体活动。每年从新增现代农业经营主体中选择若干服务对象，落实一位局领导和两位农技人员"一对一"扶持，免费提供政策咨询、种养技术等全方位的服务。目前已有5家规模经营主体和3位种植业大户得到了粮油、蔬菜、畜禽、水产养殖方面的政策扶持，效果明显。

第二节 东北地区农地流转的机制构建

一、东北地区农地流转的特殊性与机制构建基础

农地流转在全国各地普遍存在，流转初具规模，但流转市场发育缓慢，且存在明显的地区差异。广东、浙江、江苏等沿海发达地区流转比较普遍，流转总体

第四章 东北地区农地流转模式比较与机制构建

面积较大，流转方式较多，从粗放的流转向市场化流转过渡，而西部很多地区，如甘肃、陕西等省份土地流转较少，方式单一，农地流转的市场化发展缓慢，主要是农户之间的随意流转；相对而言，东北地区土地资源总量和农户占有量都较多，农地流转的特点则是单笔土地流转规模较大，种植大户、家庭农场和合作社数量较多，农地流转形式多样化。对于东北地区，农地流转机制构建的核心问题是资源配置效率。一般来说，资源的配置方式主要有计划和市场两种，市场是配置资源最有效的方式。根据科斯定理：对于一个既定的配置资源的行动，如果市场方式的交易费用低于政府方式，这一行动的市场化就是有利的；反之，就无须市场化。在市场经济条件下，要想使有限的资源在全社会范围内优化配置，需要市场机制与宏观调控相结合。在市场化取向的深度改革推进过程中，必然触及市场基础制度层面的农村土地改革问题。市场机制的运行动力来自市场主体对自身物质利益追求，市场机制包括价格机制、供求机制和竞争机制，这三者共同构成农村土地流转市场的核心机制，而其中价格机制的重要性和敏感性显得尤为突出。根据我国经济发展和东北地区农村土地流转现状，用市场机制配置土地资源比现行配置方式更为优越，农村土地流转市场化有客观必然性。农村土地市场化流转的基本思路是，在明确农村土地产权制度，实现土地所有权、承包权和经营权三权成功和充分分离的基础上，发挥市场机制配置资源的基础性作用和政府宏观调控的辅助性作用，完善相关制度要素为补充，从而实现资源的优化配置，促进现代农业和地区经济的发展。结合东北地区经济社会发展的现实基础，建立科学的农地流转机制，在遵循以上基本原则和思路的前提下，应着重处理好以下几个关系：

第一，东北地区农地流转公平与效率的关系。农地流转制度变迁是一个动态的过程，公平和效率两大目标任何一个都不可偏废，我国农地制度的稳定过程也是相对的。其必然受到人地关系高度紧张的资源禀赋状况的制约。虽然东北地区土地资源相对丰富，但目前该地区城市本身所面临的就业等一系列问题还十分严峻，很难在短期内解决。显然，在国家尚不能为城市提供较为完善的社会保障体系的条件下，长期以来土地对于农民所具有的事实上的社会保障和失业保险功能将继续发挥作用。兼顾公平的原则，一方面决定了现阶段土地流转制度创新还只能在社区集体所有的框架内以平稳的方式进行；另一方面土地流转制度的创新应在农民自愿的前提下，通过市场力量的引导和驱动逐步加以实现。土地的非生产性社会稳定功能只能随着土地在农民收入来源中地位的下降和农民收入水平的提高逐步弱化，这需要一个过程。因此，农地制度创新的过程也必然表现为一个不断寻找效率与公平最佳结合区间的过程。

第二，东北地区农地转移与短期失地农民的关系。农民拥有土地产权的同时就在一定程度上拥有以土地存在而产生的生存、发展和养老保障权益。农民在将土地以一定期限转移出去以后，将成为临时性的或短期的失地农民，农地流转过程中出现的短期失地农民是统筹城乡发展过程中必须解决好的问题。农地流转所引发的短期失地农民与土地城市转移所产生的永久（长期）失地农民是有所区别的：前者只是在交易合同有效期内放弃了土地的经营权或使用权，合约结束后土地将自动转移给原土地承包方，土地的生存保障功能等没有因此消失；而后者因全部放弃了土地的承包权（以及相应的使用权和收益权等），土地的保障功能随之消失。因此，在完善统筹城乡发展要求下农地流转制度，要充分和全面考虑农民的土地权益问题，解决好短期失地农民的生存、发展问题。

第三，东北地区农地用途转用与耕地保护的关系。东北地区人均耕地占有数量居全国前列，但伴随着工业化和城市化的进程，耕地数量不可逆转地出现减少的趋势。土地是不可再生资源，对于农民来说既是基本的生产资料，又是基本的收入来源，还是农民基本的社会保障；对于国家来说既是经济持续快速发展的基础，又是促进社会稳定、国家长治久安的基本保障。在完善统筹城乡发展要求下农地流转制度的过程中，要加强对农地使用权流转工作的指导，搞好农地规划，保护农地质量，实行农地可持续发展。对用于统筹城乡发展的相关公共设施建设用地，在保证符合统筹城乡发展需要的基础上，通过合理途径实现用途的转移。

二、东北地区农地流转市场机制运行驱动力

社会主义市场经济命题的提出和社会主义市场经济体制的确立，为跨世纪的农村土地制度改革与完善奠定了基础。市场经济就是由价值规律调节的经济。价值规律调节的功能具体表现为通过价格、供求、竞争等市场机制的作用，调节生产、分配、消费的平衡关系，调节社会资源的配置。实行市场经济是充分发展我国商品经济的客观要求，是微观上提高效率，宏观上保持总量和结构平衡，达到资源最优化配置的必由之路，是扩大国际经济交流和参与国际市场竞争的必要条件。

从宏观上看，在市场经济条件下，土地既是资源，又是资产。既是自然物，又有商品的属性，是农业关键性生产要素。农地作为稀缺的资源主要是保护和合理利用，作为宝贵的资产就是要保值和增值，而不能无价、无期、无流动地使用。当前，我国农业经营中的许多问题，如要素配置不合理、投入减少、荒芜弃

第四章 东北地区农地流转模式比较与机制构建

耕等，都与缺乏有效的农村土地资源配置机制密不可分。因此，这要求农村土地资源配置必须进入市场化的流程。允许土地使用权有偿转让并使使用权进入市场流通领域，建立土地使用权市场。通过使用权的市场化流转，完善农村市场体系，发展农村市场经济。这也是进一步规范农村土地产权制度加强农地法制化管理的过程。从微观上看，社会主义市场经济体制在农村的建立与不断完善极大地唤醒和提升了农民主体意识。首先，社会主义市场经济中的物质利益原则激发了主体的自我意识。社会主义市场经济肯定了物质利益的合理性和正当性，为农民的思想解放奠定了物质前提和基础，广大农民只有在这个基础上才看到自己的存在。在等价交换使劳动得到等价补偿的原则下，农民通过对物质利益的普遍追求唤醒了对自己所具有的潜力的认识，并激发了释放潜力的强大动力。其次，社会主义市场经济中商品交换的平等原则强化了农民的自主意识。等价交换原则为农民的社会交往关系提供了一个客观化了的统一尺度。使农民逐渐意识到一方的主体性不能以牺牲他方的主体性为代价，商品交换的双方都不能将自己的意志强加给对方。这从中国农村社会制度的变迁过程得到很好的印证，例如，农村家庭承包责任制就是农民出于对自己利益做出的选择。20世纪80年代遍布中国大地的乡镇企业也是以农民为主体自发发展起来的。最后，社会主义市场经济的竞争机制强化了主体的创造意识。市场经济优胜劣汰的竞争机制，使农民的发展获得了前所未有的动因和动力。农民不再安于固守在数量十分有限，产出水平低下且不稳定的土地上，相当一部分农民进入城镇，在非农领域创造机会。

家庭承包责任制将农户变成了独立生产经营、自负盈亏的微观经济活动主体。在承包制下，农户不仅成为能独立进行商品生产和经营的农业生产经济实体，生产什么、生产多少由他们自己决定；而且也成为有限的资源支配主体，对自身的劳动力、承包地、生产中资本量和技术投入量等有近乎完全的支配权和决策权。农户根据各种市场信息进行决策，将有限的资源进行合理配置，决策过程见图4-3。

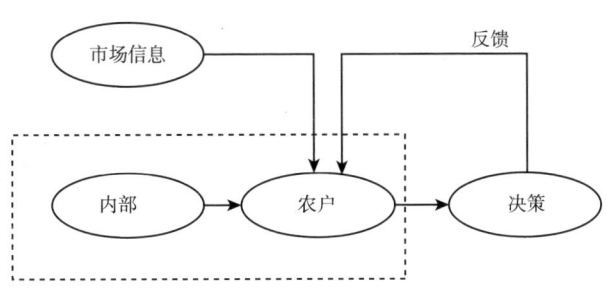

图4-3 市场经济条件下农户决策过程

农村市场经济体制的逐步建立，深刻地改变了农户的经营决策行为。第一轮家庭承包责任制期间，中国农产品短缺，加上农户的生产要素使用的地域范围受限制，解决温饱成为广大农民的首要决策目标，经济目标次要。农村经济水平的提升，市场经济体制的确立，打破了农村封闭落后的自给自足的小农生产方式，追求经济效益最大化成为广大农民的首要目标，农户首要考虑的是如何用可支配的有限资源实现纯收入最大化。作为市场经济主体的农户，其承包经营和使用的农地，不仅是其从事经营活动的基本生产资料，而且可以在一定的条件下将其转化为商品入市交易，以获取其货币价值。因此，大概在以下几种情形下，农户可能转出其承包经营和使用的农地：①因人口的自然减少或农外就业人口增加等原因导致家庭劳动人口不足，无力继续经营其承包的土地，或无须使用原有的土地；②因农产品价格过低或经营不善、技术不足、规模过小等原因导致农地经营效益过低，使其丧失继续经营农地的信心；③农地流转的市场价格相当高，农户即使不从事农业生产经营也可以依靠其承包经营和使用的农地权利的转让价格收入，获得其生活来源的保证。其中前两个原因是我国中西部地区导致农户转出其农地的主要原因，第三种情形仅在我国东部沿海集体经济相当发达的地区存在。农户转入农地的可能原因是：①因人口的自然增加或农外就业机会不足等原因导致家庭劳动人口过剩，不扩大其农地规模，不仅可能带来隐形失业和人力资源的浪费，而且可能无法保证家庭人口的基本生活所需；②农户家庭具有扩大经营规模所需的资金、技术和劳动力条件，具备收获农地潜在经济效益的能力；③农地流转的市场价格相当低甚至为负价格，本着"不能让田荒着"的思想和对农地未来收益会上升的预期，在低成本下转入进行粗放式经营，等待土地升值。可见，农户的农地流转操作是基于农地对其个体效用的评判。农地对于农户所具有的效用包括两个：第一是农地的基本生活保障效用，第二是农地的经济效用。其中农地对于农户的基本生活保障效用是永远存在的，通常的情况下保证其基本生活所需的一定数量的农地（农业用地和宅基地）是其农地保有量的底线，除非他们拥有了其他稳定的可以保证其基本生活的收入来源，否则他们轻易不会转出这部分农地，而且即使其获得了稳定的农外收入，愿意转出其底线以下的农业用地（相当于两田制中的口粮田），通常也会坚持保有其宅基地的使用权相当长的时间。农地对农户所具有的经济效用表现在两个方面：一是农地使用带来的生产收入；二是农地承包经营权和使用权流转所实现的经济价值。而这两个方面又是相互制约和相互影响的，如果农地使用带来的经济收入不高，流转所能够实现的经济价值也就不大，反之亦反。农户根据其个体效用的评判决定是否进行农地流转、流转多少以及如何流转，这一评判过程即农户的农地流转微观决策过程。

三、东北地区农地流转的核心机制构建

（一）产权归属机制

产权明晰是市场机制有效配置资源的前提和必要条件。东北地区农地流转产权归属机制的建立需要在全国框架下进行。目前，在我国农村土地市场中，作为交易客体的土地，其产权主体不清、界定模糊等因素制约着我国农村土地市场发育，而土地流转必然造成土地产权的分解，形成土地所有者、承包者、使用者等多元利益主体。各利益主体的责权利关系如何，怎样保证各利益主体权利的实现、利益的获得，并履行相应的责任和义务，避免各种侵权现象的发生而损害国家、集体和他人的利益，促进土地资源合理配置，都需要通过产权制度建设予以严格界定。因此，明确界定土地产权关系是首先要解决的问题，它是土地市场得以健康发展的前提条件。实现所有权与使用权相分离、承包权与经营权相分离，是构建农地使用权流转机制的前提。实现产权清晰须满足两个基本要求：一是财产的归属关系明确，财产的所有者到底是谁或谁拥有财产的所有权，即财产归谁所有是清晰的；二是在财产所有权主体明确的情况下，产权实现过程中不同权利主体之间的权、责、利关系是清楚的。在土地产权结构中，所有权是主要的，居于支配地位，其他权利都是所有权的派生权利，这些派生权利既可以与所有权统一于一身，又可以相对独立地存在。我国《中华人民共和国宪法》（以下简称《宪法》）和《中华人民共和国土地管理法》（以下简称《土地管理法》）明确规定，农村土地属集体所有，不能进行自由转让，因此，我国农地流转只能是与所有权相分离的农地使用权的转让和流通。而农地使用权中的承包权由于是一种优先权（具有准所有权性质），为保障农民的这种天然权利，同时有效促进土地流转，故在实践中流转的往往是农地经营权。因此，农村土地产权清晰，首先要明确产权的归属关系，即土地产权归谁所有，其次要界定清楚农村土地产权中不同权利主体之间的权、责、利关系。农村土地产权关系清晰了，产权主体就能够排他性地行使权利，形成激励机制；不遵守行为关系准则的责任损失的承担者也是明确的，从而形成约束机制。实践表明，只有土地产权关系清晰，才能使土地产权主体在市场经济活动中形成明确的经营预期，减少不确定性，避免非经济的外部性损失。相反，产权界定不清楚、关系模糊，就容易出现所有权主体和使用权主体相互间对彼此利益的侵蚀，就容易在交易和谈判过程中提高成本，造成效益

降低和费用增大，经济运动中表现出相互扯皮、互相推诿的非经济行为。农村土地利用过程中出现的大量违反法律的农地流转中的侵权行为，发生在社区间、队（组）间的众多的矛盾和纠葛，就是产权主体不清或权责利界定不清造成的结果。

（二）组织运行机制

东北地区农地流转组织运行的有效依托是培育和完善市场交易主体，包括农地供给主体、农地需求主体和连接供需主体的中间环节。从供给主体角度来看，没有健全的社会保障制度，就不可能从根本上增强农民离土的安全感和适应市场风险的能力，农村土地市场发育的进程也将严重受阻。完善的农村社会保障制度是农地流转的必要条件之一。从社会保障的覆盖领域来看，农民社会保障制度安排的重点在于三个方面：农村社会养老保险制度、最低生活保障制度、农村医疗保障制度。从社会保障的实现方式来看，要积极而稳定地推进农村社会保障制度改革，逐步将农村的社会保障由依靠承包地转为依靠社会和制度。采取"因地制宜，量力而行，形式多样，农民自愿"的原则，多渠道、多层次、多方式地兴办养老、医疗、生育、伤残等保险。途径是先通过建立"承包地+个人账户"的双重社会保障制度，积累社会保障基金，在积累一定的资金后，承包地的保障体制逐步退出，即将"承包地+个人账户"的双重保障体制向单纯的"个人账户"式的社会保障制度转化，弱化土地的社会政治稳定功能，还土地以正常的生产要素性质，尽可能地发挥土地的经济功能。对于外出打工的农民，国家要制定统一的、非歧视的劳动就业制度，把农民工纳入全社会的社会保障体系。从需求者角度来讲，种粮大户、合作社和家庭农场是目前东北地区土地流转市场重要的需求主体，为国家的粮食安全和农村经济发展做出了积极贡献。因此，地方政府要求对这几类主体重点扶持。在粮食直补、良种补贴和农资综合补贴上，要对种粮大户按实际种植面积进行补贴，实现全覆盖。各级农业部门要定期对种粮大户进行科技培训，要经常组织外出参观学习，提高其科技文化素质。农行、信用社等金融部门要加强对大户的信贷支持。降低门槛、放宽条件，搞好上门服务，要积极探索允许大户以权属清晰、风险可控的大型农用生产设备、承租地使用权等抵押贷款，解决资金周转困难问题。要加快发展农业政策性保险，加快发展政策性种粮保险，把种粮大户作为农业保险试点，切实解决种粮大户投入大、风险大的顾虑。从中间组织来看，农村土地流转的中介组织是联结供给主体和需求主体的纽带，是农户实现合法、有序流转土地的重要手段。它不仅可以促成土地顺利交易，而且可以大大降低交易成本和防范交易风险。特别是在当前农村信息传播渠道不畅，土地交易市场混乱，农民自发随意流转土地的条件下，尤显其存在的必要。因此，必须建立规范化的中介组织，在地方政府指导下做好土地流转规划，对土地价格进行评估、认证，收集发布土地供求信息，进行项目推介，规范土地流转程序，指导办理土地流转手续，协调处理各方关系等职能，服务农民，推动土地流转市场的健康有序运行。土地流转是一项复杂的交易活动，并且由于东北各地的自然、经济和社会条件不同，土地流转中介组织的培育和发展不能采用统一模式，因此，必须根据各地的实际情况，按照因地制宜、形式多样、循序渐进的原则，形成以一种或几种模式为主、其他多种模式协调发展的格局。

（三）收益分配机制

农地交易最敏感的主题是交易价格，核心问题是收益分配。鉴于我国特殊的农地产权结构，土地流转的收益主要在交易者（土地承包方和土地需求方）间进行，因此，价格就成为收益分配的一种重要的体现形式。在市场经济条件下，地租或土地使用费应该是在市场机制的作用下，通过土地所有者与土地使用者、土地使用者与土地使用者之间的充分竞争而形成的，然而，当前我国农地流转现状是土地承包经营流转市场还远未成形，更谈不上健全的市场机制。在这种情况下，土地产权交易很难完全依靠市场形成一个合理的、稳定的土地流转价格，而土地有偿使用和流转价格实现渠道的制约又反过来限制了土地产权商品化的程度。从我国土地使用权的历史来看，由于土地承包权的价值性、商品性不明确，土地产权价格无衡量标准，根本没有完整的价格体系（邓大才，2001）。要促进土地承包经营权的流转，必须加强对土地承包经营权的价格、资产管理和约束。城市土地已经实现了资产和价值管理，但是农村集体土地方面，对土地的商品和资产性仍无法律认可。针对这种情况必须把土地承包经营权一同纳入农地的管理体系。不仅需要实物量指标，而且需要价值量指标，实现土地价值化，运用价值来调度土地的使用，把土地作为资产来管理，进一步完善土地承包权和使用权的价格体系。因此，当前建立和完善农村土地流转市场及市场机制的核心是建立市场化的价格机制，这其中应着重考虑建立一套科学、完整的农地流转价格评估体系。科学、合理地评估农地价格，有利于农地资源优化配置，有利于农地市场的培育与规范。由于农地资源的特殊性及其市场发育的不完善，建立农地价格体系，使农地资源进行流转，达到合理配置，是当前农地制度改革的重要任务之一。农地价格具有一般地价特征，是一种二元价格。农地（尤其耕地）价格是一切其他用地价格的基础，农地资源以其收益能力为价格的基础，土地生产力、生产成本、利用方式因地而异，导致农地纯收益的差异也决定了农地价格的千差万别。针对目前我国农地市场不发育的特点，农地估价评估应首先从土地使用价值入手，通过对农地自然、经济等条件的评定，揭示土地质量等级，然后根据农地收益等评估地价相关资料，采用不同的估价方法，评定出农地价格。即先分等定级，再估价。农地分等定级依据农地的自然属性进行，以界定农地在社会经济条件最优化利用下可能达到的自然生产潜力，体现最大预期效益原则，在此基础上对社会经济条件加以修正，实现现实生产力或收益最大化。估价中先测定基准地价，使其成为具有明确用地条件的地价，为科学地确定各宗农地价格提供依据。对于农地流转理论价格体系的研究，笔者已进行了初步的尝试，构建了一个由农地产权价格束和农地理论价格束共同组成的理论价格体系，可以作为政策参考。

（四）监管保障机制

土地市场是一个极其复杂而又敏感的要素市场，必须发展与规范并重，建立一个开放、竞争、公平、有序、有度、规范化的土地市场。为此，土地市场的规范化不仅是直接市场行为的规范，而且要求整个决策管理的规范化。公共政府是农地市场交易的政治保障。政府的作用是顺应社会制度演生的需求，并通过提供保障农地市场交易正常运行的"防护性保障"和"透明性保证"的政治、经济、社会安排等公共服务和社会合作博弈定型制度。在农村土地流转的宏观调控中，中央政府的行为特点是：在对农村土地流转市场进行基本判断之后，考虑是否出台和实施某种调控政策，土地流转微观利益主体将对政府的政策如何反应，政府则要根据微观利益主体的反应来权衡实施某种宏观政策的利弊得失，以便确定能否真正达到政府宏观调控的目标。中央政府作为农村土地流转制度的提供者，其职能行使过程中应明确以下三点：第一，土地市场建设必然要求建立政府和市场合理分工的资源配置机制，市场的责任是提供平台，政府的职能是指导而不替代，并以政府维护公平，市场实现效率的形式实现政府与市场各自利益的均衡。第二，要完善制度和规范程序，实现运作全过程的公平、公正、公开。公平竞争有利于强化市场机制在配置土地资源中的作用，要求充分发挥中介组织、行业自律的作用，并建立公众参与机制，杜绝市场竞争中的偏袒、乱摊派等人为现象，防止"暗箱"操作。在土地供应上要一视同仁地对待境内外的用地者，为土地需求者创造公平的市场环境。加强地价管理，保障产权安全和交易安全，保证土地市场的有序竞争。第三，对地方政府的失范行为及其他违规者加大惩治力度。

以此制衡政府与土地资本的结盟,从而确保农地市场获得应该属于它们的市场权力、权利和份额。总之,农地流转是一个政策性强、牵动性大、涉及部门多、协调各方利益难的系统工程,必须强化政府的统一引导,才能成功。农地流转过程中涉及的政策支持以及城乡统筹发展的战略安排、农地总量控制与国家粮食安全等,同样需要中央政府的决策安排。

四、东北地区农地流转机制与相关制度影响因素

(一) 户籍制度

土地流转问题不仅是一个理论政策问题,更重要的是一个经济发展水平问题。土地流转的动力在于农民离开农村,农民离开土地的数量和程度决定了流转土地的规模。与此同时,土地流转对农村劳动力也存在明显的影响效力。由于工业化、城市化的发展和城乡差别,使我国农村大量的剩余劳动力离开以土地为主的农业生产,向城市第二、第三产业流动。农业部曾经估算,农业生产率每提高1%,就有将近300万农村劳动力涌入失业大军。进城的农民工脱离了原来所在集体组织的生产,甚至大部分时间也不生活在原先的集体组织当中,然而由于二元制户籍制度和社会身份管理制度的存在使这些进城的农民工并没有最终大规模地留在城市里,未能产生在城市中大规模结构性沉淀的社会效果,而是处于一种身份(农民)和职业(工人)分离的特殊状态,并没有实际享受到政府基于身份的不同(城乡差别)而提供给城镇居民的待遇。这种情况是由于我国不同于西方发达国家早期工业化的特殊条件,即由我国社会转型与西方社会结构转型的非同源性使然(戚攻,2008)。因此农村劳动力转移的一个主要特点就是大部分的农民工在脱离原所在集体组织生产生活的同时并没有取得生产生活地(城市)成员的资格。从协调城乡经济发展、缓解"三农"矛盾、促进农村劳动力转移和充分就业的基本思路出发,当务之急是实现有利于农村劳动力转移的制度创新。最主要的是要实现农村劳动力社会地位的平等,打破城乡二元社会经济结构的管理,取消对农村劳动力的各种限制,建立有利于农村劳动力向非农领域转移的新型户籍管理制度,户籍制度改革的目标是改变城乡分割的二元户籍制度为城乡统一的居民一元户籍制度,使户籍制度恢复其只承担单纯社会管理和人口信息统计功能的本来面目,彻底消除户籍制度的等级功能,实现城乡居民户口迁移自由,便于农村剩余人口向城市转移,促使农村劳动力彻底转移。与此同时,要强化农村劳动力转移就业培训。在农村普及九年义务教育的同时,根据农村劳动

的特点和就业需求,大力开展有较强针对性和实用性的职业教育与培训。广泛利用社会力量办学,动员农业广播电视学校、职业高中、技工学校以及社会投资设立的培训机构参与到农村劳动力职业培训中来,并在政策上加以扶持。实行政府主导、面向市场、多元办学的机制,建立比较完善的农村劳动力就业培训体系。改进培训手段,充分利用电视远程培训等手段,将技能知识和就业信息送到农户。把培训与办证相结合,对培训合格者发给相应的技术等级证书。此外,农民工输出地区还可以与用工地区和单位联系,大力开展委托培训、定向培训,促进劳动力供求衔接。另外,地方政府应根据当地的实际情况,进一步建立和完善符合自身区域经济与社会发展条件的社会保障制度。在一些已经基本解决农村居民基本社会保障的地区,要借助经济发展的优势,加快推进土地流转制度改革的步伐,这在前面已经提及。对于那些还没有条件解决农村居民基本社会保障的地区,要进一步探索"土地换社保"的具体方法与政策,逐步减低土地的社会保障功能,从而解除各方主体对土地充分自由流转的思想顾虑。

(二) 土地确权

农村集体土地的确权是理顺依附于土地之上的农村个体和群体关系的重要环节,也是实现农村土地有序流转的步骤之一。根据中共中央、国务院《关于加快发展现代农业进一步增强农村发展活力的若干意见》要求,用5年时间基本完成农村土地承包经营权确权登记颁证工作,加快包括农村宅基地在内的农村集体土地所有权和建设用地使用权的确权登记颁证工作。农村土地确权以已经签订的土地承包合同和已经颁发的土地承包经营权证书为基础,依法确认土地承包经营权。农村土地确权将对农村土地流转产生鲜明的影响:一是土地的确权能够牢固农户、企业以及政府等市场参与者的契约关系,切实加快土地流转的速度,完善土地流转市场。农村的家庭联产承包责任制适应了农业规模化以及机械化的要求,但是承包地未经确权,在土地流转方面存在着一定的不足,如无法稳固农户、企业与政府间的关系。农村改革的深化、市场经济的发展,都决定了农村土地流转的必然性,所以稳固市场主体间的契约关系对于保障参与者尤其是农户的利益有着关键的作用。二是农村土地承包经营权登记确权,强化了对农村耕地、林地等各类土地承包经营权的保护,稳定了农村土地承包关系,从而引导承包土地向专业户、家庭农场、农民合作社流转,有利于农村的大规模机械化的实现,推进农业的现代化进程。在以家庭为主要经营单位的条件下,很难真正实现大规模、连片的土地机械化耕种经营,而流转后的土地则可以实现完全意义上的农业现代化，实现规模效益，提高土地的单产、农业的劳动生产率以及保证农产品质量，促进农业的发展，也就促进了现代化建设的进行。时至今日，各地也将农村土地确权作为农村土地工作的中心任务在推进，但根据对农村土地流转与确权工作的调研实际，尚须警惕农村土地流转与确权过程中存在的与法律和政策不符的几个新动向。农村土地承包经营关系由于十几年来的农业政策变动而常常是动态变化的，对动态的土地承包关系的确认需要一个明确的时间界点，同时又要考虑农村的社会现实。一般来说，界定土地权属状态时应以土地二轮承包的时间为限点。若二轮承包以后，发生土地承包关系变化的，应以规范的承包合同文本和乡镇政府的备案为准，对农户之间私下流转未向村集体申请也未经政府主管部门批准的非规范协议，不宜认可其效力。此外，对农村土地承包经营权的确权颁证工作必须加快推进，否则将会随着时间推移产生越来越多的遗留问题。

（三）土地流转平台

土地流转的中介服务平台建设属于土地流转市场培育问题，已有的研究表明：农村土地使用权流转的中介服务组织发育滞后抑制了农地流转市场的发展。由于受地域和各种条件的限制，承包经营权转入、转出的信息不能广泛传播，造成流通的信息极不对称，使流转被限定在一定的范围。仅就黑龙江而言，截至目前，全省农地流转总面积已经超过4000万亩，推动了土地规模经营，扩大了先进农技应用，进一步提高了农业机械化水平。但同样由于从个人、小规模流转到整体、规模性流转的复杂性，牵涉有关法律、法规和政策的专业性，以及乡镇、村支基层干部和农民本身操作的不规范性，土地流转依然存在着相当多的问题和困扰。土地流转亟须健全完善有关平台服务机制。建设农村土地流转中介服务平台的作用，主要体现在以下四个方面：第一，降低交易成本。中介组织的参与可以建立农地使用权流转交易信息网络，及时提供流转供需的数量、质量、区位、价格等信息，中介组织专业的评估也能为供需双方提供较好的参考服务，从而有利于减少信息搜寻、辨别成本。第二，减少交易风险。通过中介组织既能了解农地流转供需双方的有关信息，也能较好地提供政策、法律等方面的咨询，通过书面协定约束双方行为，改变原有的口头协定、具有较大随意性的流转交易形式，进而降低交易带来的风险。第三，实现规模效益。中介组织把单个农户当作一个整体与需求者谈判，有利于相邻土地的协调，同时减少了原来单个农户单打独斗的弱势地位。同时中介组织还能为农业企业、农业大户等需求方提供较为准确的土地可获得预期情况，有利于从资金、机械设备等生产资料方面进行较长时间的规划和投入，实现生产的规模效益。第四，规范流转管理。建立和完善农地流转中介组织，能够较好地从体制上减少土地流转的行政干预，使之按照市场机制运行。同时，依照国家相关政策，中介组织参与土地流转，能较好地保证其合法性与公正性，有利于对违法流转和流转后的利用状况进行监督和管理，有利于化解协商中出现的矛盾和纠纷。政府对农地流转的管理更多地通过对中介组织的管理来完成，既有利于流转管理的规范，也有利于实现管理的规模效益，减少管理成本。建设农村土地流转服务平台必须坚持地方政府搭台，经管部门、管理职能、部门联动；以便民、节俭、高效的基本要求，按照市场运作的规律组建农村土地流转服务平台的基本框架，逐步形成并完善市、县（区）、乡（镇）、村四级土地流转服务网络体系。同时，建立完善一系列有关土地流转的法律法规，对农地承包经营户和土地供应户的正常土地流转行为进行规范和保护。

第五章 东北地区促进农地流转和农民增收的政策组合及配套措施

本章通过东北地区农地流转历史、现状、难点和机制的剖析，以国内外改革创新为参照，在保持现行农村土地制度大框架不变和基本农田等重要土地资源得以保护的前提下，研究如何促进土地流转和农民增收的制度创新、政策组合和配套措施。

第一节 促进农地流转的制度改革及政策方案

一、创新制度，强化政策扶持

针对农地流转现状与趋势，建议国家出台有利于农地流转的激励政策，并鼓励地方政府根据当地特点和实际情况，在不违背法律和国家政策的前提下，制定覆盖土地流转各方面的政策激励体系。

（一）建立激励农地规模经营的专项补贴政策

对于专业种植大户、家庭农场和生产经营型农民专业合作社，在转入耕地达到一定规模和年限时，可给予专项农业规模经营补贴。建议在实际经营规模达到本省户均承包地面积10倍以上，转入土地年限较长，经营稳定的，可按照粮食直补标准的一定比例给予专项补贴。这既能激励经营能力强的农民和农民合作社转入小农户的土地，形成新型规模经营主体，又是对土地实际经营者的有力支持。

（二）建立鼓励农地转出的专项补偿政策

农地流转取决于流转双方农户的意愿和行为，但关键在于转出方。对于长期全部转出自己承包地的农户，建议国家给予一定标准的专项财政补偿。这样，有利于承包土地规模较小的农户和能够外出打工的农户更愿意把自己的承包地转移出去。同时，鼓励由于各种原因已不再实际经营承包地的农户自愿放弃土地承包权，交回村集体。对于这样的农户，可给予更高额度的专项财政补偿，并由村集体帮助其获得合理的转包费。

（三）建立促进农地流转的信贷政策

建立在土地流转基础上的新型规模经营主体，资金需求量更大，融资更难。为促进农地流转，针对农业规模经营主体的融资困境和障碍，政府应强化政策支持，并鼓励和支持涉农金融机构创新、优化农村金融服务。一要解决新型规模经营主体有效抵押物不足问题，为其提供贷款担保；二要增加贷款额度，满足其资金需求；三要根据贷款用途，确定不同的贷款期限，特别要延长固定资产贷款期限；四要给予利率优惠。

（四）建立促进农地流转的保险政策

现代农业保险是一种适应农业产业化发展的风险管理机制，对促进和保障各地农地有序健康流转具有积极作用。由于粮食主产区县级财政资金普遍紧张的实际情况，建议提高中央、省级财政对粮食主产区政策性农业保险保费的补贴比例，取消县级财政补贴。整合使用涉农资金，对达到一定规模和条件的农民专业合作社、家庭农场等新型农业经营主体给予专项农业保险保费补贴。同时，进一步增加特色农业保险品种，尽快实施价格指数保险，以切实提高农业保险保障水平。

（五）实施促进农地流转的农机购置补贴优先政策

农机购置补贴应注重突出重点，向优势农产品主产区、关键薄弱环节倾斜，提高农机化发展的质量和水平，对于规模经营农户和农民专业合作社，在申请农机购置补贴时给予优先安排。另外，东北三省应结合本地实际情况，突出重点，在农业部确定的175个品目中，选择部分农业生产急需、农民需求量大的品目作为本省中央财政补贴机具种类范围，针对粮食主产区粮食生产耕种收及烘干等关键环节急需的农机具品目敞开补贴，以满足省域内申购者的实际生产需求。

(六) 建立促进农地流转的用地政策

随着土地流转率的不断提高以及规模化经营水平的提升，原有家庭联产承包责任制背景下形成的田块凌乱、垄向多样、宽窄不一、长短各异的耕地利用格局对农业生产的限制越来越突出，晾晒场、农机存放站、育秧棚等农业基础设施不配套的问题越来越突出。因此，应在土地流转率较高的区域优先开展土地整治项目，优化土地整治区土地景观设计，塑造"利于生产、方便生活、稳定生态"的农村景观格局。统筹"田、水、路、林、村、城"，维护和扩大城乡绿色空间，稳定自然和人文景观用地，拓展生态空间，充分发挥耕地的生产、生态、景观和间隔的综合功能；根据区域土地流转水平合理规划并采取政府投资或政府贴息贷款等形式进行育秧大棚、粮食烘干塔、农产品仓储设施、大型农机存放站等农业公共设施建设，构造功能匹配、布局合理的农业用地体系。

(七) 建立项目扶持政策

政府实施的农业综合开发项目是推进新型农业经营体系建设、强化现代农业发展的重要支撑，各地建成了诸多农业示范区、产业化项目试验区等。这些项目的实施，需要以农地资源的高效整合利用为保障，土地流转则是最为关键的前提，两者相互依存、相互促进。对于已经形成一定流转规模的种植大户、家庭农场等新型经营主体来说，在土地方面的条件具备，如能在此类项目的申报、实施中得到倾斜，必将极大地提高他们的积极性，并能以较低的成本更好地实现项目效益。国家农业综合开发办公室在《2013年推进现代农业发展的实施意见（试行）》（国农办〔2013〕92号）和2014年项目申报指南中鼓励符合条件的农业龙头企业和农民专业合作社等经营主体参与。因此，建议地方政府在每年的农业综合开发项目计划中划出一定比例，根据不同开发项目的用地需求，专门用于已有流转基础的规模经营主体申报，并在考察申报者的能力、条件后择优确定，最终将农业开发项目与规模经营主体直接对接。通过对符合条件的规模经营主体提供项目扶持，可以节约政府运作模式下需要支付的前期流转费用；通过项目带动可迅速改善流转土地的生产条件，转变传统经验式的经营方式，产生更好的示范效应，从而有利于吸收更多的土地参与流转，进一步壮大新型经营主体的实力。对于流转面积较小的经营主体，可选择用地和资金投入较少的初期试点性项目用于支持。

二、健全土地承包经营权流转的市场体系

（一）加强土地承包经营权流转市场主体培育

我国农地流转市场的主体构成单一，而且农户作为市场主体的绝大多数，其"可怕的对称性"在很大程度上制约了农地的市场化流转，因此如何培育农户的市场意识、规范其市场行为、增强其市场竞争能力等必须引起足够的重视，否则公平的市场竞争将无从谈起，市场机制的作用在农地流转市场中无法得到发挥。因此认为，农地流转市场主体的培育应该作为近期的首要任务。

1. 实施农业劳动者再教育工程，大力培育、扶植农村专业户和农村经济合作组织

要彻底改变我国农户的"可怕的对称性"局面，仅仅鼓励农户走专业化道路是不够的，就目前我国农户的总体素质而言也是不现实的。首先，必须依靠国家的力量启动实施农业劳动者再教育工程，并将这一工程作为一项长期的基本工作加以贯彻落实。教育的主体内容以农业技术知识和市场经济知识为主，重在引导农户的生产经营技术与观念，培养其市场主体意识。农业劳动者再教育工程可以考虑由国家扶持在一些经济相对落后的地区试点进行，在成功的基础上再在全国推广铺开。与此同时，国家还必须加强农村义务教育的监督管理与投入，并加强农业职业技术教育，以保证未来农业劳动者的素质。与此同时，改革农村教育投资方式，改变地方财政投资为国家与地方共同投资或国家直接投资，加大农村教育投资总量，通过各种可能的途径对农村居民进行最大范围的再教育培训，增加其财富创造能力和就业适应能力。其次，建立农村专业户、重点户帮扶制度。各级政府应该一如既往地积极培育和扶持一批农村专业户和重点户，不仅在政策上扶持，还应该在资金和技术上予以扶持，使之不断壮大并真正地起到示范作用，从而带动农户的专业化分工并加大农户之间的非对称性。

2. 培育一批农地流转中介组织，建立与完善农地流转价格评估制度

首先，应着手培育一批农地（特别是农业用地）流转中介组织，一方面可以借助培育起来的农地流转中介组织对目前较为混乱的农地流转市场信息进行梳理，促进农地流转市场有效信息的流动，促进农地流转市场的完善与发展；另一方面可以为农地流转中介组织的进一步发展积累技术和经验基础，以促进农地流转中介组织自身的发展壮大，并填补当前农地流转市场构成上农用地流转中介组织的空白；此外，农地流转中介组织的培育可以在一定程度上弥补我国农户的市

场信息分析处理能力的不足,在实质上可以起到保护农户农地产权利益的作用。其次,在农地流转中介组织培育的过程中,一方面必须出台农地流转中介组织条例,规范农地流转中介组织的功能与职责、制定执业人员标准等;另一方面,从一开始就应该注意保证这一组织的市场独立性,将其作为具有独立市场行为能力的经济主体来培育,国家在当前农地流转市场并不发达、中介需求量不大的情况下给予一些政策上倾斜,如减少税费、提供人员培训便利和优惠条件等。最后,建立我国的农地流转价格评估制度,包括农地流转价格评估资格认证制度、农地流转价格评估机构资质认定和收费标准、农地流转价格评估的基本原则程序和操作方法等。

3. 弱化各类集体组织的市场主体功能,保证市场经济主体的统一性

市场经济条件下的各类市场主体应该都是纯粹的经济组织,而无论是农民集体组织本身还是农民集体组织的代表,均不足以作为一种市场主体,理由如下:①我国的乡(镇)、村组农民集体是各区域居民强行组合,并非一种自愿组合形成的经济组织,而且其内部结构松散,亦无明显的经济组织功能;②当前的各类农民集体组织的代表实质上都是一种"准行政"组织,组织的代表者与组织内成员之间缺乏经济激励与约束机制,农民集体组织的代表者由于其具有的行政职能,当其作为农地流转市场主体时必然导致各主体之间的公平竞争难以实现;③作为农地所有者代表的农村基层管理者已经成为一个特殊的农地产权利益集团,此时的农地集体所有可能"异化"为利益集团所有,从保护真正的土地所有者利益的角度考虑,也不宜将目前的农民集体组织的代表作为一种市场主体对待。但由于农地的所有权流转又必须有一个对应的农地所有权人,将农民集体组织的代表完全排除在市场主体行列之外不现实,因此,较为现实的选择是弱化集体组织的市场主体功能,将其市场主体能严格界定在集体土地发包、当征收土地未承包或使用时代表集体与征收方谈判较为严格的范围内。

(二) 完善土地承包经营权流转市场收益分配机制

建立土地流转制度,核心问题就是要建立科学的土地价格评估系统。这里所说的价格,主要指农地内部流转价格,即土地承包经营权价格。只有确定了比较合理的价格,出让土地才能获得合法收益,农户转让土地才能得到合法补偿,土地承包经营权入股、抵押才有据可依,各种形式的土地流转才能顺利进行。

1. 建立和完善流转价格机制

构建能真实反映土地市场供求、土地价值和土地资源的稀缺状况的土地价格形成机制，实现土地资源的市场化配置。一是要严格控制行政划拨用地范围，扩大经营性用地招标、拍卖、挂牌方式出让的范围，减少协议出让土地的数量。二是完善征地补偿办法，切实保障农民的土地权益。真正做到征地补偿同地同价，逐步提高土地补偿费用标准，运用价格机制抑制多占、滥占和浪费土地的行为，提高土地利用率，促进土地集约使用和节约使用。三是健全土地收益分配机制，推进土地资源的集约利用。

2. 完善定价方法

土地承包经营权流转价格的高低主要取决于农用地的自然质量价格，由农用地的未来经济价值所决定，因此，该价格既受到决定农地生产能力的各类自然条件，包括气候、土壤、地形地貌、农田基本设施条件、区位、交通条件等因素的影响，又受到农地经济效益产出、国家农业产业政策、土地的区位条件以及地块本身的规模、形状等因素的影响，同时又与决定农民生产行为的土地制度、当地社会经济发展条件、农民的生活习惯等因素相关。评估这些因素对农用地价格的影响较为复杂，需要综合分析。与城镇土地估价一样，农地估价从理论上说可以用收益还原法（地租资本化法）、市场比较法、剩余法、成本法（再生产费用法）等方法。但由于我国目前农业比较效益偏低，农地市场不发育以及农业成本较高等原因，上述方法暂不适宜大部分农地估价。目前比较可行的办法是以集体经济组织为单位建立土地经济评价小组，对土地进行定级、估价。①根据对土地生产力影响较大的指标如土壤肥力、土质、地势地貌、平整度、灌溉条件等划分土地等级。②再根据各级土地上适种作物近几年的产量、产值、收益等对土地进行经济评价，并主要由各级土地的纯收益来估算土地使用权的价格。为便于管理、转让，结果应上报土地管理部门颁发土地使用权证，做到一块地发一证，评议小组3~5年考评一次，内容有：适种作物投入产出效益考核、土地升级或降级考核等。对土地增值部分按集体与农户投入的比例分配。地力下降的由土地承包者向集体交足降级补偿费，严重弃耕丢荒、毁坏农地的要予以罚款并收回土地使用权，再按质出让。同时还要加强对土地流转的制度管理，要建立严格的现金管理制度、资本积累制度、合同经营制度、档案管理制度等，确保土地流转能按制度化的轨道有序进行。

3. 切实保护农户利益

土地流转涉及农户的切身利益，应合理确定村、户利益分配关系。对于农地不改变用途的流转产生的地租收益主要归农户所有，集体组织仍按承包合同享有所有者权益不变。在现实操作中，可以采用以下两种分配方法：第一，根据土地级差，合理确定一个土地流转基数价，基数价全额归农户，超基数部分可以按一定比例分成，其中农户得大头，村、镇或其他中介服务组织得小头；第二，由村集体经济组织将当年该村集体出租取得的全部出租收入，扣除集体的投入（折旧和积累）和按规定比例应得的集体收入后，再加权平均计算出每亩流转土地应得的红利，在一个村（或组）范围内，不论农户流转出的土地用途是种植粮食、种植经济作物，还是发展水产养殖业或从事其他生产，都可取得以田亩数为单位的平均红利。这样做既承认差别，又兼顾平衡，便于村里统一组织农业结构调整和生产结构布局，促使未参加土地流转的农户直接进行结构调整，或积极参与土地流转。

（三）健全土地承包经营权流转市场竞争机制

竞争包括买卖双方以及买方之间、卖方之间的竞争。在竞争充分展开的条件下，任何人都不能垄断市场或长久地主宰市场价格。由于土地供给的有限性，土地市场的竞争将比其他商品市场的竞争更加激烈。

（1）首先，要消除社会经济活动中各种垄断因素，如地方保护、信息不公开，以使竞争公平、合理。其次，确保市场主体地位的平等，不论土地投资者是本地的、国内的，还是国外的，是国家、集体还是个人都应当享受平等的待遇，包括平等享受各种优惠政策。最后，要强化竞争关系的社会协调。只要有竞争，就必然出现优胜劣汰，这就需要竞争双方依法守法，同时也需要健全的经济司法和经济仲裁机构。在保护和促进竞争有序的基础上，应当鼓励土地使用者之间的联合，努力降低因过度竞争所导致的资源浪费以及资源利用不充分，当然也要防止发生以垄断和控制市场为目的的联手行为。对被淘汰出局的用地者，也要通过建立社会保障制度加以保护和安抚。

（2）农村土地流转也可以通过竞标、拍卖等方式来流转土地，特别是除种植业以外的其他农业用地项目如果园、茶园、林场、鱼塘等，竞标者可以根据当地农村经济发展状况，恰当地选择自己承包土地的经营项目，而招标者根据竞标人的自身条件，因地制宜地选择适合本地区的发展项目，但不得改变农业的用途，来确定谁是最佳经营者。通过这种方式选择流转土地的最佳经营者，实现生产要素的最优配置，提高农地的利用率。同时，要强化竞争关系的社会协调。只要有竞争，就必然出现优胜劣汰，这就需要竞争双方依法守法，同时也需要健全的经济司法和经济仲裁机构。

（3）对公司、企业进入农业必须采取慎重的态度。如果不加限制地让公司、企业直接进入农业的生产领域，大片圈地，会影响农民的就业和农村社会的稳定。因此，对于公司、企业大规模、长时期占用农民的耕地，从事直接的农业生产活动，应当制定相关的政策在适当的时机加以必要的限制。

三、完善农村土地承包经营权流转管理

农村土地承包经营权流转管理，对农地规模经营、农业现代发展至关重要。如果缺乏管理，农民为了规避风险，可能会将土地经营权转给亲戚朋友或邻居，阻碍了土地资源的有效流转。要完善农村土地承包经营权流转管理，建立健全土地交易管理机制，保障土地资源的优化配置与集约节约利用。

（一）深化农地产权制度改革

1. 坚持家庭承包经营制度

家庭经营要向采用先进科技和生产手段的方向转变，增加技术、资本等生产要素投入，着力提高集约化水平；统一经营要向发展农户联合与合作，形成多元化、多层次、多形式经营服务体系的方向转变，发展集体经济、增强集体组织服务功能，培育农民新型合作组织，发展各种农业社会化服务组织，鼓励龙头企业与农民建立紧密型利益联结机制，着力提高组织化程度。

2. 完善土地承包经营权流转制度

应加速推进农民承包地出租、互换、股份合作等形式有序流转，可以让农村土地资源变成可交易的资本。从推进农地交易的市场化、使用方式多样化、促进农地流转、扩展农地使用权的权能、加强保护等方面改革现行土地承包经营制度。

3. 创新耕地保护制度

创新耕地保护制度以保证高标准基本农田建设，确保粮食安全，针对不同的对象有以下几种模式：第一，针对农民的货币补偿模式。一是对承担耕地保护任务的农民直接进行货币补贴；二是将耕地保护补贴与农民养老保险制度建设相结合，给予承担保护耕地责任的农民养老保险补贴。第二，针对基层政府和农村集体经济组织的耕地保护工作经费补助模式。第三，针对地方政府官员的政绩补偿模式。取消对GDP等经济发展的指标考核，主要考核基本农田保护和耕地保护责任的落实情况，调动政府官员保护耕地积极性。第四，针对耕地质量提高的建设补偿模式。以土地开发整理及农业建设项目的形式投入，加大基本农田的建

设,提高耕地质量。第五,针对地区经济发展的区域间的资源产业协作模式。有耕地后备资源优势和农业效益较高的粮食主产区为发达地区开发复垦新增耕地、提供一定数量的基本农田指标,发达地区一次性拨付粮食主产区一定耕地保护经费,还采用产业扶持的政策,给主产区招商引资一定金额的项目或协作将一些配套企业引到主产区。这样,既缓解了经济发达地区的补充耕地压力,还为欠发达地区的发展提供了发展资金和建设项目,统筹了经济发达与欠发达地区的发展,实现了资源互补和产业协作,达到利益最大化的"共赢"模式。

(二) 完善征地与补偿制度

1. 地方政府应当退出耕地补偿标准制定者的角色

征占农民赖以生存的土地,政府显然是强势的一方,如果补偿标准再由当地政府来定,那么农民永远都是弱者。应该由农民和政府都认可的第三方评估机构根据被征用土地的实际用途,来确定它的市场价值,再确定一个合理的比例对农民予以补偿,由上一级政府监督补偿标准的制定。

2. 严格界定公益性和经营性建设用地,逐步缩小征地范围

规划部门确定被征收土地用途为公益性用地和工业用地的,以及开发区决定实施整村统一征收的,被征地农民的补偿标准按照政府《关于公布实施全省征地统一年产值标准的通知》中确定的核算标准补偿;规划部门确定被征收土地用途为经营性用地(包括商业用地、商品房开发用地)的,占用农用地的,土地补偿费标准按照该土地公开出让价款的40%确定;占用集体建设用地的,土地补偿费标准按照该土地公开出让价款的50%确定。经营性用地,政府少得一点,农民多得一点,符合当前建设和谐社会的要求。

3. 拓宽安置渠道

解决好被征地农民就业、住房、社会保障问题。各地在征地时普遍采取一次性地支付补偿金,让被征地农民自谋职业。自谋出路的失地农民,就业方面明显处于劣势地位,很容易陷入失地又失业的困境。必须多渠道促进失地农民就业,加强对失地农民的就业培训,在贷款、税收、场地等方面对自谋职业和自主创业的失地农民提供优惠政策。

(三) 健全农村土地承包经营权确权登记颁证制度

坚持和完善农村基本经营制度,建立健全土地承包经营权确权登记颁证制度,做好农村土地确权、登记、颁证工作,以法律形式明确农村土地产权主体,赋予农民更大的土地物权，明晰产权边界，才能保障农民尤其是流转土地的农民的权益。要建立健全农村土地承包经营权确权登记颁证制度，重点解决承包地块面积不准、四周边界不清、空间位置不明、登记簿不健全、查询不方便等问题，给农民吃上"定心丸"。

一是要与其他工作紧密结合。与集体土地所有权确权登记、第二次土地调查、林地清查、退耕还草等相关工作统筹谋划、协调推进，首先要明晰土地所有权归属，为承包经营权确权登记奠定扎实稳定的基础。二是要坚持依法依规，严格依据法律法规和政策规定推进，工作中必须做到统一登记范围、统一政策标准、统一操作规程、统一技术标准、统一数据管理。三是要尊重历史依据。土地承包合同、土地台账、经营权证书、地方制定的有关配套政策以及法规政策没有明令禁止的村规民约，都是确权登记颁证的重要依据。四是要推动工作创新，创新思维方式，创新解决问题的路径，创新确权登记的方式方法，创新管理手段，以改革创新精神推动工作深入开展。五是要确保稳定，坚守农民合法权益得到保护和农村社会稳定两条底线，工作中坚决做到原土地承包关系和承包合同起止年限不变，严禁借机违法调整和收回农户承包地、乱收费、弄虚作假，权属不清的、集中矛盾不解决的、没有开展家庭承包的、改变土地用途的不予登记。

（四）建立农村土地承包经营权退出机制

1. 农村承包地退出机制的路径

第一，给予农民农村土地承包经营权退出的冷静期。可以借鉴保险合同的做法，对农民的土地承包经营权退出有一个冷静期（比如3年）。如果农民反悔或存在其他退出障碍，可以恢复原来土地承包经营权，以保护农民的利益，体现公平、效率和农村社会稳定，体现对农民生存方式选择上的尊重。

第二，建立规范的农村土地承包经营权退出程序。只有建立一整套规范农村土地承包经营权的退出程序，并严格按照程序的规定处理土地承包经营权的退出事宜，明晰各相关部门、相关者的权责，才能避免在农村土地承包经营权退出过程中出现侵权、越权、推诿扯皮等现象。农村土地承包经营权退出程序应包括农村土地承包经营权退出工作管理组织的建构、具体退出方案的拟订、退出方案的公布、退出方案的实施、退出合同的签订等。

第三，打造农村土地承包经营权退出的引导机制。①进行非农就业培训。根据市场需求，帮助农民开展多层次、多领域、多形式的职业教育、技能培训，引导其改变择业观，提高其就业竞争力，提升融入城市能力、城市非农就业能力、农民的自组织能力。这样使农民转化成市民之后，能够不断增强现代意识，能更好地融入城市。②进行农民的非农化就业。农民如果有非农就业机会才会放弃土地，所以需要大力发展城市经济，给农民创造非农就业机会，使农民逐渐退出。可以对农民进行分层引导，确实没有这个能力的，政府将通过改善农村的基本条件来改变农民在农村的生活环境，使农民享有均等化的公共产品、公共服务，弥补城乡差距，使农民对土地的依赖程度进一步降低。

第四，构建农村土地承包经营权退出的联动支持体系。在保护和尊重农民土地承包经营权和宅基地权益的基础上，探索"承包地换社会保障、宅基地换住房"的政策，鼓励有条件的进城农民退出承包地和宅基地使用权，享受城市居民的社会保障和政策提供的保障性住房，并从培训、就业、就医、子女入学等多方面给予扶持。

第五，创新农村承包地退出模式。参照现有典型农村承包地退出模式，如农村承包地换社会保障模式、土地股份合作模式、土地银行（信托）模式、农地返租倒包模式等，创新适合东北地区农地退出的机制与模式。做到因地制宜，与农业发展规划、土地利用规划以及社会经济发展相协调。

2. 农村承包地退出补偿标准

第一，对转户农民自愿退出承包地，按农村第二轮土地承包期剩余年限和承包地年均流转收益标准给予补偿。

第二，家庭部分成员转为城镇居民的，保留其在以后整户退出时获得承包地的相应补偿或收益的权利，待家庭成员整户转为城镇居民时，退出承包地并按整户退出时的标准补偿。

第三，严格规定补偿具体指标。①剩余承包期年限的计算。转户农民农村承包地剩余承包年限，按承包地种植作物收获后退出当年当月至农村第二轮土地承包到期时间2028年6月30日的剩余年限对年对月计算。②承包地面积的计算。以新一轮农村土地承包经营权确权颁发的《农村土地承包经营权证书》载明的面积为准。③承包地退出年均补偿标准。按照承包地的质量等级划分补偿标准。④承包地附着物补偿。承包地上种植多年生经济作物，按国家征地的相关补偿标准给予补偿。

第四，可由农村集体经济组织出资补偿的退出承包地。退出农用地可由农村集体经济组织统一经营，或采用合约流转方式流转其他农户、企业、业主等规模经营；其收益按集体资产管理办法管理使用，纳入集体财务统一核算，可用于以后退出承包土地的补偿。在第二轮土地承包期到期前，未经区政府批准，不得将退出的承包地再行分配。

第五，农村土地补偿周转金支付补偿的退出承包地。由拥有该土地的农村集体经济组织与区农村土地整治机构签订退出承包地托管协议，由区农村土地整治机构托管整治、经营、利用或流转，合理开发利用土地资源，其收益首先用于补偿代偿资金。

四、强化农村土地承包经营权流转服务

强化农村土地承包经营权流转服务，是促进农村土地承包经营权流转市场作用有效发挥，完善农村土地承包经营权流转管理的必然要求，是解决现阶段农村土地承包经营权流转主要问题的重要途径。农村土地承包经营权流转服务主要涉及流转前的信息服务和政策咨询服务，以及流转过程中的流转价格评估与咨询服务和合同签订指导服务等。针对当前东北地区农村土地承包经营权流转的现状及其存在的主要问题，可从以下四个方面入手以强化农村土地承包经营权流转服务。

（一）构建农村土地承包经营权流转服务体系

农村土地流转服务体系的构建，应从政府和市场两个层面进行。从政府服务层面，强调政府的宏观管理和公共服务性质，依托各级农业经营管理部门，构建覆盖省、市、县（区）、乡（镇）、村五级的服务体系；依托省、市农业经营管理部门成立农村土地承包经营权流转宏观管理和指导机构，专门负责国家政策在本辖区内的具体落实、相关服务政策的制定，并指导本辖区内相关服务机构的组建工作；以基层农业经营管理部门为核心，安排专项经费、配备专门人员，成立各级农村土地承包经营权流转服务实体和操作机构，负责相关服务事项的具体操作。政府层面的农村土地流转服务是公共服务，具有公益性，其服务领域和服务内容具有限定性。随着农村土地流转的不断发展，各相关参与主体的服务需求面不断拓展、需求深度不断深化，有限的政府服务不能满足现实需要。因而，需要构建农村土地承包经营权流转市场化服务体系，鼓励民间资本投资成立市场化的、具有盈利性质的、满足一定准入条件的农村土地承包经营权流转中介服务机构，承接各级政府及农村土地流转公益性服务机构、农村土地流转各方主体委托的、具有较强专业性的服务业务，如流转信息搜集与分析、相关流转政策咨询、流转合同签订咨询、流转授权代理、流转价格评估、流转纠纷处理等。

(二) 建立农村土地承包经营权流转信息网络和服务平台

信息是农村土地承包经营权流转市场有效运行的必要条件，缺乏充分、有效的流转信息是制约农村土地承包经营权流转健康、有序流转的重要原因之一。信息服务是农村土地承包经营权流转的基础性服务，主要包括信息搜集、信息整理与分析及信息发布等工作环节。信息搜集是信息服务工作中难度较大、复杂程度较高的一个环节。为充分做好信息搜集工作，一方面应建立农村土地承包经营权流转合同制度、备案制度和供需申请制度，通过流转合同及合同备案充分掌握各种类型的农村土地流转交易与供需信息；另一方面，要发挥村级土地流转服务机构的主动性，充分利用乡村熟人社会的特点，通过配备专门的村级尤其是村民小组土地流转信息员主动收集本村或村民小组土地流转交易与供需的状况，包括土地流转主体、流转价格、流转期限、流转面积、地块位置、质量等级及用途等，通过自下而上的方式进行汇总。各级农村土地承包经营权流转服务机构对汇总的土地流转信息进行整理与分析，定期（按季、年等）公开发布分析报告，并做形势分析、预测与警示。省、市级农村土地承包经营权流转服务机构应设计并建立专门的信息发布网络平台和信息数据库。信息发布网络平台上应给其他各级流转服务机构划分专门的、独立的信息发布模块，并与专业性的农村土地流转网站建立访问链接。其他各级流转服务机构应按照省、市统一设计的信息数据库，及时录入流转交易与供需信息，以便信息整理分析及信息发布。

(三) 建立农村土地承包经营权流转经纪制度

为便于市场化的农村土地承包经营权流转中介服务机构的规范、健康发展，促进农村土地流转更加健康、有序发展，可以参照房地产经纪制度，建立农村土地承包经营权流转经纪制度，对市场化的农村土地流转中介服务机构及其从业人员实行行业准入管理。由省级农业经营管理部门依据市场化的农村土地流转中介服务机构的业务性质、特点及工作内容，从注册资金、组织形式、人员构成及从业范围等方面设置相应条件，在其进行工商注册登记后，进行行业准入审批，获得批准的机构方可从事相关业务。由省级农业经营管理部门会同相关部门建立土地流转经纪人制度，通过组织培训的方式（包括从业准入培训及后期的继续教育培训），培养充分掌握农村土地流转法律、法规及相关管理政策、熟悉农村土地流转各个环节的专门人才，向通过培训考核的人员颁发土地流转经纪人证书，以此作为其在相应机构专门从事农村土地流转经纪服务的准入凭证。

（四）建立农村土地承包经营权流转价格评估和定期发布制度

流转价格是农村土地承包经营权流转主体关心的核心内容，直接关乎流转主体的利益及交易的成败。流转价格服务是农村土地承包经营权流转服务内容的重要构成。为避免农村土地流转过程中流转主体利益受损，即因流转价格明显低于市场价格而导致的转出农户收益减少及流转价格明显高于市场价格而导致转入方的土地生产经营收益减少，从而降低流转主体参与农村土地流转的积极性，应建立农村土地承包经营权流转价格评估和定期发布制度，为流转双方提供价格参考，便于流转市场价格的有效形成。一方面，省、市级农村土地承包经营权流转服务机构，应根据农村土地流转的特点和性质，依据《农用地估价规程》（TD/T 1006-2003），编制《农村土地承包经营权流转价格评估办法》，确定流转价格评估的具体事项，委托具有相应土地估价资质的机构，按土地用途、土地质量等级等对相应评估区域及估价单元的分用途、分等级、分期限的农村土地流转平均价格进行定期评估并公布，供流转双方参考；另一方面，流转双方可根据需要，委托具有相应土地估价资质的机构，对拟流转的土地价格进行价格评估，以供委托方作为确定流转合同价格的参考依据。

第二节 促进农地流转和农民增收的实现路径和政策保障

一、依托农机合作社促进农地流转、增加农民收入

通过对黑龙江省农机合作社专题调查研究，发现农机合作社作为综合性的农民合作社，是农业机械与农地的有效结合，是东北地区促进农地流转的有效方式，是推动东北地区农地集中规模经营与农民增收的有效路径。通过调查研究，结合当前东北地区农机合作社的现状及其存在的问题，为促进农地流转和农民增收，提出如下对策建议，以更好地扶持农机合作社健康发展。

（一）研究出台农机合作社管理办法

依法组建、管理是农机合作社健康、规范、持续发展的制度保障。然而，当前有关农民专业合作社的法律法规不完全适应农机合作社这种综合性合作社的建

设需要。仁发农机合作社吸纳农户带地入社的基本精神和实际做法具有可推广价值。建议在现有的农民专业合作社相关法律法规的基础上，立足东北地区的区域特色，结合农机合作社的特点，研究制订适宜东北地区的《农机合作社管理办法》，重点确定农机合作社的组建形式及其基本条件、生产经营标准化制度、收益分配机制、社务管理模式与决策制度、公积金提取方式及监督检查制度等相关重大事项，以便更好地指导、规范农机合作社的发展，更好地服务黑龙江省现代化大农业的建设与发展。

（二）研究确定农机合作社的适度经营规模

按照土地报酬递减规律，农地规模不是越大越好，农业生产经营存在适度规模。仁发农机合作社组建初期，因土地少、地块分散，导致大型农机无法发挥效用，经营陷入困境。但仍有部分农机合作社因规模过大，超出了合作社农机作业能力、生产投资能力及经营管理能力等，最终导致效益下降甚至难以运营。为了充分发挥农机合作社的优势，应结合土地利用的自然条件、农田基础设施条件，依据合作社经营的作物种类、拥有的农机资源条件、资金实力及管理能力等，综合研究确定分类别的、分等级的和分层次的农机合作社适度经营规模。

（三）研究出台扶持农机合作社发展的配套政策

结合仁发农机合作社发展存在的问题和面临的困境，应在以下四个方面制订扶持农机合作社发展的相关配套政策：（1）设立《农机合作社发展专项基金》。以政府财政投入为主，多渠道筹集资金，以项目、补贴或奖励的形式，增强农机合作社的发展动力和实力。以项目专项资金的形式支持农机合作社研发、应用、推广新技术、配套附属设施建设或其他专项工作，如实施农田整治项目；以政府补贴的形式支持农机合作社参加农业保险、进行农业风险补偿或资金筹措利息补贴等；以奖励的形式支持农机合作社进行各种创新、试验与示范。（2）出台相应的金融和保险服务政策。鼓励金融机构对农机合作社的信贷支持，拓宽抵押质押范围，创新担保方式，实行利率优惠政策，合理调整贷款额度和期限，充分满足农机合作社的资金需求；以政策性保险为主，积极探索商业性保险的具体模式、保险费率、定损方法及赔偿额度，实施差异化保险政策，开发多元化保险产品，满足农机合作社的需求。（3）加大农村土地综合整治力度并向农机合作社倾斜。结合黑龙江省土地整治规划，土地整治项目优先安排在农机合作社生产经营范围内，同时鼓励农机合作社申报相关农田整治项目。（4）建立完善的农机合作社科技和市场服务体系。规模化生产,科技是关键,市场是保障。以完善的科技服务体系实现增产增效,以高效的市场服务体系实现增收。

(四) 加快农机合作社产业化发展步伐

以单纯的农作物生产经营创造持续的收入增长潜力有限,产业化发展是农机合作社持续快速、健康发展、实现合作社及其社员持续增收的必然趋势。产业化发展,即从单一的种植模式向多元化格局发展(如发展养殖业、加工业等),由单纯的农作物生产向产前(如育种)延伸、向产后(如农产品初加工、贮藏及深加工等)拓展。产业化发展,一方面可以增加产品的附加值,促进合作社更好、更快地增收;另一方面可以创造更多的就业机会并带动其他相关产业或行业的发展;最终还能更好地促进农村非农产业发展,加速农业现代化、农村工业化进程,助推新型城镇化发展。实施产业化发展战略,需要进行更细致、更科学的规划,需要投入更多的资金,需要一定的土地资源支撑。因而,加快农机合作社产业化发展,需要政府更多的资金扶持政策,还需要相应的土地管理支持政策。

二、依托农民专业合作社促进农地流转、增加农民收入

党的十七届三中全会明确提出了鼓励土地流转,使我国农村土地流转问题的研讨和探索不断升温,也为进一步提高土地经营规模和效率水平,推动土地要素释放促进经济发展的能量创造了条件。合作性土地流转模式是由农民以土地承包经营权入股成立股份合作社,由合作社自身或通过与社会资本合作开发土地,实现土地统一经营。合作社可获得土地规模化经营的收益,或者合作社可根据与社会资本协议共同分享土地规模经营的增值收益,农民则根据在合作社入股情况进行收益的二次分配。这种模式既能保障土地的规模化经营,有利于吸收社会资本加大对农业产业投入,提高土地产出效率,又能保证农民长期的土地收益权,让农民分享了土地增值收益。而土地股份合作社不仅可以通过产业合作实现普通专业合作社的社会功能,更可以通过产权合作实现农村土地和社会资本与农产品市场的有效对接,发展适度规模经营。农民专业合作社是农村和农民实现规模经营的主要载体,农村土地流转适度规模经营是实现农业组织化、产业化、现代化的必然要求。发展农民专业合作社和推进土地流转适度规模经营,是市场经济发展的现实要求和农业生产发展的必然趋势,需要我们充分认识和准确把握中央对农民专业合作社发展与农村土地流转的政策,才能切实解决好工作推进中带有方向

性、前瞻性的重大问题。为此，我们提出以下建议。

（一）明确政府功能定位，优化合作社发展环境

在土地流转的新形势下，合作社的发展壮大更加离不开政府的大力扶持，但其角色定位依然需要进一步明晰。借鉴美国和欧洲经验，一是政府应有所为、有所不为，发挥引导、扶持和监督的宏观"掌舵"作用，而不干预、不强制操作层面的"划桨"；二是应进一步配套法律法规，引导合作社发展壮大方面的专业服务；三是提供合作社教育培训、技术推广、品牌宣传、产品认证及基础设施建设等帮助和指导；四是以立法的形式确定专门机构对合作社进行调查、统计、研究，分析存在的主要问题和预测发展前景。

（二）拓展合作领域，增强服务功能，增加社员收益

土地流转的加快，面对农业公司和农业大户的兴起、资本大量下乡、农村经济组织多元化趋势，合作社应拓展合作领域，利用优势资源，增强合作社本身的经济实力。一是大力构建合作社与龙头企业等农村经济组织的协作机制，完善利益共享机制，整合资源和力量，营造和谐发展环境，努力在延伸产品价值链上下功夫，追求农贸、农工贸一体化经营；二是通过实施品牌发展战略，以品牌的影响和吸引力促使合作社与其他经济组织的合作与联合，扩大规模效应；三是加强合作社与高等院校、科研单位、农技推广部门的联系，形成利益共同体。

（三）变追求数量目标为提升竞争力的策略

一是转变追求数量目标，改变有限资金分散使用为重点投放，集中力量重点支持规范合作社，促进其做强做大，以提升其竞争力；二是拓展合作领域，促使合作社之间寻求联合或合作，大力发展合作社联社，从而通过扩大经营规模来应对各种挑战；三是加强品牌建设，以品牌带动发展，提升影响力，扩大产品增值空间，增强发展实力；四是尽快形成合作社的价值支柱——合作文化，使先进的价值理念成为合作社成员的共识，成为合作社持续发展的内在精神支柱和动力；五是健全合作社的内部管理制度，保障合作社规范运作。

（四）加大人力资本投资，提升合作社的人力资源价值

可以借鉴发达国家在农民合作社教育体系建设上的有益经验，着力进行人力资本的投资，解决合作社发展的人才"瓶颈"问题。一是通过立法措施支持和保障农民与合作社管理人员的教育培训工作，依法推进农民教育培训机制的建立和完善，确保农民教育培训取得实效；二是创新培训模式，加强新模式的理论研究，大力推广新模式的研究成果，加快推进培训新型农民的步伐；三是建立和完善农民教育培训评价体系，确保农民教育培训质量，政府应重视建立和完善农民教育培训评价体系，对培训机构进行考核与认定、监督管理，确保农民教育培训有效而健康发展；四是形成合作社管理人员与农民教育培训资金投入的长效机制，逐步建立以政府为主导，用人单位、受教育培训者和社会共同分担，多种机制并存、多渠道筹措经费的新机制，不断增加农民教育培训资金投入；五是分类培训，提高针对性；六是政府给予人才支持政策，建立健全农民专业合作社吸引、留住人才的机制，鼓励大学生、龙头企业人才、返乡农民创办农民专业合作社，提升合作社人力资源价值，提高农民专业合作社竞争力。

（五）创新灵活融资机制，增强社员责任意识

一是确保合作社成员的主体地位并明确其权利和责任，可以通过购买交易权、契约形式约束社员，使其履行义务；二是把合作社与社员利益紧紧捆绑在一起，使社员视合作社为自己的组织，承担应有的责任，通过股份化筹资发行优先股来吸收外部投资，社员退社时要求股权在合作社内部转让但不能撤资，以维护合作社资金的相对稳定性；三是构建新型农村合作金融组织发展的综合政策支持体系，如健全法律制度、明确政府责任、构建多重税收优惠政策、建立金融合作教育培训制度等，推动农民专业合作社开展信用合作，激活农村潜在的金融供给和需求，建立多层次、广覆盖、可持续的农村金融体系。

（六）构建监督体系，规范合作社发展

建立一套适合农民专业合作社的绩效评价体系，对其经营业绩作出真实、客观的评价，针对其不足之处及时作出必要的调整和改善，实现对合作社的有效监督与管理。合作社的运行机制不是一成不变的，要随着社会经济的发展而不断创新。在土地流转加快、土地资源向大户集中及大批工商资本进入农业的背景下，对于我国农民专业合作社的发展，既是前所未有的挑战也是难得的历史机遇，只有紧密结合我国农民专业合作社的现实情况，认真分析环境变化，科学借鉴成功经验，我国农民专业合作社的发展才有望突破"发展难"的问题，切实发挥其优势。

三、依托家庭农场促进农地流转、增加农民收入

（一）提供农机补贴政策扶持

由于家庭农场扩大了经营规模，农机配比基本不足。但先进农机较为昂贵，家庭农场目前无力全部购买所需的全套农机。与此形成鲜明对比的是，国家、省有关农机合作社发展的支持政策非常明确，对其投入的补贴资金数额巨大，但家庭农场申请时却被告知不符合农机补贴的条件，无法按照农机合作社的方式享受补贴待遇。不容忽视的是，一些农机合作社在争取到各项待遇后，采购了价格不菲的农机，但农机的利用效率并不高。前面提及，每家都有小农机，在各自的分散土地上可以完成耕作。在农机合作社并没有规范运作、真正实现社员入股分红，而只是名义上集中若干农户签名的情况下，农机合作社的社员仍然是分散经营状态，自家顾及的都只是自己的土地，所以农忙时农机合作社的农机无人操作，而家庭农场又无法利用，导致国家惠农资金的极大浪费。因此，家庭农场急需针对该类经营主体特定需求的农机补贴政策保障。

针对家庭农场的农机需求，制订适用于家庭农场的农机补贴政策。以农机合作社的补贴方式为参照，将家庭农场列为受到补贴的对象，农机目录可与农机合作社共同适用，标准可根据不同规模的农场情况分等定级。

（二）改善家庭农场的资金来源

家庭农场的专业化、规模化、市场化提高了农业生产的效益，促进了农业的发展和农业的现代化。但是家庭农场的主体——农业家庭，本身并不富裕。家庭农场前期需要大量资金投入，这对农民来说是无形的障碍。目前，家庭农场资金投入主要来源于家庭农场开办者个人财富的积累和亲友的借款，家庭农场正是通过这种渠道进行发展的。家庭农场的运营也需要相当数量的资金，规模扩张、农机购置亦需大量资金的支持，然而个人的能力始终有限。家庭农场主每年巨大的投资中有自有资金，还有借款，借款发生在亲属、朋友和民间借贷。在每年的备春耕时期，资金压力巨大。虽然地方的一些银行可为家庭农场提供贷款，但因手续复杂、程序麻烦并没有被家庭农场主选择，而是直接通过民间借贷融资。此外，因没有更充足的资金，家庭农场扩大经营规模的设想还不能完全实施。因转包土地需要在年初给农户土地费用，而不是等到年底，即使有很多农户想把土地转包给家庭农场，但无力承担。因此，家庭农场大量的资金投入对其是巨大的负

担,政府应为其提供贷款资金并进行优惠照顾,对农业生产物资应提供适度补贴,在奖励、补贴、贷款等方面进行灵活处理。

因此,政府须搭建平台做好服务。发展家庭农场,政府需要提供全方位、多方面的服务。一是搭建土地流转平台。在做好土地经营确权登记的同时,建立土地流转需求双方信息登记平台,并向社会公众公布。对双方有意向者,镇、村、组干部应发挥作用,积极帮助撮合。二是提供法制保障。进一步规范土地流转合同,规范土地流转过程,审核土地流转合同,建立一套规范的土地流转机制,切实保护流转双方的权益。三是促进、提高、规范农业生产服务体系。四是提供农业生产的技术服务和产品质量安全管理。

同时,须拓宽家庭农场融资渠道,引导金融机构做好服务支持。对家庭农场的贷款提供优惠利率或者无息贷款,积极引导社会资金对家庭农场进行注资。家庭农场的发展需要银行信贷的支持,解决融资难的问题,涉及农场主的个人信用度、资产抵押与金融机构的放贷管理两个方面,就目前现状而言,解决问题的关键是金融机构的放贷管理创新。发展粮食种植家庭农场,在承包耕地面积、土地租金已确定的前提下,农场主收入预期是可以大致确定的,金融机构可创新服务,依据土地承包经营权,核定数额,发放贷款,监管贷款使用于农机械购买,承包费支付,与农场主签订土地承包经营权、购买的农机械的抵押担保,这样既可解决起步阶段家庭农场主的资金需求,又可确保金融机构的风险可控。

(三) 提供配套支持

1. 提供新增补贴

基层政府对家庭农场直接投入和补贴非常有限,但基层政府农业部门负责了当地农业开发的一些示范带动项目。这些项目需要具有高标准农田、统一规划和完善的灌溉等条件,家庭农场在这些方面都有良好的基础,可直接利用或经过略微改造后即可落实项目。但此类农业开发项目选址并没有考虑到大力家庭农场,在一些地方的实施经过了较大力度的改造,人力、物力、财力花费较大。因此,国家新增的农业补贴或项目补贴应向家庭农场倾斜和集中。当前,用于补给所有农户的农业补贴过于分散,虽然为个体提供了一定的支持,但并没有形成更好的集聚作用。但如果将日后继续投入的新增农业补贴有针对性地使用,如考虑经营规模,达到一定规模标准的家庭农场才具备补贴条件,这样可使资金投入更加集中,有利于解决家庭农场的难题。

2. 提供风险防控支持

家庭农场在经营中仍然要"靠天吃饭",面临诸多的不确定风险。如黑龙江

第五章 东北地区促进农地流转和农民增收的政策组合及配套措施

省受到了洪涝灾害,绥棱县长山乡属受灾地区,调研的大力家庭农场的产量也受到了影响,每亩至少损失粮食100公斤。虽然该农场购买了农业保险,但理赔过少。目前购买的农业保险由国家和个人分担,国家每亩补27元,自己交6~7元,出现灾害风险理赔时,保险公司对水田的理赔标准在60元/亩以内。这与耕种成本相比理赔过少,缺乏科学的理赔标准确定损失。当然保险公司为其盈利不能完全理赔,但剩余的巨大差价应由国家投入加大补贴力度,考虑经营者实际的投入,以最基本的成本价格补齐灾害理赔后的成本损失。

因此,需要对家庭农场的农产品进行风险控制,如对相关经营提供保险产品的贴补,控制农产品价格风险、自然灾害风险等。在保持现有政策支持下,还应增加以下两个方面的支持。一是家庭农场农田基础设施和水利设施建设的资金支持。农田基础设施和水利设施建设投入大,家庭农场难以承受,一般很少在这方面投入,但这方面正是家庭农场生产、农场主收入稳定发展的核心。在农业基础设施建设方面,优先考虑家庭农场地区的环境,以其为中心进行扩展,不断完善灌溉等基础设施投资。二是建立家庭农场贷款的风险担保基金。农业经营风险大是金融机构不积极给家庭农场发展提供融资的主要障碍。设立对干旱、洪涝等大的自然灾害,畜牧养殖疫情发生的贷款担保,化解金融机构的贷款风险,以促进家庭农场贷款难问题的解决。

3. 扶持家庭农场形成产业链

家庭农场现已初步形成了自己的品牌,并得到市场的认可,有人特地上门收购产品。但对于家庭农场来说,完整的产业链还没有构建起来,仍是以最原始的耕作为主,亟须在资金有保障的前提下加快建设烘干塔、水稻深加工工厂;同时通过示范带动效应的发挥,引导周边农户都种受市场欢迎的品牌,再由农场加工、包装、出售,从田间到市场完整的链条都由农场主导,但这就需要更多的市场信息,需要农业部门予以协调解决。

因此,要提高对家庭农场的支持力度,完善农业产业链,提升农业专业分工水平。家庭农场发育会对土地整理、经营管理和技术吸纳提出新的挑战,政府不仅应有资金扶持,还需要在教育培训方面给予支持。

政府还可以支持城市资本进入农产品流通和农业生产资料供应服务领域,加大农村市场体系建设力度,增强家庭农场的市场竞争力。同时,向家庭农场倾斜发展农业示范项目。通过特色化经营和控制同业数量,弱化同业竞争。目前家庭农场在大量兴建时,应避免同质化而导致的无序竞争。差异化、特色化、专业化战略对现阶段家庭农业的发展较为有利。

4. 设立地方性专门规范

面对家庭农场迅猛的发展势头，各地亟须从政策层面加以规范和保障，对国家宏观政策精神、农业部和中国人民银行等部门有关支持家庭农场发展的具体细则进行落实，形成有关推动家庭农场健康发展的政策规范；同时体现出为解决各地家庭农场特定问题的措施，避免主管部门所做的努力、建议无法落到实处。

（四）完善家庭农场认定标准

2013年中央"一号文件"提出鼓励和支持承包土地向专业大户、家庭农场、农民合作社流转，其中，"家庭农场"的概念是首次在中央"一号文件"中出现，并先后从农业补贴倾斜、土地流转优先、职业培训保障等方面4次提及扶持家庭农场发展。根据农业部的定义，家庭农场是指以家庭成员为主要劳动力，从事农业规模化、集约化、商品化生产经营，并以农业收入为家庭主要收入来源的新型农业经营主体。该定义对家庭农场的具体规模并没有明确阐述，使家庭农场与一般的种养大户很难区分开。

因此，各地应对家庭农场的具体定义、办理注册登记条件、家庭农场经营者农业收入水平、规模经营标准、雇工数量、经营土地面积等探索出与当地生产水平相适应的具体指标。但家庭农场的基本性质要严格遵守，如以农村家庭为基本单位，从事农业第一产业，集约化的经营方式，以农业收入为主要来源等。目前辽宁省工商局已出台了《关于充分发挥工商注册职能做好家庭农场登记工作的指导意见》，对家庭农场名称、经营者、经营范围、主体类型提出了指导性意见。其他省份也应积极探索，快速完成家庭农场认定标准的制定。

（五）积极为家庭农场主培训

教育是推动社会进步的根本，想要办好家庭农场当然需要"领头羊"。家庭农场主既要有较高的科技文化素质，能够推动家庭农场农业技术不断进步，又要有敏锐的市场嗅觉，为生产的农产品寻求合适的销路。然而家庭农场主大多是从分散经营方式中走出的农民，并不适应家庭农场的发展浪潮。政府可组织相关培训，让农场主充分了解家庭农场的运营模式，安排农场主到外地考察观摩，学习先进家庭农场经验；向农场主推广新技术新产品；政府也可安排相关部门人员上门指导，既可帮助家庭农场解决实际问题，又有助于方针政策的提出。

四、依托农业企业促进农地流转、增加农民收入

农业企业以自身发展为目的，以利益连接方式带动农户闯市场，提升农民进入市场化程度。企业充分发挥典型示范和辐射带动作用，逐步推行产、加、销配套发展，在建设中实行区域化布局、专业化生产、一体化经营、社会化服务、企业化管理，引导技术创新和制度创新密切配合与传统农业产业改造升级，带动和促进土地生产规模化、集约化及农民组织化程度的提高。依托农业企业的发展，使农户与市场、与农业社会化服务体系有机联系，促进农业运行模式从农户单一主体向多元化主体转化，有助于形成新型的农业经营体制和运行机制，从而促进农地有效集中，加速农地流转。

在经营方式上，一部分农业企业通过租用农户土地建立生产示范基地，形成与农户合作经营的关系。在企业与农户之间按照市场价格或高于市场的价格形成农地租赁合同，流转期限多为3—5年，土地生产经营权归企业所有，企业自主经营。这种方式的经营，农业专业化公司企业在获取一定数量的土地使用权后，往往选择一种或多种农业经济作物从事种植生产，并以经济作物的种植生产作为其产业链的上游环节，且通过设立加工企业对流转农地上生产的农作物或经济作物进行深度加工并进行销售，深化其专业化程度，较好地规避因农产品自然属性而存在的市场风险，引导"小农户"进入"大市场"。还有一部分农业企业通过与农户、村集体签订收购合同，企业与村集体或农户经过协商，统一种植某种作物，规定农产品收购数量、质量和最低保护价，由企业定向收购，农户不得转卖他人，双方享有相应的权利、义务和约束力，不能单方面毁约。订单农业的合同期限多为一年，且土地使用权仍然归农民所有。在种植过程中，如种子的选育、化肥农药的播撒等环节，会受到企业收购合同的限制。这种方式改变了农民与市场之间的不对称地位，强化了农民在市场上的要价能力，为提高农业生产的比较收益奠定了基础。

在发展模式上，农业企业无论是发展订单农业、合作经营，还是搞基地建设，通过不断调整农业结构，建设现代农业设施，构筑高效农业产业体系的策略，都将形成"企业+市场"的基本形式或"公司连接市场，市场带动基地，基地带动农户"的格局，全面促进产业化经营的现代农业发展模式推广，实现职工增收、企业增效，土地产出率增加，切实促进了农民增收。

综上所述，依托农业企业的发展带动，无论是在经营方式，还是在发展模

式，抑或是在运营、销售、市场竞争方面，都对促进农地流转、农业增产、农民增收有所裨益，所以说依托农业企业带动是促进农地流转、增加农民收入的现实路径选择。

第三节 促进农地流转和农民增收的配套措施

一、创造更多的非农就业机会，推进农村富余劳动力转移

农地流转是建立在其承包者非农就业转移基础之上的。创造更多的非农就业机会和便利条件，推进农村劳动力长期、稳定转移，是促进农地流转进而实施农地集中规模经营的基本前提，同时也是直接促进农民增收的重要途径。当前，按农村劳动力非农就业的目的地不同，可以将农村劳动力转移的路径划分为向农村非农领域转移、向小城镇非农领域转移和向大中城市非农领域转移三种形式。推进农村劳动力向农村及小城镇转移就业的政策措施重点是创造更多的非农就业机会，推进农村劳动力向大中城市转移就业的政策措施重点是逐步消除城乡壁垒，创造更有利的非农就业条件。

（一）实施农村工业化发展战略，创造更多的农村非农就业机会

通过调整农业产业结构和推动农业产业化发展，实施农村工业化发展战略，可创造更多的农村非农就业机会。依据区域农业资源条件和社会经济发展水平，挖掘区域资源比较优势，通过编制农村产业发展规划，确定区域优势产业，制订农业产业结构调整措施，实行种植、养殖、加工相结合，推动农业生产、加工、贸易一体化发展；推动农业产业化经营，通过大力培育和扶持多种形式的新型农业经营主体，实施农业适度规模经营的同时，将农业经营模式由单一的生产向产前延伸、向产后拓展，使科学育种、农产品仓储、初深加工、运输、销售及综合利用等环节有效联接。这样，不仅能够有效增加农村区域非农就业机会，推进农村劳动力就地转移，又使农民从生产中得到收益，并分享除农业生产之外的各个环节的利润。

（二）加快小城镇发展步伐，创造更多的小城镇非农就业机会

随着国家新型城镇化战略的逐步实施，农村劳动力向小城镇非农领域转移就

业的门槛逐渐降低并最终消失。小城镇介于农村与大中城市之间，与农村的地缘关系更为紧密，是吸纳农村非农转移劳动力及农业转移人口市民化的重要载体，是现阶段城镇化发展的主要方式。在总结小城镇建设与发展的经验和教训的基础上，通过综合分析当地的资源状况和社会经济条件，以"统一规划、合理布局、综合开发、配套建设"为方针，按照小城镇与农村工业化协同发展的要求和原则，以产业发展为载体推动小城镇发展。改造传统的乡镇企业，吸纳乡镇企业、新建企业或产业向小城镇集中，通过产业集中发挥集聚效应，从而创造更多的就业机会。

（三）逐步减少并消除城乡壁垒，创造农村劳动力向大中城市转移就业的便利条件

大中城市拥有更多的就业机会，是吸纳农村劳动力非农就业的另一重要载体。然而，由于各种管理体制和制度的原因，使农村劳动力在大中城市的就业成本高、流动性大、稳定性差，大中城市难以成为农村转移劳动力的最终归宿，其结果直接影响农村劳动力农地流转行为。现阶段，为促进农村劳动力在大中城市的长期、稳定就业，最迫切、最有效的方式是为转移就业的农村劳动力提供基本公共服务，包括就业服务、基本养老和医疗、保障性住房及随迁子女的义务教育等。在实现基本公共服务全覆盖的基础上，各大中城市再根据自身的条件，逐步减少甚至消除城乡壁垒，为农村劳动力向大中城市转移提供更多的便利条件，实现农村劳动力长期、稳定就业。

二、加强农村职业教育与农民培训，提高农民经营能力和转移就业能力

（一）加强农业生产经营能力培训

发展现代农业是当前"三农"工作的主线，农民是现代农业发展的主体，在推进农业现代化进程中，生产方式的深刻变革、科学技术的广泛运用、物资装备的正确使用、产业组织的发育壮大、市场竞争的日趋激烈，都对农民文化素质、技术技能和经营管理的全面提升提出了明确的要求。特别是农民或新型经营主体通过农地流转扩大了规模之后，对其生产和经营管理水平提出了更高的要求。此外，随着农业功能的不断拓展、农民群体的不断分化以及农村经济社会的全面发展，农民对教育培训的需求也在发生变化。近年来，受城乡收入差距拉大

和农业比较利益低下的影响，农村劳动力向城镇和非农产业流动不断加快，高素质、高技能人才流失严重，带来留乡务农劳动力素质呈结构性下降趋势，留在农村的劳动力年龄偏大、素质偏低、女性偏多，对农民教育培训工作如何统筹务农和务工农民培训，创新培训内容、方式和手段等提出了新的要求。据农业部2008年的调查，有99.5%的农户希望得到农业新技术，其中，最希望获得病虫害防治技术、良种及配套栽培技术、施肥技术的比例分别占36.9%、31.4%和19.7%。2006年中央农广校的一项调查也表明，农民最愿意接受培训的时间是2~3天，地点是本村；选择短期培训的比例占72.1%，选择面对面授课和现场实习的比例占71%以上。这些需求变化对农民教育培训工作也提出了新的需求和新的要求。农民教育培训工作要积极主动适应新时期、新形势发展要求，不断调整教育培训目标与内容，积极开展多层次、多形式的教育培训，努力满足广大农民的不同需求，为推进现代农业发展和新农村建设提供有力支撑。

1. 要真正深入农村，结合实际开展培训

要切实把教育培训工作做好，必须深入农村开展工作，大力倡导培训教师深入农村，走到田间地头，面对面、手把手地进行实地教学，现场示范，这样才能把培训做到生动有效。也要把各种媒体资源推进农村中去，通过网络、广播、电视等各种可利用的形式，进行广泛宣传，真正让农民朋友认识到培训的重要性和其现实意义所在，并能真正从培训中得到好处，这样才能让农民真正加深对培训工作的感观印象，并积极参加进来。人才培养要进到村屯，发现农村的一些文化程度相对较高、努力肯学的农民作为重点培养对象，组织这些人定期不定期地有针对性地加强培训学习，为以后他们在农村建设中更好地发挥作用打下基础。

2. 加强农民教育培训内容的实用性，丰富教育方式

培训的内容要贴近农民的生活，避免与农民的生活脱节，明确指导思想，要深入研究农村经济发展的客观需求以及农民的实际需要，在培训专业设置上要紧跟社会需求或是超前设置，这样培训才能满足农民及其子女就业创业的真正需要，使农民在培训中得到益处，这样他们才愿意参加培训，激发其能动性和主动性，才能收到良好的培训效果，达到培训的终极目的。专业课程设置上要避免僵化，教学内容要力求能反映最新科技成果，实验实习基地的生产管理水平要体现先进性和示范性，加强办学实力及自我发展的能力。减少学校定位的偏差，让农民充分认识到培训的重要性，避免造成农民受教育的短期化。

3. 搞好农业专业技术人员继续教育培训

一些农业基层的技术人员，多数都是从实践中摸爬滚打过来的，具有丰富的实践经验，可以直接对农民进行培训指导，是技术上的"主力军"，所以针对这样的技术型人才要进行继续培养教育，请一些专家学者对这些人进行新技术、新信息、新思路的培训引导，使这些人的知识更新，观念转变，为农业教育培训提供强有力的师资，进而在对农民的培训中发挥更大的作用，更好地为"三农"服务。

（二）加强农村非农就业能力培训

随着我国进入工业化中期阶段，资本的有机构成发生明显变化，产业结构面临优化升级，导致部分沿海地区出现用工的结构性短缺现象，技术工人特别是高技能人才较为缺乏，并已蔓延到全国，成为制约我国产业竞争力的重要因素，也对农民教育培训特别是转移培训工作提出了新的更高的要求。20多年来，随着中国现代化建设的推进，出现了大批涌向城市打工的农民即农民工。对农民工的非农职业培训，实际上是要造就中国新一代产业工人，意义非常重大。过去5年间，我国向非农产业和城镇转移5000万农村劳动力开展引导性培训，并对其中的3000万人开展职业技能培训。同时，对已进入非农产业就业的2亿多农民工开展岗位培训。目前，经过改革开放多年发展，我国农业部门已具备了较好的农民教育培训基础。许多省、市、自治区已建立起省、市、县、乡四级办学体系，形成了完整的教育培训网络，拥有省、市、县三级教育培训机构，并有覆盖面较大的广播和卫星电视教育资源，现代远程教育已初具规模；各级农民科技教育培训中心的建设也已陆续启动。目前要继续加强教育培训基地建设，整合农业部门内部使用效益不高的教育培训资源，联合外部资源，进一步增强农村劳动力转移就业培训能力。

1. 突出培训重点，拓展培训内容

农村劳动力转移就业培训要以提高职业技能为重点，突出三个方面的培训内容：一是对不同行业、不同工种、不同岗位的基本技能和技术操作规程的培训，使培训与就业岗位需要紧密联系；二是政策和法律法规知识培训，使农村劳动力了解就业经商、投资创业及回乡创业等方面的政策和规定，熟悉相关的法律法规，提高其遵纪守法意识，增强其维护自身合法权益的意识和能力；三是安全常识和公民道德规范培训，增强农村劳动力预防和处理不测事件的能力，养成良好的道德规范，树立良好的社会公德。

2. 创新培训模式，提高培训效率

新时期的农民培训工作，必须坚持以市场为导向，以效率为中心，不断探索适应社会主义市场经济体制的新型培训模式和方法。一是进行深入、细致的市场调研，根据经济结构调整、劳动力市场变化和用工单位的需求，科学确定培训对象、培训规模和培训内容，增强针对性和实效性，减少盲目性和随意性；二是坚持培训与就业紧密结合，积极探索"订单""定向""储备"等培训模式，使培训与用工单位和就业市场挂钩，以需求定培训，以输出带培训，三是开展多层次、多渠道、多形式的培训，要充分利用各类学校及培训机构现有的培训场所、设备、师资等资源，开展远程教育、短期培训班、专题讲座等，实行长短结合、灵活多样的培训方式。

3. 完善培训服务功能，提升培训服务档次

农村劳动力转移关键在组织，重点在培训，难点在就业。充分利用现有的培训体系和优势，统筹建立农村劳动力培训基地与输出窗口，积极开展区际、省际、国际劳动力转移就业培训工作。大力推行"招生—培训—就业"一条龙的服务模式，提高农村劳动力参加培训的积极性。根据市场需求，加强与用人单位及劳动力市场的联系，把培训与就业引导密切结合起来，建立起职业技能培训与农村劳动力转移就业的衔接机制，努力把技能培训、就业介绍、就业后服务管理融为一体。加快建设农村劳动力转移就业信息服务体系，包括建立农村劳动力资源库、岗位培训媒体资源库、城镇用工信息库和就业跟踪资料库等，为农村劳动力转移就业培训提供良好的资源基础。

三、创新农村金融服务，破解农业规模经营主体资金短缺难题

农地流转需要更加有力的资金支持和金融服务。农户转入土地之后，尤其是种植大户、家庭农场和农民专业合作社等新型经营主体大规模流入土地之后，一方面，除了与普通农户一样需要购买各种生产资料外，还需要建设晾晒、烘干、仓储、保鲜、冷冻等设施和购买更多农机设备，因而生产经营资金需求量比普通农户大得多，资金供需缺口扩大；另一方面，由于缺乏抵押物或者抵押物不符合要求，难以从银行获得足够的贷款。为此，必须深化农村金融改革与创新。

（一）加快推进农村金融机构改革，完善农村金融服务市场体系

继续深化农村信用社改革，保持县域农信社独立法人地位总体稳定，着力完善法人治理结构，增强资本实力和资本质量，提高抵御风险和支农能力。积极推动农业发展银行改革，使其在做好粮食收购主业的基础上，积极向农业基础设

施、农田水利设施、农业科技创新、生态环境改造、小城镇建设等方面加大信贷投放力度,提升农业产业化、农业综合开发能力。加强对农业银行"三农金融事业部"改革的考核评估和政策激励,真正激发农行"三农金融事业部"服务"三农"的作用。鼓励商业银行将服务触角更多地向农村地区延伸,增加在县域的分支机构布局,扩大基层分支行的信贷审批权限,完善产品研发和管理支持保障体系,将更多资金投向农产品生产与流通、农业产业化、农业机械化、农业科技研发推广、农田水利建设等现代农业重点领域。大力发展新型农村金融机构。通过政策吸引、环境改善等措施,引进省外及境外金融机构到县域设立分支机构,探索在农村地区设立民间资本发起自担风险的民营银行。

(二) 加快推进体制机制创新,构建农业信贷投入稳定增长机制

充分发挥差别化存款准备金率政策的正向激励作用,引导更多信贷资金投入农村地区,对扩大涉农信贷投放有合理资金需求的金融机构给予降准政策优惠。继续对农村中小金融机构,包括已改制的农村合作银行、农村商业银行执行较低的存款准备金率,继续对"三农金融事业部"考核达标的县域农行实行优惠存款准备金率,以提高其支持"三农"的实力。积极发挥支农再贷款的支农作用和政策引导作用。可结合支持农业发展的实际需要,探索创新支农再贷款使用方式。建立县域资金回流机制,做好县域法人机构新增存款主要用于贷款的考核工作,保障金融机构农村存款主要用于农业农村。发挥再贴现引导信贷投向的作用,支持东北地区金融机构对涉农、小微企业及新型农村经营主体的票据优先办理贴现,促进现代农业规模化生产发展。

(三) 加快推进农村金融服务创新,积极培育新型农业经营主体

综合运用信贷、保险、直接融资、信托、期货、征信、支付结算等服务手段,重点在土地流转和适度规模经营、培育农村新型经营主体等关键领域寻求突破,积极研究金融支持水利化、农机化和科技化发展的信贷产品和模式创新,夯实现代农业物资技术装备基础。通过银团贷款、水利项目融资平台贷款、大型水利设施融资租赁等多种方式提供融资服务;积极拓宽农田水利建设的抵押担保方式,探索以土地使用权、水利项目未来经营收益权、大型水利设备等作为抵(质)押物发放贷款。探索建立大型农机具租赁公司,提供农机具租赁服务,解决购置大型农机具的资金占用问题。积极创新与新型农业生产经营主体需求相适应的信贷产品和服务方式,促进新型农业生产经营方式转型升级。推动金融机构

制订专项支持农民专业合作社、家庭农场等新型农村经营主体的信贷产品;结合农户、农民合作社、家庭农场、龙头企业之间相互合作、互惠互利的生产经营组织形式新需求,深入开展"订单+期货"金融创新试点工作,鼓励实施订单抵押、企业为农户贷款担保、运用期货完善农产品定价机制、结合信用体系建设促进提高订单履约率等试点内容,继续探索"订单+期货+保险"的金融支持现代订单农业新模式;健全"公司+专业合作社+农户""公司+专业大户/家庭农场"等农业产业链金融服务模式,发挥龙头企业的主导作用,提高农户金融服务集约化水平。充分考虑专业大户、家庭农场等新型农业经营主体缺乏有效担保物的实际,积极开展农村产权抵押贷款,发放土地承包经营权抵押、大型农机具抵押、仓单和应收账款抵押贷款以及信用贷款。

(四)积极推广各类直接融资工具,推动现代农业融资渠道多元化

发展多层次农村资本市场,推动农业企业直接债务融资试点,鼓励符合条件的涉农企业发行短期融资券、中期票据、中小企业集合票据、区域集优票据等融资工具扩大融资规模,加快发展农业高科技企业的高收益债券。积极引导主承销商等市场机构充分发挥市场主体的创新动力和潜力,加强对涉农企业的服务方式和产品创新力度;为涉农债务融资工具提供"绿色通道",优先办理、优先审核;对涉农中小企业采取差异化的信息披露机制,增强涉农企业进行公开融资的意愿。支持合规涉农企业实现上市融资和再融资,拓宽涉农资金来源。支持符合条件的涉农企业到股票主板市场、中小板市场和创业板市场实现上市融资和再融资。引导期货公司积极帮助涉农企业开展农产品套期保值活动,探索农产品期货服务"三农"的运作模式。加大期货市场知识宣传普及力度,促进涉农企业和农业合作社等通过农产品期货套期保值,引导农业种植结构调整,提高经营收益,促进农业产业优化发展。引导和支持各类社会资本在依法合规的前提下,加大对发展前景好、经营规范的新型生产经营主体的投资。

(五)加强农村金融基础设施建设,构建农村普惠金融服务体系

加快推进农村支付环境建设,运用现代科技手段和现代支付工具改善农村地区支付条件。鼓励金融机构在金融服务空白乡镇和经济贫困县设立农村金融服务站。拓展银行卡助农取款服务点功能,稳妥开展转账、缴费等业务,工作基础较好的地区加快实现行政村基础金融服务全覆盖。推动农村手机支付、电话支付、有线电视网络支付和网上支付等支付业务创新,开发符合新型农业生产经营主体

需要的电子支付产品。建立金融支持综合服务平台，提高支付结算效率。依托农村粮食、蔬菜、农产品、农业生产资料等各类专业市场推广使用银行卡、电子转账等多种非现金支付工具。探索各类财政转移支付资金直补到户的支付工具支持模式创新。

（六）积极完善现代农业金融改革创新的政策配套保障体系

一要加强财税政策与金融政策协调配合，形成金融支农整体合力。建立信贷、财税、监管正向激励、长期化、制度化的协调机制。落实县域涉农贷款增量奖励、农村金融机构定向费用补贴、农户贷款税收优惠、小额担保贷款贴息等政策，加大涉农金融机构重点涉农业务的补贴力度。积极推动地方政府建立和完善与现代农业发展相适应的农业担保、保险、证券及期货等金融工具支持体系，拓宽涉农信贷资金的风险分担渠道。建立农村信贷与农业保险相结合的银保互动机制，对涉农经济主体直接融资给予政策倾斜。加强对农村金融基础设施建设的财政支持，积极对在农村开展助农服务的金融机构给予适当的财政补贴和税收优惠扶持。二要积极搭建政策配套平台，为金融改革创新创造良好外部环境。目前，土地承包经营权、大型农机具抵押贷款等新型业务还缺乏必要的外部配套政策。大量的农业资产缺少抵押登记、评估、流转、交易及仲裁等配套机制和服务平台。黑龙江仅有14个县初步建立了土地确权、登记、流转、交易平台，各类农业投融资合作和服务平台还没有建立起来。要以深化农村集体产权制度改革为契机，积极建立各类农业资产抵押、登记、流转、交易市场，发挥土地、大型农机具、房屋等各类动产不动产的融资功能。全面开展集体林地、集体建设用地、耕地、农田水利基础设施、宅基地等各类土地确权登记颁证，完善交易流转、抵押登记、处置变现等中介机构和服务体系，切实盘活农村集体资源、资金、资产，为农村各类产权流转和抵（质）押贷款提供配套服务。完善政府补贴资金和转移资金管控机制，改进补贴方法和流程，支持探索粮食综合直补资金、农业生态补偿资金等稳定预期现金流进行融资。积极探索建立现代农业投融资综合服务中心，构建民间资本与农业项目对接平台，为资金供需双方提供沟通渠道，引导民间资本流向"三农"领域。三要加强农村金融生态环境建设，着力打造现代农业"资金洼地"。持续推进农村信用体系建设，改善农村信用环境。深入开展信用与金融知识宣传、农户信用信息征集与评价，积极推进"信用户""信用村""信用乡（镇）"建设工作。加大农户和农业企业信息数据库建设的力度，推动涉农金融机构依托现有客户管理系统建立并逐步完善统一规范的农户和农民专业合作社电子信用档案。加大县域农业生产经营主体信息数据库建设力度,多渠道整合社会信用信息。推进将农民专业合作社等新型农业经营主体纳入农村信用体系建设,鼓励金融机构在信用评定基础上对示范社开展联合授信,增强农民专业合作社的融资能力。加强中央银行、金融监管机构与地方政府金融稳定协调机制建设,增强风险识别、预警和处置能力,有效防范和化解农村金融风险,特别是强化县域涉农金融领域的风险监测与管控,坚决守住不发生区域性、系统性金融风险的底线,进而为现代农业金融改革创新提供坚实的货币金融基础。

四、创新农业保险服务,增强农业规模经营主体抗风险能力

普通农户经营规模小,面临的自然和市场风险较为分散,受灾后经济损失不是很大,恢复再生产相对容易。农地流转之后,新型农业经营主体由于经营规模大,生产经营投入多,面临的市场和自然风险相对集中,如果农产品价格下降幅度较大或遭受自然灾害,经济损失更大,恢复生产更加困难。特别是新型规模经营主体经营的耕地多是流转普通农户的承包地,在成本支出上要比普通农户多一项高额的转包费,单位面积耕地的经营收益相对要低,一旦受灾,往往出现"一年受灾害、三年难翻身"的危险。针对农业经营面临的自然风险,目前的农业保险覆盖面积小,保障水平低,难以起到保障农业发展的作用。因此,随着农地流转,新型农业经营主体对农业保险的需要更加强烈和迫切。

基于农业生产收益与风险的特殊性,破解农业保险发展制约"瓶颈"是个复杂系统工程,需要地方政府、监管部门、保险机构等多方面以改革为动力,以创新为抓手,从制度、政策、操作等层面综合施策,加快构建新型农业保险体系。

(一)扩大农业保险供给主体

结合农业和农村经济发展区域性不平衡的现状和农业风险差异较大的特点,完善以政策性支持的商业保险公司为主导,专业性农业保险公司、农业相互保险公司、政策性农业保险公司等共同发展的多元化保险经营体系,引进具有农业保险经营先进技术及管理经验的外资或合资保险公司,鼓励农民和农村合作组织建立农村保险互助合作社。

(二)加大财政补贴力度

根据粮食主产区县级财政资金普遍紧张的实际情况,提高中央、省级财政对

粮食主产区政策性农业保险保费的补贴比例,逐步减少或取消县级财政补贴。整合使用涉农资金,对达到一定规模和条件的农民专业合作社、家庭农场等新型农业经营主体给予专项农业保险保费补贴。

(三) 落实农业保险税收优惠政策

对保险公司的农业保险业务给予管理费补贴或税收减免,鼓励商业保险公司经营农业保险业务。可以考虑免征种、养两业保险的所得税,对种、养两业以外的其他涉农保险可以降低印花税,免征经营农业险保险公司的城市维护建设税、教育费附加,用作农业巨灾风险补偿的积累。

(四) 开发多元化农业保险产品

定制可供农民选择的多种保险产品,以主要农作物保险、主要畜产品保险和森林保险为发展重点,进一步扩大农业保险覆盖面。积极开发农作物制种保险、水产养殖保险、主要农产品价格保险、农机具保险、设施农业保险、农产品质量保证保险、农房保险等新型产品。鼓励因地制宜开展特色优势农产品保险试点,不断丰富农业保险品种。

(五) 提升农业保险保障功能

加大对各种农业保险标的分类研究,逐步从保障物化成本转为保产量、保价格、保利润等更高层次的保障水平。尝试推行直接生产成本保障模式,将农村地区四大主要农作物每亩保费提高到 40~50 元,风险保障水平基本达到直接物化成本,从根本上解决农业保险"扩面、提标"问题。

(六) 加快涉保金融服务创新

积极探索开办贷款保证保险、信用保险等专项涉农保险,为新型农业经营主体增信。参与订单农业融资业务,大力发展以农产品订单为依据的跟单农业保险。鼓励金融机构对投保农业保险的农户加大信贷支持,拓展"贷款+保险"模式,逐步提升合作广度与深度。

(七) 完善农业保险监管体系

建立一整套农业保险的监管制度,从对外承保、理赔到对内的财务核算、业务管理等,制订相应的监管制度,使保险公司做到有章可循、规范经营。

（八）完善农业再保险保障体系

建立财政支持的农业大灾风险转移分散机制，将地方政府现有的农业救灾基金中调剂一部分用于农业保险基金，制订农业再保险分包方案，在大灾之年给予保险公司一定数量的理赔补贴，提高农业保险公司抵御风险能力。

五、加强法制建设，引导土地流转规范化、有序化

（一）加强流转合同的规范

流转合同是明确流转主体权利义务的最有效证明。现实中，参与主体虽然具有一定的合同意识，基本上能签订土地流转合同，但从合同的内容、管理来看，其效力并不充分。当自发流转形成时，土地的价格、面积、时间是双方最为关心的内容，流转双方仅就这样的内容进行确认，却没有对应有的权利义务、承担责任等内容进行约定，有些甚至只有口头协议，不利于土地流转中双方的权益保障。因此，需要强化合同的效力，从内容和程序上加以规范。

在内容上，结合区域实际情况和流转特点、习惯等，形成规范的流转合同文本，引导农户履行必要的手续，签订土地流转的书面合同，明确土地流转的形式、数量、期限、条件和双方的权利、义务、责任。此种格式合同是经过当地农经主管部门发布的指导性文本，其中设计的条款内容能够满足订立时的基本内容需求，双方可就格式中的欠缺内容进行后续补充。

在程序上，合同的签订需要村委会的鉴证，并在村委会留底备案，以此保证双方是在真实意愿之下签订合同。同时，村委会建立流转台账，形成土地流转档案，落实专人负责土地流转的资料搜集、档案管理等工作，对本村内的土地流转状况进行全面掌握，可为后续的流转平台提供基础材料和数据。如涉及企业下乡流转土地的，还需要农经部门负责对企业的综合情况进行前期审核，向村委会与农户反馈真实信息，指导此类流转行为的合同签订。一旦出现合同纠纷，按照《中华人民共和国农村土地承包经营纠纷调解仲裁法》（以下简称《承包经营纠纷调解仲裁法》）的规定，由村委会、仲裁委员会依职权进行调解或仲裁，避免出现矛盾激化。

（二）加强流转方式的规范

在十八届三中全会提出在保护耕地的前提下赋予农民对承包地的抵押、担保权能，允许以承包经营权入股发展农业产业化经营后，各地现实中的土地流转已

经不限于转包、出租等传统模式，入股、抵押、信托等这些已在民间早已存在的方式被更多采用。然而这些做法还没有在法律层面得到规范，各地仍只是自发组织运用。传统模式下土地流转的有偿性体现较为直接和简单，即转入方和转出方之间完成流转费用的支付即可，但新兴流转方式均涉及更多的收益分配、风险负担等问题，操作和计算明显复杂，涉及的利益关系更为多元。实践中，很多以入股为名的行为从未有过按股分红，这就混淆了入股的性质。因此，需要当地相关部门对新兴方式进行鉴别和判断，对区域内的不同流转方式进行界定，区分只是以有偿流转费用为代价的模式和包含更多利益分配的模式，使流转参与者在明确各类方式的本质特征和条件后自主选择适合的方式。如选择了入股、信托等方式，转入方则必须按照土地承包经营权量化的股份标准进行收益分配，以此保证流转土地农民的应有收益不被减损。而抵押这一方式则更需政府管理部门的介入，对可接收土地承包经营权作为抵押财产的抵押权人身份、抵押土地面积、评估作价、抵押权如何实现、承包人丧失土地后的保障等问题形成具体规范要求，从小范围试验开始，将十八届三中全会的政策精神予以探索落实。

（三）加强流转价格的规范

土地流转的价格是影响流转能否顺利实施的关键。土地流转价格基于各地的民间要价而形成，流转参与者相互认可才能实现交易。无论是每亩几百元还是上千元，价格都无法得到科学的评估。随着农民对土地价值的预期不断提高，流转价格不断攀升，有意转入方的资金压力越发巨大。特别是部分地区还出现了政府扶持项目需要流转土地，农民因看到政府参与便提高要价，随意性较大。如最终政府为保证项目实施而接受，这就更高地抬升了当地的土地流转价格，造成其他流转参与者也要按照此而定。受市场因素及比较利益的影响，出现了两种情况：一种是流转价格的盲目攀比；另一种是需求方人为压低流转价格，因此，各地急需建立科学的土地流转价格形成和指导机制，要从实际出发，形成科学的定价标准。防止漫天要价，可以每亩作物产量价格折合，并考虑与CPI指数同期上涨的方式。政府管理部门要保持土地流转价格的稳定，形成统一规范的区域流转协议指导价，制订包括土地区位差异、基础设施条件、经营产业等因素在内的基准价格，为土地流转双方的公平交易提供科学依据。

（四）加强政府扶持的规范

各地政府为鼓励当地土地流转的推进，都对典型的流转大户进行过补贴、奖励或政策扶持。这体现了各地政府的重视,但并没有参照的依据,多是临时性的,资金的投入也没有固定标准,由此暴露出扶持的随意性问题。从资金、项目、政策上对转入方进行特殊对待,也需要形成明确的规范。首先,各地政府应形成对流转主体(转入方)的专项资金安排,根据财政情况、流转面积预先形成资金预算,保证专款专用。其次,应形成对不同流转规模的转入方分级补贴或奖励的标准,界定对不同范围流转面积提供不同的流转补贴,既考虑流转大户,也兼顾流转小户,减轻它们的流转资金压力,形成普遍的流转积极性。再次,将政府的一些专门项目投向流转参与主体,如示范园区的建设,充分利用已流转土地具有的连片优势,直接利用项目实施所带来的基础设施完善、土地整理、新品种使用等方面的优惠政策,从而能节约很多前期成本,可使项目资金得到更高效的利用。最后,对已经确定将在区域内推行的工作,需要逐级落实,不能仍停留在最初的样本点,例如,有省份建立区域流转服务中心的工作并没有按计划全部覆盖,仅在一些地区形成典型样本,这会造成鼓励政策的效果受到影响。

(五)加强资本下乡的规范

工商企业以其巨大的资本存量和灵活的市场运营能力推动自身不断发展,依托工商企业开发农业生产潜力,提高农民收益不失为一项战略性的选择。十八届三中全会也在公告中提出,鼓励和引导工商资本到农村发展适合企业化经营的现代生产要素和经营模式。工商企业依托土地流转的方式进入农业领域后,应利用其强大的市场运营能力投资农业产业链上游、下游那些适宜产业化、规模化与集约化的领域。各地政府管理部门应对此形成指导性的规范,引导城市工商资本采取"公司+农户""公司+合作社+农户"和订单农业等方式注入农村,重点发展产前和产后服务、设施农业、规模化养殖等适合企业化经营的产业,带动农户发展产业化经营。土地流转金不足以保障转出土地农民的正常生活,可鼓励企业采取保底收购、股份分红和利润返还等方式,让农民更多地分享加工销售收益,同时设立农地流转农民专门持有的股份,让企业与农户建立紧密型利益联结机制,共同约束和保障资金安全。在风险防控方面,应完善土地租金预付制度,并设立专项风险保障金,用于因企业破产而导致农民利益损害的补偿。

(六)加强土地利用的规范

农地流转的根本目的在于盘活农业生产潜力,保障粮食安全。然而实践中也出现了农地流转中的非农化、非粮化问题。建议加大土地流转监督执法力度,严防土地流转的"非粮非农"倾向蔓延。在确保耕地不受影响的基础上,适度放宽流转土地的农业用途范围,对土地规模经营主体因生产所需建造简易仓库、晒场、大棚、温室等用地,应视作农业生产用地。要安排一定的用地指标,专门用于经营规模大的专业合作社、农业龙头企业就地建设农产品加工基地等项目用地。而对流转土地发展大规模"休闲观光农业"的要进行严格控制,并须报主管部门特批。政府在保障农业提供农业生产配套设施用地保障,农经、国土等职能部门要加强监管,严防借土地流转改变土地用途的事件发生,对擅自改变土地农用性质的违法行为要依法进行制裁。

(七) 形成专门的管理办法

通过前面分析,高效的土地流转必须在成熟完善的规范保障下进行,特别是针对不同特点的农地流转情况予以具体规范。在土地流转方式不断创新、流转规模不断扩大、关系日益复杂的现实中,尽早实现土地承包经营权流转的规范化与法制化,是解决上述问题、为流转健康有序进行提供制度保障的关键。没有通过立法制订相应的实施细则,在流转实践中并不能真正起到法律支撑和保障作用。相比之下,其他流转大省如江苏、浙江等早已在区域内施行了专门的流转管理办法,健全的规范有力促进了流转的开展。此时,在国家支持土地流转制度建设的有利条件下,正是启动新一轮流转立法的大好时机(湖南便在近期展开了省内立法)。因此,应在客观认清流转现状基础上,充分考量流转主体的利益关系,以保障农民权益、维护农村基本经营制度为主线,细化国家宏观层面的法律法规和相关政策,各省应及早制订并实施关于全省土地承包经营权流转的直接立法规范,即具有专门效力的《农村土地承包经营权流转管理办法》。如黑龙江省曾对《关于进一步做好农村土地承包经营权流转发展适度规模经营工作的意见》进行征求意见,并考虑以省政府文件形式下发,然而未能最终出台。与此形成对比的是,黑龙江省已经针对林权制度改革出台了国有林地流转的专门管理办法。

针对当前亟待规范的流转问题和未来流转发展趋势,此管理办法应在以下方面进行重点设计:第一,规范流转行为。对实践中的自发流转行为进行总结,充分考虑农民意愿,将其普遍适用和乐于接受的流转方式加以完善,促使土地零散、盲目流转向规模、有序流转转变。第二,加强合同管理。将土地承包经营权流转合同的主要条款、内容确定下来,明晰流转主体的权利义务,防止纠纷的发生。第三,扩展服务平台。健全流转的服务体系,以当前具有基础的流转服务组织或村民愿意信赖的村委会为基础发展流转服务体系,以此促进流转市场的形成。第四，提供政策扶持。可为土地流转大户等不同形式的规模经营主体提供信贷、保险方面的政策扶持，并通过其带动作用推动流转。第五，形成配套保障。对土地流转的手续办理、纠纷仲裁、合同确认、法律责任等方面给予配套保障，可在基层政府农经部门与村委会的协作下展开。第六，规避流转风险。在农民的逻辑中，他们一方面追求土地的"经济最大化"，另一方面又对土地有着深深的情感依赖。因此，考虑流转可能产生的非农化与非粮化等风险，以此保证农村基本经营制度的稳定、土地保护与粮食安全等公共利益。

六、完善农村社会保障制度，减轻农民对土地的生存依赖

（一）为转出土地农民提供专项政策补贴

国家为鼓励农民将土地向规模经营主体流转，政策向规模经营主体倾斜，当规模经营主体预见收益的增长能力想扩大经营规模时，预流转土地的农民对土地价值的预期不断提高，将会导致土地价格的攀升，国家扶持规模经营主体的一系列优惠政策的利得将变相转移到转出土地的农民手中，不利于规模经营主体的发展。

由于土地既有生产功能又有生存、医疗、养老等社会保障功能，土地流转的补偿费用也应划分为两部分，一部分为土地流转金，代偿农民日常生产收入；另一部分以专项补贴的形式直接划入转出土地农民的社会保障个人账户中，专项补贴实行阶梯制，村组集体建立农户土地流转台账，记录土地流转年限，效仿城市按工龄长短浮动养老保险金额的方式，家庭承包经营权流转专项补贴随流转年限阶梯式递增，对土地流转总年限高的给予额外补贴，流转专项补贴既能削弱土地的保障功能，又能鼓励农民积极流转土地。因此，建议增加对参与流转土地农民的社会保障专项补贴。对转出方，农村社会保障补贴按照流转土地的年限，对其加以不同标准的补贴，补贴可充入农民的社会保障账户，用于养老、医疗等方面的补充和支付。对于转入方，特别是诸多的大户，也需要得到此类保障，按照土地流转的面积加以不同标准的补贴，以防在经营中出现风险造成巨亏后生计受到影响。

（二）建立"土地换保障"试点

土地流转解放了大量农村劳动力，农民迁往城市生活，土地对于他们已再无生产价值，但由于还未能纳入城市社会保障体系他们不敢轻易放弃农村土地，可

建立"土地换保障"试点，推行土地承包经营权换社保政策，将流转出土地承包经营权的农户纳入城市社会保障体系。

基于土地对农民的生活保障程度，考虑在保障程度弱的这部分农民中进行试点。两种类型农民可利用土地换保障：第一种是对长期在城市工作，有相对稳定的工资收入和住所的，将其纳入城镇户口，并且促使其将农地有偿转让给国家，国家不支付现金，而是为这类农民工建立现代社会保障享受城市社会保障待遇；另一种是身处城市规划区的农民，将其提前纳入社会保障体系，包括解决好其居住转移、身份转换与就业转移的问题。其余的则给予"失地人员"待遇，做好登记，将其纳入城镇失业人员范围统一管理，颁发"再就业优惠证"，凭证享受与城镇下岗失业人员同等的税费减免、申请办理下岗失业人员小额担保贷款等再就业优惠政策。试点必须建立在经济比较发达的地区，政府有能力兑现对农民的补偿承诺和社保补贴，有较强的资金风险承担能力。

（三）形成针对流转农民的最低生活保障

农村最低生活保障是为农村低收入、家庭遭受重大变故等弱势群体提供的。对于流转农户来说，如家庭中的劳动力、收入等条件较好，不符合农村最低生活保障的条件，是不在此类保障范围之内的。在土地流转发生后，转出方拿到流转费用多通过外出打工、本地雇用等方式继续从事劳务，转入方继续扩大经营，如双方在期间遇到生活困难或经营风险的问题（疾病、亏损），却不能被纳入最低生活保障，流转土地后生活保障的风险只能自己负担。

因此，建议在农村最低生活保障制度中，分设一项专门针对流转农民的最低生活保障。这种保障不以常规的低保群体认定标准为限，而是以农民参与流转为前提，在风险出现造成影响后予以提供，满足流转主体最基本的生活需求，使其仍然能够得到最底线的保障，在帮助他们渡过难关后的同时使其对土地流转仍然抱有信心。这种最低生活保障，是以评估流转风险对参与人带来的影响为标准，如遇到灾害形成巨额亏损造成转入方生活困难，民政部门在综合经营人、村委会、测产部门等各方的真实情况后，对符合条件的发放最低生活保障金，可考虑按作物耕种收获的时间或土地流转结束的时间发放。

七、健全农业社会化服务体系，增强土地经营主体的经营能力

推进农地流转，除了要强化土地流转服务之外，还要加快构建新型农业社会

化服务体系，进一步完善农业社会化服务。这既是推进农地顺利流转、发展适度规模经营的客观要求，也是深化农村改革、促进现代农业发展的重要内容和关键环节。总体上说，要以加快发展现代化大农业为目标，以组织创新、制度创新、管理创新为主线，以培育服务主体、拓宽服务领域、提高服务能力为重点，围绕农业产前、产中、产后服务的功能定位，努力探索符合农业现代化发展要求和规律，体现东北地区特点，覆盖全程、综合配套、形式多样、便捷高效的农业服务路径，构建主体多元化、运行市场化、服务专业化、公益性服务与经营性服务相结合、专项服务与综合服务相协调的新型农业社会化体系。

（一）培育多元农业社会化服务主体

培育农业社会化服务主体，首先要健全公共服务机构。在完善农技推广、病虫害防控、农产品质量安全监管"三位一体"公共服务的基础上，按照"综合设置、分类建设、多功能、一体化"思路，整合资源，建设功能多元、场所固定、设施配套、人员精干、服务优质、运行高效的基层公共服务机构，构建县有服务中心、乡镇有服务站的农业公共服务网络。其次，要大力发展合作性服务组织。要扶持兴办服务型农民专业合作社，重点支持农民专业合作社从事农产品加工和流通领域服务，同时加强培育入社农户多、辐射带动广、服务功能强的联合社。再次，要壮大专业服务企业。培育农机作业、机具维修、科技服务、信息服务、品牌营销等专业服务公司，引导工商企业投资发展生产资料供应、仓储物流等适合产业化经营的农业服务业，引导农业龙头企业为相关农业生产主体提供社会化服务。最后，要整合社会服务力量。支持高等农业院校、科研院所建设农业综合服务示范基地，开展农业技术推广服务；鼓励各种社会组织和农民经纪人为农民开展培训、技术指导、市场信息收集、政策法规宣传等服务。

（二）拓展农业社会化服务内容

除了要规范土地流转服务、创新农业金融保险服务外，一要改善农业生产资料供应服务，建立以农资供应商为中心，农资配送中心、农资连锁超市、农资便利店相配套的农资供应网络，拓宽服务覆盖面；二要提升农业技术推广服务，加快构建以政府公共服务机构为依托、社会力量积极参与的多元化农业科技服务体系和以县级推广中心为龙头、乡镇中心站为依托、农民专业服务组织为补充的农技推广网络；三要开拓农产品销售服务，加快构建以哈尔滨等国家粮食交易中心、黑龙江农垦北大荒等大型粮油批发市场为重点，以区域性粮食批发市场和大中型城市成品粮油批发市场为骨干,以遍布城乡的农产品集贸市场为基础的服务功能齐全的农产品销售体系;四要扩大农业信息服务,加强农村信息基础设施建设,充分利用计算机、互联网等现代信息技术装备农业,重点推进物联网、移动互联等现代信息技术和农业智能装备在农业生产经营领域中的应用,加速农业、科技、粮食、水利和其他涉农信息化系统的整合力度,在省会城市构建省级农业公共数据中心,实行信息统一采集、发布。

(三) 完善农业社会化服务平台与设施

一方面,要拓展完善农业社会化服务平台,在按照归属清晰、权责明确、保护严格、流转顺畅标准建立县、乡两级农村土地承包经营权等农村产权交易平台的同时,还要构建农业经济信息平台、农田水利服务平台、农业气象服务平台、农产品流通服务平台、农民培训平台等;另一方面,要配套建设农业服务设施,重点要建设水稻催芽育苗中心、粮食烘干中心、农机维修中心、农产品质量检测中心等。

(四) 创新农业社会化服务机制与形式

在创新服务机制上,重点是要建立多元投入机制,一要加大财政投入力度,强化基层公益性服务机构建设,提升公益性服务功能;二要支持工商资本进入农业领域,引导龙头企业增加投入,改善农业生产和服务条件;三要鼓励农民自愿投入,实行土地、资金、劳动力等入股与合作,与农业企业、农民合作社形成利益共同体。在优化服务方式上,要探索、推广合作式服务、订单式服务、托管式服务、对接式服务、集约式服务、全程式服务。

八、强化土地整治管理,实现土地流转与耕地保护有效对接

促进农村土地流转,必须处理好土地整治和耕地保护之间的关系,切实保障农民的土地权益,才能充分调动农民经营土地的积极性。一方面,开展农村土地综合整治是实现农村田块平整化、坡地梯田化、防护林格网化、灌排设施化、农业综合生产能力大幅度提高的有效手段,为农业规模化经营提供了物资保障。随着耕地质量和田块集中连片程度的提高、农田配套基础设施的升级,将吸引更多新型农业生产经营主体的投资,土地流转的速度势必加快。

另一方面,农村土地综合整治的开展,引导农民市民化、农业产业化,实现

收入多元化,这样的条件使得更多的农民有可能腾出土地,为土地流转创造了一定的外部条件,增加了可流转的土地规模。而且土地整治所带来的有效耕地面积增加、土地利用率和产出率提升,人口集中居住、产业集聚发展、生态环境改善的良好态势,都能与土地流转相得益彰。

因此,加快土地产权调整,强化土地整治管理,实现土地流转与土地整治有效对接,对于推进土地流转,促进农民增收具有重要的现实意义,是重要的配套措施之一。

（一）调动农户积极性,加大土地整治引导力度

解放农民思想是推动土地流转的前提,不仅要打破农民传统的小农经济意识,而且要提高地方政府自身的思想认识,深化认识农村土地流转和土地综合整治的重大意义。要做好宣传,大力推广《土地管理法》《土地承包法》以及党的各项土地政策,引导农民积极推动土地流转、参与农村土地综合整治。

（二）优化土地整治区域的土地景观设计

通过土地整治所塑造的"利于生产、方便生活、稳定生态"农村景观格局,大力统筹"田、水、路、林、村、镇",维护和扩大城乡绿色空间,稳定自然和人文景观用地,拓展生态空间,充分发挥耕地的生产、生态、景观和间隔的综合功能,统筹农地空间布局优化,推进农地流转,改善农民生产生活环境。

（三）综合协调其他规划项目

应以土地利用总体规划、城乡建设规划为依据,整合村庄建设、交通、水利、农业等规划项目,有计划、有重点、有步骤地实施土地整治工程,明确村镇发展定位,统筹耕地保护、生态环境保护和产业发展、村庄建设、交通水利等基础设施建设,切实根据区域水土资源承载情况合理规划农业水利工程,优化水田、水浇地和旱地的比例关系,合理配置防护林、农村道路、电力等农业基础设施,以及农机存放站、农产品烘干与晾晒场、存储仓库等农业附属设施,构建结构合理、功能稳定的农区生态系统。同时积极培育当地主导产业和优势项目,吸引不同行业、不同地区、不同部门的企业和个人参与项目区土地流转,适度开展土地规模经营。

（四）加强资金扶持

一是各级政府应在农业发展基金中列出一定比例的专项基金,或是运用农业

产业、综合开发或土地整治等资金，奖励、补贴龙头企业、种植大户、专业合作组织等土地流转和农业规模经营行为，特别是加大对流转时间长、规模大的经营主体的补贴力度，支持其开展高标准农田建设、农业基础设施建设和新技术引进等，促进土地分散经营向规模集约经营转变。二是完善农村金融体系，改善信贷投向，扩大信用放款限度，建立土地流转抗风险基金。把规模经营作为信贷支农重点，坚持农户或企业农业生产与需求相一致、贷款期限与农业生产周期相一致，降低支农信贷利率水平，减少土地流转农民（尤其是受让方）的自然风险和市场风险，方便农业大户或企业获得所需的启动资金，方便农地流转，即推动了土地整治项目实施。三是根据区域土地流转水平，合理规划并采取政府投资或政府贴息贷款等形式进行育秧大棚、粮食烘干塔、农产品仓储设施、大型农机存放站等农业公共设施建设，构造功能匹配、布局合理的农业用地体系，提升土地整治的综合效益。

中篇

专题研究

第六章 土地承包经营权流转模式与方式研究

多年来，土地承包经营权流转实践日益活跃，形成了各具特色的模式、方式，推动了土地流转向更高层面跃进，更为"三权分置"下流转政策与法律制度的不断完善创新提供了坚实的实践基础。本部分从汤营、温江、台源三地的流转典型模式分析出发，剖析其特征和发展面临的问题、制约因素，进而提出规范和促进流转模式健康发展的政策建议。同时，将流转方式的立法规范置于"三权分置"的制度变迁之下，探究土地承包权和经营权的权利内涵，由此明确土地承包经营权的渐次虚化以及土地经营权流转客体地位，进一步在立法层面构建以农地经营权出租、转让、抵押流转方式为主体，互换、入股、信托流转方式审慎推行的农地两级（初次流转与再流转同步保障）流转市场，从而为新一轮农地制度改革的优势得到有效发挥创造条件。

第一节 我国土地承包经营权流转典型模式比较研究[①]

一、引言

随着家庭联产承包责任制对中国农业生产的推动作用逐渐减弱，发展规模经营，推动农地制度改革已迫在眉睫。国家对于土地承包经营权流转的政策不断完善和健全，党的十七届三中全会进一步强调允许农民以多种形式流转土地承包经营权，发展适度规模经营，这是中国发展现代农业的必经之路。我国各地因地制

---

① 本节内容发表于《东北农业大学学报（社会科学版）》（2014.1）：吴玲等．我国土地承包经营权流转典型模式比较研究．

宜地探索形成了具有地区特色的重庆模式、南海模式、嘉兴模式、成渝模式等农地流转模式。学术界对此的研究主要集中在三个方面：一是从某一种具体流转模式出发，探讨其成功与不足。欧阳娟（2010）等对土地信托流转模式进行研究，在规划流转流程并提出评价体系的基础上，提出从法律体系、培养专业人才等方面加以完善。陈英（2005）、蒋占峰（2004）等探讨农地股份合作制的制度绩效、存在问题，并提出多层次的对策建议。二是从某一具体地区出发，比较该地区流转过程中的各种不同做法。肖轶等（2009）比较了重庆市长寿区和九龙坡区两种不同模式的收益和风险，并肯定了九龙坡区的"宅基地换住房、承包地换社会保障"模式。四川社会科学院课题组总结了成都市温江区"两股一改"模式的制度创新、理论价值及其发展趋势。杨佳（2009）通过对于湖北省农地流转现状、影响因素的分析，认为应从稳定土地承包经营权、提高租金、政府"有限而有效"的服务等角度完善土地流转机制。三是从影响流转的某一因素出发探讨其对流转效果的影响。于传岗（2011）认为，在地方政府主导型的土地流转中，要培育多元农地流转竞争模式、规范地方官员行为、取缔土地财政。盛利（2009）、苏纪涛（2011）、边盛军（2012）等强调能否切实保障粮食安全是流转成功与否的关键因素。

综观上述农地流转研究成果，多为纵向针对某一模式、某一地区或某一因素的分析，很少涉及多种模式、多因素的综合比较。本节期望能够在此方面形成理论补充，以政府行为、流转方式、农民权益保护、耕地保护、农业生产效率提高为要素条件，对比分析并评价其在各种典型流转模式中的作用和对流转效果的影响。

二、我国土地承包经营权流转典型模式分析

一般从流转主体角度分析，认为广大农民、村集体、各级政府的推动和工商业主的拉动是促进土地流转的动因（徐旭、蒋文华，2002）。广大农民推动的流转一般指没有政府或集体组织参与条件下，农户间或农户与企业间通过亲缘关系或市场机制自由配置土地的流转模式（于传岗，2012）。这种模式很难实现大面积的土地规模经营和增加农民收入的目标，属于土地流转的原始形式，难以形成具体流转模式。因此，本节选取具有典型性的三种流转模式进行比较分析，分别是村集体推动的汤营模式、政府推动的温江模式、企业拉动的台源模式。

（一）村集体推动的汤营模式

村集体推动的土地流转模式是指以农民进行流转的强烈愿望和要求为前提，

第六章 土地承包经营权流转模式与方式研究

以土地规模经营、增加农民收入为目的，以成立股份公司、实行农地股份合作制等方式为途径的土地流转模式。这种模式完全坚持自愿流转原则，土地承包权性质不变，最具代表性的是成都市汤营模式。

在流转方式上，汤营模式采取的是农地股份制。即以土地整理和绿色食品示范基地落户该村为契机，农民以土地承包经营权入股组建汤营农业有限公司，公司采用农地股份合作制方式，股本金由农民的承包土地、村集体土地整理新增土地、国有独资企业邛崃市兴农投资公司注资三部分构成。公司制订相关章程，选举产生董事会、监事会和董事长，通过给入股农民发放股权证的方式确认其股东身份。

这种模式以农民实行规模生产的强烈要求为典型特征，一般在经济发达地区、大中城市边缘地区的农村实行。这些地区的共同特征是土地肥沃、交通便利、城市化和工业化水平较高，但人多地少、土地撂荒现象严重。汤营村人均耕地面积不足 1 亩（1 亩 = 0.0667 公顷），耕种土地收益较低，当地农民多数外出打工，但务工收入不高。2004 年，在浙江台州种植大户规模化、市场化、产业化运营高收益的示范作用下，当地农民意识到土地集中提高收益的广阔前景，纷纷要求村集体组织带头走规模经营道路。汤营农业有限公司成立 3 年后，自愿入股村民达到 823 户，占总数的 77%，入股土地 2070 亩，占总数的 80%。①

汤营模式的积极意义：第一，政府有力支持，企业成长为独立市场主体。企业成立之初，政府给予政策和资金支持，待企业获得稳定收益后，回购政府注资的股份，独立参与市场竞争，政府在企业运营中不再担任角色。政府履行了规范秩序、提供服务以及培育股份制企业成为独立市场竞争主体之职责。第二，实现规模化生产、产业化经营，促进生产效率的提高。农民将土地入股之后，使土地的社会保障功能与生产要素功能有效分离，由股份公司统一组织生产，规划土地使用。汤营公司先后建设了西瓜规范化种植、大棚食用菌种植、优质粮油基地等多个增收项目，成立瓜果加工厂、食品公司等，实现产业化经营。第三，壮大集体经济，增加农民收入。据统计，2011 年汤营公司实现销售收入 800 万元，净收益 70 万元，留足 35 万元的再生产资金后，村民分红 17.5 万元，村集体分红与兴农公司留给村集体的分红共计 20 多万元（张吉星，2012）。通过股权量化，农民实现了土地作为财产的财产性收入。农民以承包土地入股后，所得收入由三部分组成：一是保底收入，入股土地每年每亩保底收入 400 公斤黄谷；二是入股红

---

① 四川日报. 汤营村 77% 的农户当上股东 [EB/OL]. 2008 - 10 - 18. http://news.sohu.com/20081018/n260101580.shtml。

利，2008年种植业每亩入股土地除保底外获得现金分红60元，养殖业每股现金分红110元；三是工资收入，本村农民进入公司就业，平均每人每年工资收入6000元。汤营村农民人均纯收入从2005年流转前的4320元增长到2011年的8335元，增长近1倍（张吉星，2012）。第四，提高农业科技水平，有利于保护土地。农民进入企业成为产业工人后，接受企业统一的劳动技能培训，逐步掌握现代农业生产经营技术，有利于新品种、新技术的推广应用，有利于科学使用化肥、农药和大型农机具等农业生产资料，进而更好地保护土地。

汤营模式的不足：第一，企业实行独立经营、自负盈亏、参与市场竞争，作为股东农民要承担较高的企业经营风险，当企业经营不善时，农民将面临失去土地的可能。第二，存在土地"非粮化"风险。汤营公司成立前，农民主要种植水稻、油菜等传统作物。公司成立后，以增加收入为导向，以优质经济作物种植为主，减少了收入较低的粮食作物种植，存在粮食安全隐患。

（二）政府推动的温江模式

政府推动的土地流转模式指政府通过制度创新和供给，吸引农民走规模化经营道路，实现土地、劳动和资本优化配置的土地流转模式。2009年以后，政府推动土地流转逐渐成为主要模式，具有规模大、速度快、范围广、行政性明显等特点。比较典型的是成都市温江模式。温江模式土地流转方式主要有三种：一是"双放弃"方式，主要是针对已经在城市中稳定就业、家庭收入80%是非农收入的农民，鼓励其自愿放弃土地承包经营权和宅基地使用权。农民自愿填写"双放弃"申请表，由当地政府部门进行核查、批准后可获得一定金额的补偿，成为城市居民，可居住在政府统一建设的居住点或购买商品房，进入失地农民社会保障系统。当地政府对农民"双放弃"后的土地进行整理，推进土地的跨区域流转。二是"农业园区"方式，即农民将承包的土地租给村经济合作组织，再由村经济合作组织与龙头企业签订流转协议，建设现代农业园区，农民每年获得土地租金。三是"两股一改"方式，即将集体资产股份化和农民土地股权化后，由村股份经济合作社统一管理，合作社以租赁方式统一进行流转，所获收益按股进行分红，流转后的土地主要用于花卉苗木生产和现代观光农业。

政府主导流转全过程，是温江模式的主要特征。在被确定为全国统筹城乡综合配套改革试验区后，温江区颁布实施一整套创新制度设计，其中最关键的一步是确权颁证。所谓确权，是指在对农村土地进行测量登记的基础上，明晰产权，将承包经营权和资产量化到每一个人、每一个家庭。然后由相关部门将具有法律

第六章 土地承包经营权流转模式与方式研究

效力的、表明农民权益的土地承包经营权证、集体建设用地使用权证等契约文书颁发到农民手中。为了有效保护耕地,确权颁证的同时还设立了耕地保护基金,发给农民耕地保护卡和养老保险卡。

温江模式的积极意义:第一,推动城镇化进程,有利于实现城乡一体化。"双放弃"推动具有向城市转移条件的"农民"成为"市民",并有效解决流转后在城市中稳定生活的社会保障和住房问题,加快了城镇化和转移人口市民化的进程。"两卡"发放进一步扩大农村社会保障体系的覆盖范围,为减小城乡社保差距,实现城乡社保一体化改革提供前提条件。此外,耕地保护卡中的补贴金可用于缴纳养老保险金的政策,既可分担农民缴纳养老保险的压力,又有利于完善农村以养老保险为核心的社会保障制度,是我国农地保障制度的一大创新。第二,有利于保护耕地质量和数量。温江模式规定农民只有在一定年龄后,在承包地没有受到破坏的前提下才能获得耕地保护卡中的一次性补贴。在经济利益的约束下,激励农民在土地流转过程中有意识地保护耕地。第三,确权颁证,明晰权能。通过确权颁证实现土地使用权的资本化,避免了农民失地的风险。第四,土地合理流转、适度经营,增加了农民收入。截至2011年6月,温江区农用地流转面积10.54万亩,占农用地面积(21.99万亩)的48%,流转农用地项目总数3403个,涉及农民36316户,占总数的53%。[①] 2012年年末,全区农村居民人均纯收入13628元,比2008年年末增长近80%(蒋媛媛,2007)。

温江模式的不足之处在于:第一,政府财政负担过重,政策稳定性不强。"双放弃"农民的大量财政补贴,增加了政府财政负担,执行中难以保质保量得到落实,这一模式本身也易因此而破产。第二,存在农民权益得不到保障的风险。温江区的"双放弃"模式中,农民与政府之间是市场交易关系,为促进交易的顺利实现,政府出台了与"双放弃"相配套的"三保障"政策,从制度设计上保障农民进城后的就业、住房和社会公共服务的各项补偿和权利。但在实际流转中,农民权益往往不能得到真正的保障。例如,政府对"双放弃"后农民的住房保障是入住政府出资建设的统一居住点,而这些居住点位置往往相对偏远,如果农民不愿入住,选择其他地方,则无法实现住房保障。

(三)企业拉动的台源模式

企业拉动的土地流转模式指龙头企业为节约交易费用,通过规模租赁土地或

---

① 乌当区人民政府办公室. 赴成都市温江区考察学习的报告 [EB/OL]. 2012-11-21. http://www.gzwd.gov.cn/art/2012/11/21/art_2469_20128.html。

与农户合作方式,实现与农户之间资源互补、风险共担的双赢农地流转模式。这种模式一般存在于工商企业较发达地区,往往选择效益较高的项目,龙头企业拥有较强的资金和技术实力,湖南省衡阳县台源模式具有一定代表性。

企业拉动的农地流转模式最主要特征是龙头企业的主导作用。2009年,龙头企业安邦公司"落户"台源镇,这是一家实力雄厚的农资流通企业,可为农户提供从供种、测土配方施肥、病虫害专业化防治到机耕、机插、机收、谷物烘干的全程机械化服务。企业为了拥有稳定的农业生产基地,保证原材料质量,积极与农民协商承租土地,进行规模化生产经营。但是,台源模式的成功与当地政府的大力支持分不开,各级政府机关部门为企业拉动农地流转提供了宽松政策环境和良好平台。

台源模式土地流转方式有两种:一是出租方式。在村民自愿的前提下,将其土地承包经营权出租给龙头企业,并签署正式的租赁合同,规定双方的权利和义务,这种方式在我国较为常见。出租后土地的承包关系不变,合同期满后,农民可选择继续出租土地或是收回土地的承包经营权,具有较强的自主性。2009年2月,安邦公司与6个村的农户签订土地承包经营权出租合同,共转入耕地2200亩,专门从事优质双季稻生产。每亩土地每年付给农户330元租金,租期为5年。二是与农户合作经营。安邦公司与台源1个村的农户合作经营,合股经营的承包地850亩,由安邦公司提供良种、农资农具、统防统治与农户共同经营,所获利润与农户按7∶3的比例分配(安邦公司占70%,农户占30%)(蒋勋功,2009)。

台源模式的积极意义:第一,科学生产,促进农业可持续发展。流转后,新的科技成果和先进农业生产技术得以发挥作用。龙头企业对于土地生产全过程实行机械化操作,选用优质良种,科学测土配方施肥,实行病虫害统防、统治。这些措施优化了农业生产环境,有利于农业的可持续发展。第二,降低农业生产成本,促进农业生产效率提高。据统计,安邦公司每亩种植优质双季水稻的成本比农户自家耕种减少620元。农业机械化生产,缩短工时并节约劳动力资源,大大提高了农业生产效率(蒋勋功,2009)。第三,带动农村富余劳动力转移,增加了农民收入。安邦公司承租土地后,大量劳动力从农业生产中解放出来,农民既获得稳定的土地出租收益,又保证土地不撂荒;还可外出打工,增加现金收入。

台源模式的不足:第一,流转时间较短,企业利润得不到保障。随着我国土地短缺时代的到来,土地出租价格不断上涨,农户为获得更高租金,不愿意一次性长时间流转土地,当前我国土地出租的期限一般在5年以下,有的地方甚至一年一租。而很多企业的生产经营项目需要长时间的稳定生产才能产生利润，所以往往出现企业刚刚进入收益期就要考虑如何继续承租土地的问题。第二，企业统一规划土地使用，非农化、非粮化现象严重。龙头企业在承租土地之后，出现改种经济作物、水产养殖或兴建工业企业等现象，给农地安全和粮食安全带来隐患。

三、阻碍我国土地承包经营权流转的因素分析

以上三种典型农地流转模式均实现了增加农民收入、实现农业规模化经营等农地流转目的，但是每种流转模式中亦存在一定不足，探究其深层次原因，可以发现阻碍我国土地承包经营权流转的因素。

（一）制度因素

制度因素主要包括三个方面：第一，户籍制度。户籍制度是造成我国城乡二元体制的重要制度根源，附着在其上的各种利益从社会保障到教育、医疗几乎涵盖所有公民权益，而这些权益仅仅属于城市居民，在城市中获得稳定工作的转移劳动力迫于这些权益缺失的压力不得不回到农村，不可能真正放弃土地。第二，农村社会保障制度。农村社会保障制度的建立与土地有序流转是相互促进的关系，农村社会保障制度的不完善，严重制约土地流转和农业规模经营。第三，土地承包经营权流转制度。不尽完善的土地承包经营权流转制度，制约农业产业化经营的发展和农业生产效率的提高，如长期存在于农村社会中的融资难问题，重要原因即包括土地承包经营权制度不健全，农村集体经济组织或股份合作企业也因此增加经营风险。

（二）观念因素

农村中存在20世纪60年代后出生，年龄在55岁左右大量的中老年劳动力，这部分人或因难以承担城市繁重的劳动强度或因缺乏日益更新的劳动技能，很少进城务工。而他们的子女一般接受较高教育，拥有更好的劳动力素质，多数已流向城市。这部分"60后"劳动力，在农村承担家庭承包土地耕种。对其进行调研发现，当流出土地所得租金与自己耕种收益相当时，他们往往会选择自己耕种。究其原因，一方面是其一般具有农业劳动能力，需要通过对土地的经营充实生活、体现价值，否则将无所事事；另一方面，农民受传统"恋土"观念束缚，

存在"家中有粮、心里不慌"的保守观念,安于现状,宁可粗放经营也不愿流转。

(三) 机制因素

机制因素主要包括三个方面:第一,市场机制不完善。从对我国农地流转三种典型模式的分析中可以看出,当前我国土地流转的市场机制还没有真正形成。一方面土地资源价格形成机制模糊,不能真正体现土地要素价值;另一方面,土地流转监督机制尚未建立,很多地区流转中存在各种混乱现象,土地和粮食安全无法保证。第二,激励机制缺失。主要是针对村干部的农地流转绩效考核机制,针对流转双方的收入稳定增长机制和融资机制缺失。第三,服务机制不健全。土地流转信息网络和土地交易有形市场缺失直接影响土地流转市场体系的形成,同时影响土地流转的效率。

(四) 非农就业因素

当前我国处于劳动力供给高峰期,就业压力较大,农业转移人口进入城市实现稳定就业的机会并不高。一方面,他们相对于城市劳动力劳动技能较低,不能满足知识化、技能化产业的需求;另一方面,其主要从事建筑、餐饮服务和传统商业等收益较低、稳定性较差的职业。即使拥有城市的最低生活保障和其他社会保障,失业后也不足以支付高昂的城市生活成本,成为城市中的最底层。因此,大量农民不愿长时间或永久性失去土地,阻碍土地流转进程。

四、完善土地承包经营权流转模式的建议

加快农地流转是我国推动城乡发展一体化进程、有效转移农业劳动力、确保粮食安全、提升农业生产能力、实现农业现代化的重要环节。通过对三种典型流转模式和阻碍因素的分析,提出以下建议。

(一) 明确政府职责,规范流转行为

土地承包经营权流转过程中,无论采取何种流转方式,各级政府都是重要的参与主体和推动力量。因此,要明确各级政府在土地承包经营权流转过程中的主要职责,规范政府行为,做到"不缺位、不越位"。促进农地流转,政府承担的主要职责包括:健全农村土地流转相关制度;建立健全土地流转的市场运行机

制;加大流转宣传力度;保护耕地和粮食安全;不断完善农村社会保障体系等。

(二) 区域因地制宜,选择流转方式

我国不同地区人均土地数量、土地自然状况、经济发展程度及其风俗习惯等均存在较大差异。有些地区大多数农民已经离开土地,主要从事第二、第三产业;有些地区农民仍将土地作为最主要的收入来源,生活在农村。因此,不同地区在进行农地流转时要结合具体情况,因地制宜地选取流转方式。

(三) 保护农民权益,增加农民收入

农民权益得到有效保障是农地流转成功的关键条件。农民关注的问题主要在于流转后收入能否增加、承担的风险是否降低、进城后是否能负担城市生活。因此,农地流转模式的选择首先要能增加农民收入,保护农民权益。这就要求明晰农村土地产权,完善农地流转市场机制,使土地流转价格真正体现市场价值。其次是要制订流转后农民就业的保障机制,顺利实现就地就业或向城市转移;完善农村社会保障体系,特别是保障进城农民的合法权益,实现城乡居民社会地位平等和公共服务共享。

(四) 实施耕地保护制度,约束流转主体

保护耕地和粮食安全是评价农地流转成功与否的重要因素。特别是城市边缘的耕地,无论是质量还是数量均须加大保护力度。保护耕地,首先需要政府的干预和规制,完善《中华人民共和国土地管理法》等相关法律制度,追究耕地违法责任,约束各流转主体行为。其次要创新流转模式,在流转合同签订时附加耕地保护条款,合同期内如果耕地受到破坏,承租方将按照合同承担相应责任。

(五) 尊重农民意愿,实行有序流转

我国还有约 6.5 亿人口生活在农村[①],土地对他们而言是生计的主要来源。在流转过程中,要充分尊重农民意愿,遵循依法、自愿、有偿的原则,实行有序流转,绝不能忽视农民对于土地的权利,强制流转,人为地将土地集中在少数人手中。在建立健全土地流转相关制度和农民社会保障体系的基础上,根据当地农业发展实际情况进行统一规划、合理开发、逐步流转。有条件、有意愿的地区先

---

① 中华人民共和国国家统计局. 中华人民共和国 2012 年国民经济和社会发展统计公报 [EB/OL]. 2013 - 02 - 23. http://news.xinhuanet.com/politics/2013 - 02/23/c_114772758.htm.

流转，既保证土地高效利用，又起到示范作用，带动其他地区农民自愿流转。

第二节 "三权分置"权利关系下的农地流转方式研究[①]

一、引言

在国家利好政策支持和实践推动下，农地流转行为越发普遍，规模明显扩大。据统计，截至2016年6月底，我国家庭承包的耕地流转面积已达4.6亿亩，超过承包地总量的1/3。[②] 农地流转规模的日益扩大改变了我国传统农地分散化的经营模式，缓解了土地细碎化问题，提高了资源配置效率和劳动生产率，为发展集约高效的现代农业提供了坚实基础。然而，随着农地流转日趋规模化、常态化，"两权分离"下的制度窠臼已无法适应当前农地实践现实情况，不论承包人还是规模经营主体都面临着农地交易过程中正当利益损失问题。例如，农地原承包人不经营其承包土地，转由农村集体之外的新型经营主体使用的情况越来越多，但由于农地流转权利客体和内容的模糊，导致保障与平衡农地流转双方土地权益的规范难以形成；由于农地流转方式与农地流转现实需求不相适应，导致农地流转收益障碍这一"瓶颈"问题一直存在。"归结起来，这是一个农地承包经营权权利结构不适应且滞后于实践发展的重大问题，迫切需要中央层面给予顶层设计以破解"（张毅等，2016）。

为此，中央以十八届三中全会为开端，针对农地"三权分置"出台了一系列的政策文件，并在2016年10月23日中共中央办公厅、国务院办公厅印发的《关于完善农村土地所有权承包权经营权分置办法的意见》中，对进一步落实农地"三权分置"的要求和原则以及实施方式进行了具体阐述。特别是在充分理解党的十九大精神和《农村土地承包法》修订立法实践的背景下，此时的"三权分置"有了新的内涵和目标，要为实现承包期再延长和承包制度新时期的发展完善发挥更关键的作用。可见，现阶段"三权分置"的农地权利制度已不再是

[①] 本节内容发表于《学习与探索》（2018.2）；刘兆军等."三权分置"权利关系下的农地流转方式研究。

[②] 人民日报.农村土地流转面积超承包耕地总面积1/3［EB/OL］.［2016-11-20］.http://business.sohu.com/20161120/n473646342.shtml。

单纯的政策理论构想和制度规划愿景，而已成为我国深化农地权利制度改革的基本方向及确保实现国家农业现代化、集约化的既定政策。故对"三权分置"农地政策的探讨，应该转变学界以往过度关注其政策提出的意义和价值，或是纠葛于承包经营权分离后，承包权和经营权分置的政策设计合理性。基于此，本节在明晰权利分置后承包权与经营权的权利属性与"三权"关系的基础上，从功能实现角度对"三权分置"下农地流转方式与内涵进行重释，并为有效落实农地"三权分置"权利体系所需完善的相关法律提出建议。

二、"三权分置"下的权利属性与法律关系

（一）土地承包权与经营权的权利属性确认

土地承包经营权分置后，明晰土地承包权与经营权的权利属性，是研究农地"三权分置"权利体系下权利关系、农地流转形式以及法律保障的前提和基础。但关于分置后土地承包权和经营权的权利属性，学界仍没有形成共识。土地承包经营权自产生之日起就肩负着保障性权利（承包权）和财产性权利（经营权）双重使命，只是在土地承包与经营权都掌握在农户手中时，没必要讨论其各自性质。然而随着当前农地流转规模的迅速增长，为避免因权利义务不清对农地流转双方的土地权益造成损害，土地承包权和土地经营权的权利属性确认已经迫在眉睫。

1. 土地承包权属性分析

对于权利分置后土地承包权性质的界定，目前学界大体分为三类观点：用益物权说、成员权说及综合性权利说。用益物权说认为，"三权分置"下农地承包权是对现行《中华人民共和国物权法》（以下简称《物权法》）《农村土地承包法》中土地承包经营权的接替，其权利属性毋庸置疑是用益物权（郜永昌，2013）。成员权说认为，土地承包权属于成员权，只有集体经济组织成员才有资格拥有，具有明显的社区封闭性和不可交易性（赖丽华，2016）。综合性权利说则认为，承包权是以集体经济组织成员身份为基础，以持续承包集体同一块土地为内容的综合性权利（肖鹏，2017）。目前大部分学者将土地承包权定性为用益物权，其理由是如此可使承包权与现行法律中的土地承包经营权无缝衔接，但承包权是十八届三中全会后提出的新型农地权利，设定目的是稳定农地承包关系，保障农民作为集体成员的农地承包资格不被侵犯。无论是权利提出背景还是功能内涵都与当前《物权法》所确定的用益物权属性的土地承包经营权相差甚远。

另外，在政府逐渐注重农地经营权物权化保护的背景下，承包权用益物权说，无法解释"一物一权"原则，即同一标的物上不能存在两个以上内容相近、类型相似的用益物权，在用益物权之上再设相近用益物权的安排，是人为地将法律关系复杂化，存在债权与物权相区分的情况下，这种安排是立法技术的倒退（陈小君，2014）。而将承包权定性为综合性权利，并刻意为其增加持续承包集体所有同一块地的权利内容，笔者认为这是毫无意义的。首先，依据《农村土地承包法》《物权法》的规定，承包方在承包期限内享有稳定且受保护的承包权利[①]，但这只是保证农户承包集体所有土地的成员权有效实现的方式方法，而非承包户对其承包地的无条件持续占有。其次，第二轮的土地承包期是 30 年，其间难免会有农户家庭退出或加入集体经济组织。发包方依据实际情况，依法律规定的程序对农户家庭承包的地块进行适当调节是必要且正当的。综上所述，只有使承包权归位于成员权才能合理规避用益物权说和综合权利说的纠缪，并在满足当前农地实践需求的同时充分契合中央对农户承包权的功能定位。

2. 土地经营权属性分析

申惠文（2015）认为，农地"三权分离"改革政策的形成是受经济学派权能分离理论的误导，土地经营权只是一项权能，而不是独立的民事权利；蔡立东等（2017）认为，承包权与经营权分置仅是土地承包经营权的实现方式，经营权是设定于土地承包经营权之上的权利用益物权；张毅等（2016）认为，土地经营权的法律属性应依承包土地经营权的流转方式分类对待，在农地转包、出租、入股流转前提下土地经营权是债权，在农地转让、互换条件下，土地经营权是物权属性；高富平（2016）则认为土地经营权来源于农民集体所有权，在农民设定并登记的情况下就是用益物权。

本节认同高富平教授对土地经营权权属的解读。首先，在"两权分离"的权利模式下，农地经营权作为农地经营主体依法取得并在一定时间内对土地占有、使用、收益的权利，其性质是依据合同取得的债权性权利无疑。然而"三权分置"政策目的是将原有的土地承包经营权分离，通过对不同功能和属性的土地承包权与经营权进行划分和管理，以实现农地保障性功能和财产性功能的兼顾、承包农户权益与流入主体利益的双赢，是依据农村发展实际情况对现有农地权利的合理配置。在此背景下，对土地经营权性质的研判不应受现行法律和旧有理论束缚，而应立足于我国尽快实现农业现代化和保障农地高效集约利用的战略高

---

① 参见《中华人民共和国农村土地承包法》第 27 条、《中华人民共和国物权法》第 126 条。

度，结合现阶段农地经营和流转发展的实际情况，在适度权衡法律自治的前提下确认土地经营权属性。其次，为支持农业金融领域发展，解决农地经营主体贷款缺乏抵押物的难题，中央文件已明确赋予经营主体对承包土地的经营权进行抵押的权利。然而如果土地经营权的物权属性不能得到明确，那么承包农地经营权的抵押政策便无从谈起，农业金融改革也将回到原点。最后，物权在排他干涉和追回效力上具有债权无法比拟的优势。要达成中央发展适度规模现代农业并培育新型经营体系的改革目标，就必须明确土地经营权的用益物权属性，以满足规模农业经营者对土地投资回报的稳定预期，保障新型农业经营主体能够和承包农民一样，能在排除他人干扰的前提下实现土地的持续自主经营和完整财产性权利。

（二）着眼于"三权分置"体系下的权利关系建构

农地"三权分置"后，农户承包权和土地经营权都是通过农地实践创新与中央政策引导产生的，目前并没有纳入我国法定农地权利体系之中，其与《物权法》《农村土地承包法》中所规定的集体土地所有权、土地承包经营权之间有什么关系？权利之间的边界如何划定？不仅关系到新型权利体系能否有序运行，也对农地流转方式的有效划分及未来农地"三权分置"的法律构建有着深远影响。

集体所有权作为自物权，是土地承包权和经营权的权利根源，承包权与经营权是集体所有权让渡部分权能的产物。承包权作为农户基于其集体成员身份而取得的身份权，是土地经营权产生的媒介。经营权为用益物权，是土地承包权人获取土地价值的基础。集体土地所有权和农户承包权只能属于农民集体和集体内成员，土地经营权则可在一切有农地耕作能力和经营意愿的主体间自由流转，以充分发挥农地资源价值，并为我国发展适度规模经营和现代农业提供制度基础和实践保障。

集体土地所有权、承包权、经营权三者之间应为协调共存关系，"三权分置"后集体土地所有权的权能将再次缩限，仅象征农地的最终所有，在农地已发包且集体经济组织成员未放弃成员资格的情形下，集体所有权的权能极其有限。承包权作为农户基于集体成员身份享有的获取各项土地权益的资格，由于其资格的稳定性和保障性，承包权具有准"所有权"特征，并对集体所有权具有补足作用。但受其权利内容与功能属性决定，其只能被放弃而不能进行转移。用益物权性质的经营权作为财产性权利，由于没有主体范围的限制，可以自由流转。三种权利各司其职又相互依存，农地"三权分置"下权利之间的有机构成对农地安全高效流转、农业现代化与农村社会稳定具有重要意义。

承包权和经营权产生于土地承包经营权的权利分化，但当土地承包经营权权利分离，产生成员权属性的承包权和用益物权属性的经营权后，土地承包经营权是否还有存在必要？如存在应归于何处呢？笔者认为，农地"三权分置"的权利体系下土地承包经营权已不再是稳固存在的权利，而应作为两种农地权利合并使用的代称，只有在特定情况下才会出现，即农地承包人自己经营其所承包的土地，其意指农地承包权与经营权合并使用的复合概念，作为承包权与经营权存于一体的标志，虚化的土地承包经营权与"两权分离"时的土地承包经营权有本质区别。

三、"三权分置"格局下农地流转形式演变

我国现行农地权利制度是由单一的农地集体所有制转化的、集体土地所有权和农户承包经营权"两权分离"的权利体系，但在农地实践中，由于土地承包经营权中的身份权利与财产权利难以分割且流转中存在诸多限制，已难在新时期为"三条底线"提供有力保障（楼建波，2016）。可以说，中央适时推出农地"三权分置"权利体系，在落实集体所有权、稳定农户承包权的前提下放活土地经营权，既是对当前农业发展问题的现实回应，也是我国农地制度演进的必然选择。农地流转作为"两权"变"三权"所要解决的核心问题，其流转方式的划分是否符合当前实践现实需求，不仅关系到农民土地权利的充分保障和农业现代化的顺利实现，还决定着农地"三权分置"改革的成败。对此，2016年4月25日习近平总书记在安徽小岗村农村改革座谈会上强调，"完善农村基本经营制度，要顺应农民保留土地承包权、流转土地经营权的意愿，""放活土地经营权，推动土地经营权有序流转，政策性很强，要把握好流转、集中、规模经营的度，要与城镇化进程和农村劳动力转移规模相适应，与农业科技进步和手段改进程度相适应，与农业社会化服务水平提高相适应"。[①]

（一）农地经营权放活后农地流转方式的嬗变

1. 转让

在集体土地所有权与土地承包经营权"两权分离"权利体系下，转让是指在承包方拥有稳定的非农职业或稳定收入的前提下，经发包方同意，承包方将土

---

① 习近平在安徽凤阳小岗村农村改革座谈会发表重要讲话，[EB/OL]．[2016-04-29]．http://china.cnr.cn/news/20160429/t20160429_522017410.shtml。

地承包经营权让与其他从事农业生产经营的农户。由于转让实现需要满足极其苛刻的条件,并会造成承包户对土地承包权经营权的彻底丧失,故在土地承包经营权流转的众方式中所占比例最小。而在农地"三权分置"的权利体系下将更是如此,首先"三权分置"政策核心,就在于稳定土地承包关系的前提下促进土地经营权的高效流转和"全民"使用,虽然农地转让已将农地流入范围缩小到从事农业生产经营的农户,但不能否认其仍是对土地承包关系的动摇。如当承包户将农地承包经营权转让给本集体经济组织的农户时,会导致集体经济组织成员内部土地分配的不公平,造成其他承包户内心的不满。当承包户将土地承包经营权转让予集体经济组织以外的农户时,是对集体经济组织农地承包利益的一种损害,违背"三权分置"改革初衷。其次,大部分农户之所以要将土地承包经营权进行物权性的转让,主要是想一次性从土地转让中获得更大价值的同时解开农地承包关系对其人身的束缚。而在"三权分置"政策下,用益物权性质土地经营权转让就可以实现这些要求。再次,承包权和经营权的一体转让与农地流转实践不符且与农户的利益相悖。而承包经营权分置后,土地承包经营权将被承包权和经营权替代,由此,本节建议应取消土地承包经营权转让的流转方式,当农户有强烈转让意愿或自愿放弃农地承包资格时,农村集体可在对其承包土地价值进行合理评估并在充分保障农户利益前提下,将承包地重新收归集体所有,再经过村民大会协商对该片农地进行重新分配,经营权独立流转、承包权不再流转的农地运营新规则也使"转让"即将成为过去式(韩学平,2016)。但农户可以将其承包土地的经营权进行一次性流转,其转让时间以农户本次农地承包期为限。

2. 农地转包和出租

通过对比《农村土地承包经营权流转管理办法》第35条关于农地转包和出租的概念可知,两种农地流转方式的区别仅在于转包的流入方必须是集体经济组织的内部成员,而出租则可以租赁给其他从事农业经营的主体。《农村土地承包法》之所以对农地流转方式做出如此区分,是基于"两权分离"下对集体农户成员权利的保护,但在农地"三权分置"政策下,土地承包权和土地经营权相互分离,在各自独立行使职能的境况下,农地经营权的流转已无主体资格限制。为保证在市场中合理有效配置,2015年11月2日中共中央办公厅、国务院办公厅印发的《深化农村改革综合性实施方案》指出:"放活土地经营权就是允许承包农户将土地经营权依法自愿配置给有经营意愿和经营能力的主体,发展多种形式的适度规模经营。"特别是中央明确提出要逐步形成以家庭承包经营为基础,专业大户、家庭农场、农民合作社、农业产业化龙头企业为骨干,其他组织形式为补充的新型农业经营体系，这体现出中央对开放经营权主体范围的决心。全新的农地经营权流转方式就是在承包权保持不变的基础上，承包户可以相对自由地设定经营权流转的期限、价格等资质条款，并经过农地流转双方的相互协商，以土地承包期为基础设定农地经营权流转期限。由此可见，在"三权分置"的新型农地权利关系基础上，在放开农地经营权流转主体的条件下，农地出租、转包的流转方式已无区分必要。为有效落实农地"三权分置"权利体系安排、助力农地市场自由高效配置、解决繁多农地流转形式对流转主体造成的困惑，应将农地出租、转包的流转形式予以合一，统一以农地经营权流转代替。

3. 农地入股和信托

从农业经营模式和农户收益方式角度看，农地入股和信托流转方式具有一定的相似性，都是农户为获得农地财产性收益，将土地经营权提供给合作社或信托公司并委托其进行管理经营，为充分发挥农地价值，股份合作社和信托公司可自主选择流转或经营农地。有学者认为农地入股和信托是实现农业现代化、规模经营的合适方式（刘卫柏等，2016）。但其局限也不容忽视：第一，不论是农地入股还是土地信托，经营主体要完成农地流转，必须以本区域内存在合适的农业合作组织或信托担保机构为前提，而在我国经济并不发达且社会保障薄弱的内陆地区这显然是不切实际的。第二，一旦农户通过入股和信托方式流转自己的土地，便会与农业经营者结成利益共同体，考虑到农民入股的合作社、农民企业以及信托公司可能会存在经营不善的破产风险，所以农地入股和信托方式的推广必须审慎进行，防止出现农户因"钱地双失"造成的社会不稳定现象。第三，过度追求"确权确股不确地"农地股权化改造，会割裂农户与土地的稳定联系，导致农户长期脱离土地，无法行使对具体地块的占有和监督权（刘恒科，2017）。故笔者认为，在当前我国"三农"发展较为滞后且不均衡的情况下，通过入股和信托方式推进农地适度规模经营和合适性还需斟酌。

4. 土地承包经营权互换

20世纪70年代末开始实行的"一家一户"家庭联产承包责任制，虽在短时间内提升了农民务农积极性，解决了农民温饱问题，但也造成了我国农业经营模式小型化、农地规模细碎化等问题。在此情形下，国家为尽量减轻过度僵硬的农地配置给农民耕作及生活造成的不便，提出土地承包经营权互换的农地流转方式。其是指承包方之间为方便耕作或者各自需要，对属于同一集体经济组织的承包地块（土地承包经营权）进行交换。但在农地"三权分置"权利体系下，土地承包经营权互换流转形式应归于何位、怎样规制值得深思。首先，本集体内农户基于方便耕作的需求，在双方自愿的条件下进行土地承包经营权（包含承包权、经营权的复合型权利）的互换，是符合农村生产实际情况与农地流转内在逻辑的。然而，随着农地整治与适度规模经营的推进，通过互换方式提高土地利用效率的情况已经大大减少。其次，土地承包经营权的互换虽以同一集体经济成员为前提，但仍是对原有农地承包关系的改变。在国家一直强调稳定土地承包关系、放活土地经营权的背景下，是否可以通过经营权的互换来解决这一问题值得考虑。最后，由于农地互换的流转形式无须发包方同意，且法律政策上对互换的流程并无规定，农户之间的土地互换往往十分随意，极易造成土地承包关系混乱和农地权利纠纷。2015年2月9日《关于认真做好农村土地承包经营权确权登记颁证工作意见》提出，"要在五年之内基本完成土地承包经营权确权登记颁证工作"，在此形势下，法律应规定，农户私下进行承包土地的经营权互换必须进行登记公示，否则法律不予承认。

（二）权利分置后农地经营主体处分权能强化

1. 形成独立的财产性权利

在农地"两权分离"的权利体系下，多数情况农地经营主体仅能通过转包、出租等流转方式获得债权性经营权利，如经营主体想将土地承包经营权流转给他人，依据《中华人民共和国合同法》（以下简称《合同法》）规定，其转让行为须经农地承包人同意。为充分保障新型土地经营主体农地财产性权益，实现市场经济对农地高效配置，在农地"三权分置"权利体系下，用益物权属性的土地经营权成为独立的财产性权利，土地经营权主体在合理利用农地并不改变耕地用途前提下，可以依据自身需求，在农地二级流转市场对土地经营权进行转让或出租，无须经土地承包权人同意。当前，为保障农地经营权的有效放活，兼顾农地承包户与农业经营者双方利益。笔者建议加强对农地流转二级市场的扶持及监管力度，根据当地农地流转情况制订农地二级市场管理条例，从而给予新型农地经营主体更坚实的农地处分权保障，真正实现土地经营权物权效力。

2. 农地抵押担保功能的实现

农村金融作为支持"三农"发展的重要力量，一直是实现我国城乡一体化、农业经营现代化的关键环节，为解决农业经营主体缺乏抵押物给农业金融发展造成的障碍，在不触及带有生存和生活保障的承包权前提下实现农地担保功能。十八届三中全会明确提出赋予农户承包经营权抵押、担保权能之后，2015年8月印发的《国务院关于开展农村承包土地的经营权和农民住房财产权抵押贷款试点的指导意见》明确了农地抵押担保客体是农村承包土地（耕地）的经营权，并为确保承包土地的经营权抵押有效实现提出了总体要求，明确了主要任务和实施单位。2016年3月15日中国人民银行、银监会等五部委关于《农村承包土地经营权抵押贷款试点暂行办法》中对农地经营权抵押试点要求、开展实践进行了具体布置。

　　承包土地的经营权抵押作为党的十八大后提出的农地流转方式，其制度的完善还有很长的路要走，本节认为对农地经营权抵押制度的构建需要从三个方面进行把握。其一，当农地经营权主体有贷款需求时，应保障经营主体可以在较短时间内，从相关信贷银行取得与其农地经营权价值大致相等的贷款。为此，首先，应在土地承包经营权确权登记颁证工作结束之后，启动承包土地的经营权确权登记工作，以明确农地经营权权利主体；其次，为确保农地经营权价值能获得客观而准确的评估，应建立专业的土地经营权价值评估机构，由于农地经营权价值评估工作难度大、收益低，政府应给予农地评估机构一定的支持；最后，在明确农地经营权主体和价值的前提下，应简化承包土地的经营权抵押贷款管理流程，鼓励金融机构创新服务形式，为农地经营权主体提供效率更高、利率更低的中长期贷款。其二，当借款人逾期未履行债务且符合法律规定实现抵押权情形下，贷款人可以行使抵押权并从处置抵押的土地经营权所得价款中优先受偿。为此，首先，应建立土地经营权的处置机制，"采取多种方式处置抵押权""贷款人可依法采取贷款重组、按需清偿、协议转让、交易平台挂牌再流转等方式处置抵押物"；其次，建立农地经营权交易市场对于促进承包土地的经营权处置具有十分重要的意义，在信息和互联网时代，通过建立成熟的农地经营权网上信息交易平台，不但可以提高债权人处置农地经营权时的速度和价值，还可以防止土地荒废、优化农地配置效率。其三，要有效保障农地抵押中的各方利益，必须构建农地经营权抵押的风险防范机制。首先，明确农地经营权抵押的前提，即在不违背农地改革初衷"三条底线"的基础上进行；其次，对土地承包经营权主体借款资格进行把关，具体包括：借款人是否签订了合法有效的经营权流转合同并且已在有关部门登记颁证、借款人信用状况如何、涉及地块权属有无争议、借款是否用于农业用途等；最后，应构筑土地经营权抵押担保风险缓释和补偿机制（张克俊，2016），农业生产具有不稳定性，容易受到自然灾害、极端气候的影响，政府应设立农村承包土地的经营权抵押贷款保障基金，依据受灾情况给予农地经营者和金融机构适当补贴。

四、农地"三权分置"有效实现的法律回应

在农地"三权分置"政策得到中央层面的高度重视,并已上升为国家战略的背景下,各地区因地制宜的农地改革实践方兴未艾,依此境况学术界对其进行了广泛而深刻的讨论,但归根结底,只有从法律角度对农地"三权分置"做出回应,对涉及农地制度改革的相关法律进行修改和调整,通过合理的法理逻辑解释与法律规范设计,才能为新一轮的农村土地制度改革提供最有效的保障和依据。

从农地"两权分离"到"三权分置"其实仅是用益物权的名称、主体及流转要求的变化,故应首先对《物权法》进行修改,建议在《物权法》第11章后增设土地经营权,规定通过家庭承包方式获得的耕地,其土地经营权替代土地承包经营权的用益物权地位;其次,明确土地经营权人的基本权利(直接的占有、使用、收益、部分处分权),以及土地经营权最长期限和延长条件、设立和登记方法、流转方式等;最后,解除《物权法》第184条以及《中华人民共和国担保法》第37条中对耕地使用权抵押的限制,使农地经营权能同拍卖、招标的四荒地的土地承包经营权一样,可以通过设定负担的方式进行流转。

同时,为实现农地资源高效利用和农户财产稳定增值的"三权分置"改革意图,须在稳定土地承包权、放活土地经营权前提下,依据当前农地流转实际情况和农业发展现实需求,对农地经营权流转方式重新划分和新设,即修改《农村土地承包法》第32条为:包括承包农户和新型经营主体在内的土地经营权人可以依法对其土地经营权采取出租、互换、转让、入股、信托、抵押等方式进行流转。另外,法律还应强化对土地经营权人权益的保护,如土地被征收时的补偿分配、土地经营权的继承、土地经营权流转合同到期后对原土地经营权人改造土地费用应进行的补偿。

修改现行法律只是为当前农地改革提供法律依据的权宜之计,稳定的土地制度,充分发挥农地"三权分置"政策优越性,应着手制订与《土地承包法》相对应的《土地经营法》,规定土地经营权的公示方式及权利流转要求,以进一步确定集体土地所有权、农户承包权、土地经营权的三权体系,明晰各权利属性和权利之间关系,保障土地经营权主体能够充分实现其物权价值。

第七章 土地规模化流转背景下的农业雇工及雇用生产

农业劳动力投入对农业规模经营的各个环节起着重要的作用,而在土地规模化流转的背景下,农村剩余劳动力就业压力和规模农业劳动力投入不足等问题相应出现,农业雇工作为缓解此类问题的手段应运而生。本章在阐述农业雇工的现状及相关问题的基础上,从农业雇主和雇工两个视角分析农业雇用意愿,并对相关影响因素进行了分析和解释。

第一节 农业雇工受雇现状及问题[①]

土地流转和现代农业成为我国农村最突出的发展趋势和转变方向,土地流转是发展土地规模化经营的前提(党国英,2014)。近些年,土地流转进入新阶段,大量农地逐渐转向专业大户、家庭农场和农民专业合作社等新型农业经营主体,实现土地规模化经营。然而我国农业机械化发展仍处于初、中级阶段,农业机械化水平尚无法全面满足新型农业经营主体生产经营的需要,农业生产的某些环节需要大量雇工作业。现阶段,新型农业经营主体具有经营规模大、经营项目多样化、农业生产强度大的特点,农忙与农闲季节区分不再明显,农业雇工以长期雇工和短期雇工为主。在此背景下,农业雇工呈现新的特点和问题,从不同侧面反映了现阶段我国农业生产组织方式的演变。土地规模化流转背景下雇佣生产成为我国农业发展和农民就业的一种新趋势。

当前,国内外研究集中关注农业雇工的意义、行为、生存状况及未来发展。Hill(2012)、Pierre 和 Laure(2015)研究发现,农业雇工是欧盟地区一种可持续就业方式,对提高农业收入和促进经济增长具有积极作用。查金祥等(2001)

---

① 本节内容发表于《农业经济与管理》(2017.6):王颜齐等. 土地规模化流转背景下农业雇工受雇现状及问题分析。

认为农业雇工是农业规模化经营与产业化经营的产物。唐萍萍等（2011）、任守云等（2011）同样支持此观点，并认为随着农业规模化、产业化不断推进，农村季节性劳动力需求不断加大，产生兼业农业雇工。Dumont 等（2017）借鉴社会学与经济学方法，确定五个改善农业雇工生存状况的条件：劳动收入、社会保障、劳动时间、自身劳动技能和劳动风险。Massayo 等（2013）通过分析荷兰和日本农业雇工情况，认为影响农业雇工的因素为生产多样性、农场规模、机械所有权、劳动力保有情况及文化背景等。Arzu（2014）研究土耳其农业生产用工投入的影响因素，发现生态保护投入、农业投资政策和农作物价格与农业雇佣之间存在正向关系。鲁先凤（2008）较早关注中国现阶段农业雇工主要特征以及农业雇工存在和发展的历史条件与现实诱因。向倩雯（2016）基于农业空心化背景发现我国农村存在雇工难、雇工成本高等现象，并揭示空心化背景下农业雇工的特征。王颜齐等（2017）研究发现，在土地规模化流转背景下，农业雇工受雇意愿受年龄、土地流转率、自身劳动技能、家庭收入等多种因素影响。潘璐和周雪（2016）通过对农场劳动组织和管理过程的分析，对资本农场对农业雇工劳动与社会再生产控制加以反思。Anna 等（2015）、Morio 等（2013）研究发现，机械化程度是影响劳动投入水平的一个因素，高度发达的机械化水平对农业雇工具有替代性。

总体而言，国内外文献运用经济学、社会学和历史学等方法对农业雇工的产生、发展和未来变革加以分析，但少有针对当前土地规模化流转背景下农业雇工呈现的新态势而展开的研究。近些年，我国土地流转不断由零散化向集中化转变，土地规模化流转程度不断提高，新生大批新型农业经营主体。与此同时，农村留守妇女、老人等成为农业雇工主要群体来源。本节基于实地调研，分析土地规模化流转背景下农业雇工的现状、特征、存在问题及完善农业雇佣机制的相应建议，以期为相关研究提供经验借鉴和理论支持。

一、土地规模化流转与农业雇工形成的逻辑关系

农村土地规模化流转逐渐促成土地规模化经营，农业机械化水平逐步提高但机器未完全替代人工，第一产业剩余劳动力及"推—拉"作用从二三产业回流的劳动力成为农业雇工供给主体。现阶段我国农业雇工形成的逻辑关系见图 7-1。

首先，农村土地规模化流转促成土地规模化经营。我国农村土地规模化流转

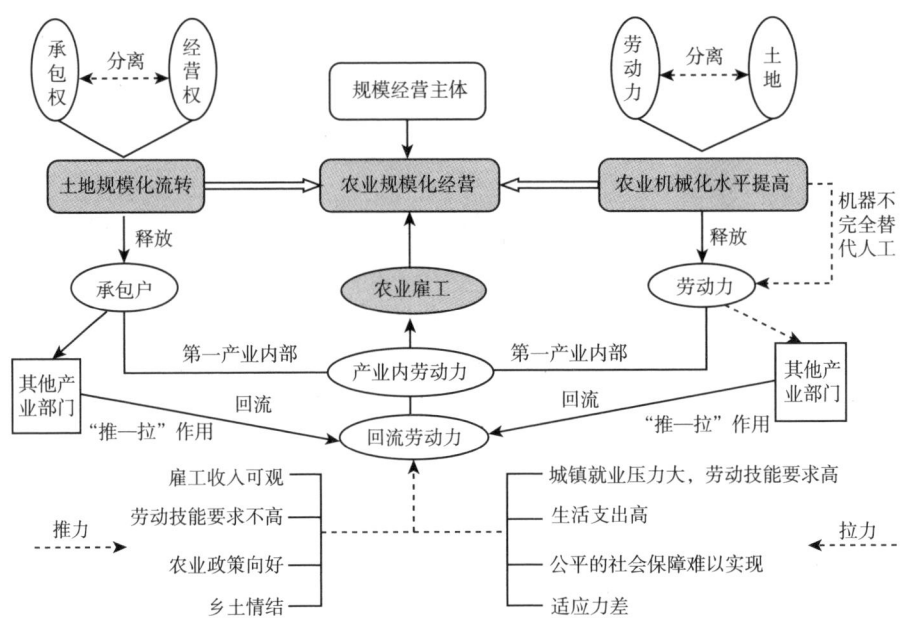

图 7-1 土地规模化流转与农业雇工形成的逻辑关系

始于 2007 年前后。据农业部数据统计，截至 2015 年年底，全国家庭承包耕地流转面积达 4.47 亿亩，占家庭承包经营耕地总面积的 33.3%。土地规模化流转仍在继续，土地集中、规模化经营已成必然趋势。基于中国家庭联产承包责任制的基本农业经营制度框架，农业生产的阶段性劳动密集型特征必然使以家庭为基本经营单位和有限资源联合的农业经营主体，包括农业大户、家庭农场、农民专业合作社等，对外部劳动力输入产生阶段性、集中性需求。此需求可通过两种方式满足：一是无偿乡村帮工，二是有偿市场雇工。随着农村青壮年劳动力逐渐流向非农产业以及市场意识加强，乡村帮工逐渐没落、消失，取而代之的是花钱雇工。土地规模化流转释放出的大量承包户一部分流入非农产业的同时，一部分成为农业雇佣生产市场的供给主体。2013 年农业部首次开展全国家庭农场调查，调查显示全国共有家庭农场 87.7 万个，平均每个家庭农场有劳动力 6.01 人，其中家庭成员 4.33 人，长期雇工 1.68 人。此统计数据并未计算短期雇工人数。一般而言，短期雇工数量会多于长期雇工，即随着家庭农场快速发展和规模扩大，将产生更多的农业雇工。

其次，农业机械化水平逐步提高，但机器未完全替代人工。农业机械化是使用先进适用的农业机械装备，改善农业生产经营条件，不断提高农业生产技术水平、经济效益和生态效益的过程。2010年前后我国农业生产方式实现了以人畜力为动力来源的生产方式向以机械化生产方式为主的历史性跨越。2015年我国农业机械总动力达11.17亿千瓦，农作物耕种收综合机械化水平从新中国成立时期的0达到2015年的62%以上，农业机械化发展实现实质性跨越。农业机械的推广普及逐步替代人工，进一步释放大量农村劳动力。但目前，农业生产领域机器未完全替代人工。一方面，从作物看，由于受技术、成本效益等因素影响，机械化生产并未完全覆盖整个农业生产过程。我国三大主粮中小麦基本实现全程机械化，但双季稻地区、甘蔗主产区、棉花产区、油菜产区机械化水平提高较缓慢，经济作物综合机械化水平总体较低。同时，种植收获之外的田间管理、零散农活等环节仍需人工完成，如苹果种植期间的套袋、摘袋，棉花、茶叶的采摘等。另一方面，从地域看，目前全国仅9省份机械化水平达70%以上，华北、东北、新疆等主要粮食产区部分达到综合机械化程度，而由于受土地等自然条件限制，西北和西南部分地区农业机械化推广难度大，这些均为农业雇佣生产创造了前提条件。

最后，第一产业剩余劳动力和第二、第三产业回流劳动力成为农业雇佣供给主体。农业生产的周期性劳动密集型特征及机器未完全替代人工决定了大规模农业生产对劳动力要素的刚性需求，集中表现出季节性、周期性、临时性、流动性、非全环节、技术要素含量低、工作内容繁杂等特征。农业雇工群体主要来自第一产业本身，同时，近年外流至二三产业的农村劳动力，由于城镇就业压力大、生活成本高、教育医疗等公共基础保障水平低以及季节性农业雇工收入较高等因素"推—拉"作用影响，部分回流成为农业雇工。仅以劳动技能一项为例，随着产业结构调整升级，资本和技术替代劳动力的效应不断增强，一方面排挤"低技能"劳动力，另一方面对"高技能"劳动力需求提高。据人力资源和社会保障部调查显示，600家制造业招聘信息中，有40%以上企业要求应聘者有技工证。但目前我国农民工仍以"低技能"劳动力为主，据《2016年农民工监测调查报告》数据显示，接受过非农职业技能培训的农民工仅占30.7%，未参加过农业技术培训及非农职业技能培训的农民工占67.1%，这些"低技能"劳动力常常被"排斥"在企业用工需求之外。

二、农业雇工受雇现状及特征

（一）农业雇工群体数量增加

东北地区土地规模化流转和规模化经营程度较高，仅黑龙江省2016年土地规模化流转和规模化经营面积已达到 $4.6 \times 10^6 \mathrm{hm}^2$ 和 $4.3 \times 10^6 \mathrm{hm}^2$。土地规模化经营推进了农业大户、家庭农场、农民专业合作社等新型农业经营主体的发展。基于农业生产的阶段性劳动密集型特征及机械的不完全替代性,新型农业经营主体对于农业劳动力具有明显的需求。伴随着农村土地政策逐步开放和发展,农村产生的大量富余劳动力流向二三产业,然而在当前产业结构调整升级的形势下,缺乏劳动技能的农村富余劳动力受到城镇企业的排挤。在城镇生活压力大、缺乏发展空间、教育医疗等公共基础保障水平低以及季节性农业雇工收入较高等因素的影响下,部分农村富余劳动力选择再次从事农业生产成为农业雇工。据 2014 年《迁徙的人——中国农业雇工生存状况调查》显示,中国农业雇工的规模在 100 万~300 万人之间,然而,现如今随着农业规模化经营所带来的农业劳动力短缺、农业季节工收入相对提高,城镇吸纳"低技能"劳动力就业的能力下降等因素,农业雇工数量正逐渐扩大。

(二) 青壮年劳动力难雇佣

据测算,东北地区务工农民约 900 万人,占全国务工农民总量的 3.2%,50 岁以下青壮年务工农民占比为 80.8%。由于青壮年劳动力受教育程度普遍高,接受新鲜事物能力强,非农就业机会多,加之农业雇工劳动强度较大、收入相对有限等因素,该群体大多不愿从事农业雇工,相比较而言,农村留守妇女、老年人等群体成为农业雇工的机会成本更低,"低技能"和"低学历"务工农民,也更易从二三产业回流到农村从事农业生产。如黑龙江省绥化市庆安县乐业乡黎明村的种植大户种植经济作物甜菜约 $160 \mathrm{hm}^2$,农忙时,雇佣临时雇工 50 人,且其均为周围各乡镇中老年农民,其中 37 人为女性。辽宁省台安县德实粮食种植家庭农场有长期雇工 4 人,年龄均在 50 岁以下,月工资为 3500 元,每月该家庭农场会根据劳动量不同雇用不同数量短期雇工,因周围村镇青壮年劳动力大多进城务工,该农场短期雇工多数为中老年农民。

(三) 雇佣雇工成本较高

在土地规模化流转与规模化经营背景下,新型农业经营主体对农业劳动力需求大幅增加,然而青壮年劳动力流向二三产业导致了农业劳动力供需结构失衡,为了吸引农村富余劳动力从事农业雇工,近年来雇工价格逐年上涨。据统计,2016 年东部地区家庭农场雇佣的短期女性老年劳动力的日工资在 70~90 元之间,短期男性老年劳动力的日工资在 90~110 元之间,长期农业雇工的月工资在

2500~4000元之间，雇工的价格随各地区的经济发达程度不同而有所差异。以辽宁省台安县德实粮食种植家庭农场为例，该农场长期农业雇工的月工资为3500元，短期女性老年劳动力的日工资为75元，短期男性老年劳动力的日工资为90元。近些年，农业雇工价格已趋同于二三产业雇工的价格，尽管土地规模化经营增加了农业经营主体的效益，但其农业经营的综合收益率依旧很低，农业雇工成本持续增加，会直接压缩农业经营主体利润空间、抑制其经营规模的扩大。

（四）雇工劳动强度大且无保障

农业生产本身具有劳动强度大和过程烦琐等特点。调查显示，大多数雇主与雇工间的雇用程序极简单，雇主与雇工之间不会签订劳动合同，仅就工作时间和工资多少达成口头协议，在此情况下，雇工与雇主间缺乏法律和信誉约束，雇工工作和休息时间不确定，雇工劳动权益无保障，春耕秋收季节，雇工经常加班加点超时劳动。农业雇工劳动强度大且劳动时间不确定也是青壮年劳动力难雇用的原因之一。

（五）雇工农业技能水平低

随着产业结构调整升级，资本和技术对劳动替代效应不断增强，一方面二三产业大量裁减"低技能"劳动力；另一方面又提高"高技能"劳动力需求，导致部分"低技能"劳动力回流至第一产业，回流的劳动力与农村留守剩余劳动力成为农业雇工供给主体。虽然农业生产技术含量低，但是从事农业生产也需要长期经验的支撑，尤其在当前土地规模化经营背景下，新型农业经营主体的经济利益不仅来自农业生产，部分农业经营主体掌握了种子、农药和化肥等生产上游环节以及收购、加工、运输和市场等生产下游环节，形成农产品产业链，在此规模经营方式下工作的农业雇工面临更多技术层面考验。然而根据《2016年中国农民工生存状况调查报告》显示，接受过农业技能培训的农民工仅占8.7%。基于此，迫切需要提高农业雇工劳动技能，促进土地规模化经营发展。

（六）雇佣方式呈现多样化

由于农业生产季节性和劳动密集性特点，农忙季节，许多农户需临时雇佣农业雇工协助其完成农业生产劳动。在当前土地规模化流转背景下，由于新型农业经营主体经营规模较大，经营项目多元化，农业劳动类型多样化，因此需要一定量长期农业雇工和大量短期农业雇工。如黑龙江省五常市程家好家庭农场，种植水稻、玉米、大豆、蔬菜以及园艺观赏作物,长期雇工6人,水稻插秧季节,需雇大量短期雇工搬运秧苗。现阶段农业雇工不再仅为短期雇工,而是长期雇工与短期雇工并存。

三、农业雇工受雇过程中存在的问题

(一) 缺乏提供信息的中介平台

现阶段,我国农村劳动力市场不够完善,缺乏提供农业雇工信息的劳动力中介组织,此情况会对农业雇工和雇主均产生不利影响。一方面,绝大多数农业雇工行为均为自发性,且觅工途径有限,大多依靠从事农业雇工的亲属或朋友获取农业雇佣信息,此方式所获信息具有不可靠性,易增加务工机会成本,且觅工过程人身安全无保障;另一方面,调研发现,雇主为在农忙季节来临之前雇到足够数量工人,须提前在就近村镇雇工,若无法就近雇到足够雇工,需要自己或委托他人去其他地区雇工人,常导致雇工效率低且成本高。

(二) 劳动权益保障问题突出

我国相关法律制度明确了劳动者享有平等就业、劳动报酬、休息休假、劳动安全卫生保护和社会保险等权利,农业雇工同样属于劳动者,然而农业经营主体与农业雇工间一般不签订书面劳动合同,多数为口头协议。一方面,由于现行劳动法律制度不完备,现行劳动法律制度排除了对农业雇工劳动关系的适用;另一方面,这种现象与农村重人情、轻规则氛围有关,也受农民文化素质和法律意识不高的影响。在此情况下,农业雇工劳动时间、休息时间和基本工资无保障,甚至雇主可无理由解雇雇工。另外,部分农民选择背井离乡去外地务工,时常面临受伤、失业风险。通常情况下,农业雇工参加了农村医疗保险,但仅在户籍所在地定点医院方能享受医疗保险,这对外地务工者而言不仅增加了医疗成本,而且可能会延误病情。现阶段农业雇工劳动权益保障问题仍十分突出。

(三) 从事农业雇工缺乏稳定性

现阶段,由于农业生产的季节性和周期性等特点,农业雇工以短期雇工为主。在农忙季节,第一产业富余劳动力以及部分其他产业回流劳动力受到季节性农业雇工较高收入的吸引,选择从事农业雇工。在农闲季节,大量短期农业雇工出现季节性失业,不得不重新寻找工作,间接地增加了寻工成本和不确定性。同时农业雇工收入也缺乏稳定性。收入不稳定性主要指不同时期或受雇于不同雇主,从事同样劳动获得不同收入。例如,黑龙江省五常市水稻产区,影响农业雇工劳动收入最主要的因素是往年收入,一般情况下,水稻雇工价格会逐年上涨。但在不同时期,受天气及人为因素的影响,从事同样劳动雇工价格不同。

四、对策建议

(一)加强农业雇工务工技能培训

农业雇工绝大多数出身农民,掌握一定的农业生产经验。然而,农业规模化经营对经营者在农资购买、田间管理、农机操作、病虫害防治、高产稳产、市场营销等农业生产各环节提出更高要求,农业雇工掌握的传统农业生产经验已无法满足现代农业的生产需要。因此,改善农业雇工生存和就业状况,最主要就是提高农业雇工务工技能水平。各地应结合当地实际情况,找出适合当地发展的生产领域如农作物种植、畜牧养殖、林业种植等,利用当地资源禀赋实现规模化发展,经营主体应在专业技术人员的指导下开展科学生产与管理,并通过专业技术人员的带动作用,对"低技能"农业雇工加以培训。一方面,在专业人员指导下,向农业雇工提供生产新技术,改变其传统生产观念,提高其培训积极性;另一方面,加强农业雇工在机器操作和田间管理新领域的工作能力,消除技术壁垒。通过务工技能培训,使农业雇工与农业规模化发展相适应、相协调。

(二)完善农业雇工的权益保障

现阶段,农业雇工成为农民就业新趋势,保障农业雇工权益对促进现代农业发展具有重要意义。首先,现行劳动法律制度不完善,应将农业雇工劳动关系纳入劳动法律保障范围内,使农业雇工受劳动法保护。其次,当前农业雇工与雇主间通常为口头劳动协议,对双方均缺少约束,若一方违约,另一方权益无保障。由于农业雇工具有灵活就业的特点,因此倡导建立灵活的劳动合同制度。一方面,农业雇工分为长期雇工和短期雇工,根据劳动期限差异,劳动合同期限应具体到几个月或几天;另一方面,应根据具体情况设定农业雇工最低工资标准,确保农业雇工基本劳动报酬。最后,通常农业雇工已参加农村医疗和养老保险,雇主不须为其办理基本养老和医疗保险,但在受雇过程中存在发生意外伤害的风险,因此应将农业雇工纳入工伤保险范围内。

(三) 建立农村劳动力中介组织

农村劳动力市场不完善,不仅在寻工过程中对雇主和雇工产生不利影响,且会增加农业雇工季节性失业率。完善农村劳动力市场,需要建立农村闲散劳动力中介组织,提高农村人力资源利用效率。一方面,农业生产经营者和农民通过中介平台发布相关雇佣和觅工信息,既可准确、及时地提供农业雇工信息,提高雇佣效率,避免盲目雇工,又可拓宽农民觅工途径,降低觅工成本和风险。另一方面,中介组织平台应提供全方位、多样化就业信息,既可为农村剩余劳动力提供更多的就业机会,提高人力资源利用效率,还可为农闲季节的农业雇工提供其他就业信息,降低觅工成本和不确定性。

第二节 农业雇工受雇意愿及影响因素[①]

农业雇工指的是被雇来从事农业生产的劳动者。农业雇工存在的历史悠久,对中国各个时期的社会发展都产生了重要的影响。当代中国,随着城镇第二、第三产业的发展,大量农村富余劳动力被城镇吸收,促进了农村劳动力的多元化就业,农民不再局限于农业劳动,现阶段的农业雇工主要以短工为主,具有季节性、临时性和流动性。近年来,随着中央明确了土地承包经营权流转的政策指向,土地流转进入了新阶段,大量农地逐渐向专业大户、家庭农场、农民专业合作社等新型经营主体集中,农地的规模化流转促进了土地规模化经营(王颜齐、郭翔宇,2011)。一方面,农业生产经营活动需要大量劳动力,然而由于农村剩余劳动力的转移,造成农业劳动力缺失,新型经营主体须通过以市场的方式雇用一批以农业工人形式出现的人群来协助农业生产经营活动(金涛,2013);另一方面,在产业结构调整过程中,没参加过职业培训,不具有非农技能的农村剩余劳动力受到城镇企业的排斥,就业压力加大(刘万霞,2013)。而农地规模化流转产生的对于农业雇工的需求为这些非农就业能力低的农村劳动力提供了就业机会(陈昭玖、胡雯,2016)。在当前形势下,农业雇工的规模会逐渐扩大,并对实现农业现代化,促进城乡统筹发展具有积极的作用(鲁先凤,2008)。

[①] 本节内容发表于《农业现代化研究》(2017.3):王颜齐等.土地规模化流转背景下农业雇工受雇意愿及影响因素分析.

第七章 土地规模化流转背景下的农业雇工及雇用生产

黑龙江省土地流转不断由零散化向集中化转变，土地规模化流转程度不断提高。2016年年初，黑龙江省农村土地流转和规模化经营面积分别达到6897万亩和6389万亩，分别增长6%和7%。土地的规模化流转促进了黑龙江省现代化大农业的发展，同时也产生了大量农村剩余劳动力。在此背景下，农业雇工在缓解农村剩余劳动力就业压力以及规模化经营主体生产经营活动的需要两个方面起到了积极的促进作用（黄延廷，2012）。本节通过对黑龙江省微观农户的实地调研，分析在农地规模化流转背景下农业雇工的受雇意愿，并分析影响农民从事农业雇工的关键因素。其中"愿意/不愿意"从事农业雇工作为被解释变量，采用二元Logistic回归模型对变量进行分析，在此基础上给出研究结论并提出相关的建议。

一、数据来源及描述性统计分析

（一）数据来源

本节的数据取自2016年暑假对黑龙江省农户的调查问卷。调查采取了分层抽样与随机抽样相结合的方法，首先根据各地区农业资源、地理条件以及社会经济发展的差异，在黑龙江省选择了6个县为样本，分别为巴彦县、克东县、桦川县、林甸县、兰西县和饶河县，然后在每个县根据农地规模化流转程度的不同，选择5个村，并在每个村中随机抽取16个农户。本次实地调查共发放问卷480份，最终回收有效问卷为412份，有效率为85.83%。

（二）样本的基本特征

如表7-1所示，调查样本中男性占47.90%，女性占52.10%，样本中男女比例较为均衡；在被调查样本中，样本的年龄均值为46岁，其中40~50岁这一年龄段人数最多，所占比重为38.35%，40岁以上的农民占比为65.37%，表明家庭农业劳动力中以中老年为主力，缺乏青壮年劳动力；在被调查农户的受教育程度中，大部分为初中文化程度，所占比重为66.06%，高中及以上学历的仅占23.84%，表明农业劳动力缺乏高素质人才，需要加强技术知识的教育指导；样本中38.43%的农民具有非农劳动技能并能依靠此技能带来一定收入，被调查的农民中61.57%仅有农业技能；样本中74.53%的农民进行过土地流转，而25.47%的农民未流转过自家土地。以上表明，样本的基本特征具有一定代表性和合理性，所选样本较为科学合理。

表7-1 农业雇工受雇意愿影响因素的统计描述　　　　　　单位：%

影响因素		分类	占样本总数的比例	愿意成为农业雇工的比例	不愿意成为农业雇工的比例
农民自身情况	性别	男	47.90	29.74	70.26
		女	52.10	58.35	41.65
	年龄	30岁及以下	10.21	3.10	96.90
		30~40岁	24.42	10.12	89.88
		40~50岁	38.35	36.45	63.55
		50岁以上	27.02	55.62	44.38
	受教育程度	小学及以下	10.10	68.63	31.37
		初中文化	66.06	48.36	51.64
		高中及以上	23.84	8.35	91.65
	是否具有非农技能	是	38.43	10.67	89.33
		否	61.57	52.74	47.26
家庭情况	土地流转情况	没流转	25.47	48.23	51.77
		部分流转	51.33	35.32	64.68
		全部流转	23.20	32.16	67.84
	是否有从事农业雇工的亲属	是	40.33	53.63	46.37
		否	59.67	23.62	76.38
	家庭农业收入比重	20%及以下	24.66	13.57	86.43
		20%~40%	35.52	19.88	80.12
		40%~60%	27.34	32.34	67.66
		60%以上	12.48	58.68	41.32
对从事劳动期望情况	期望劳动合同形式	书面	28.24	23.61	76.39
		口头	20.21	47.47	52.53
		无所谓	51.55	43.78	56.22
	期望劳动地点	乡镇	39.89	54.69	45.31
		其他	60.11	24.73	75.27
	期望劳动工资	1000~2000元/月	20.34	37.01	62.99
		2001~3000元/月	36.54	33.75	66.25
		3000元以上元/月	43.12	28.71	71.29

（三）农地规模化流转背景下农业雇工受雇意愿

本次调研根据样本农民是否参与过农业雇工行为来判断被调查者是否愿意成为农业雇工。调查数据表明，从事过农业雇工的农民占样本数的44.65%，而没从事过农业雇工的农民占样本数的55.35%，农业雇工的受雇意愿较低。从影响因素来看，在样本农民中，参与过农业雇工行为的男性比例明显低于女性，仅为29.74%；年龄为50岁以上的农民受雇意愿最高，为55.62%，表明农业雇工中青壮年劳动力缺乏；小学及以下学历的农民从事农业雇工的比例最高，达到68.63%，而学历越高从事农业雇工的意愿越弱；不具有非农技能的样本农民中从事过农业雇工的比例为52.74%，明显高于具有非农技能的样本农民；家庭农业收入比重为60%以上的样本农民成为农业雇工的意愿最强，为58.68%；家庭中有从事农业雇工亲属的样本农民从事过农业雇工的比例为53.63%，明显高于没有从事农业雇工的亲属的样本农民；期望从事劳动地点为乡镇的样本农民中有54.69%的愿意从事农业雇工；土地流转情况、期望劳动合同形式和期望劳动工资等因素对农地规模化流转背景下农业雇工受雇意愿的影响不大。

二、计量模型与实证分析

本研究的被解释变量为在农地规模化流转的背景下农业雇工受雇意愿，分析各个影响因素如何影响农业雇工受雇意愿。存在两种结果即"愿意"和"不愿意"，由于被解释变量为典型的二元选择问题，因此选用二元Logistic回归模型进行分析。

$$P_i = F\left(\alpha + \sum_{i=1}^{n} \beta_i X_i\right) = 1 / \left\{1 + \exp\left[-\left(\alpha + \sum_{i=1}^{n} \beta_i X_i\right)\right]\right\} \quad (7-1)$$

其中，P_i 为农户 i 选择受雇佣行为的概率，F 为逻辑分布函数，β_i 是估计参数，X_i 为自变量。

又有，农户 i 选择受雇行为的概率为：

$$p_i = \frac{e^{\alpha + \sum_{i=1}^{n} \beta_i X_i}}{1 + e^{\alpha + \sum_{i=1}^{n} \beta_i X_i}} \quad (7-2)$$

不选择受雇行为的概率为：

$$1 - p_i = \frac{1}{1 + e^{\alpha + \sum_{i=1}^{n} \beta_i x_i}} \quad (7-3)$$

由此可得出农户受雇行为决策意愿的发生比率为：

$$\frac{p_i}{1 - p_i} = e^{\alpha + \sum_{i=1}^{n} \beta_i x_i} \quad (7-4)$$

将式（7-4）进行自然对数转换，得出下面的 Logistic 函数形式：

$$\text{Ln}\left(\frac{p}{1-p}\right) = \alpha + \beta_1 x_1 + \beta_2 x_2 + \cdots + \beta_i x_i + \varepsilon \quad (7-5)$$

其中，α 为回归截距，x_1，x_2，$\cdots$，x_i 为自变量，β_1，β_2，$\cdots$，β_i 是相对应自变量的系数，ε 为随机扰动项。

模型中的变量定义与预期方向如表 7-2 所示。

表 7-2 模型变量定义与描述

变量名称	变量定义	预期符号
农业雇工受雇意愿	0 = 不愿意 1 = 愿意	
性别	0 = 男 1 = 女	+
年龄	1 = 30 岁及以下 2 = 30~40 岁 3 = 40~50 岁 4 = 50 岁以上	+
受教育程度	1 = 小学及以下 2 = 初中学历 3 = 高中及以上	-
是否具有非农技能	0 = 否 1 = 是	-
家庭农业劳动力数量	1 = 2 人及以下 2 = 3~4 人 3 = 5 人及以上	+
家庭耕地面积	1 = 10 亩及以下 2 = 10~19 亩 3 = 20~29 亩 4 = 30 亩及以上	-
土地流转情况	1 = 没流转 2 = 部分流转 3 = 全部流转	+
是否有从事农业雇工的亲属	0 = 否 1 = 是	+
家庭农业收入比重	1 = 20% 及以下 2 = 20%~40% 3 = 41%~60% 4 = 60% 以上	+
社会保险制度	1 = 完全不了解 2 = 不太了解 3 = 一般了解 4 = 比较了解 5 = 深入了解	-
期望劳动合同形式	1 = 书面 2 = 口头 3 = 无所谓	+
期望劳动地点	0 = 乡镇 1 = 其他	-
期望劳动工资（月工资）	1 = 1000~2000 元/月 2 = 2001~3000 元/月 3 = 3000 元/月以上	-

本节采用 SPSS 17.0 软件对回收的 412 份有效问卷数据进行回归分析，基于在农地规模化流转背景下是否愿意成为农业雇工这一被解释变量，解释变量均进

入回归模型,运行结果如表7-3所示。

表7-3　　　　　　　　　　Logistic回归模型分析结果

解释变量	回归系数 (B)	标准误差 (S.E)	沃尔德值 (Wald)	显著度 (Sig)	发生比率 Exp(B)
性别	0.625*	0.247	6.526	0.071	1.921
年龄	0.312**	0.141	5.835	0.024	1.637
受教育程度	-0.053**	0.037	3.912	0.031	1.042
是否具有非农技能	-0.424**	0.251	3.487	0.034	0.570
家庭农业劳动力数量	0.621*	0.323	6.433	0.062	1.351
家庭耕地面积	-0.429*	0.325	3.634	0.067	1.468
土地流转情况	-0.158	0.297	0.319	0.124	0.926
是否有从事农业雇工的亲属	0.583***	0.254	4.146	0.009	1.552
家庭农业收入比重	0.357	0.352	1.365	0.056	1.709
社会保险制度	-0.434	0.187	4.094	0.155	0.623
期望劳动合同形式	0.436	0.164	7.533	0.276	1.846
期望劳动地点	-0.328**	0.145	4.927	0.032	0.928
期望劳动工资	-0.475	0.277	3.364	0.168	0.837
常数项	-5.736**	1.243	16.242	0.017	0.005

-2loglikehood = 742.778　　Cox&SnellR^2 = 0.235　NagelkerkeR^2 = 0.319

注：*、**、*** 分别表示在10%、5%和1%的显著水平上显著。

从运行结果来看,影响农地规模化流转背景下农业雇工受雇意愿的因素如下：

(1) 农民自身情况。性别、年龄对农地规模化流转背景下农业雇工受雇意愿有显著的正影响,受教育程度与是否具有非农技能对农地规模化流转背景下农业雇工受雇意愿具有显著的负影响,与前面预期相符。性别变量通过1%的显著水平检验,且回归系数为正,表明在农地规模化流转的背景下,女性更愿意从事农业雇工(何可、张俊飚、丰军辉,2014)。与男性相比,女性的责任更倾向于照顾家庭,更愿意安于现状,留在乡村的可能性更高,从事农业雇工的意愿更强烈;年龄变量在5%的显著水平下显著,且回归系数为正,表明农民年龄越大,越愿意从事农业雇工。调查显示,农民年龄越大,土地情结越重,适应新生活掌握新技术的能力越差,从事农业雇工的意愿较年轻人更为强烈;受教育程度变量在5%的显著水平下显著,且回归系数为负,表明农民受教育程度越高,越不愿意从事农业雇工。受教育程度越高,视野越开阔,对事物的认知能力越高,因此非农就业机会越多;是否具有非农技能变量在5%的显著水平下显著,且回归系数为负,表明具有非农技术的农民不愿意从事农业雇工。农业雇工劳动强度大,环境较为艰苦,具有非农技术的农民可以凭借一技之长在城市找到工作,自然不愿意从事农业雇工(陈昭玖、胡雯,2016)。

(2)家庭情况。土地流转情况没有通过显著性检验,表明其在农地规模化流转背景下农业雇工受雇意愿没有明显影响。调查发现,部分农民虽然没有流转土地,但由于拥有土地规模小,通常选择农闲时去城镇务工,农忙时回乡种地,而将土地流转出去的农民中,有部分农民选择在农忙时从事农业雇工,因此土地是否流转对农民从事农业雇工的意愿没有明显影响。家庭耕地面积通过了显著性为10%的检验,说明家庭耕地面积对农业雇工意愿有一定影响,自家耕地面积越少的会更加倾向于成为农业雇工。是否具有从事农业雇工的亲属和家庭农业劳动力数量以及家庭农业收入比重对农地规模化流转背景下农业雇工的受雇意愿有显著的正影响,与前面预期相符。是否具有从事农业雇工的亲属变量在1%的显著水平下显著,且回归系数为正,表明有从事农业雇工亲属的农民从事农业雇工的意愿更强烈。调查显示,农民中的熟人社会现象明显,很多农民通过有过农业雇工工作经历的亲友来获取不同地区工作内容和劳动收入的信息,并以此来决定是否从事农业雇工;家庭农业劳动力数量和家庭农业收入比重变量在10%的显著水平下显著,且回归系数为正,表明家庭农业收入比重越高,从事农业雇工的意愿越强,且家里劳动力数量较多时能在短期内完成自家任务,更有机会外出进行农业雇工。

(3)从事劳动期望情况。对社会保险的认知情况没有通过显著性检验,表明对于农民来说,自身权益是否能受到保障对农民从事农业雇工的意愿没有明显影响。目前缺乏符合农民外出务工灵活性和流动性特点的劳动保护法和社会保险制度。由于当前制度体系的不完善,因此农民对自身权益是否了解并不影响农民从事农业雇工的意愿。期望劳动地点对农地规模化流转背景下农业雇工的受雇意愿有显著的负影响,与前面预期相符。期望劳动地点变量在5%的显著水平下显著,且回归系数为负,表明期望劳动地点为城市的农民从事农业雇工的意愿较弱。期望劳动合同形式和期望劳动工资两个变量没有通过显著性检验,表明劳动合同形式和期望劳动工资对农地规模化流转背景下农业雇工的受雇意愿没有明显影响。调查显示,农业雇工与雇主之间的雇佣关系和劳动权益的保障形式通常为口头协议,这与农民的文化素质不高以及农村重人情的社会风气有关,因此劳动合同形式对农民从事农业雇工的意愿没有明显影响;在农地规模化流转的背景下,由于农村剩余劳动力的转移,在农忙季节经常出现雇工难的问题,雇佣主体通常会以支付可观报酬的方式来吸引青壮年农业雇工,农业雇工收入与进城务工收入在某种程度上差异不大,因此劳动收入对农地规模化流转背景下农业雇工的受雇意愿没有明显影响。

三、结论与启示

本节通过对黑龙江省412户农户的实地调查,分析了影响农地规模化流转背景下农业雇工受雇意愿的各种因素。结果表明女性更倾向于从事农业雇工,另外,年龄、家庭农业劳动力数量、是否有从事农业雇工的亲属和家庭农业收入比重对农地规模化流转背景下农业雇工受雇意愿有显著的正影响;受教育程度、是否具有非农技能、家庭耕地面积和期望劳动地点对农地规模化流转背景下农业雇工受雇意愿有显著的负影响;土地流转情况、对社会保险制度了解情况、期望劳动合同形式和期望劳动工资对农地规模化流转背景下农业雇工受雇意愿没有明显影响。根据上述结论,本节提出以下建议:

(1) 规范农业雇工中介组织。由于缺少专门中介组织提供农业雇工信息,大多数农业雇工寻工渠道有限,主要依靠亲属关系或多年积攒的人脉来获取不同地区的雇佣信息,获取的信息具有不可靠性,增加了寻工过程中的经济成本和人身安全风险。在农地规模化流转的背景下,应充分发挥规模化经营的优势,由新型经营主体带头设立农业雇工中介组织,一方面可以为愿意从事农业雇工的农民提供最准确、最及时的农业雇工信息,拓宽了农民的寻工渠道,降低了农民的寻工成本和风险;另一方面能够降低雇工时的交易成本。

(2) 建立灵活的劳动合同制度。当前农业雇工与雇主的劳动协议通常为口头协议,对双方都缺少约束,若一方毁约,另一方的权益无法得到保障。但由于农业雇工具有临时性、流动性的特点,通常的劳动合同制度缺乏灵活性,不是用于农业雇工,因此应该建立灵活的劳动合同制度来适应农业雇工的特点。第一,劳动期限的灵活性。由于农民通常在农忙季节从事农业雇工,具有临时性,因此劳动合同期限应具体到几个月或几天。第二,劳动报酬支付的灵活性。根据从事劳动的特点,劳动报酬支付形式可以分为按月支付工资、计件工资和计时工资。第三,为保障农业雇工的权益,应设定符合农业雇工特点的最低工资和最高工时。

（3）完善农业雇工的社会保险制度。大多数农民都选择背井离乡去外地从事农业雇工，在为农业经营主体工作时，农业雇工面临着受伤、失业的风险。虽然通常情况下从事农业雇工的农民参加了农村医疗保险和农村养老保险，但农民只有在户籍所在定点医院才能享受医疗保障，这对外地务工的农业雇工来说不仅增加了医疗成本，而且有可能延误病情。因此，根据农业雇工实际情况，完善社会保险制度具有重要的意义。

第三节　种植户雇佣生产意愿及影响因素分析[①]

当前，由于我国政府积极支持和鼓励农村土地流转，促进形成农业规模经营的同时也释放了大量农村劳动力，农村青壮年劳动力流向经济较发达的地区，而留守妇女、老人等成为农村主要的劳动力。与此同时，新型农业经营主体与农业集约化、规模化生产相伴而生，农业作为劳动密集型产业在规模经营条件下更需要大量劳动力的投入（廖西元等，2011；黄延廷，2012；季柯辛、乔娟，2016）。农业雇佣生产可以解决农村劳动力不足和农业规模经营之间的矛盾，让生产要素和资源能够充分结合，提高农业的生产效率。农业雇佣作为一种经济关系是以劳动力来换取货币工资或实物，是在有偿、自愿、平等的基础上雇佣者和受雇者之间签订的劳动契约，双方存在交换权利和义务的法律关系，主要包括劳动力雇用、机器技术服务外包、信息技术购买和管理人员聘用等。实践和理论研究均表明农业雇佣生产是现代农业和统筹城乡发展的一条重要途径（梁高峰，2007；陈昭玖、胡雯，2016）。我国作为大豆的原产国，大豆产量从最初的世界第一位跌落到现在的世界第四位，近年来，则依靠大量进口国外大豆来满足国内生产生活的需要。近些年，政府推出大豆收储价格政策、目标价格政策等措施来提高农户种植大豆的意愿，在"镰刀弯"地区进行农业供给侧结构性改革，进行粮豆轮作以期扩大大豆种植面积。黑龙江和内蒙古两地是我国大豆主要种植区，研究此区域豆农的雇佣生产行为及影响机理无疑对地区种植结构调整具有针对性的指导作用。

目前，国内外学者关于农业雇佣生产的研究多是从农业生产外包和农业雇工行为角度展开。在农业生产外包方面，于张忠军、易中懿（2015）以超越对数生

[①] 本节内容发表于《世界农业》（2018.7）：王颜齐等. 农业种植户雇佣生产意愿及影响因素分析——基于黑龙江和内蒙古豆农的经验数据。

产函数模型方法研究了生产外包的效率问题，研究发现在水稻生产过程中，育秧环节的外包可以极大提高水稻的生产效率。胡宜挺、肖志敏（2014）提出农村目前一方面生产效率较低，另一方面还存在着土地撂荒的现象较为严重，而农业生产外包服务可以同时解决这两个问题。Jillespie 等（2010）研究表明，如果农户在生产过程中能把较为复杂的环节外包出去，就可以明显地提高农户自身的收益。Paulrajan（2010）研究发现，在运输新鲜蔬菜过程中，运输距离越长则越有可能选择农业外包服务。赵玉妍等（2013）发现，影响农技外包服务的关键因素是利益分配，农技外包服务在满足农民需求的同时还可以给提供方带来收益，在一定程度上加快了农业生产的商品化。在农业雇工行为方面，鲁先凤（2008）较早关注中国现阶段农业雇工形成的历史条件和现实诱因及该群体的主要行为特征。任守云、叶敬忠（2011）调查发现，农户之间多存在帮工现象，农业雇工现象多出现在农忙时期，存在着明显的季节性。Benjamin 和 Kimhi（2006）研究发现，农业雇用工人对家庭用工投入具有替代性，对家庭成员劳动力投入农业生产的分配结构产生影响。Vander Ploeg（2010）提出农民作为理性个体，多会以自身劳动代替农业雇工以此来降低农业生产成本而增加生产收益。Olynk 等（2010）研究发现，农业雇工的付薪方式对雇工生产效果会产生影响，按天付费容易出现怠工现象。Dupraz 等（2015）对比研究了瑞士和法国两地农业生产用工投入的影响因素，发现耕地面积对农业用工类型没有显著影响，而法国的农业投资政策更有利于刺激农场主雇用家庭成员之外的劳动力。

总体而言，国内外学者重点关注了农业雇佣生产的效率及雇工权益和行为选择等问题，但针对雇主意愿的研究尚未涉及，尤其在当前农业供给侧结构性改革的宏观背景下，大豆种植户通过雇工调整经营方式提高生产效率等选题学者尚未及时关注。本节通过对黑龙江和内蒙古两地的实地调研，结合理论模型分析大豆种植户选择雇佣生产的意愿，并分析影响大豆种植户选择雇佣生产的关键因素，以此提出优化种植户雇佣生产行为选择、提高农业生产效率的对策建议。

一、数据来源与描述性统计

（一）数据来源

本节数据来源于2016年暑期对黑龙江和内蒙古的实地调查问卷。本次调研选取黑龙江3个县所管辖的8个乡镇，分别是克山县（河北乡、双河乡、滨河乡）、克东县（润津乡、玉岗镇、双庆乡）、拜泉县（民乐乡、兴国乡）和内蒙古阿荣旗所管辖的4个乡镇，分别是六合镇、自来井乡、长安乡及兴安乡，在黑龙江和内蒙古主要大豆种植区选取调研对象，在大豆种植典型乡镇随机选取典型乡村的村民作为抽样调查的样本。问卷主要由农户所在村庄基本情况、种植户家庭基本情况及雇佣基本情况三部分组成。本次实地调研共发放问卷750份，收回有效问卷688份，有效率为91.73%。

（二）样本描述性统计

在被调查样本农户中，户主的平均年龄为47岁，其中户主年龄为41岁到50岁的种植户占主要部分，占比为41.73%（见表7-4），表明农村青壮年劳动力缺失，劳动力以中老年为主；样本农户中男性户主占比为73.02%，女性户主占比为26.98%，这是由于我国农村家庭中一般男性占主导地位，男性户主占比高能更好地反映雇佣生产决策意愿；在被调查农户的受教育程度中，86.01%的农户具有初中及以下学历，具有高中及以上学历的农户仅为13.99%，表明大豆种植户的受教育程度相对较低，相应领域缺乏人力资本，缺乏高素质的人才。基于李克特量表调查方法，样本中风险规避性较为明显的农户占比为67.23%，而仅有32.77%的户主表示具有较强的承受风险能力；样本中有45.19%的农户有5年以上的种植大豆经验，13.26%的农户种植大豆经验在2年及以下。

表7-4　　　　　　　　样本描述性统计及大豆种植户雇佣意愿

影响因素	分类	比例（%）	选择雇佣生产的比例（%）	未选择雇佣生产的比例（%）
年龄（岁）	≤30	5.52	48.37	51.63
	31~40	19.66	43.33	56.67
	41~50	41.73	39.89	60.11
	>50	33.09	35.62	64.38
性别	男	73.02	48.03	51.97
	女	26.98	49.02	50.98
受教育水平	小学及以下	27.64	43.20	56.80
	初中	58.37	47.42	52.58
	高中及以上	13.99	51.06	48.94
风险规避程度	明显	67.23	35.03	64.97
	不明显	32.77	61.82	38.18

续表

影响因素	分类	比例（%）	选择雇佣生产的比例（%）	未选择雇佣生产的比例（%）
大豆种植经验（年）	≤2	13.26	45.81	54.19
	3~5	41.55	41.56	58.44
	>5	45.19	45.89	54.11
家庭农业劳动力数量（人）	≤2	65.21	51.02	48.98
	3~4	28.38	36.57	63.43
	>4	6.41	29.35	70.65
家庭农业收入比重（%）	≤20	23.12	59.35	40.65
	21~40	48.65	49.92	50.08
	41~60	19.30	36.03	63.97
	>60	8.93	27.05	72.95
家庭大豆种植年均收入（万元/年）	≤1	18.73	12.14	87.86
	1~2	65.39	41.54	58.46
	>2	15.88	59.04	40.96
大豆播种面积（公顷）	≤1	13.25	8.96	91.04
	2~4	26.54	37.62	62.38
	5~10	45.74	43.08	56.92
	>10	14.47	88.95	11.05
大豆种植顷均成本（元/公顷）	≤4500	11.20	27.98	72.02
	4500~7500	69.29	51.71	48.29
	>7500	19.51	80.20	19.80
土地细碎化程度	严重	35.02	21.09	78.91
	不严重	64.98	46.36	53.64
耕地类型	平地	71.68	42.34	57.66
	岗地、洼地及其他	28.32	8.09	91.91
是否有大型农机具	是	32.11	19.38	80.62
	否	67.89	46.92	53.08

在样本农户中，户主年龄在50岁以上的种植户雇佣生产的意愿最弱，为35.62%（见表7-4）；户主学历为高中及以上的农户雇佣生产的意愿最高，达

到 51.06%，初步表明学历越高雇佣生产的意愿越强；风险规避性弱的农户雇佣生产的意愿明显高于风险规避性强的农户，两者比例分别为 61.82% 和 35.03%。在样本农户中，家庭农业劳动力数量为两人及以下的农户雇佣生产的意愿最高，为 51.02%，并且数据统计初步表明，家庭中农业劳动力数量越多雇佣生产的意愿越低；家庭农业收入比重为 60% 以上的样本农户雇佣生产的意愿最低，为 27.05%，而家庭种植大豆年均收入在 2 万元以上的样本农户雇佣生产的意愿最高，为 59.04%。在样本农户中，大豆种植面积在 10 公顷及以上的农户雇佣生产决策意愿最强，达到 88.95%，并且大豆种植面积越多，雇佣生产意愿越强；土地细碎化程度不严重的样本农户雇佣生产意愿明显高于土地严重细碎化的农户，占比为 46.36%。另外，家庭配备农机具的样本农户雇佣生产的意愿明显低于没有农机具的农户，仅为 19.38%。

二、大豆种植户雇佣生产意愿的影响因素分析

（一）建立模型

本节选取大豆种植户雇佣生产决策意愿为被解释变量，即当大豆种植户选择雇佣生产时取值为 1，当大豆种植户不选择雇佣生产时取值为 0，这是典型的二分类变量，选取二项 Logistic 回归模型对大豆种植户雇佣生产决策意愿进行分析。其模型基本形式如下：

$$P_i = F\left(\alpha + \sum_{i=1}^{n}\beta_i X_i\right) = 1 / \left\{1 + \exp\left[-\left(\alpha + \sum_{i=1}^{n}\beta_i X_i\right)\right]\right\} \quad (7-6)$$

其中，P_i 为大豆种植户 i 选择雇佣生产行为的概率，F 为逻辑分布函数，β_i 为估计参数，X_i 为自变量。

又有，大豆种植户 i 选择雇佣行为的概率为：

$$p_i = \frac{e^{\alpha + \sum_{i=1}^{n}\beta_i X_i}}{1 + e^{\alpha + \sum_{i=1}^{n}\beta_i X_i}} \quad (7-7)$$

不选择雇佣行为的概率为：

$$1 - p_i = \frac{1}{1 + e^{\alpha + \sum_{i=1}^{n}\beta_i X_i}} \quad (7-8)$$

由此可得出大豆种植户雇佣生产决策意愿的发生比率为：

第七章 土地规模化流转背景下的农业雇工及雇用生产

$$\frac{p_i}{1-p_i} = e^{\alpha + \sum_{i=1}^{n} \beta_i x_i} \tag{7-9}$$

将式（7-9）进行自然对数转换，得出下面的 Logistic 函数形式：

$$Ln\left(\frac{p}{1-p}\right) = \alpha + \beta_1 x_1 + \beta_2 x_2 + \cdots + \beta_i x_i + \varepsilon \tag{7-10}$$

其中，α 为回归截距，x_1，x_2，$\cdots$，x_i 为自变量，β_1，β_2，$\cdots$，β_i 为相对应自变量的系数，ε 为随机扰动项。

（二）变量选择

本节从4个维度来分析大豆种植户雇佣生产意愿的影响因素：一是户主自身属性，包括户主年龄、性别、受教育水平、风险规避程度和大豆种植经验；二是农户家庭属性，包括大豆播种面积、家庭农业劳动力数量和家庭农业收入比重；三是生产条件属性，包括耕地类型、土地细碎化程度、是否有大型农机具和劳动力用工成本；四是政策环境属性，包括农业补贴政策执行情况。变量的定义及赋值如表7-5所示。

表 7-5 变量的定义及赋值

变量类型	变量名称	符号	测量及赋值	预期方向
被解释变量	雇佣生产意愿	Y	0：不愿意；1：愿意	
户主自身属性	年龄（岁）	X_1	实际数值	-
	性别	X_2	1：男；2：女	不确定
	受教育水平	X_3	1：小学及以下；2：初中；3：高中及以上	+
	风险规避程度	X_4	0：明显；1：不明显	+
	大豆种植经验（年）	X_5	实际数值	+
农户家庭属性	大豆播种面积（公顷）	X_6	实际数值	+
	家庭农业劳动力数量（人）	X_7	实际数值	+
	家庭农业收入比重（%）	X_8	实际数值	不确定
生产条件属性	耕地类型	X_9	1：平地；2：岗地、洼地及其他	-
	土地细碎化程度	X_{10}	0：不严重；1：严重	+
	是否有大型农机具	X_{11}	0：是；1：否	+
	劳动力用工成本（元/天·人）	X_{12}	实际数值	+
政策环境属性	农业补贴政策执行情况	X_{13}	0：较差；1：较好	+

(三) 结果分析

基于大豆种植户是否愿意雇佣生产这一被解释变量，解释变量均进入回归模型。模型回归结果显示，Cox&SnellR^2 值和 NagelkerkeR^2 值分别是 0.573 和 0.614，对数似然值为 342.247（见表 7-6）。说明模型的整体拟合和预测效果较好，可以通过回归结果来分析和判断自变量的作用方向和大小。

表 7-6　　　　　　　Logistic 回归模型总体检验

指标	数值
-2loglikehood	342.247
Cox&SnellR^2	0.573
NagelkerkeR^2	0.614

Logistic 回归模型参数估计值

解释变量	回归系数（B）	标准误差（S.E）	沃尔德值（Wald）	发生比率 Exp（B）
X_1	-0.021**	0.017	1.524	0.977
X_2	0.276	0.362	0.581	1.318
X_3	0.371*	0.461	0.648	1.448
X_4	0.227**	0.134	2.870	1.255
X_5	0.553**	0.428	1.667	1.738
X_6	0.422***	0.267	2.498	1.525
X_7	-0.748*	0.473	2.501	0.473
X_8	-0.227	0.235	0.933	0.797
X_9	-0.235*	0.163	2.078	0.791
X_{10}	-0.415**	0.287	2.091	0.660
X_{11}	0.428*	0.353	1.468	1.534
X_{12}	-0.661**	0.462	2.047	0.516
X_{13}	0.738**	0.611	1.459	2.092
常数项	-5.274***	3.469	2.312	0.000

注：*、**、*** 分别表示在 10%、5% 和 1% 的显著水平上显著。

模型总体估计结果显示，进入回归模型的 13 个变量有 11 个通过了显著性水平检验，性别和家庭农业收入比重两个变量未通过显著性检验，表明种植户性别和家庭农业收入水平并未对其是否选择雇佣生产产生影响。种植户受教育水平、

第七章 土地规模化流转背景下的农业雇工及雇用生产

风险规避程度、大豆种植经验、大豆播种面积、未购置大型农机具和农业补贴政策执行情况对农户雇佣生产决策意愿有正向影响；年龄、家庭农业劳动力数量、土地细碎化程度、耕地类型和劳动力用工成本对农户雇佣生产决策意愿呈明显的负向效应。

首先，从户主自身属性方面看，受教育水平、风险规避程度和大豆种植经验对其是否选择雇佣生产有正向影响，种植户年龄对选择农业雇佣生产有负向影响。调研中发现，大部分农户对农业生产经营风险持保守和规避的态度，尤其对花费较高成本进行人力雇用和机器外包持谨慎态度。在当前农业供给侧结构性改革的背景下，很多农户对大豆未来市场预期不明朗，因此风险规避性越强的农户越不愿意在雇佣方面投入过多。调研中同时发现，农户的风险规避性与其受教育程度密切相关，样本区域中经营规模较大的农户往往是受教育水平较高、种植经验丰富且头脑较为灵活的人群，他们对于市场走势的把握、新信息获取的渠道和能力以及政策研判等方面具备更大优势，这有助于降低其经营风险，减弱其对未来预期的不确定性。因此，受教育程度较高的大豆种植户更愿意扩大生产的同时选择人力或机械技术雇用。另外，年龄变量通过了5%显著性水平检验，表明农户年龄越大，选择雇佣生产的概率越低。调查中也发现，农户对外界信息的获取和接受水平随年龄的增加而递减，年龄较大的农户在降低经营成本和提高经营收益方面，更愿意选择前者而非后者。同时，大豆种植经验变量系数也较为显著，表明农户种植经验越丰富，对农业生产技术和技能掌握程度越高，越愿意加大生产投入。

其次，从农户家庭属性方面看，大豆播种面积指标通过了1%显著性水平检验。生产实践表明，我国农业生产的规模化优势明显。农户扩大土地生产规模、加大农业投入的同时，也带来土地和农用物资等生产资料利用率的提高，例如，机械化播种、耕作和施药等可进一步提高劳动效率和作业质量，开展测土配方施肥，推广配方肥，可以进一步降低大豆种植的单位生产成本。扩大规模带来单位成本节约的同时，也可以提高农产品品质，从而提高其市场竞争力，提高农户的收入水平。因此，农业规模的扩大有助于农户选择雇佣生产。调研中发现，大规模种植的农户多为新型农业经营主体，由于经营需要，其在闲散劳动力雇佣、农业机械技术外包、信息技术服务购买和管理人员聘用等方面有更多需求，选择以雇佣生产方式进行经营的概率更高。另外，家庭农业劳动力数量指标通过了10%显著性水平检验，且为负值，表明家庭自有劳动力越多，选择雇佣的概率越低。调研中发现，样本农户中专业从事农业生产的劳动力数量多的大家庭，其耕地数量往往较多，且农机器械等生产资料配备也较为齐全，因此，此类农户在劳动力和机械雇用等方面需求较低。

再次，从生产条件属性方面看，劳动力用工成本、土地细碎化程度和耕地类型三个指标均对选择农业雇佣生产有负向影响。计量结果表明，大豆种植户对农业用工成本较为敏感，劳动力雇用费用较高会减少或者降低雇佣生产发生的概率。调查发现，劳动用工成本因区域和从事工种不同而差异明显：从事田间管理的闲散劳动的雇用费用从70元/天到150元/天不等；从事专门机器操作和维护的技术人员的雇用方式有按天计费式的固定工资制，有按亩提成的激励工资制，也有混合工资制的，各地区雇用费用差异较大。调查进一步发现，土地规模在20公顷左右的农户对劳动力用工费用更为敏感，原因是该种植规模相比于小规模土地经营带来的单位成本节约效果不明显，农户生产经营需要投入的成本总量较高，因此雇佣仅发生在劳动密集型环节，且严格控制用工数量。土地细碎化程度和耕地类型两个指标系数也较为明显，表明土地细碎和耕地平整水平提高会刺激农户选择雇佣生产。另外，是否有大型农机具指标通过了显著性检验，但变量系数较小，原因是拥有大型农机具的农户多为新型农业经营主体，土地经营规模较大，资金充足，此类农户选择劳动力雇用的方式非常普遍，而受资金约束的小规模农户选择机械技术服务雇用更多一些，因此，在模型中该指标系数不明显。

最后，从农业补贴政策执行情况看，黑龙江和内蒙古地区于2014年开始全面实施大豆目标价格补贴政策，两地补贴标准和水平存在差异：黑龙江省大豆补贴标准2014年为每亩60.50元，2015年为每亩130.87元，内蒙古全区的补贴标准2014年为每亩36.56元，2015年为每亩32.63元。大豆补贴成为降低豆农生产成本、提高种植积极性、稳定大豆市场价格的有效手段。2016年，政府调整玉米临时收储政策，根据"市场定价、价补分离"原则在东北三省和内蒙古地区建立玉米生产者补贴制度，即"市场化收购"加"补贴"。在种植、收储、补贴等一系列政策调整之后，国内玉米有可能回归到与国际玉米市场价格相近水平，其对大豆的替代性会逐步减弱。在国家积极进行农业供给侧结构性改革的背景下，农户大豆种植的积极性逐步提高（王颜齐等，2017），预期稳定的同时也在农业生产上加大投资，雇佣生产的比例逐步提高。另外，调查中也发现，大豆目标价补贴等农业政策在基层实施过程中存在落实不到位，如补贴对象不明确、人为降低补贴标准、兑付时间拖延等现象（顾智鹏等，2016），这对农户生产的稳定预期造成比较明显的影响，同时也会降低其雇工意愿。

三、结论及对策建议

农业雇佣生产作为推动我国现代农业和城乡一体化发展的组织方式,将会在相当长的一段时期内存在,持续重组和优化农村劳动力、技术、信息和管理等要素的配置结构,提高农业资源的利用效率。本节基于黑龙江和内蒙古两地688份大豆种植户样本,利用Logistic模型实证分析了农户雇佣生产决策意愿及其影响因素。结果表明,种植户受教育水平、风险规避程度、大豆播种面积、大豆种植经验、未购置大型农机具和农业补贴政策执行情况对农户雇佣生产决策意愿有正向影响;年龄、家庭农业劳动力数量、土地细碎化程度、耕地类型和劳动力用工成本对农户雇佣生产决策意愿呈明显的负向效应。基于上述分析,本节提出如下对策建议:

第一,积极完善地区农地流转平台组织建设,健全农地流转市场机制,降低土地细碎化程度,提高土地适度规模化经营。现代农业生产的基础是农村土地能够形成一定的规模,农村土地过于细碎化会增加农业生产的时间成本,农村土地流转可以使土地连片,目的是增加土地的生产效率,带来更多的经济收入。农村的土地流转更多地是存在于熟人间的口头协议,具有范围小、时间短、不规范的特点。土地细碎化多是因为农民要求按土地质量平分土地导致的。完善的土地流转制度能加快土地集中连片,规范合理的制度保障承包者土地投入的收益。降低土地细碎化程度,加快土地集中连片可以促进农村的农业雇佣生产,使农业生产可以形成一定的规模,增加农业雇佣双方的收入。

第二,积极培育新型农业经营主体,加强地方扶持政策的完善,提高农户抗生产风险和市场风险的能力,降低农户风险规避性。培育新型农业经营主体是实现农业现代化的重要途径。农民专业合作社、家庭农场、种植大户和农业企业等新型农业经营主体相较于普通农户最显著的特点就是经营规模的扩大,因此,在经营过程中投入更多,生产过程中更注意结合市场,在管理上更加科学、专业,在总体上新型农业经营主体会增强抵抗生产风险和市场风险的能力。新型农业经营主体在内部增强自身抵抗风险能力的同时政府也要出台相关扶持政策予以外部支持,增加农业保险的覆盖率,为新型农业经营主体的发展提供有利的外部环境。

第三,积极建立农村劳动力用工平台组织,完善地方农业科技培训和职业教育,提高农户农业生产技能,优化农业雇佣生产效果。随着农村青壮年劳动力的大部分流出，农村劳动力以中老年为主，尤其在农忙时期，不能够满足农业生产的需求。农村大量劳动力的流出使劳动力缺失因而使雇佣农村劳动力的成本持续增加。政府提供农村劳动力流动平台，不仅会降低雇佣劳动力成本，而且会提高劳动力市场交易的效率，既能在农忙时期提供充足的劳动力数量，还能给劳动力提供者带来更多的收入。在农村多开展非农技能的教育培训，增加农民的劳动技能，具有非农技能的农民倾向选择农业雇佣生产提高农业生产效率，使自己能够快速完成农业生产而投入非农生产，带来更多的经济效益。

第四，积极完善农业补贴制度，提高大豆和农机等领域的农业补贴水平，完善农业政策执行机制，稳定农户预期。农业补贴不仅能够提高种植户进行农业生产的积极性，而且对农业生产活动有重要的引导作用。一方面，我国大豆在市场竞争中处于劣势地位，提高对大豆种植的补贴能适当提高我国大豆的供给量；另一方面，种植户对于农机等投入较大的雇佣较为谨慎，农机补贴降低了农业机械使用成本，对种植户进行农机雇用有促进作用，增加农业生产效率的同时节约更多人力成本。加强对农业补贴政策实施过程的监督，保证农业补贴政策公开透明的执行，真正让种植户得到政策优惠，减小种植户预期收益的波动。

第四节 种植户雇佣生产行为选择及其影响效应分析——基于黑龙江和内蒙古大豆种植户的面板数据[①]

雇佣生产是解决当下农村青壮年劳动力外流与土地规模化经营对劳动力需求之间矛盾的有效手段，也是提高农业生产领域技术效率和资源配置效率的有效方式。实践和理论研究均表明，农业雇佣生产是现代农业和城乡统筹发展中的阶段性必然现象（王志刚等，2011；陈昭玖、胡雯，2016）。人类农耕史上出现过四种典型的农业生产方式，分别是自耕、雇佣、租佃和合作。早期的农业雇佣生产以雇佣劳动力为主，劳动力的普遍商品化和以劳动力商品租赁为基本内容的雇佣劳动制的普及出现在封建社会和资本主义社会（李文治，1981），它是一种社会生产所需的人力因素借助劳动力商品交换实现与物质要素相结合的生产组织形式。在市场经济条件下，雇佣劳动是人力资源配置的有效手段。当前，伴随中国

---

① 本节内容发表于《中国农村经济》（2018.4）：王颜齐、郭翔宇. 种植户农业雇佣生产行为选择及其影响效应分析——基于黑龙江和内蒙古大豆种植户的面板数据。

制度变革和经济社会发展，雇佣生产的方式更为灵活和丰富，对象更加多元化。雇佣生产中的要素包括人的要素、物的要素以及两者结合的要素三类，具体涵盖资本、劳动力、土地、技术、管理和信息等。一般来讲，生产要素的取得和分配可以在计划和市场两种环境中完成，分别对应配给方式和交易方式。而只有市场环境才能孕育出雇佣关系，它是社会分工演变和商品生产发展的产物。在市场经济条件下，生产要素作为商品进行交换，其最终形式体现为"物的要素"可以通过购买方式获得，"人的要素"则可以通过雇用方式获得（见图7-2）。

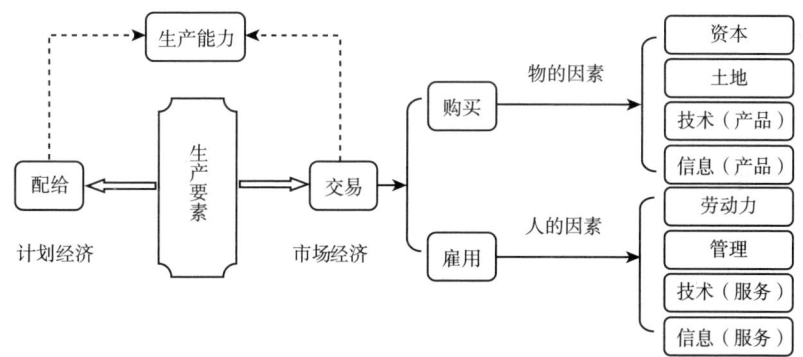

图7-2　生产要素的转移和获取

在中国早期农业合作化时期，由于经济体制的限制，生产要素获得的基本方式是配给方式，基本不存在雇佣方式。在家庭联产承包责任制实行初期，简单的机械服务外包在大田粮食生产领域的实践可以认为是中国较早出现的农业雇佣生产方式。进入20世纪90年代，随着农业机械化水平以及农业市场化程度的逐渐提高，农机服务领域已由单一的大田粮食生产扩展到了蔬菜、水果生产及畜牧等行业，雇佣生产的内容和方式逐渐丰富。当前，中国农业雇佣生产的广泛普及至少基于以下两个事实：一是土地经营制度的改革和城镇化水平的提高。中国农村土地流转在20世纪80年代就已经开始，大规模流转则发生在近10年。目前，中国农村土地流转率已达30%，土地经营适度规模化成为农业发展的大趋势。与此同时，工业化和城镇化的飞速发展助推大量农村劳动力外流。二是由于土地规模化流转、农村劳动力转移以及政策等因素的综合作用，中国农业生产组织方式不断发展演变，表现为农业生产基本单元的渐变和农业生产方式的发展。其中，前者表现为农业生产已经由家庭承包经营制下以小规模农户为唯一生产单元的格局逐渐向多元化转变，农业大户、家庭农场、农民专业合作社等新型农业经营主体和普通农户并存已成为客观事实。后者表现为农业生产方式由原本的自耕、互助式合作逐渐演变为现在的合作、合作联合、雇佣等方式。其中，农业雇佣生产因为涌入新的要素而变得更加丰富，雇佣内容不仅包括机械等技术服务的外包、闲散劳动力的雇用，还包括管理人员的聘用以及市场信息和服务的购买等。总之，农业雇佣生产在当前农村经济社会条件下已经成为一种新的、客观存在的经济现象。

当前，国内外关于农业雇佣生产的研究主要沿着三个方向进行：一是在社会学领域用社会学方法研究农业雇佣生产与经济政策（Basok，2000；Moyo and Rutherford，2000）、农业雇工的流动（Mcnamara and Ranney，2002）、农业雇工的福利与生存（Mcnamara and Ranney，2002；Bojnec and Dries，2005；Dumont and Baret，2017）等议题。二是将历史学方法和经济学方法相结合，研究近现代中国农业雇佣生产演变的历史规律（黄宗智，1988；史志宏，2003；张静，2008）。三是在经济学领域集中研究农业雇佣生产的产生、发展、农户行为及效率等问题，具体研究内容涉及：①农业雇佣生产的现状及演变规律。鲁先凤（2008）较早关注了中国现阶段农业雇工的主要特征，以及农业雇工存在和发展的历史条件和现实诱因。王新志（2015）研究认为，在当前中国农机服务专业化程度和服务交易效率逐步提高的背景下，家庭农场等规模经营主体的农机服务需求正在由自给自足演进为专业化服务，自有还是雇用农机服务成为家庭农场的两难抉择。②农业雇佣条件下雇主和雇工的行为。Dupraz 等（2015）对比分析了法国和瑞士农业生产用工类型（包括家庭自有成员、雇用劳动力和合同工人）的影响因素，发现耕地面积不会对农业用工类型产生影响，而法国的农业投资政策更有利于农场主雇用家庭成员之外的劳动力。③农业雇佣生产的影响及效率。Dupraz 等（2015）研究发现，农业雇工是欧盟地区的一种可持续就业方式，对提高农业收入和促进经济增长具有积极作用。Benjamin 和 Kimhi（2006）研究发现，农业雇用工人对家庭用工投入具有替代性，对家庭成员投入农业生产的劳动力分配存在影响。张忠军、易中懿（2015）研究认为，生产环节外包对水稻生产率具有积极影响，能够实现分散土地的规模经营，促进土地资源的有效利用和农业生产效率的提高。赵玉妹等（2013）基于农业技术采纳效益模型的构建，对比总结了农户技术采纳前后家庭收益水平的变动，明确了农机外包服务在增加农业产出方面的积极作用。王颜齐、郭翔宇（2011）基于多任务委托—代理模型对雇用采茶工劳动效率进行了实证研究，发现采用"固定工资+过程监督"合约会导致采茶工、茶农和社会三方出现效率损失，而"计件工资+事后客观评估"合约优于"固定工资+过程监督"合约。申红芳等（2015）测算了水稻生产环节外包的生产效率,发现劳动力要素、村庄专业化服务社队、稻农生产性补贴政策和农业技术人员的技术指导对农户生产环节外包行为有显著影响。

本节提出的农业雇佣生产包括劳动力雇佣、农机作业外包、管理人员聘用、信息服务购买等4项内容。从现有文献来看,农户雇佣生产行为及效率是学者近期研究的热点。目前,国内研究主要集中在水稻生产者农机作业外包方面,较少关注土地规模化经营、农业组织化生产条件下产生的季节性劳动力雇用和组织管理人员雇用等,而这恰恰是当前中国农业经济领域的最新变化。另外,关注水稻生产环节外包的文献比较多,而研究其他农作物品种(如大豆、玉米等)雇佣生产的文献尚无。本节拟从微观层面关注土地规模化流转后大豆种植户雇佣生产行为的特征及其影响,寻找能够使农业生产和要素资源更好匹配、引导规范雇佣生产行为、提高农业生产效率的对策良方。

一、种植户农业雇佣生产行为选择分析

(一) 全国及分地区种植户雇佣生产行为选择

从全国范围来看(见图7-3),2004—2014年,稻谷、小麦、玉米三种粮食作物平均雇佣生产水平(由雇工费用和租赁作业费用之和与总生产成本相比得出)变化比较平稳,基本保持在17%~20%的水平。相较而言,大豆雇佣生产水平低一些,在14%~19%之间。可能的原因是:在上述农作物收割等技术密集型环节,大豆生产机械化的普及率不及水稻;而水稻在育苗、插秧等劳动密集型环

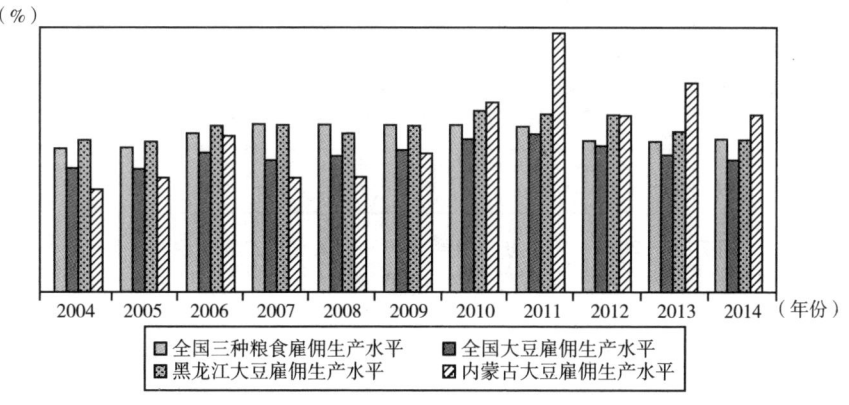

图7-3 2004—2014年三种粮食作物、大豆雇佣生产水平

资料来源:《全国农产品成本收益资料汇编》(2005—2015年)。

节用工强度高于大豆。从黑龙江和内蒙古的情况来看,前者大豆雇佣生产水平在18%~21%之间,超过全国三种粮食作物平均雇佣生产水平;而后者大豆雇佣生产水平波动较大,2004—2009年低于全国三种粮食作物平均雇佣生产水平,2010—2014年明显增长,高于全国平均雇佣生产水平。分阶段来看,全国、黑龙江、内蒙古大豆雇佣生产水平均呈现出明显的阶段性变化,2010—2014年雇佣生产水平整体上高于2004—2009年的水平。可能的原因是:2008年前后,中国农村开始了土地规模化流转,大量土地释放的同时,农村劳动力兼业化和非农化比例上升,对农业雇工需求量大增,最终导致雇佣生产水平明显提高。

从图7-4中三种粮食作物和大豆生产雇工费用占比来看,全国三种粮食作物雇工费用占比与全国大豆雇工费用占比水平相当,年间有小幅波动。分地区来看,黑龙江明显高于全国水平,呈现前低后高的阶段性特点,而内蒙古年间变化比较大。从图7-5三种粮食作物和大豆雇佣生产成本中租赁作业费用(包括机械作业费、排灌费和畜力费)占比来看,三种粮食作物的平均租赁作业费用依然高于大豆,同时大豆有小幅增加的趋势。分地区来看,黑龙江大豆生产租赁作业费用占比高于全国平均水平,且年间变化较为平稳,内蒙古大豆生产租赁作业费用占比则增加明显。

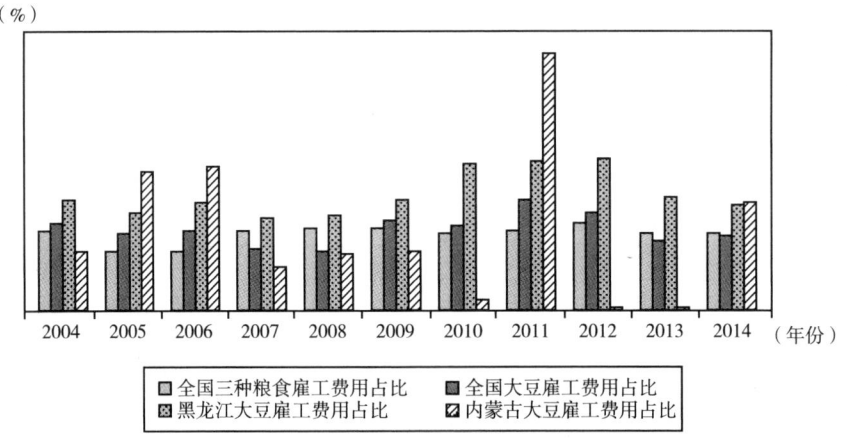

图7-4 2004—2014年三种粮食作物、大豆生产雇工费用占比
资料来源:《全国农产品成本收益资料汇编》(2005—2015年)。

从租赁作业费用与雇工费用比来看(见图7-6),三种粮食作物的平均水平呈现前增后减的态势,而全国、黑龙江和内蒙古大豆该指标的变化则较为明显:2004—2007年、2007—2011年和2011—2014年,呈现"增—减—增"的变化趋势,表明土地规模化经营、科技进步等因素对中国大豆生产投入结构的影响十分显著：土地规模化经营初期，农业经营主体对普通劳动力的需求明显增加，同时保持高水平的雇用机械作业服务；随后，农业经营主体迅速成长，突破资金约束，开始自购机械，雇用机械服务减少，同时机械对劳动力的替代效应也明显显现，使劳动力和机械服务的整体雇用水平稳中有降。

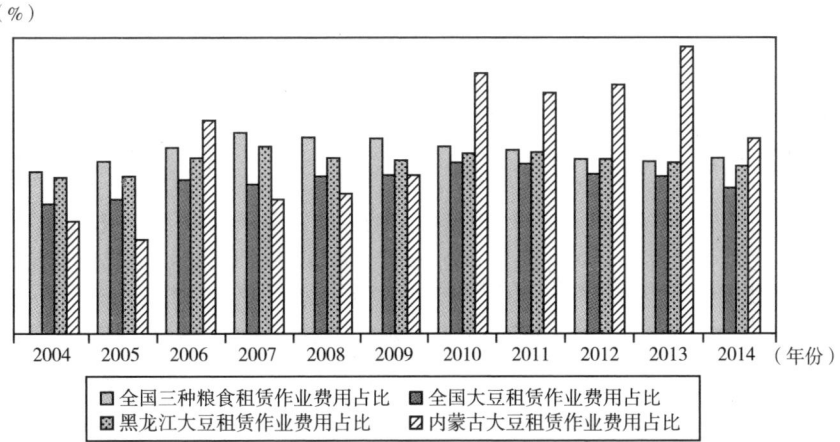

图 7-5　2004—2014 年三种粮食作物、大豆生产租赁作业费用占比
资料来源：《全国农产品成本收益资料汇编》(2005—2015 年)。

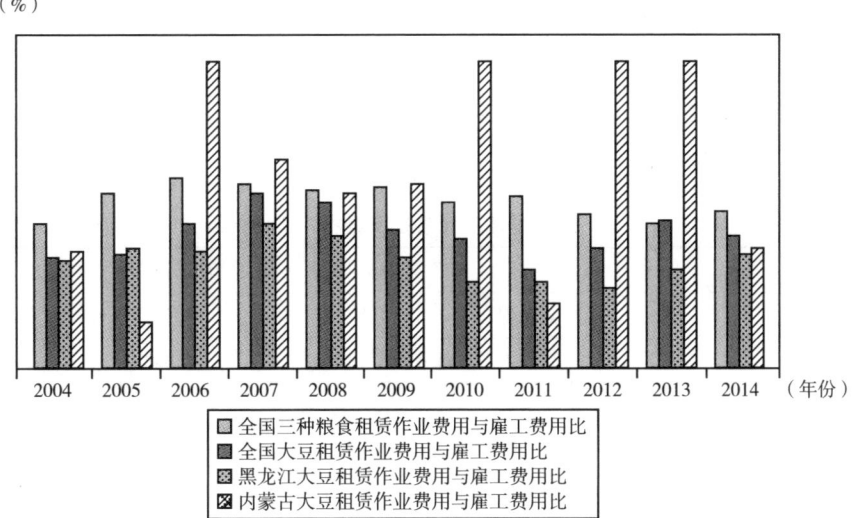

图 7-6　2004—2014 年三种粮食作物、大豆生产租赁作业费用与雇工费用比
资料来源：《全国农产品成本收益资料汇编》(2005—2015 年)。

（二）调研地区大豆种植户雇佣生产行为选择

本节分析所用数据有两个来源：一是调查组成员 2016 年 8 月在黑龙江和内蒙古的调查；二是笔者所在学校经济管理专业部分研究生和本科生 2016 年暑假"三下乡"社会实践的调查。调查采用随机抽样方式，在黑龙江省通河县、巴彦县、方正县、宾县、克东县、依安县、克山县、富裕县、嫩江县、北安市和内蒙古甘河农场各生产队进行问卷调查和深度访谈，共获取有效样本 635 个。

表 7-7 显示，2014—2016 年，黑龙江和内蒙古两地大豆种植户存在雇佣生产行为的比例均高于 80%，随时间推移略有增长，且三年内都存在雇佣生产行为的农户比例达到 81.4%。这表明，调查地区大豆生产要素市场化环境在优化，与此同时，农户采用要素外包以提高资源配置效率的意识和意愿在不断增强。

表 7-7　　　　　　存在雇佣生产行为的样本数量统计

	2014 年	2015 年	2016 年	2014—2016 年都存在雇佣行为
户数	537	553	587	517
占比（%）	84.6	87.1	92.4	81.4

本节下面的分析集中关注三年内都存在雇佣生产行为的 517 户样本，其基本特征如表 7-8 所示。在总样本中，普通农户占 78.9%，新型农业经营主体占 21.1%。来自黑龙江的样本比较多，且集中在第一、第二、第三积温带，该地区大豆种植的自然条件较为良好，大豆单产较高。经营耕地面积在 6~50 公顷之间的农户占总样本的比重最大，达到 67.7%。而在非农务工收入占家庭总收入比重等指标上，样本分布较为平均。

表 7-8　　　　　　样本基本特征及分布

		户数（户）	占比（%）
种植户类型	普通农户	408	78.9
	新型农业经营主体	109	21.1
户主职业	纯务农	419	81.0
	兼业	98	19.0
地区分布	黑龙江第一、第二、第三积温带	217	42.0
	黑龙江第四、第五、第六积温带	203	39.2
	内蒙古	97	18.8

第七章　土地规模化流转背景下的农业雇工及雇用生产

续表

		户数（户）	占比（%）
耕地面积	5公顷及以下	95	18.4
	6~10公顷	118	22.8
	11~20公顷	120	23.2
	21~50公顷	112	21.7
	51~100公顷	57	11.0
	100公顷以上	15	2.9
耕地类型	平地	369	71.4
	洼地、岗地	25	4.8
	混合	123	23.8
家庭参与农业生产的劳动力数量	1~2人	259	50.1
	3~4人	171	33.1
	4人以上	87	16.8
非农务工收入占家庭总收入比重	35%及以下	233	45.1
	36%~45%	145	28.0
	45%以上	139	26.9

根据表7-9，从大豆生产环节看，整地和收割环节是种植户选择雇佣生产频次最高的环节，田间管理环节次之，而播种和仓储环节基本依靠自家劳动力来完成生产。

表7-9　　　　2014—2016年分环节雇佣生产情况　　　　单位：%

年份	整地	播种	田间管理	收割	仓储
2014	85.0	8.9	15.7	98.0	6.4
2015	85.9	8.3	15.3	98.5	6.8
2016	85.3	9.1	15.1	98.5	6.8

根据表7-10，大豆种植中的雇佣生产行为主要集中在技术和劳动力两项投入上，技术服务的购买和劳动力雇用的比例分别达到90%以上和30%以上。笔者调查中发现，大豆生产呈现明显的阶段性技术密集型和劳动密集型特征，不同环节对不同类型生产要素的需求差异较大。整地和收割环节主要的生产作业内容是旋地、起垄、收割和装卸，需要比较集中的农机服务，笔者调查地区农机合作社等农

机服务供给主体较多，农机服务市场较完善，生产要素及相关服务购买较便捷，因此，雇佣生产比例较高。而田间管理环节则需要投入较多劳动力完成施肥、喷药、除草和趟地工作，播种和仓储环节对农用机械和劳动力等要素投入需求较弱，依靠农户自家劳动力和自有农用机械即可完成生产，因此，雇佣生产比例较低。

表7-10　　　　　　2014—2016年分项目雇佣生产情况　　　　　　单位:%

年份	劳动力	技术	管理	信息
2014	30.9	95.0	7.4	2.5
2015	31.1	95.9	7.5	2.7
2016	30.6	96.3	7.9	2.7

从大豆种植中雇佣费用的情况来看（见表7-11），平均雇佣费用占种植户生产成本的比例为13.5%。其中，整地和收割环节雇佣费用占比分别为5.6%和6.0%，而播种、田间管理和仓储环节雇佣费用占比分别为1.1%、0.5%和0.3%；技术和劳动力雇佣费用占比分别为12.5%和1.0%，而管理人员聘用和信息服务购买费用的占比则非常低，这与前面的分析一致。笔者调查发现，农机作业外包比例较高的种植户大多属于种植规模较小的普通农户类型；种植规模较大的新型农业经营主体基于其资金实力自购农用机械的比例较高，因此，其农机作业外包的比例较低。不过，新型农业经营主体对闲散劳动力的雇用量比较大。部分农民专业合作社会聘请经理、助理等管理人员，年薪在3万~6万元，但受调查样本结构的限制，所以总体上，样本中管理人员聘用的比例较低。此外，笔者在调查中还发现，部分地区农资企业以农资门店的方式对外提供有偿或免费的农业技术培训、土壤检测、配方施肥、病虫害防治、电子商务信息发布、商品交易等服务。而在生产实践中，农户对该类服务的熟知度和购买意愿并不高。

表7-11　　　　　　　　2015年大豆雇佣生产费用情况

指标	总生产成本（元/公顷）	分环节雇佣生产成本（元/公顷）					分项目雇佣生产成本（元/公顷）			
		整地	播种	田间管理	收割	仓储	劳动力	技术	管理	信息
最大值	11250	540	120	72	585	33	156	1119	144	34.5
最小值	3900	0	0	0	0	0	0	0	0	0
均值	7050.0	393.0	79.5	33.0	425.0	19.5	69.5	882.0	4.5	3.0
均值占比（%）	100.0	5.6	1.1	0.5	6.0	0.3	1.0	12.5	0.0	0.0

二、种植户农业雇佣生产影响效应分析

(一) 模型

面板数据能同时反映研究对象在时间和截面单元两个方向上的变化规律以及不同时间和不同单元的特性,可以用来构建并检验更为复杂的行为模型 (Hsiao, 2007)。面板数据模型的一般形式为:

$$y_{it} = \alpha_{it} + \sum_{k=1}^{K} \beta_{kit} x_{kit} + \mu_{it} \qquad (7-11)$$

其中,y_{it} 为被解释变量;x_{it} 为解释变量;$i=1, 2, 3, \cdots, N$,代表 N 个个体;$t=1, 2, 3, \cdots, T$,代表 T 个时点;K 为解释变量的个数。α_{it} 表示模型的截距项或常数项;β_{it} 为相应解释变量的待估系数;μ_{it} 为随机误差项,满足相互独立、零均值、等方差为 δ^2 的假设。

根据模型截距项和解释变量系数是否固定不变,面板数据模型有三种基本形式:混合回归模型、固定效应模型和随机效应模型。如果样本数据平稳,则可以先进行回归分析,然后进行 F 检验和 Hausman 检验以确定本节的研究适合哪种具体模型。其中,固定效应模型又分为三种类型,即个体固定效应模型、时期固定效应模型和双向固定效应模型,其基本形式分别为:

$$y_{it} = \alpha_i + \beta_1 x_{1it} + \beta_2 x_{2it} + \cdots + \beta_K x_{Kit} + \mu_{it} \qquad (7-12)$$

$$y_{it} = \gamma_t + \beta_1 x_{1it} + \beta_2 x_{2it} + \cdots + \beta_K x_{Kit} + \mu_{it} \qquad (7-13)$$

$$y_{it} = \alpha_i + \gamma_t + \beta_1 x_{1it} + \beta_2 x_{2it} + \cdots + \beta_K x_{Kit} + \mu_{it} \qquad (7-14)$$

式 (7-12) 为个体固定效应模型,其截距项在个体 i 上有变化,而在时间 t 上无变化;式 (7-13) 为时期固定效应模型,其截距项在个体 i 上无变化,而在时间 t 上有变化;式 (7-14) 为双向固定效应模型,其截距项在个体 i 和时间 t 上都有变化。

(二) 变量选择及模型检验

1. 变量选择和描述性统计

依据前面分析,结合数据的可获得性,本节选取大豆种植户生产费用 (CL)、自家劳动力投入 (LR)、自有农用机械投入 (TY)、劳动力雇佣水平 (OLR)、农机作业外包水平 (OTY)、管理人员雇佣水平 (OMR)、信息服务购买水平 (OIN)

7 项指标作为解释变量，选择大豆单产（YD）作为被解释变量。各变量的基本含义和描述性统计如表 7-12 所示。

表 7-12 各变量含义及描述性统计

变量类型	指标	变量含义及赋值	均值	最大值	最小值	标准差
自有资源投入	生产费用	大豆生产的直接物资投入（包括种子、化肥、农药、燃料等）和土地租赁费用之和与大豆种植面积之比（元/公顷）	365.69	690.00	105.00	140.59
	自家劳动力投入	自家劳动力投入数量与大豆种植面积之比（人/公顷）	1.37	3.60	0.20	1.11
	自有农用机械投入	自家持有的农用机械现值估价与大豆种植面积之比（万元/公顷）	3.62	8.90	0.70	2.95
外部资源投入	劳动力雇佣水平	一个农业生产周期内雇佣劳动力的总费用与大豆种植面积之比（元/公顷）	168.09	350.00	0.00	113.06
	农机作业外包水平	一个农业生产周期内雇佣机械、技术服务等投入的总费用与大豆种植面积之比（元/公顷）	305.94	680.00	0.00	168.36
	管理人员雇佣水平	有管理人员聘用=1，没有管理人员聘用=0	0.28	1.00	0.00	0.45
	信息服务购买水平	有信息服务购买=1，没有信息服务购买=0	0.39	1.00	0.00	0.60
解释变量	大豆单产	大豆单产水平（公斤/公顷）	1963.14	2470.00	1450.04	619.12

2. 建立模型

本节的研究所需模型的具体形式为：

$$YD_{it} = \alpha_0 + \alpha_i + \beta_1 CL_{it} + \beta_2 LR_{it} + \beta_3 TY_{it} + \beta_4 OLR_{it} + \beta_5 OTY_{it} + \beta_6 OMR_{it} + \beta_7 OIN + \mu_{it} \quad (7-15)$$

$$YD_{it} = \alpha_0 + \gamma_t + \beta_1 CL_{it} + \beta_2 LR_{it} + \beta_3 TY_{it} + \beta_4 OLR_{it} + \beta_5 OTY_{it} + \beta_6 OMR_{it} + \beta_7 OIN + \mu_{it} \quad (7-16)$$

$$YD_{it} = \alpha_0 + \alpha_i + \gamma_t + \beta_1 CL_{it} + \beta_2 LR_{it} + \beta_3 TY_{it} + \beta_4 OLR_{it} + \beta_5 OTY_{it} + \beta_6 OMR_{it} + \beta_7 OIN + \mu_{it} \quad (7-17)$$

其中，α_i 表示第 i 个样本农户的个体固定效应，γ_t 表示第 t 个截面的时期固

第七章 土地规模化流转背景下的农业雇工及雇用生产

定效应。

3. 模型检验

首先对面板数据模型设定形式进行似然比检验，然后进行 Hausman 检验。似然比检验主要针对混合模型和固定效应模型之间的选择。根据表 7-13，似然比检验结果在 1% 的显著性水平上应选择固定效应模型，而 Hausman 检验结果在 10% 的显著性水平上应选择固定效应模型。综合似然比检验与 Hausman 检验结果，本节将模型形式确定为固定效应模型。

表 7-13　　　　　　　　　　模型检验结果

	统计值	自由度	概率
似然比检验	49.41	157468	1.80E-03
Hausman 检验	12.48	5.00	0.07

（三）结果及分析

使用个体固定效应模型（以下简称"模型Ⅰ"）、时期固定效应模型（以下简称"模型Ⅱ"）和双向固定效应模型（以下简称"模型Ⅲ"）分别对全部样本数据进行拟合，结果见表 7-14。

表 7-14　　　　　　模型Ⅰ、模型Ⅱ、模型Ⅲ总体估计结果

变量	模型Ⅰ	模型Ⅱ	模型Ⅲ
常数项	87.0274*** (5.5910)	29.5613*** (3.4397)	26.7513** (6.2234)
CL	0.3721*** (0.1264)	0.3826*** (0.0653)	0.3251*** (0.1531)
LR	-0.0199 (0.0095)	-0.0138 (0.0086)	-0.0203* (0.0033)
TY	0.1082** (0.0985)	0.1839** (0.0821)	0.1717*** (0.0587)
OLR	0.0493** (0.0141)	0.0682** (0.0138)	0.0364** (0.0102)
OTY	0.1271*** (0.0292)	0.1381*** (0.0635)	0.1193*** (0.0738)
OMR	3.0480** (0.3161)	3.0544** (0.9844)	3.0281** (0.8828)

续表

变量	模型Ⅰ	模型Ⅱ	模型Ⅲ
OIN	5.1058* (0.1433)	4.6112* (0.1825)	5.0227* (0.1832)
2014	—	2.3404	2.0001
2015	—	3.8307	0.3343
2016	—	1.4903	2.3345
R^2	0.9867	0.9086	0.9869
调整的 R^2	0.9749	0.8908	0.9733
DW 值	2.5153	0.2732	2.4257
F 值	83.3408	10.4565	72.6137

注：①*、**、*** 分别表示估计结果在10%、5%、1%的水平上显著；②括号中的数字为回归系数的标准误；③本表未报告个体固定效应值。

结果显示，劳动力雇佣水平、农机作业外包水平、管理人员雇佣水平和信息服务购买水平均在10%的水平上通过了显著性检验，表明雇佣生产对提升大豆种植户生产效率有积极影响。具体来看，农机作业外包水平的系数在3个模型中均高于劳动力雇佣水平的系数，表明大豆种植过程中雇用技术服务对产量的影响比雇用劳动力的影响显著。笔者的调查也显示，目前，各地大豆种植户对劳动力的需求主要集中在田间管理等时期，雇佣劳动力主要从事农用机械无法替代的零散工作。样本农户均表示，相比较而言，雇用劳动力费用较高而效率较低，因此，可以用机械的地方不会选择人工。信息服务购买水平的系数略高于管理人员雇佣水平的系数，可能的原因是：一般情况下，大豆生产经营主体经济实力较强、生产规模较大时才会聘用管理人员，这样的大豆生产经营主体在总体样本中的比例较低，对估计结果有一定的影响。此外，笔者调查发现，农机站、农机服务企业较为成熟、农业社会化服务体系较为健全的地区，大豆种植户在购买种子、防治病虫害等方面得到信息、指导的概率明显要高于其他地区，这也间接印证了农业技术信息服务对农业生产效率有积极影响。

使用普通农户和新型农业经营主体的数据对双向固定效应模型（模型Ⅲ）分别进行拟合，所得结果见表7-15。可以看出，普通农户农机作业外包水平的系数明显高于新型农业经营主体的系数，而新型农业经营主体劳动力雇佣水平的系数要明显高于普通农户的系数，表明雇用农用机械对于普通农户生产效率的影响更大，而雇用劳动力对于新型农业经营主体的产出水平影响更大。其基本逻辑是：对于普通农户而言，农用机械在替代人工节省时间的同时也降低了单位投入，同时提高了亩均产出；而对于新型农业经营主体而言，由于其自购农用机械的占比较高，机械替代人工所产生的时间和单位投入节省效应并不明显。相比较而言，在劳动密集型生产环节，新型农业经营主体雇用劳动力的必要性远远大于普通农户，因此，雇用劳动力所产生的影响也更为显著。另外，普通农户信息服务购买水平的系数也高于新型农业经营主体的系数，原因是普通农户在农资购买、农机农艺、产品销售等方面掌握的信息量和拥有的信息渠道不及新型农业经营主体，因此，购买信息服务对普通农户帮助更大，效应更明显。

表7-15 基于不同大豆生产主体类型的模型Ⅲ估计结果

变量	普通农户	新型农业经营主体
常数项	24.4668*** (7.2759)	27.3071*** (5.4861)
CL	0.2795*** (0.0227)	0.3348*** (0.0295)
LR	0.6262 (0.0363)	-0.90093* (0.0119)
TY	0.1395** (0.0281)	0.0976*** (0.0252)
OLR	0.0313** (0.0056)	0.1833** (0.0826)
OTY	0.1632** (0.0227)	0.0870** (0.0090)
OMR	—	7.2169** (0.5828)
OIN	10.4113** (0.9004)	4.7144** (0.2110)
2014	6.7853	13.8282
2015	7.4081	11.9791
2016	9.3773	12.8490
R^2	0.9873	0.9273
调整的 R^2	0.9705	0.8888
DW值	1.5271	1.2871
F值	58.6128	24.1031

注：①*、**、***分别表示估计结果在10%、5%、1%的水平上显著；②括号中的数字为回归系数的标准误；③本表未报告个体固定效应值；④因变量间存在相关性，使用普通农户样本的模型剔除了 OMR 变量。

使用大豆分生产环节数据对双向固定效应模型（模型Ⅲ）分别进行拟合，结果见表7-16。田间管理环节劳动力雇佣水平的系数最高，其次是仓储环节，表明上述两个环节劳动力投入对大豆生产的影响最明显，原因是这两个环节属于劳动密集型生产环节，机械替代程度最低。而收割和整地环节农机作业外包水平的系数最高。根据笔者的调查，样本地区上述两个环节雇用农用机械的比例在9成以上，雇用农用机械相比于人工投入优势更为明显。在整地环节，采用传统的人工翻耕作业往往翻耕深度浅，一般仅为15厘米，不均匀，且碎土率低，难以适应农艺要求；而采用机械重耙深耕能实现耙后地表平整，无漏耙，作业速度快，大豆生产效率明显提高。在收割环节，即使考虑到地块、垄形、成熟期、天气等因素，机械收割效率也是人工的几十倍，但由于目前大豆机械收割漏损率较高，少数农户仍会选择使用自家劳动力。此外，田间管理和播种环节信息服务购买水平的系数较高，表明农业信息服务在这两个环节对大豆生产效率的影响最为显著。

表7-16 大豆不同生产环节的模型Ⅲ估计结果

变量	整地环节	播种环节	田间管理环节	收割环节	仓储环节
常数项	27.3732***	26.3102***	29.1297***	27.9597***	28.6934***
	(7.0734)	(7.3554)	(6.1739)	(7.1579)	(7.2201)
OLR	0.1419***	0.2846**	0.6122***	0.2188***	0.53827**
	(0.0421)	(0.0873)	(0.0349)	(0.5166)	(0.5306)
OTY	0.2533**	0.2134**	0.2452**	0.3190**	0.2514**
	(0.0743)	(0.0923)	(0.0380)	(0.0491)	(0.0673)
OMR	6.1080**	6.4221**	6.2405**	7.1794*	6.7992**
	(0.0865)	(0.0853)	(0.0897)	(0.0757)	(0.0808)
OIN	8.1131**	10.4831**	10.0019*	8.7763**	8.7022**
	(0.0719)	(0.0811)	(0.0979)	(0.0900)	(0.0820)
2014	4.6247	4.1458	4.1111	4.2010	4.1692
2015	3.7743	3.0285	3.0434	2.9967	2.1391
2016	4.3990	5.1744	5.1545	5.1979	5.3083
R^2	0.8802	0.8720	0.8819	0.8837	0.8794
调整的 R^2	0.8649	0.8569	0.8657	0.8757	0.8540
DW 值	0.1306	0.1639	0.1216	0.1192	0.1190
F 值	57.5545	58.5518	57.9828	57.9583	57.1502

注：①*、**、***分别表示估计结果在10%、5%、1%的水平上显著；②括号中的数字为回归系数的标准误；③本表未报告个体固定效应值；④因数据的可获得性，各模型剔除了 CL、LR 和 TY 三个变量。

三、结论及政策启示

当前,由于农村土地大规模流转、劳动力大量外流,土地由分散经营向规模化经营演变的趋势愈发明显。农业经营主体由小规模农户为主逐渐向多种主体并存转化,催生出农业大户、家庭农场、农民专业合作社等新型农业经营主体。与此同时,农业生产方式也在发生变化,农户小规模自耕正逐渐向大规模雇佣生产发展,而雇佣的方式和内容也越来越丰富。可以说,农业雇佣生产在当前农村经济社会条件下出现了新的发展态势。本节基于黑龙江和内蒙古大豆种植户的面板数据建立固定效应模型,结果表明,劳动力雇佣水平、农机作业外包水平、管理人员雇佣水平和信息服务购买水平4个指标均对大豆单产有积极影响。分类样本拟合结果显示,雇用技术服务对普通农户大豆生产效率的影响更为显著,而雇用劳动力对新型农业经营主体的大豆生产效率影响更为明显。田间管理环节劳动力雇佣水平的系数最高,表明该时期劳动力投入对大豆生产效率的影响最明显,而收割和整地环节农机作业外包水平的系数则最高。

基于上述结论,本节提出如下三点政策启示:首先,建立和完善农业技术外包服务平台。目前,农业技术外包服务交易的供需双方多为单独个体,建立完善的外包服务平台,能克服交易的随意性和无组织性,通过集中交易来降低交易双方的费用,提高双方获取信息的效率。在农业技术外包服务平台上建立信用档案,以便于监督承包方行为,减少"道德风险"。在利益分配中,帮助服务供需双方共同降低技术风险,提高农业技术服务效率。其次,建立农村闲散劳动力用工平台,加强农业雇工的劳动技能培训,保障农业雇工权益,提高农村人力资源的利用效率。建立劳动力用工平台有助于完善农村劳动力市场,加快农村闲散劳动力的自由流动,提高资源利用效率。劳动力用工平台可以给农业雇工提供新的资讯,并通过培训帮助农业雇工成为有较高技能的新型农业雇工。最后,加强农业技术推广体系建设,畅通农业科技成果入户到田的渠道,提高科技成果转化速度,提高农户生产技能。利用好农业科研院所和高等农业院校的资源优势,支持鼓励其承担一定的农业技术推广项目,加强农业科技成果的转化。农业科技成果经过有效的农业技术推广才能转化为现实的生产力。要加强农业技术推广体系的建设,一方面,继续保持政府公益性的农业技术推广体系;另一方面,充分培育社会经营性的农业技术服务体系。二者相互协调共同推进农业技术成果转化,加快转化速度,让农户从农业技术进步中获得更多收益,提高农业生产效率。

第八章 土地承包经营权流转价格与外部性问题研究

土地承包经营权流转的出现解决了一定的农地矛盾问题，随之而来的是土地承包经营权流转的定价问题。确定土地流转价格的方法、机制及其合理性对于保障土地流转双方的利益至关重要。本章主要对农地经营权流转的定价方法、议价机理及成因和相关外部性问题进行了分析与研究。

第一节 基于发展权价值评估视角的农地经营权流转定价方法研究[①]

一、农地内部发展权的价值构成及定价基础

土地发展权（land development right）最初源于采矿权与土地所有权分离而单独出售和支配的实践，强调对土地再开发利用之权利。土地发展权存在"内部发展权"和"外部发展权"之分。农地内部发展权可以界定为在不改变农地农用方式的前提下，对土地进行再开发利用，包括对土地进行规模化整理、提高土地集约利用度、改变土地经营结构等，具体体现为：（1）土地适度规模化经营。农地使用权流转最明显、最直接的效应就是逐步改变了家庭承包经营制下土地平均分配所形成的小规模农地经营现象，促使规模经营的实现。适度规模是生产规模的扩大正好使收益递增达到最大。当收益递增达到最大时就不再增加生产要素，并使这一生产规模维持下去的状态。（2）提高土地集约利用度。作为农地流转的需求主体，种田大户和农业企业等一般在资金、生产技术和管理技能等方

[①] 本节内容发表于《统计与信息论坛》（2017.5）：王颜齐. 基于发展权价值评估视角的农地经营权流转定价方法研究。

面较普通农户具有优势。土地在实现经营权转移后,上述主体会对其持有的土地进行一定程度的资金追加,如在机械化、信息化、生物技术等方面的投入,通过提高土地的集约利用度来增加土地产出。(3)调整和优化土地经营结构。优化农业结构是提高农业经济效益的重要途径,其实质是优化农业生产要素的配置。规模土地与流动资本的有效结合将极大地促进农业的多功能开发,在农业功能的广度和深度上进行利用价值的挖掘,促进农业结构不断优化升级。

土地作为一项财产,它的价格体现为综合权利的价格,而不是实体物的价格。当土地发展不受限制时,拥有土地所有权就可以对土地进行自由开发,土地所有权价格即土地财产价格。然而,当土地开发受到限制、土地发展权从土地所有权中剥离之后,土地财产价格就是土地所有权价格加上土地发展权价格。农地内部发展权是农地使用权或处置权的延伸,其尚未独立于农地所有权权利束之外,因此,农地内部发展权价格是内含在农地所有权价格体系之内的。在实际交易中,根据农地内部发展权价值的要素构成,农地内部发展权价格由土地规模化程度、土地集约利用度和土地变更后的用途三个因素综合决定,其他影响农地所有权价格的因素对发展权价格起着修正和调节作用。其主要表现为:待交易土地的规模越大则农地内部发展权价格越高,加大土地的开发投入力度或变更土地用途而改变土地的利用强度越明显,则农地内部发展权价格越高。农地内部发展权是农地所有权中的一项天然的权利。这一权利在农业生产力处于较低水平条件下表现并不明显,但随着社会经济发展、土地需求压力的增加、科技手段的革新,最为重要的是农地利用方式的多样化和农地开发程度的加深,这一权利所蕴含的价值逐步被识别和挖掘。在农地流转市场大幅度放开的经济条件下,农地内部发展权潜在价值向现实利益的转变更加迅速化和普及化。农地内部发展权价格就是转让农地内部发展权所取得的地价,即农地内部发展权的交换价值。农地内部发展权价格形成的逻辑思路如图8-1所示。

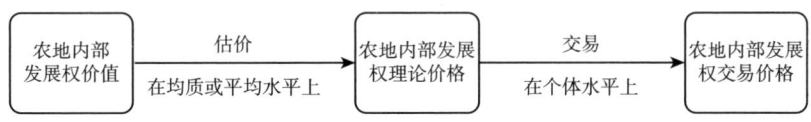

图8-1 农地内部发展权价格形成的逻辑思路

对于土地发展权价值的评估,国内外学者进行了探索,这些成果可以作为农地内部发展权价值估算的参考借鉴,Wichelns Dennis 和 Jeffrey D. Kline (1993)给出了一个评估土地发展权价格的公式:

$$V_i = \beta_0 X_{i1}^{\beta 1} \exp\left[\sum_{j=2}^{n} \beta_j X_{ij}\right] \qquad (8-1)$$

其中，V_i 是第 i 宗地的发展权价格；X_{i1} 是影响第 i 宗地发展权价格的第一个因素，即土地面积；X_{ij} 是影响第 i 宗地发展权价格的其他因素，这些因素包括：宗地所在城镇距州首府所在城市的距离、宗地的临路状况、宗地距最近城镇中心或最近的宗教中心的距离、景观以及时间。通过对式（8-1）两边取自然对数，可求得各要素的相关系数即 β_j，用已获得的 β_j 值即可评估某宗地的发展权价格。另外，采用产权收益法估算土地发展权价格的思路是建立在留置发展权前后土地最高最佳用途下所产生收益的资本化基础之上，该方法需要有关未来成本、收益回报、资本化率（还原利率）等信息。Newburn D. A.（2002）定义农地发展权价值为农地更高用途下价值与土地当前用途价值和转化成本之差，即未限制开发农地与开发受限农地价值之间的差额，用公式表达为：

$$E(z,p,g,r) = \int_{t^*}^{\infty} [R_t(t,z,p,g,r) - R_0(t,z,r,p)] e^{-rt} dt - C(z)e^{-rt^*}$$

$$(8-2)$$

其中，R_t 为更高用途下的回报，R_0 为当前用途下的回报，t^* 为转化时间，p 为各农业产出品价格，g 为人口及收入的地区增长，r 为回报年利率。中国学者孙弘（2004）认为土地发展权价格可以用下式计算：

$$d = d_b + (f \times k - f_0 \times k_0)(b - l) \qquad (8-3)$$

其中，d 为土地发展权价格，d_b 为城市边缘土地进行城市开发的发展权价格，f 为容积率，k 为每公里年度交通费，f_0 为现状容积率，k_0 为现状容积率下的每公里年度交通费，b 为城市中心到城市边缘的距离，l 为不动产到城市中心的距离。

二、定价模型建立

（一）假设条件

①土地承包户（O）为农地流转的供给主体且为均质，对土地的利用方式和开发强度均处在较低水平，即比较传统的小农耕种方式。

②土地需求主体有三类：普通农户类（A）、农业大户类（B）、农业企业类（C）。

③三类土地需求主体的基本特征是：A 类主体对土地需求量较少，持有土

后采取和原有土地承包户类似的农耕方式；B 类主体对土地需求量较大，持有土地后规模化经营、投入更多资本用于提高农业生产的机械化水平；C 类主体基于资本优势对土地需求量更大，持有土地后对土地进行改造、提高农业生产精深程度，对土地开发利用强度最强。

④土地承包户和三类土地需求主体农业经营投资回报率依次为：r_0、r_A、r_B 和 r_C，r_0 是普通农户传统农耕方式下的投资回报率。

⑤三类土地需求主体对应的农业经营风险调整值为 δ_A、δ_B、δ_C，且 $r_i = r_0 + \delta_i$，$i = A, B, C$，满足 $r_A < r_B < r_C$。

依据上述假设，合理推得：$\delta_A < \delta_B < \delta_C$，意味着企业经营的投资回报率是最高的，其次是农业经营大户，普通农户的经营收益率是最低的，并且 $\delta_A \approx 0$（或 $\delta_A \rightarrow 0$）。

其一，从投资回报率看，投资回报率反映的是投资主体的综合盈利能力，由于剔除了因投资额不同而导致的利润差异的不可比因素，因而具有横向可比性，能用来判断各投资主体经营业绩的优劣。通常 B 类主体较 A 类主体具有更丰富的种田经验，掌握更多的种田技术和方法，因而，从投资人的角度考虑 B 类主体比 A 类主体有更高的投资回报率。对于 C 类主体，由于其核心管理层都是有较高的教育水平和经商管理技能的管理型人才，因而是三者中投资回报率最高的，即 $r_A < r_B < r_C$，$\delta_A < \delta_B < \delta_C$ 成立。

其二，从土地利用类型及经济效益看，农地的投资要求要小于城市经营性用地的投资，这是由于农业的外部环境没有非农产业变化快，资金需求量相对较小。将不同土地利用类型的产出效率进行比较，有商业用地＞工业工地＞宅基地用地＞农业用地，经济价值最低的就是荒地、裸岩和废弃地。可见，农用地的产出效率相对于土地其他用途是最低的。而从各种农业用地产出效果看，耕地的价值是最大的，耕地资源的现实生产力可以占到全国农用土地资源生物总产量的一半以上，天然林的价值次之，草地再次之。再进一步，对于耕地而言，利用方式也是多样化的。A 类主体通常采取的是粗放经营，耕种常规作物，而 B 类主体则往往集中土地规模化经营，规划种植经济价值更高的农作物，部分农业企业则借助资金优势搞农地开发和农村旅游。自然地，不同的农地利用方式投资效果会大相径庭。所以我们认为，$\delta_A \approx 0$ 或 $\delta_A \rightarrow 0$，即 A 类主体的土地投资回报率是最低的，与常规耕作产出平均水平相当。

（二）建立模型

用收益还原法考察土地在不同持有者手中时的市场估价，即其经济价值。假定土地承包户（O）、普通农户类（A）、农业大户类（B）和农业企业类（C）四种主体持有土地后产生的单位面积土地经营纯收益相同，且都为 π。此时有：

土地承包户（O）持有土地时，土地的市场估价 $V_O = \pi/r_0$，

普通农户类（A）持有土地时，土地的市场估价 $V_A = \pi/r_A$，

农业大户类（B）接收土地后，土地的市场估价 $V_B = \pi/r_B$，

农业企业类（C）接收土地后，土地的市场估价 $V_C = \pi/r_C$。

基于前述假设，推得：

$V_O - V_A = \Delta_1 \approx 0$，$V_O - V_B = \Delta_2 > 0$，$V_O - V_C = \Delta_3 > 0$。

在土地自然属性没有改变前提下，土地市场估价因为持有者的经营方式不同而产生变化。从形式上看，Δ_1、Δ_2、Δ_3 的产生是因为 A、B、C 三类主体投资风险较高的经营方式而改变了土地投资回报率，从而引致土地的影子价格下降。就实质而言，Δ 是土地承包户（O）的部分土地产权没有得到定价所引发的收益损失，而该部分收益损失就是由于农地内部发展权所产生的。因此，按照交易中权力和经济补偿对等的原则，三类土地需求主体需要向土地承包户（O）支付一份补偿金，以抵付其对土地造成的负面影响，而这份补偿金的额度就是 Δ。据此测算得表 8-1。

表 8-1　对应不同需求主体（土地利用方式）下的农地经营权流转价格（以无限期计）

主体	流转前土地市场估价	流转后土地市场估价（假定土地纯收益相同，且都为 π）	土地影子价格降低程度		农地经营权流转价格	
			土地影子价格降低值	绝对值大小	单一经营权价格	土地影子价格降低的补偿
土地承包户（O）	$\dfrac{\pi}{r_0}$	$\dfrac{\pi}{r_0}$	0	0	$\dfrac{\pi}{r_0}$	0
普通农户类（A）	$\dfrac{\pi}{r_0}$	$\dfrac{\pi}{r_0 + \delta_A}$	$\dfrac{\pi}{r_0} \cdot \dfrac{\delta_A}{(r_0 + \delta_A)}$	≈ 0	$\dfrac{\pi}{r_0}$	$\dfrac{\pi}{r_0} \cdot \dfrac{\delta_A}{(r_0 + \delta_A)}$
农业大户类（B）	$\dfrac{\pi}{r_0}$	$\dfrac{\pi}{r_0 + \delta_B}$	$\dfrac{\pi}{r_0} \cdot \dfrac{\delta_B}{(r_0 + \delta_B)}$	> 0	$\dfrac{\pi}{r_0}$	$\dfrac{\pi}{r_0} \cdot \dfrac{\delta_B}{(r_0 + \delta_B)}$
农业企业类（C）	$\dfrac{\pi}{r_0}$	$\dfrac{\pi}{r_0 + \delta_C}$	$\dfrac{\pi}{r_0} \cdot \dfrac{\delta_C}{(r_0 + \delta_C)}$	> 0	$\dfrac{\pi}{r_0}$	$\dfrac{\pi}{r_0} \cdot \dfrac{\delta_C}{(r_0 + \delta_C)}$

基于上述讨论，给定农地经营权流转价格 P 测算方法为：

$$P = \frac{2\pi}{r_0}\left[1 - \frac{1}{(1+r_0)^n}\right] - \frac{\pi}{(r_0 + \delta_i)}\left[1 - \frac{1}{(1+r_0+\delta_i)^n}\right] \quad (8-4)$$

第八章 土地承包经营权流转价格与外部性问题研究

其中，π 为土地承包户传统经营方式下的年均纯收益，r_0 为土地承包户土地安全投资回报率，r_i 为土地需求主体投资回报率，δ_i 为土地需求主体投资回报率调整值，满足 $r_i = r_0 + \delta_i$，$\delta_i \geq 0$。n 为合约年限。

三、算例分析

（一）模型测算

以 2014 年土地生产数据为例，给定 2014 年全国农户三种粮食（稻谷、小麦、玉米）平均年纯收益为 328.72 元/亩（根据《全国农产品成本收益资料汇编 2015》，在三种粮食平均成本收益计算中，将"土地成本"项中扣除"自营地折租"得来），土地承包户（O）和普通农户（A）的投资收益率为 3%（农户的投资收益率是三者中最低的，可视为安全投资回报率，因此取 2014 年当年银行一年期固定存款利率替代），农业大户（B）的投资收益率为 6%（以 2014 年当年银行一年期贷款利率替代），农业企业（C）的投资回报率为 6.55%（以 2014 年当年银行五年以上贷款利率替代）。按照上述方法，分别计算 2 年期、5 年期、10 年期、20 年期、30 年期和无限期交易合约下的农地流转价格，计算结果如表 8 - 2 所示。

表 8 - 2　　对应不同需求主体（土地利用方式）下的农地经营权流转价格测算（2014 年）

合约年限	额度	交易价格（元/亩）	需求主体（土地利用方式）		
			O - A	O - B	O - C
2 年期	年均额	1. 单一经营权价格	314.50	314.50	314.50
		2. 内部发展权经济补偿	0	13.16	15.47
		3. 农地流转价格	314.50	327.66	329.97
	总额	4. 内部发展权经济补偿	0	26.32	30.94
		5. 农地流转价格	629.00	655.32	659.94
5 年期	年均额	1. 单一经营权价格	301.09	301.09	301.09
		2. 内部发展权经济补偿	0	24.15	28.25
		3. 农地流转价格	301.09	325.24	329.34
	总额	4. 内部发展权经济补偿	0	120.75	141.23
		5. 农地流转价格	1505.44	1098.83	1646.68

续表

合约年限	额度	交易价格（元/亩）	需求主体（土地利用方式）		
			O-A	O-B	O-C
10年期	年均额	1. 单一经营权价格	280.40	277.51	277.51
		2. 内部发展权经济补偿	0	38.46	44.65
		3. 农地流转价格	280.40	315.97	322.16
	总额	4. 内部发展权经济补偿	0	384.64	446.46
		5. 农地流转价格	2804.05	3159.74	3221.60
20年期	年均额	1. 单一经营权价格	244.53	244.53	244.53
		2. 内部发展权经济补偿	0	56.01	64.14
		3. 农地流转价格	244.53	300.54	308.64
	总额	4. 内部发展权经济补偿	0	1120.13	1282.86
		5. 农地流转价格	4890.52	6010.73	6172.86
30年期	年均额	1. 单一经营权价格	214.77	214.77	214.77
		2. 内部发展权经济补偿	0	63.94	72.42
		3. 农地流转价格	214.77	278.71	287.19
	总额	4. 内部发展权经济补偿	0	1918.28	2172.57
		5. 农地流转价格	6443.06	8361.38	8615.67
无限期		1. 单一经营权价格（总额）	10957.33	10957.33	10957.33
		2. 内部发展权经济补偿（总额）	0	5478.67	5938.71
		3. 农地流转价格（总额）	10957.33	16435.97	16896.01

注：平衡关系：3 = 1 + 2、5 = 4 + 1 × 合约期限。

从表 8-2 的计算结果不难发现这样几个值得注意的问题。

首先，对于不同的农地流转方式、不同的土地需求主体，农地经营权转移价格都是一致的。不同的农地流转方式可能对应的土地需求主体是不同的，但不论需求者是谁，农地交易的对象是经营权，也就是说，交易标的物是固定的，不随交易者的属性改变而改变，因此这部分价格都是一致的。

其次，不同的交易方式和不同的需求主体对应的农地产权内部发展权经济补偿额度（即农地内部发展的价格）是不同的。在农地户间流转模式下，由于农户的投资回报率相同，更实际地说是农户之间对于土地的利用方式、产出效率等情况都基本相同，土地转移不会引发发展权问题，因此土地需求者无须对土地承包人支付内部发展权补偿费，故这笔费用为零；而将土地以出租等方式转移给农业经营大户时,由于农业大户会改变常规农地经营模式,或将土地集中进行规模经营,或改变种植结构从而改变土地利用方式时,加大了土地的集约利用率,致使土地产出提高。前面已提及从经济价值角度看,商业用地、工业用地、宅基地用地和农业用地的价值依次减弱,另外也说明农用地潜在的开发价值在不同类型土地中是最大的。而在农业用地内部,也存在着不同的土地利用方式,不同利用方式下农地产生的价值也是不同的。普通农户恰恰是选择了利用率最为低下、产出效率最小的那种方式进行生产,从而为其他需求主体提供了广阔的潜在利润开发空间。需求者正是为这种开发潜在利润的"机会"而买单,因此,土地开发力度越大,利润就越多,自然需要支付更多的成本。所以从这一点可以判断,作为土地需求者的农业企业需要比农业经营大户支付更多的内部发展权经济补偿(农地内部发展权价格更高)。根据笔者近些年在山东、浙江、河南、北京、河北、黑龙江、吉林、辽宁等地的调查采访资料也印证了上述结果。

最后,纵向分析发现,不论是总量还是单位值,农地内部发展权经济补偿随着合约年限的增加都在提高,农地内部发展权补偿总额随合约期增加而增长是符合预期的,而经济补偿的单位值也在随着签约的增加而逐渐增加,则说明土地利用年限的增加提高了土地利用的稳定性,便于土地持有者长期投资,从而提高了土地的开发价值。这也更充分地印证了笔者前面的论断。

(二) 合理性分析

由于目前尚无系统的全国性的关于农地流转价格的统计年鉴资料,因此本节以黑龙江省抽样调查统计结果对此进行佐证分析。2015年国家统计局黑龙江调查总队对黑龙江省37个县(市、区)内的农户、合作社和相关部门就土地流转问题开展问卷调查,调查结果显示,2011年黑龙江省土地流转租金水稻为384元/亩、玉米为250元/亩、大豆为207元/亩,2014年土地流转租金水稻为479元/亩、玉米为376元/亩、大豆为213元/亩,分别增长24.7%、50.4%和2.9%。大豆租金增长较慢与2013年大豆受灾较重,当年种植效益较差有关,2013年大豆租金为250元/亩。由于土地转让时间长短、所在区域、土质和流转土地用途不同,各地土地流转价格差别较大,但由于黑龙江省近年连年丰收,粮食生产效益较好,土地流转价格总体呈较快上涨趋势。将该调查结果与本节模型测算结果进行对比不难发现,2年期普通农户间(O-A)土地流转年均租金测算结果为314.50元/亩,与国家统计局黑龙江调查总队的调查结果(2014年玉米年均租金376元/亩)的一致性非常高。另外,由于实际生产中水稻种植收益率高于玉米、大豆等其他旱田作物，如果将本模型中的测算数据由"三种粮食平均收益"换成"水稻平均收益"，测算出来的土地流转租金将会明显提高，这与国家统计局黑龙江调查总队的调查结果也非常一致（2014年水稻年均租金479元/亩，高于玉米的376元/亩）。

四、结论

在土地流转实践中，普通农户作为需求主体，对土地经营多采用常规模式，不存在土地过度开发的问题，投资回报率较低，因此，农地流转价格与农地经营权转移经济补偿额相当。对于出租，尤其是反租倒包一类的流转给农业企业的，由于企业多利用农地进行规模经营、对土地的开发改造程度较大，投资回报率较高，因此涉及农地发展权问题，因而，农地流转费用中除对农地经营权进行经济补偿外，还需要对农地发展权的外部效应支付等额补偿。一般而言，农地出租价格要略高于转包价格，这在笔者提出的计算方法中得到了充分的说明。另外，对于抵押和入股，两种经营方式下的投资回报率与转包和出租不同，所以对应的流转价格在理论上应视情况做些调整。

第二节 农村土地承包经营权流转议价机理及成因分析[①]

价格是经济交往的纽带。社会产品在各经济单位、个人之间的流动，必须通过价格才能实现。议价在市场经济中的真正重要性并不在于其作为一种普遍的经济现象和行为本身，而在于它是市场经济本质的某种反映。议价在本质上是经济利益在不同的利益主体之间的分配和取得这种分配的方式，因而它实际上是作为一种经济机制，与市场中最为一般的范畴即"交易"结合在一起，在利益分配的本质层面上与市场经济的资源配置和运转系统是内在统一的。而且，议价本身也是市场交易制度最为传统和一般的形式，不论何种交易方式及其制度形式，都隐含了交易主体即议价者之间在利益分配上的冲突与合作关系（蔡志明，1999）。就市场角度而言，土地承包经营权的交易遵循一般商品交易的供求规律，农地流

---

① 本节内容发表于《农业经济与管理》（2016.4）：王颜齐等．农村土地承包经营权流转议价机理及成因分析．

转价格受市场供需状况的影响。但从微观交易角度来看，农地具体交易仍是一个议价过程（郑宏、李保华，2013），交易价格往往还受到交易者自身属性、交易方式等因素的鲜明影响，从而导致农地流转交易价格和市场价格的偏离。另外，申云等（2012）通过农户数据和空间计量模型的分析表明，农地使用权流转价格在乡镇之间存在显著的空间依赖性和自相关性，农地流转价格的区域空间关联性和异质性非常明显。农地流转价格在邻接区域表现出较强的空间误差溢出效应，在区域之间存在传导性。尚旭东（2016）研究认为，农地供给不能随需求增大而无限增加，由于集中连片农地的稀缺性，承包户获得农地流转"溢价"，溢价传导具有"棘轮效应"，土地转入户被迫接受"既成"高价甚至涨价。可以说，规范农地流转议价机制、建立科学的议价渠道是保障交易双方利益合理分配的重要途径。

一、存在交易费用条件下农地流转的议价机理

（一）农地流转议价过程的一般性描述

议价实质是一种博弈行为，农地流转议价过程就是交易双方以农地预期效用为估价标准进行讨价还价的行为，农地交易价格也因此成为一种博弈价格。根据博弈论相关理论，议价范畴包含三个要素：第一，有可能在利益的相互间分配上达成一致的个体——即"议价者"；第二，在达成何种一致方面，存在着利益上的冲突；第三，若有一方不赞同，即不能达成一致。下面利用图示模型对一个一般性的农地流转议价过程进行理论描述（见图8-2）。

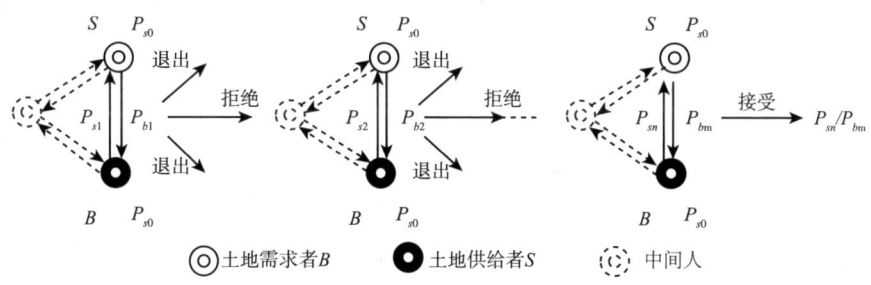

图8-2 农地流转交易价格的发现过程

议价是一种最原始也是最普遍的商品作价方法。早期我国农村土地要素市场尚未开放之际，农地主要在村内和村际间转移，定价往往就是通过议价方法决定

的。议价的参与主体包括土地供给者（如承包户、村集体等）、土地需求者（农户、农业经营大户、企业等）和中间人（中介机构、村集体代表、村民代表等）三类。议价过程中两方遵循的原则是尽量使己方效用最大化，即卖方努力将交易价格抬高，而买方则试图将交易价格压低。双方在正式进入议价程序之前分别对交易对象——农地（承包经营权）进行评估作价，形成一个心理价位（P_{s0}，P_{b0}），这个价格就是交易谈判价格的阈值，当谈判价格出现低于卖方或高于买方心里阈值时，两方均会选择拒绝。在议价过程中，两方分别出价，然后对对方的报价进行评估，选择拒绝或者接受。经过若干回合的谈判交涉，最终会达成一个两方均乐意接受的价格，即交易价格（P_{sn}，P_{bn}）。当然，议价也可能是协商无果的，因为两方均享有退出权。

（二）存在交易费用条件下的农地流转议价

新古典经济学家一直沿用斜向下的需求曲线与斜向上的供给曲线构建的一般均衡模型来描述商品供需和市场价格的负相关关系，这个一般均衡模型解释了经济发展中大量的价格现象，但却不能覆盖所有交易的价格形成机理（熊云洋，2001）。在现实生活中，我们面对的并不是一个完全的市场，资源可获性的不确定性，消费者和生产可能性的不确定性、信息不对称和不完全、人的有限理性等大量存在，我们所处理的许许多多的交易并不能在众多的供给者或需求者之间选择。价格发现是有成本的，不论是宏观的市场调节价格，还是微观的交易协商价格（李孔岳，2009）。这里讨论交易成本作用下的农地流转议价机理。

假定土地供给方 S 和需求方 B 就一块农地达成交易意向，并进行议价谈判，卖方土地供应量和买方土地需求量不受限制。在正式议价前，S 就土地的年产出和市场条件对土地估价 P_s^o，为一固定值，B 依据土地的未来规划和预期利用价值进行估价 P_b^o，为一固定值。因为交易的达成是有成本的，所以两方还需要对该笔交易完成前后所需的费用进行估计，这些费用包括价格发现费用和价格维护费用。一般而言，交易的数量越大，消耗的交易费用越多，如规模庞大的土地交易必然要求两方花更多的时间、精力去掌握市场信息，同时在交易安全保障方面做更多的经济投入。尤其是后期违约风险方面，规模土地交易面临的风险要比零碎土地交易的风险大，对交易费用进行估计时，这些要素都要考虑在内。假定 S 的交易费用估值为 $C_s^U(L)$，应满足 $C_s^{U'}>0$，$C_s^{U''}<0$，B 的交易费用估值为 $C_b^U(L)$，应满足 $C_b^{U'}>0$，$C_b^{U''}<0$。C_s^U 和 C_b^U 是因交易而花费的成本，对理性的土地供给方 S 和需求方 B 而言，这部分成本要纳入谈判价格中，因此对土地的议价估值将受

到影响。给定 S 的议价估值为：P_s^U 满足 $P_s^U = P_s^O + C_s^U$，B 的议价估值为 P_b^U，满足 $P_b^U = P_b^O - C_b^U$。P_s^U 和 P_b^U 就是谈判价格的最低限，价格低于 P_s^U 时 S 拒绝交易，价格高于 P_b^U 时 B 拒绝交易。

1. 双方议价

（1）当 $P_b^O > P_s^O$ 时（见图 8-3 和图 8-4）。此时，买方对土地的估值高于卖方。在交易费用为零的条件下，双方有效的议价区间是 $[P_s^O, P_b^O]$，总交易剩余为 $P_b^O - P_s^O$；当交易费用为正时，交易费用纳入谈判价格，使得卖方估价升高，而买方估价降低，此时，双方有效的议价区间缩小为 $[P_s^U, P_b^U]$，总交易剩余变为 $P_b^O - P_s^O - C_b^U - C_s^U$，总交易剩余减少值等于交易双方交易费用之和。

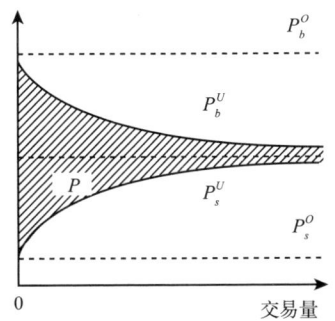

图 8-3 情形一下的农地交易特征

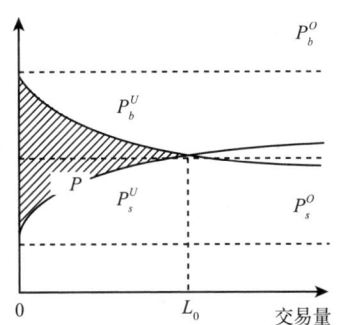

图 8-4 情形二下的农地交易特征

这里还有两种情况：①当卖方的议价曲线始终在买方议价曲线之下，即 $P_b^U > P_s^U$ 时。随着交易量的增加，单位交易量均摊的交易费用会上升，使卖方议价曲线下滑，卖方议价曲线上升，但在有限交易量的范围内（图中阴影部分）没有交点，这样，买卖双方始终能就交易达成共识。给定交易价格为 P' 时，卖方交易剩余为 $P' - P_s^U$，买方交易剩余为 $P_b^U - P'$。②当买卖双方议价曲线存在交点时，即在有限交易量范围内，卖方议价曲线高于买方议价曲线。这种情况的出现可能是由于：买卖双方（或一方）对交易风险和成本较为敏感，属于风险规避型交易者，致使其成本估价曲线斜率下降较慢；还可能是因交易结构所致，例如，交易双方在不熟知的情况下进行大额土地谈判，两方对成本估计都比较谨慎（与该情况对应的是，情形一下可能存在中间人或中介组织做担保，所以交易两方预期风险较小，议价曲线相应地表现较为平缓）。在情形二下，当土地交易量超过 L_0 时，$P_b^U - P_s^U < 0$，所以图中阴影部分为可能达成协议区间。

（2）当 $P_s^U > P_s^U$ 时（见图 8-5 和图 8-6）。此时，卖方的估价曲线超过买方的估价曲线。这里也存在两种情况：①$P_b^O = P_s^O$。在无交易费用时，两方对土地的估值相同，估价曲线重合，此时交易很容易达成。但当把交易费用考虑在内时，情况发生了变化，卖方对土地的估值超过了买方，因此达成合意变得困难了。②$P_b^O > P_s^O$。由于两方对土地的估值存在差异以及价值交易费用的影响，该情况下交易一般无法达成。

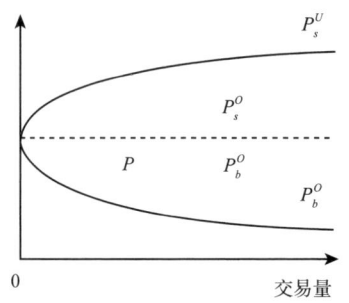

图8-5 情形三下的农地交易特征

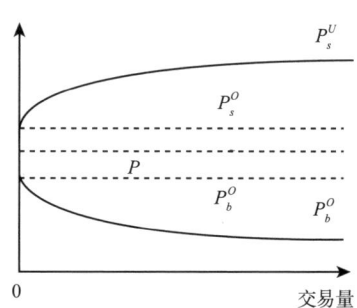

图8-6 情形四下的农地交易特征

2. 议价均衡

给定无交易费用时的交易价格$P^{O'}$、交易费用为正时的交易价格$P^{U'}$和当期市场价格P，在某一市场横截面处，市场价格线为一水平线，交易价格线为波浪曲线。三者具有如下关系（见图8-7）。

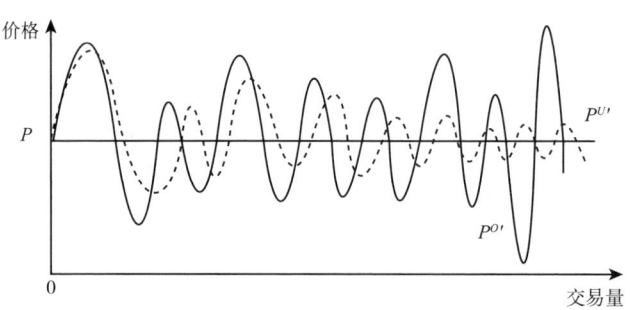

图8-7 交易价格和市场价格的关系

第一，交易价格线总是在市场价格线P处周围上下波动。交易价格是具体的谈判价格，每一宗土地交易都会因为交易标的的质量、位置等因素以及交易者谈判能力、预期效用等因素的不同而不同。同时，宏观上，交易双方谈判协议将受到当期市场供需状况的影响，出价时需要参考当时的市场价。因此，将众多笔具体交易价格会合而成的交易线自然围绕市场价格线波动。

第二，在某一交易量水平下，交易费用为正的交易价格线 $P^{U'}$ 波动幅度小于交易费用为零的交易价格线 $P^{O'}$。从图 8-3 和图 8-4 中可以发现，当交易费用为零时，单笔交易的成交价将落在 $[P_b^O, P_s^O]$ 区间内，而当交易费用为正时，单笔交易的成交价区间将缩小至 $[P_b^U, P_s^U]$，而其随着交易费用的增加，交易区间会进一步缩小。在某一土地交易量处，将众多单笔交易汇合，表现为 $P^{U'}$ 曲线的波动幅度小于 $P^{O'}$ 曲线。但值得注意的是，并不是每一笔零交易费用下的交易价格都要高于或低于正交易费用下的交易价格。

第三，随着交易量递增，$P^{U'}$ 曲线的波动幅度将减弱，而交易量对 $P^{O'}$ 线无影响。这同样可以在图 8-3 和图 8-4 中找到答案：交易量增加导致土地供给方议价曲线上升、需求方议价曲线下滑，进而导致议价区间缩小。特别情况下，交易量增加到某一水平时将使两方议价曲线交叉（图 8-4 中 L_0 处）或合并（图 8-3 中无限远处），此时议价区间为零。将众多单笔交易汇合，$P^{U'}$ 线表现为随交易量增加而波动性减小。对于 $P^{O'}$ 而言，由于没有交易费用的制约，结合前提假设（双方对单位土地估值为固定值），每一次单笔交易都是在 $[P_b^O, P_s^O]$ 内的议价结果，与交易量无关，因此 $P^{O'}$ 曲线表现为 $[P_b^O, P_s^O]$ 内的无规律波动。

二、议价成为农地流转重要的微观定价方式的两个原因

（一）农地流转市场的分割性

农地流转市场的分割性特指农地产权交易的地域集中性和封闭性，即由于地理分割、社会经济发展水平等差异导致的农地产权交易被限制在一定的地理区位之内、整个农地流转市场被分割成地区性、零散性的交易市场，并且各地区市场交易价格差异明显的一种现象。农地流转市场的分割性是与统一性相对而言的。农地流转市场的分割性是一种长期形态，它的形成主要受以下几个因素的决定和影响。

1. 农用地位置的不可移性

土地作为商品来流通，与其他商品相比，具有一个鲜明的特点，即土地的实体是不能流动的。土地是被固定在某一区位内，无法像其他商品那样自由流动，使土地商品的供给和需求不能发生地区性转移，因此土地商品的供需表现为特定地域内的竞争行为结果，竞争的地域性和局部性进而导致了农地流转价格的非市

场统一性。另外，土地位置的固定性决定了任何一宗土地只能就地开发、利用和经营，并受制于其所在空间环境（如水源条件、气候特征、自然灾害状况、当地社会经济发展水平等）。这些共同导致了土地市场的供求状况、价格水平和价格走势等的地区性和分割性。

2. 农用地用途的专属性

农地用途的专属性指一定空间环境下的土地一般只适合某类或某几类经营项目，而对于其他的利用途径则不适宜或开发成本过高，或者说不同用途的农地之间的互替性较弱。按照《中华人民共和国土地管理法》（以下简称《土地管理法》）和国土资源部颁布的《土地分类》的规定，农用地是指用于农业生产的土地，包括耕地、园地、林地、牧草地及其他农用地。农地用途是一定的土壤条件、地形地貌、气候、植被和水文条件等综合因素的自然作用的结果，也是人们长期农耕的自然选择。改变农地用途除需要克服自然环境对农地经营带来的风险外，还需要较高的经济投入和一定的技术支持。例如，拟将一片耕地开发为果园的项目，需要综合考察当地的气候环境等自然因素、居民消费习惯等社会因素、人们收入水平等经济因素等，同时需要大量的资金支持用于耕地改造和技术人才引进等。因此，一个特定空间环境的农地市场往往自然选择了某类经营主体，而由于土地用途之间较高的替代成本则限制了另一些农地需求主体进入该地区的市场。农地用途的专属性因此称为农地流转市场分割的影响因素之一。

3. 农村社会的相对封闭性

中国农村改革的重要特点是经济改革先行于政治、社会文化领域的改革。我国人民公社制度废除之后，农村开始逐步建立村民自治制度，农村的行政管理体制开始向民主选举、民主决策、民主管理和民主监督的村民自治制度转变，农村基层政治民主不断扩大。农民的社会意识随之变化，自由、平等和理性主义的价值观念逐步增强。但同时也应该注意到，农村传统的思想意识形态仍然是当前广大农民行为认知标准的来源，以传统伦理为基础的社会关联仍然占据着主导地位。村民间地缘关系（同一自然村或同一居住片所产生的邻里关系）、血缘关系（宗亲和姻亲关系）、互惠关系（礼尚往来和生产互助产生的关系）、共同经历（同学、战友、生意上的合伙人）以及经济社会分层产生的社会契约关系和权威—服从关系等（贺雪峰、仝志辉，2002），共同构成农村社会紧密的关系网络。土地作为农民曾经赖以生存的唯一保障，即便选择流转给别人，他们也必然会首先选择熟知的村里人，而不是社会关系薄弱的村外人。这一方面是出于人际关系的考虑，另一方面也是交易安全的考虑。农民的这种思想意识使我国早期的农地流转市场呈现极强的分散性和地域性。当然，随着经济的发展以及农村社会和政治改革的逐步深入，这种状况正在逐步改变。

4. 地区经济发展和政策实施的差异性

由于自然条件和经济投入的不同，地区间的农业劳动生产率存在差异，进而导致农地地租量的差异化。依据前面的分析可知，农地流转的经济价格是由农地收益和土地还原率共同决定的，地租量的差异必然导致地区间农地流转价格的差异。同时，由于经济发展水平的不同，经济主体对农地需求和农户对农地的供给必然不同，供需关系的矛盾和相互作用继续加剧了农地流转价格的不平衡性。值得一提的是，各地开展农地流转工作和政策扶持力度是不一样的。据笔者采访所知，有些地区为了吸引外地企业和经营大户到本地承包土地，对规模承包的需求主体给予经济补贴和政策便利，同时还对流转出土地的农户予以经济补偿，类似的政策必然会促进地区农地流转市场的发育。

(二) 农地产权交易的异质性

农地产权交易的异质性包括交易对象——农地的异质性和交易者的异质性两个方面。

1. 农地的异质性

农地的异质性是自然因素和社会经济因素综合作用的结果。首先，我国土地幅员辽阔，地区间的地貌形态存在差异。作为自然环境条件之一的地貌（平原、山地、丘陵等），对地表的光、热、水、风等自然资源进行了重新分配，在一定区域范围内，制约着气候、土壤和生物等自然条件的空间差异，对土地利用的方向和布局有重大影响。各种不同的地貌组合，既为土地利用提供了必要的条件，又产生了自然资源和自然条件的复杂性，导致土地利用的多样性。其次，对于同类型的地貌，不同地块的土地，土壤质量也可能存在差异。土壤质量主要通过土壤质地、土壤有机含量、土壤酸碱度和土层深度等因素直接或间接表现出来。土壤的类型和分布决定了土地的利用方式，影响着种植制度和耕作制度，也影响着农业经营的结构与布局。再次，不同的地理位置和交通条件导致土地的利用价值存在差异。例如，土地的自然位置决定了土地自身同周边自然环境的作用关系，从而也决定了农作物的适宜程度和范围，影响土地的利用方向和效果。最后，人类活动对土地的利用价值也存在影响。例如，水利设施的建立可以改善农业生产条件，处于水利设施收益范围内的土地，其生产条件就会变得优越，土地对其使用者来说效用就高。再如，车站、码头、道路附近的农地就比偏远地区的农地效用要高。对于农场主来说，前者地理区位优越，意味着原材料能够及时供应、产品辐射广，能够实现比其他农场较高的劳动生产率和较快的资金周转速度。对于处在同样地貌特征、同等土壤质量地带的两块土地、同一个地理区位的两块土地，它们的属性也是存在差异的，可能一块地在路的东边，而另一地在路的西边，两者的市场估价和利用价值就不同。这一点是土地与普通商品的重要差别：商品可以复制，输出众多同质、无差异的，而对农地而言，每一块都是唯一的。既然每一块土地都有与其他土地不同的区位、面积、形状、地质特点，这就决定了农地产权交易，不可能有大批量复制性的交易，只能是个别交易，从而形成个别价格，即交易价格。

2. 交易者的异质性

交易者的异质性突出体现在土地对于交易双方的效用和交易者自身的谈判能力两个方面。从市场角度来看，农地的需求者包括普通农户、农业经营大户、农场主、农业企业、农民专业合作组织等。不同需求主体因为经济实力、技能水平等差别对土地的利用规划不同，从而导致它们对同一地块农地的预期效用不同，市场估价也不同。例如，对于同一片土地，企业得到后可能规划打造成"农家乐"式的休闲旅游点，农场或农业大户得到后可能规模化栽培蔬菜、瓜果、花卉、中草药等经济作物，普通农户得到后可能就地种些常规粮食作物。不同的土地利用方式，导致不同的收益预期，从而对土地的效用估计也就差别迥异。另外，交易者的谈判能力也是造成农地流转交易价格差别的重要因素。对于同样一块土地连续两次被交易，不同的交易者可能达成不同的交易价格，主要是由于两方具有不同的教育背景、市场经验、谈判技巧等。

农地市场的分割性导致了农地产权交易不能像其他商品一样在完全竞争市场条件下实现统一的市场价格，农地流转价格常常是地区性的和非统一的。同时，农地交易的异质性提示我们，即便有统一的市场价格作为参考，农地的特殊属性和交易者的特殊属性也对交易价格产生着重要的影响。因此，在具体的农地流转交易中，议价作为一种价格发现机制显得尤为突出。

三、结论与启示

（一）结论

从微观的议价博弈角度揭示了农地流转交易价格的形成机理，分析了交易费用条件下农地流转的议价机理。研究认为：交易价格因交易标的的质量、位置等因素以及交易者谈判能力、预期效用等因素的差异而不同，交易价格线总是在市场价格线 P 周围处上下波动。同时发现：在某一交易量水平下，交易费用为正的交易价格线 $P^{U'}$ 波动幅度小于交易费用为零的交易价格线 $P^{O'}$，而当交易量出现递增时，$P^{U'}$ 曲线的波动幅度将减弱，但交易量对 $P^{O'}$ 曲线无影响。

(二) 启示

（1）当前，我国农地产权交易很难完全依靠市场形成一个合理的、稳定的流转价格，而土地有偿使用和流转价格实现渠道的制约又反过来限制了农地产权商品化的程度。要促进土地承包经营权的流转，必须加强对土地承包经营权价格、资产的管理和约束。必须把土地承包经营权一同纳入农地的管理体系，把土地作为资产来管理，进一步完善土地承包经营权和使用权的价格体系，这也有利于降低交易双方的交易费用。当前建立和完善农村土地流转市场及市场机制的核心是建立市场化的价格机制，这其中应着重考虑建立一套科学、完整且便于执行和操作的农地流转价格评估体系。

（2）由于土地自然供给呈刚性，而土地经济供给则是有弹性的。供求机制反映价格与供求关系的内在联系。当需求大于供给时，价格上升，从而刺激供应；当供给大于需求时，价格下降。土地供求总是处于不平衡状态，即使出现平衡，也是暂时的或结构性的，因此，建立土地供给和需求引导机制是必要的。可以从农地供给主体、需求主体和供需中间环节三个方面入手，着重完善农村社会保障制度，降低农户离土的安全感，提高适应市场风险的能力，稳定土地的有效供给。培育新型经营农业主体，鼓励土地适度规模经营，增加对土地的科学和有效的需求。加强中介组织建设，搭建交易平台，引导规范交易，确保供需主体意愿的有效表达等。

（3）土地产权交易的实现需要一个良好的市场环境，而法制和规范化建设是预防交易风险、解决交易纠纷、降低交易费用、完善农地流转市场的必要环节。健全农用地制度、农用地交易规则等方面的法律法规体系，指导农用地流转合同的订立，妥善调解和处理农地流转纠纷。农地流转市场法制化、规范化建设的整体思路为在预防交易风险方面，应着重规范农地流转交易行为，有效预防违约风险的发生。在解决交易纠纷方面，考虑完善农地流转纠纷解决机制，有效降低违约损失。在农地流转市场的整体法律环境方面，应重点完善农地流转相关的法律制度。

第三节 土地承包经营权流转外部性问题探索[①]

一、引言

当前学者对农地外部性的研究集中于两个方向：一是耕地资源因具备公品属性在存续和开发利用过程中所产生的外部性及其相关问题；二是农地向城市转移的非农化过程所产生的外部性及其相关问题。对于这两方面的研究，以往学者都做了大量的探索性工作。谭仲春等提出耕地不仅具有经济效益，更有生态效益和社会效益的观点，并认为，从市场角度来说，生态效益和社会效益就是一种外部性的表现。马爱慧等认为，耕地的净生态效益（即耕地资源对外产生的正外部性和负外部性之和）是耕地生态补偿的基础。牛海鹏等利用数学方法测算结果表明，耕地利用的生态效益和社会效益随社会经济发展水平提高和耕地资源的稀缺性增强而增加，单位面积耕地生态效益和社会效益的现实值的高低与耕地质量高低和区域支付意愿大小密切相关。陈竹等的研究表明，农地非农转移的外部性成本大小受到区域繁华程度、土地利用类型、个体偏好等因素的影响。

对农地资源存续和开发利用领域的外部性和农地向城市非农转移领域的外部性的研究，其政策结论往往是殊途同归的，两者通常汇合在耕地有效保护、农地外部效益评估以及土地利用规划等方面，但后者较前者在增值收益分配方面更为复杂，突出表现为土（农）地发展权问题。张良悦认为，土地征用价格应包括土地使用权价格和土地发展权价格两部分。土地发展权价格反映土地开发的价值，必须用于对失地农民资源禀赋的补偿。藏俊梅等认为，土地价值增值 = 自然增值 + 人工增值 + 用途转换增值 + 政策增值 = 土地发展权价值。于华江等将农民土地发展权利划分为两个层次：第一层是在土地征收征用阶段，因土地的所有权及使用权性质的变更而产生的财产权利；第二层是在土地征收征用后因对土地进行开发利用和集约改造而产生的财产权益。

事实上，不只在农地非农转移过程中存在外部性问题，在不改变农地农业用

[①] 本节内容发表于《学术交流》（2014.7）：王颜齐、郭翔宇. 土地承包经营权流转外部性问题探索——基于土地发展权的讨论。

途前提下的土地承包经营权转移也存在外部性。当前,随着土地承包经营权流转规模化趋势的加深,在经济发展内在需求的驱动下,农业生产技术不断革新,农地农用的途径不断多样化。在不改变农业用途的前提下,同一块农地被不同的经营业主占有和使用时,单位土地产出和经济效益可能存在巨大的差异。小农户持有土地时可能只播种常规的大田作物,然而种田大户或农业企业集中持有后,土地的单位经济产出产生了明显的增值。一个直观的想法是,这部分产出增值从何而来?事实上,这个现象就是土地承包经营权流转所引发的外部性的一个表现形式,此类外部性产生的重要诱因是土地发展权被强制和无偿利用。本节以土地发展权为切入点,集中分析土地承包经营权流转外部性的生成诱因和表现形式。

二、土地承包经营权流转外部性的界定

外部性是一个经济人的行为对另一个人的福利所产生的效果,而这种效果并没有从货币或市场交易中反映出来。20世纪70年代以前,学者较多关注生产领域的外部性,如企业对环境的污染问题、垄断企业对消费者剩余的侵蚀等经济现象。随着经济环境的变迁、知识结构的更新,尤其是可持续发展思想的深化和普及,人们逐步意识到消费领域中外部性的普遍存在,而且这种存在对社会和经济发展具有显著影响。自此,关于外部性的认识逐步扩展至消费领域。从产权角度来看,外部性产生的实质是产权或产权部分职能被动性的外溢而没有被定价或得到对等补偿。值得注意的是,产权的外溢既可能发生在产权既定的情况下,对应于生产领域的外部性和消费领域的外部性,也可能发生在产权转移的过程中,对应于交易领域的外部性。也就是说,除了传统的生产外部性和消费外部性之外,在交易领域同样存在外部性(王颜齐、郭翔宇,2011)。

土地承包经营权流转实质是一种产权交易活动。因而,土地承包经营权流转外部性是一种发生在交易领域的外部性,可以将其界定为:土地承包经营权转移过程中,交易一方或交易主体以外群体的福利因为交易而被动性地受益或受损,并且该部分损益并未实现定价或得到对等补偿。由于土地产权是一个包含多种子权利的权利束,不同类型的产权的交易和产权的不同程度的转移可能引发不同类型的外部性。

第一种情况,当农地被国家征收,实现非农转化时。在此种情况下,原农地农用时所产生的正外部性(例如随着农地改为非农用地,耕地对国家粮食安全的保障性作用、对生态环境的保育作用将被消除或弱化)将消失,取而代之的是农

地因开发利用途径变更而产生显著的增值，这个过程存在土地发展权问题。

第二种情况，当土地承包经营权被全部转移时。实践中表现为土地的转让、互换模式，即农户放弃某一地块的承包权，并将其转交于他人（包括村集体经济组织、亲属或其他村民）的做法。如果土地上交给村集体经济组织，并且被国家征收，则可能会产生第一种情况的外部性问题，如果土地上交村集体经济组织后仍旧保持农用，则产生的外部性类似于第三种情况。

第三种情况，当土地承包经营权部分权利被转移时。实践中表现为土地的转包、出租等模式，即农户将土地的经营权、使用权（或抵押权等）等有偿转给他人的做法。土地承包经营权转移过程中的外部性突出表现为两类：一类是在农用地范围内，改变农地用途或利用强度而产生的农地增值，如土地的规模化经营通常比若干地块单独经营的总产出要高；另一类是土地转移过程强权介入导致的交易方权益受损，如村干部等利用职权参与农地流转并从中牟利，导致农户收益受损。

三、土地承包经营权流转外部性的生成诱因——土地发展权

（一）对土地发展权的认识

土地发展权是指对土地在利用上进行再发展的权利。对于土地发展权问题，笔者的理解有如下两点：

第一，土地发展权包括"未利用地发展权""农用地发展权"和"建设用地发展权"。土地发展权暗含该项权利的持有人具有对土地进行再开发利用（包括变更用途或提高利用率等），并从中受益的自由。从这一点上来说，发展权不同于处置权中的其他权利束，前者强调发展权指向对象被积极地利用，如对土地复垦整理或在土地之上修建厂房以提高土地利用价值之权，而后者对处置权指向对象而言更具有中性意义，如对拥有物随意抛弃之权或善加保护之权。以土地的经济利用价值为标准，土地可划分为未利用地、农用地和建设用地三类，三者经济利用价值依次提高。这种划分方法体现的是人类在改造利用土地进行生产和建设的过程中所形成的各种具有不同利用方向和特点的土地利用类别，体现了土地生产力的差异。因此，相应地，"土地发展权"应近似地（因为经济价值并非事物是否实现向前发展的唯一评判标准）包括未利用地发展权、农用地发展权和建设用地发展权三类。其中，未利用地发展权包括对未利用地进行开发整理、变为农地用或建设用地等具有更高利用价值之权利；农用地发展权包括对农用地进行开

第八章 土地承包经营权流转价格与外部性问题研究

发整理、变为建设用地等具有更高利用价值之权利；建设用地发展权指对建设用地进行开发整理、使其具有更高利用价值之权利。

第二，土地发展权存在"内部发展权"和"外部发展权"之分。承认土地发展权存在未利用地发展权、农用地发展权和建设用地发展权之分后，不难意识到，土地在不同经济利用途径之下还存在内部的产出效益的差异。以建设用地为例，建设用地通常包括宅基地用地、工业用地和商业用地等，以经济价值为评判标准，商业用地通常高于前两者，因此，将宅基地或工业用地改建为工商业用地，如果开发收益高于开发成本，那么这种做法就可以理解为是一种发展权的实现。以农用地为例，农用地可以进一步划分为：耕地、林地、草地等类型，再进一步，耕地内部又包括水田、水浇地和旱田等利用方式。上述不同利用方式之间在经济产出上存在明显差异：通常，耕地、天然林地和草地的现实生产力依次减弱，而水田的经济价值高于旱田。再进一步，仅就耕地而言，也存在对耕地进行分散式、传统经营和规模化、集约经营之分。每一种能产生更高利用价值的土地开发方式均可以理解为一种发展权的体现。例如，在旱田地附近开凿水井，完善配套基础设施，将旱田地改造成水浇地或水田，如果改造成本小于由此带来的效益的提高，那么这种做法就是一种发展权的实现。因此，发展权存在"内部发展权"和"外部发展权"之分。当然，"内部"和"外部"的区分不是绝对的，它是在既定的某种发展权类别基础上才具有讨论意义的。例如，在对土地发展权明确划分为未利用地发展权、农用地发展权和建设用地发展权等前提下，农地内部存在发展权问题，即农地内部发展权；建设用地内部也存在发展权问题，即建设用地内部发展权；等等。发展权的分类如图8-8所示。

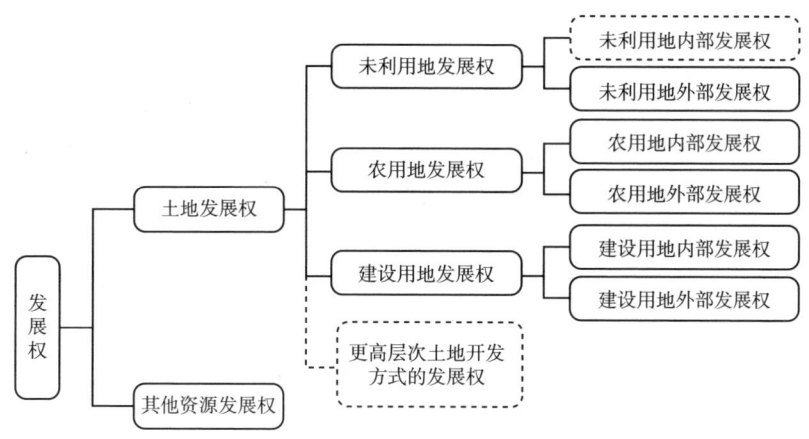

图8-8 发展权的归类整理

(二) 土地发展权所引发的土地承包经营权流转外部性

基于上述认识，在土地承包经营权流转过程中，同样存在土地被其持有者进行重新开发利用、产生更高经济价值的现象。土地在农业用途不发生变更的前提下，也会产生增值问题。对土地持有者而言，土地增值直接来源于其个人投资（资本、时间和智力投入等），对土地所有人而言，实现价值增值的前提是其持有土地所有权（和发展权），并将一部分发展权让与了土地持有人。因此，土地增值需要在土地持有人和所有人之间进行分配。实践中，农地流转价格通常仅就土地在原用途情况下的产出效益为评估标准，土地再开发利用产生的增值问题被忽略，这对土地所有人而言无疑是一种经济损失。这种现象就是笔者前面提及的由农地内部发展权引发的农地流转外部性。这种外部性发生在农地流转过程中，即合约执行期内，是因为交易方的权利束（农地内部发展权）被交易另一方无偿占有（没有被定价或得到对等补偿）。

四、土地承包经营权流转外部性的表现形式

基于上述对发展权和土地发展权的讨论，农地内部发展权可以理解为，在不改变农地农用方式的前提下，对土地进行再开发利用的权利，具体包括对土地进行规模化整理、提高土地集约利用度、改变土地经营结构等。相应地，农地内部发展权所引致的农地流转外部性就表现为如下三个方面。

(一) 土地适度规模化经营

土地承包经营权流转最明显、最直接的效应就是逐步改变了家庭承包经营制下土地平均分配所形成的小规模农地经营现象，促使土地规模经营的实现。适度规模是生产规模的扩大正好使收益递增达到最大。当收益递增达到最大时就不再增加生产要素，并使这一生产规模维持下去的状态。随着农地多种有偿流转模式的实践，连片集约、规模经营正在突破传统意义上一家一户分散经营的小农经济格局。适度规模经营是土地市场化运作，可以降低小农经济的束缚，从质和量上保障农民土地使用权和收益权。目前土地规模化流转在我国部分地区已初具形式。国内外的研究综合表明，适当的土地规模经营有利于产出增长，但当土地规模扩大到一定程度后，土地规模效应将会消失甚至发生反方向的作用。从目前我国各地的人均耕地占有情况来看，农村人均耕地面积大部分在 $0.5hm^2$ 以下，以

户均 4 口计，我国农村户均耕地面积在 0.6~0.7hm² 的水平。这表明，目前我国土地规模化经营的潜在发挥空间是客观的，并且是明显的，因农地流转而产生的规模化正效应仍在一定时期存在。

（二）提高土地集约利用度

作为农地流转的需求主体，种田大户和农业企业等一般在资金、生产技术和管理技能等方面较普通农户具有优势。通常，土地在实现经营权转移后，上述主体会对其持有的土地进行一定程度的资金追加，如在机械化、信息化、生物技术等方面的投入，通过提高土地的集约利用度来增加土地产出。实践证明，农业机械化的应用，促进了生产规模化、集约化和产业化，提高了土地产出率、资源利用率和劳动生产率，既减轻了农民的劳动强度，改善了农民生产生活条件，又提高了农产品产量、质量和效益。例如，推广小麦精量播种，每亩可以节约种子 3~4 公斤；机械化深施化肥，可提高化肥使用率 10%~15%；高性能植保机械喷药，可节省 30%~40% 的农药；大型机械深松整地可使玉米亩增产 100 公斤左右；使用联合收割机收获小麦，与人工收获相比，可以减少损失 3% 左右，仅此一项全国就减少小麦遗洒损失 25 亿公斤以上。另外，自 2004 年以来，国家实行了农机具购置补贴政策，这些惠农政策势必对我国农业机械化和农机工业的发展起到积极的推动作用，同时也会极大地刺激规模土地持有者对土地机械化生产的投入。

（三）调整和优化土地经营结构

优化农业结构是提高农业经济效益的重要途径，其实质是优化农业生产要素的配置。市场经济条件下优化农业结构，主要是以市场为导向，遵循价值规律，以提高经济效益为中心目标，实现政府行为与经营主体行为价值取向的统一。各地的实践表明，流转后的农地主要用于投资开发花卉、果树、茶叶、种苗及反季节蔬菜栽培等高效农业项目。据农业部门测算，一亩地种杂交水稻的平均利润是 200 元，如果粮食与经济作物结合，效益是种粮食的 2 倍，种蔬菜的效益是种粮食的 5 倍，搞水产养殖和花卉种植是种粮食的 7 倍，种大棚蔬菜的效益更高。与此同时，农业不仅具有食品保障功能，而且具有原料供给、就业增收、生态保护、观光休闲、文化传承等功能，规模土地与流动资本的有效结合将极大地促进农业的多功能开发，在农业功能的广度和深度上进行利用价值的挖掘，促进农业结构不断优化升级。农业这种多功能性不完全基于农业的原生态资源结构，更多的是经济发展和科技进步对农业功能结构的开拓。

第九章 黑龙江省土地承包经营权流转立法研究

近年来,最高层面的国家宏观支持政策对土地承包经营权流转产生了极大的推动作用。与此相适应,实现土地承包经营权流转的规范化与法制化,则成为维护流转主体合法权益、促进流转有序推进的迫切要求。

黑龙江省作为流转大省,区域内自发形成的流转实践越发普遍,农民参与的热情高涨。流转产生了良好效果,对转型中的农村社会产生了极为深远的影响,更暴露出法制建设的薄弱之处。此时,加强黑龙江省土地承包经营权流转立法,成为巩固流转局面、解决流转问题、防范流转风险的迫切需求。以此为出发点,本章在客观认清当前黑龙江省流转现状基础上,充分考量流转主体的利益关系,以保障农民权益、维护农村基本经营制度为主线,剖析流转立法的可能性与可行性,并在研究中提出科学的地方立法建议,进而为尽早形成科学的黑龙江省土地承包经营权流转规范体系发挥积极作用。

第一节 问题的提出

一、基本背景

土地承包经营权流转,是土地承包经营权权能完善的体现,更以其特殊功效成为转变农业经营方式、创新农业经营体制机制的现实选择。在农村改革发展的新阶段,党的十七届三中全会于《中共中央关于推进农村改革发展若干重大问题的决定》中,明确提出土地承包经营权流转的制度建设要求,即加强土地承包经营权流转管理和服务,建立健全土地承包经营权流转市场,按照依法自愿有偿原则,允许农民以转包、出租、互换、转让、股份合作等形式流转土地承包经营权,发展多种形式的适度规模经营;有条件的地方可以发展专业大户、家庭农

第九章 黑龙江省土地承包经营权流转立法研究

场、农民专业合作社等规模经营主体等。此后,党的十八大报告、十八届三中全会《中共中央关于全面深化改革若干重大问题的决定》、历年中央"一号文件"、党的十九大报告等重要文件继续强调稳步推进农村土地承包经营权流转,并在完善管理、加强服务、健全流转市场、以依法自愿有偿流转为基础发展多种形式的适度规模经营等方面提出了原则性的要求。这些最高层面的国家宏观支持政策对土地承包经营权流转具有极大的推动作用,各地自发形成的流转实践越发普遍,农民参与的热情高涨。流转产生了良好效果,对转型中的农村社会产生了极为深远的影响。与此相适应,实现土地承包经营权流转的规范化与法制化,则成为维护流转主体合法权益、促进流转有序推进的迫切要求。

对于黑龙江省特定区域来说,积极稳妥地引导农民在"依法、自愿、有偿"的原则下,发展多种形式的土地承包经营权流转,是推进全省农业产业化、发展现代农业的重要途径,是促进全省农业增效、农民增收的重要渠道,是整合省内土地资源、统筹城乡发展的重要举措。正是充分认识到了土地承包经营权流转的重要性,黑龙江省区域内的土地承包经营权流转实践趋势越发明显。在地方政府的支持鼓励下,基层农村集体与农民、企业共同参与,初步形成了全省土地承包经营权流转的较好态势。此时,如何在农村改革发展的新形势下贯彻落实系列文件政策的主旨精神,加强流转的制度保障则是黑龙江省应予重视的。特别是黑龙江省至今尚无规范土地承包经营权流转的区域细则,而省内流转规模逐渐扩大、形式不断更新、主体间利益关系日趋多元;此时,更须对土地承包经营权流转的现实情况清楚掌握,及时发现区域内的突出问题并予以规范,为进一步细化国家宏观政策、维护流转主体合法权益、促进流转有序推进创造条件。因此,结合最新趋势加强直接规范流转的黑龙江省地方立法,则成为土地承包经营权流转共识与良好局面形成后亟待跟进的重要议题。

二、主要目的

系列文件纷纷强调土地承包经营权流转必须做到三个"不得"(即不得改变土地集体所有性质、不得改变土地用途、不得损害农民土地承包权益),允许农民以多种形式流转土地承包经营权并发展多种形式的适度规模经营等内容;农业部(农经发〔2008〕10号)对农村土地承包经营权流转管理和服务工作做出了明确部署,为土地承包经营权流转的制度建设提出了新的要求。黑龙江省作为全国农业发展与适度规模经营都极具特色的优势地区,土地流转已经取得一定突破，部分地区还在市属范围内建立起农村产权交易平台。此时，流转行为更为活跃，但过于宏观的国家法律法规和相关政策无法完全应对具体区域内的流转现实问题。由于黑龙江省尚无针对农地流转的地方性规范，面对较为任意的自发流转较难形成有效规制，与之配套的相关管理与服务仍然欠缺。这些问题的出现，说明黑龙江省土地承包经营权流转的制度建设明显滞后于流转实践，不能满足农村改革发展新形势下的流转现实需要。如不能及时总结并加以规范，势必制约新时期黑龙江省农业发展进程中土地流转的稳步推进。因此，加强土地承包经营权流转立法，成为巩固流转局面、解决流转问题、防范流转风险的迫切需求。以此为出发点，本章在客观认清当前流转现状基础上，充分考量流转主体的利益关系，以保障农民权益、维护农村基本经营制度为主线，剖析流转立法的可能性与可行性，并在研究中提出科学的地方立法建议，进而为尽早形成科学的黑龙江省土地承包经营权流转规范体系发挥积极作用。

本章以黑龙江省土地承包经营权流转对规范制度的需求为基点，审视流转立法需要解决的关键问题，并以立法研究为黑龙江省土地流转制度建设提供智力支撑，发挥以下方面的作用：

首先，有利于客观把握区域内土地承包经营权流转实践因法律规范缺失而体现出的共性问题。

各地的流转实践多为自发形成并加以推广，根据实际条件自创的流转形式较为多样。同时，农户间的流转行为多发生在熟人之间，缺乏统一约束和规范，合同任意、权利义务约定不明等问题容易引发流转主体之间的纠纷；如有企业参与流转，相应程序有所规范，但如何充分保护农民权益仍无具体细则。同时，多数地区的流转管理与服务未能及时展开，与国家政策精神的要求尚存差距，此类问题具有突出性和代表性。通过对省内土地流转的共性问题进行总结，可为后续的相关立法提供必要的前提和基础。

其次，有利于整合全省土地承包经营权流转制度建设的已有成果，促使统一规范的形成，为实务部门提供决策参考。

从实践层面来看，黑龙江省的部分城市根据当地土地承包经营权流转的需求发布了相关的促进意见（如哈尔滨、齐齐哈尔等），但全省至今尚未形成具有统一效力的土地流转立法规定。相比其他省份，如江苏省、浙江省、湖南省、吉林省等已经在其区域内施行了具体的流转管理办法，确立了流转的地方性法律规范。因此，关于黑龙江省土地流转立法较为滞后，立法成果极为匮乏，全省关于土地承包经营权流转的直接规范仍未形成，只能参考《农村土地承包法》《物权法》等既有法律类似规定，特别是各项国家宏观政策性文件，这对于省内的流转问题并不具有普适性。本章将在已有国家法律、政策的制度环境下，综合全省近年来关于土地流转制度的建设成果、实践中得到普遍认可的习俗约定，依据已有资源研究地方专门立法的设立，以此形成具有直接、统一规范效力的规范，填补全省土地承包经营权流转规范体系的空白，并对实务部门解决土地流转突出问题、加强管理与服务提供决策参考。

再次，有利于真正落实政策精神的主旨要义，为土地流转制度建设提供借鉴。

党的十七届三中全会提出了新时期土地承包经营权流转所应加强的重点内容。黑龙江省作为全国最重要的农业大省之一，其土地流转的制度建设将对全国发挥积极作用。因此，对该区域的土地流转立法进行研究，将会促进国家最高政策在具体区域内的有效适用，进一步落实全会的主旨精神；同时，认清黑龙江土地流转现实问题并在立法建设中予以规范，可为出现相似问题的省内其他区域流转行为的规范与制度保障形成宝贵经验，进而对其他地区土地流转制度规范产生积极示范作用。

最后，有利于适应农地制度变迁的客观规律，为我国农地法律制度完善提供理论支持。

黑龙江省既是农业发展的典型区域，又是两江平原农业综合配套建设的先行地区，其土地承包经营权流转成为传统农区土地制度创新的代表，展开的流转立法研究更是适应农地流转由自发初创至统一规范的必然要求。研究将以往现实存在但游离于法律之外的农地流转关系纳入立法规范之中，适应农地制度变迁从民间需求引致型向政府主导型转变的客观规律，使之最大限度地符合农民主体的现实需求，是农地制度进步的区域性探索，从而可为我国农地法律制度的整体完善提供理论支持。

第二节 流转法制建设的主要问题

一、流转法制建设的主要成果

鼓励土地流转一直是中央农村政策的主要内容，土地承包经营权流转成为经济和社会发展的必然趋势，但又是一个渐进的过程。近年来，黑龙江省内的土地承包经营权流转规模日益扩大，不仅促进了农业规模经营，加快了农业结构调整，同时也增加了村集体和农民的收入，推进了农业和农村现代化。其效果是明显的。农地流转在政府看来，有助于实现农业增产、农民增收、农村稳定，因此其促进农地流转的意愿比较强烈，许多县市都出台了有关政策和措施，推进农地流转的进程。如哈尔滨市制定了《哈尔滨市关于深化农村产权改革试点工作方案》《哈尔滨市关于农村集体经济"三资"委托代理制实施意见》，积极推进农村土地流转和产权交易机制改革；齐齐哈尔市出台了《关于促进全市农村土地适度规模经营的意见》；黑河等市、县也出台了促进和规范土地承包经营权流转的意见。克山县对于土地流转整乡推进的，奖励乡政府资金40万元，对于土地流转整村推进的，奖励村集体30万元。通过政策调节和资金投入，使土地流转步伐加快。黑龙江省《关于进一步做好农村土地承包经营权流转发展适度规模经营工作的意见》正在广泛征求意见，将用省政府文件形式下发。各地政府结合实际情况都对土地流转予以积极引导和规范，并加大对流转的补助和扶植。同时，各地成立的土地流转中心等平台发挥了关键作用，从事的活动主要有：流转情况的调查研究与政策宣传咨询；流转信息的收集、登记、审核与发布，建立意向性流转信息库，征集意向性受让方；组织流转双方对接、沟通与协商；土地流转合同的签订；土地承包经营权的确权发证、变更与注销；建立农村土地承包经营权流转台账；管理农村土地承包档案与流转档案；土地承包纠纷和流转纠纷的调解与仲裁等。流转农户与其他主体对该类流转服务中心非常认可，普遍认为可通过政府成立的流转中介来保障经营收益和流转权益。这些具体的政策措施为土地流转创造了有利的外部环境。

但是从黑龙江省各地的土地流转实践来看，流转仍不够完善，尚存在一些值得重视的问题。

二、流转法制建设的薄弱环节

（一）流转程序不规范

在省内农村土地流转的自发行为中，私下流转、口头协商仍然普遍。农户间多为私下口头协商达成协议，很少签订文字协议，极易出现流转纠纷。即使有的经营户经由村委会签了约，但未签的仍然较多，或签约主体与流转主体严重不一致。另外，口头协议只关乎眼前利益的约定而忽视了防范未来可能出现的纠纷，特别是对土地转出的期限、费用的规定十分随意，缺乏应有的基本参照标准。部

第九章　黑龙江省土地承包经营权流转立法研究

分地区甚至存在一些行使土地经营权的农户没有明确具体流转期等问题。根据这种缺乏有效监督和约束私下协商达成的口头协议，转出户可以随时收回土地等情况极易引发土地纠纷案。

各种流转形式也缺乏合理运作的规范程序，使农村承包地流转在实际操作中无章可循。如土地流转涉及多数农户的是否有必要召开村民代表会议；流转双方应签订口头合同还是书面合同来明确流转的形式、数量、年限、条件和双方的权利、责任、义务；涉及承包地田块变动的，是否应及时办理流转变更登记手续等问题都是应当做到规范有序的。实践中的一些流转形式尚不成熟，需要进一步探索和完善。如从一些地方的实际情况看，土地承包经营权抵押还未得到上位的法律承认，容易影响家庭承包经营制度。另外，土地股份合作制需要较高的制度保障，在现阶段各类保障机制尚不健全的情况下，为避免出现大资本排挤小农户、出现农地大规模被兼并的现象，在农村土地承包经营权在法律上规定为物权时，这种形式的发展也要因时因地制宜。

（二）法律规范供给不足

目前的农村承包地流转立法还没有形成体系化，存在诸多的立法漏洞，突出表现为对于土地流转有形市场建立的忽视，从而不能形成一套切实可行的流转规范。全国性的法律与部门规章有《农村土地承包法》《农村土地承包经营权流转管理办法》，虽然两者就土地流转中产生的矛盾与纠纷的解决，土地流转双方（或三方）的权利、义务，利益补偿，转包、转让价格的确定等作了相关规定，但这些规定都过于笼统，有关内容和程序不够具体明确，缺乏可操作性；《物权法》将农地承包经营权流转明确写入法律中，但仍然只是对《农村土地承包法》内容的再次强调，并没有新的条款和内容。2005年发布的《最高人民法院关于审理涉及农村土地承包纠纷案件适用法律问题的解释》，对土地流转纠纷的解决具有较大的指导作用。现行法律虽然承认了农地承包经营权流转的合法性，但对承包经营权流转的操作程序缺乏法律规定；同时农地承包经营权流转过程中的各种相关法律要件，如承包经营合同、流转合同、农地承包经营权证等没有统一规范。这一方面可能使农地交易过程中的协商成本增加，并可能由于交易双方的信息隐瞒导致农地流转的风险增大；另一方面则由于缺乏规范的农地流转法律要件可能导致农地流转后期争议的概率上升，使承包经营权流转的法定操作程序不完善。

我国现行法律、法规关于农村土地使用权流转的规定主要见于《土地管理法》《农村土地承包法》《农业法》以及其他国务院各部委、各地方颁布的一系列法律性文件。在这些法律法规中除《农村土地承包法》是以专章专节的形式对农地承包经营权的流转作了具体规定外，其他的则只是在整部法律中有个别条款涉及农村土地流转，且大多是原则性规定，无具体可操作性。例如，现行法对农地承包经营权的转让设有"受让人应具有农业生产经营能力"的限制性规定，其作为对于买方的准入规制，可控制性较弱，实践中难以操作。现行法禁止依家庭承包产生的土地承包经营权上设定抵押担保，阻断了农民的融资途径，应予以放开；农地承包经营权的入股依农业部《农村土地承包经营权流转管理办法》规定，入股限于承包方之间组建合作组织。考虑到黑龙江省土地流转现实，迄今为止，尚未出台具有统一效力的土地流转具体法律规范，仅仅以上述各地发布的指导性意见等政府文件形式订立，而不是依据物权法定主义原则制定出法律规范和相应的实施细则的做法，在流转实践中并不能真正起到法律支撑和保障作用。

提倡农村承包地流转一直是中央农村政策的主要内容。土地流转是经济和社会发展的必然趋势，又是一个渐进的过程（韩学平，2005）。从黑龙江省各地的土地流转实践来看，其效果是明显的。但面对日益旺盛的流转需求和普遍的自发行为，新时期的流转制度保障建设尚未能深入展开，缺少有关土地流转的地方性规范，无法对较为任意的自发流转形成有效规制，主要表现在：

第一，受农村地缘关系和血缘关系影响，农户私下间的土地承包经营权流转合同在实际操作中多数为不规范的协议；合同形式不尽规范、主体权利义务关系界定不清，为流转关系的稳定埋下隐患。

第二，各种新型的流转方式只是自发形成，缺少政策支持与法律规制，流转主体意愿具有一定盲目性，出现情势变化时容易出现风险。

第三，与之配套的流转管理与服务仍然欠缺，不能为农户旺盛的流转需求提供及时、可靠的信息和服务，健全的流转市场难以真正形成。

第四，在利益驱动下，已经出现农户放弃主要粮食作物转而种植经济作物，这种"示范"作用极易被农民接受，甚至在一定程度上产生了流转后的"非粮化"潜在影响[①]。

（三）流转市场有待健全

各地区经济发展水平参差不齐，发展方向各具特色，发展重点各不相同。由于目前尚无农村土地流转的统一规划，缺乏促进土地流转的服务平台，致使全省

---

① 在吉林省延吉市农村土地流转"非粮化"现象出现后，黑龙江省随即开展了关于全省农村土地承包经营权流转非粮化的调研（黑农委函〔2009〕25号），及时掌握"非粮化"现实情况。

土地供求信息渠道不畅，"要转转不出，想租租不到"。省内各地区在行政管理上还是各自为政，统筹省内农村土地流转难度较大。在农村市场体系尚不完备的前提下，农民对于土地权利交易的信息较为闭塞，土地承包经营权的流转是通过一种选择机制来实现的，这显然不能满足最为基本的土地流转的供求信息反馈。缺乏土地承包经营权交易的组织机构，不但会影响到流转的速度，更影响着土地资源的合理配置。同时，相应地，土地价值评价机构也因此缺乏，土地权益的合理估价这一土地流转必不可少的过程无法得以开展，使土地流转的透明度减小，加之土地流转监管机构不健全，各种不正当的土地流转存在更大的可能性。到目前为止，各地农村土地流转市场仍处于混乱无序的状态。例如，虽然土地流转的中介组织已经有了很大的发展，但仍有不少地方服务于土地流转的中介组织相当匮乏，缺少一个从上而下、网状、多功能的中介服务体系。同时，由于缺乏规范合理的土地流转管理体系，不利于农村承包地的顺利流转，不利于农村产业结构的调整和优化，造成部分土地资源的低效率配置。

另外，在推进农村承包地流转的过程中，涉及农村集体整体或大范围土地流转时，集体经济组织负责人对于土地流转享有一定的话语权，广大农民对土地流转没有或没有决定性质的发言权的，农民实际上被排斥在农用土地的保护之外。同时，由于缺乏应有的监督机制，村委会对于农户之间私自转包土地监控不力，相当数量的基层只关心追求流转规模，只要能够推行土地流转，对于承包户在流转土地后能否保证土地收益都漠不关心。这不仅违背农民意愿造成强制推行流转，还可能由于企业经营主体的参与滋生腐败现象。

上述问题的出现，说明黑龙江省土地承包经营权流转的制度建设滞后于流转实践，不能满足农村改革发展新形势下的流转现实需要。如不能及时总结并加以规范，势必制约全省土地流转的健康运行。那么，在流转实践的良好局面下，加强全省土地承包经营权流转的立法建设与制度保障，自然成为巩固流转局面、规范流转行为、防范流转风险的迫切需求。

第三节 黑龙江省土地承包经营权流转的立法基础

在城乡协调发展进程中，土地承包经营权的流转是农业经营体制转变的必然趋势。党的十七届三中全会报告明确提出，按照依法、自愿、有偿原则允许农民以多种形式流转土地承包经营权。2013年3月黑龙江省专门召开的土地流转与合作化经营座谈会也明确提出推动农村土地承包经营权依法有序流转。"依法"的前提是有法，因此加强立法、健全制度，则是保障农民土地承包经营权规范有序流转的根本。

一、立法的必要性分析

稳定和完善土地承包关系，保障农民土地承包经营权，是党的农村政策的基石，是促进黑龙江省农业发展、保持农村社会和谐的制度基础。在稳定家庭承包经营制度的基础上，依法流转土地承包经营权，是黑龙江省农业发展新阶段的客观要求，也符合党和国家的一贯政策。但当前农户土地承包经营权流转中的规范制度欠缺，不仅会阻碍土地正常流转；还不利于农民合法财产权益的保护，形成不和谐因素。因此，通过黑龙江省土地承包经营权流转专门立法形式，建立健全流转法律机制，将为农户土地承包经营权合理有序流转提供法制保障，这对保障农民的合法权益、促进集体经济发展、推进新农村建设、保障农地经营利用机制在和谐稳定社会关系中稳步创新，具有十分重要的意义。

（一）完善农村市场经营体制的需要

土地流转既是黑龙江省农村发展的要求，也是完善黑龙江省农村市场经营体制的需要。以家庭承包经营责任制为核心的农村经济体制改革，打破了计划经济体制，把农户推向市场经济舞台，极大地调动了农民生产积极性，解放和发展了农村生产力。但随着改革的深入发展，家庭承包经营的缺陷也日益凸显出来，特别是受黑龙江省人均耕地面积水平不高的限制，土地流转不畅，技术信息缺乏，提高农民收入难以有实质突破。这就要求深化黑龙江省的农村体制改革，解决发展中深层次的矛盾，完善市场经济体制，依法流转土地承包经营权便是当前最为有效的一种途径。温家宝总理曾经指出，土地作为生产要素，流动是不可避免的，也是必要的。在市场经济条件下，土地是农村市场经济中最基本和最重要的市场要素，如果土地不流转，农村市场就缺少基本的要素市场，农村的市场经济体系就建立不起来，至少是不完善的。市场经济便是法制经济，那么，在推动土地要素流转的进程中，土地流转市场同样需要法制作保障。如流转主体资格的确认，权利义务的保障，流转合同和流转方式的规范，政府和发包方如何监管等，一系列与流转相关的社会关系都需要通过立法予以调整。

(二) 保障农民承包权益的需要

土地承包经营权是农民的基本权益，通过规范的流转更是农民经营财产获取收益的基本手段。由于流转缺乏法律机制和制度保障，部分地方农户土地承包权流转仍属无序，基层政府和村委会干预较多，在一定程度上没有很好地尊重农户的流转主体地位和权利；同时，缺乏中介组织，供求信息渠道不畅通。通过立法完善制度、健全机制，不仅是促进黑龙江省土地承包经营权健康平稳推进的要求，更是保障农民土地承包经营权的需要。十七届三中全会与近年"中央一号"文件提出赋予农民更加充分而有保障的土地承包经营权，现有土地承包关系要保持稳定并长久不变，并强调要抓紧修订、完善相关法律法规和政策。只有让农民吃上长效"定心丸"，农民对于经营制度的稳定才会更有信心，农民的土地承包权益才能得以更好实现。政策的稳定预期激励农民对土地进行投入，有利于合理配置和充分利用土地资源，促进适度规模经营和现代农业发展，也有利于解除农村劳动力非农就业的后顾之忧，促进农村劳动力转移。此外，把土地承包关系稳定下来，并得到切实保护也是发展土地承包经营权流转市场的前提和基础。

(三) 促进集体经济发展的需要

在土地承包经营权流转过程中，除农户可直接获益外，部分条件较好的村集体已经开始发挥关键作用，不仅可以有效提高农民的经营收入，还可为集体土地被撂荒、浪费等问题提供解决思路，从而有效提高集体土地利用效率，实现集体土地的巨大资产价值，直接带动集体经济发展。一方面，集体可对农民的土地流转意愿进行引导，为其提供必要的信息支持与服务，以集体的名义提供基本保障，防止日后出现纠纷；另一方面，第二、第三产业发展较好、集体经济有一定实力的村，在征得农民同意后，可以通过多种形式，进行土地的集中经营或统一流转，也可以通过村与村互帮对接的方式，跨区域承租其他村的土地。依法收回的承包地和农民自愿放弃的承包地，可以由集体经济组织统一经营、流转，也可以发包给农户进行规模经营。因此，以村集体、村民为主体的流转方式既可让村民得到实惠，又实现了集体经济组织的壮大，村集体再将收益反馈给成员（当地村民的医疗、住房、考学等福利保障极为充分），可以创造集体与成员的"双赢"局面。在此过程中，健全的流转规范可以防止农民在流转中破坏土地、变相改变用途致使集体资产受到损失，同时也为农户土地权益提供保障，防止集体在土地流转的统一操作中侵害农民土地权益，从而促使集体经济获得农地资源经营的制度保障。

二、开展立法的相关基础

（一）不动产物权理论基础

土地承包经营权流转，体现了承包人对拥有权利的自主支配，而这正是不动产物权所包括的最基本权能。我国农地流转在最初是被严格禁止的，现阶段却成为农地制度建设必不可少的形式，并得到国家的充分支持。法律赋予私人以不动产财产权，其目的是提高生产的积极性，以达到资源利用的最大化功能（金俭，2007）。农村经济、社会的巨大变化表明，不完善的土地承包经营权流转制度规范已滞后于客观现实，必须对其法律价值取向和目标模式进行定位，建立物权化农地流转机制。

根据不动产物权基本理论的重要原理，不动产物权制度历来是以权利本位兼顾义务本位为核心的，更加注重不动产的社会功能。权利本位的法律追求在于保障民事主体的个体利益和自由，实现财产效益的最大化，体现效率优先的立法取向；兼顾义务本位是强制民事主体履行财产的法定义务或接受必要的限制，其法律追求是均衡社会财富的分配，体现经济民主、公平的立法倾向。所以黑龙江省土地承包经营权流转立法应注重：第一，在公共目的限定下，按效益最大化原则实现承包经营权的自由配置；第二，农地流转按不动产商品标准确定转让价格，以有偿为原则，保护农民对土地投资所取得的增值利益；第三，社区农民对集体土地占有权不仅体现为实物的占有权，即可直接支配农地的权利，也体现为价值的占有权，通过权利的行使或分离，间接享有农地权益。同时，在符合法律规定和不改变土地的农用目的的情况下，扩充黑龙江省土地流转方式的法律界定，对群众自发组织并符合实践的流转模式予以确认，特别是有利于促进发展农业或农村第二、第三产业的，对其共性加以概括上升为地方性的法律规范。

（二）农村新政基础

对于土地承包现实来说，当实际情况、外部环境及制定政策的依据发生变化后，政策应当作出相应的调整（汪军民，2008）。十七届三中全会《决定》明确指出，特别强调土地承包经营权流转必须做到三个"不得"（即不得改变土地集体所有性质、不得改变土地用途、不得损害农民土地承包权益），继续加强流转管理和服务、建立健全流转市场、允许农民以多种形式流转土地承包经营权并发展多种形式的适度规模经营等内容；农业部（农经发〔2008〕10号）对当前农村土地承包经营权流转管理和服务工作做出了明确部署，为土地承包经营权流转的制度建设提出了新的要求。因此，本章讨论黑龙江省土地流转立法，是在国家相关政策制度框架中、在与承包及流转法律法规不冲突的前提下，坚持"自愿、合法、有偿、有序"的原则设计。自愿即在农地使用权流转中，应尊重确保农户的主体地位，尊重农民意愿，不得强迫、阻碍承包方依法进行的农地使用权流转，乡村组织不可代理，应积极引导、规范、管理；合法即农地使用权的流转必须依法进行，包括主体资格合法、程序合法、内容合法、形式合法；有偿即农地使用权流转中必须注意保护和弥补农户利益，其进入市场进行依法流转应当适用市场经济的等价有偿原则；有序即农地流转不可一蹴而就，应杜绝以规模经营的名义，使农民失去土地，流转应当循序渐进地进行。上述四点，缺一不可，互为补充，互相制约。

（三）法律法规基础

1. 相关的国家上位法

从国家法制层面看，国家在农地方面的特别法律成为黑龙江省土地承包经营权地方流转立法的基础。主要是全国人民代表大会常务委员会颁布的《农业法》和《农村土地承包法》。全国人民代表大会常务委员会在2002年修订了《中华人民共和国农业法》，并在第13条规定："在承包期内，经发包方同意，承包方可以转让所承包的土地、山岭、草原、荒地、滩涂、水面，也可以将农业承包合同的权利和义务转让给第三者……承包人在承包期内死亡的，该承包人的继承人可以继续承包。"此处只是就农村土地流转问题作了简单的原则性规定。全国人大常委会于2002年通过了《农村土地承包法》，并于2003年正式施行。该法第二章专设第五节"土地承包经营权的流转"，使"土地承包经营权的流转"真正具备了"合法身份"，它标志着我国农村土地流转制度跃升到更高的水平。特别是在《农村土地承包经营纠纷调解仲裁法》实施后，农村土地法制建设更加完善，特别对公正、及时解决农村土地承包经营权流转纠纷具有重大现实意义。

2. 部委的具体规章

从部门管理层面看，相关部门的专门规章也成为黑龙江省土地承包经营权地方流转立法的基础。主要是农业部2003年发布的《农村土地承包经营权证管理办法》、2005年发布的《农村土地承包经营权流转管理办法》和2006年发布的《农业部办公厅关于建立农村土地承包仲裁信息上报制度的通知》,十七届三中全会后农业部继续下发了《关于做好当前农村土地承包经营权流转管理和服务工作通知》(农经发〔2008〕10号),提出按照党的十七大和十七届三中全会要求,坚持依法自愿有偿原则,严格执行农村土地承包法律政策,切实维护农民土地承包权益和流转主体地位,以实施流转合同制和备案制为重点,全面建立健全农村土地流转规范管理工作制度、工作机制和工作规程,确保流转规范有序;以建立流转服务组织和网络为平台,逐步完善和加强土地流转信息提供、法律政策咨询、流转价格评估、合同签订指导、利益关系协调等服务,优化流转外部环境,不断健全流转市场;以逐步依法建立纠纷仲裁体系为依托,不断健全流转纠纷调处机制,确保流转纠纷及时化解。这些目标为新时期各地土地承包经营权流转管理提出了更高的要求,也成为黑龙江省进行专门立法规范的重要内容。

3. 省域内的地方性规范

从省域范围看,自土地承包法实施以来,黑龙江省在本区域内积极推动法律的落实,逐渐强化对土地承包经营权流转的管理。较早的《关于妥善解决农村土地承包纠纷问题的若干意见》专门强调了要严格规范土地流转。其中的重点在于坚决制止和纠正各种违背农民意愿、强迫农民流转土地的做法,并严格遵循"依法、自愿、有偿"的原则,办理规范的流转手续。2010年黑龙江省启动了《关于进一步做好农村土地承包经营权流转发展适度规模经营工作的意见》的起草审定,并在当时广泛征求意见,计划将用省政府文件形式下发,虽没有最终成稿,但毕竟形成了一个可以视为具有统一规范作用的地方性文件蓝本。另外,金融部门的相关文件允许农民成员以土地承包经营权对从事种养殖业的农民专业合作社进行出资;但它终归只是基层国家行政机关本着"先试先行"的改革思想,在不违背国家法律法规前提下进行的大胆探索,只是金融部门结合自身职能对土地流转发展提出的具体意见,其法律效力等级在地方法律法规体系中较低。因此,省内的规范文件是对各地土地流转的关键指导,黑龙江省土地承包经营权流转立法的开展则需以此为依据并对其进一步细化。

4. 市域内的地方性规范

从市域范围看,黑龙江省内的几个城市已经发布了指导土地承包经营权流转的相关规范性文件。如哈尔滨市、齐齐哈尔、绥化、牡丹江等地都发布了指导土地承包经营权流转的地方性办法或鼓励措施,通过实施一些具体明确的要求来推动土地流转的规范运作,为土地承包经营权的多元化流转提供政策支持;其他各地也专门组织开展了促进土地流转的工作和检查、扶持活动。哈尔滨等地提出以明晰集体资产产权归属、培育土地承包经营权流转服务体系、健全纠纷仲裁机构、建立维权保障制度、加强流转工作的组织指导等方面更好地为土地承包经营权流转提供管理和服务。因此，黑龙江省在土地流转中的地方性规范不断充实，在哈尔滨的核心示范效应带动下，土地流转规范体系建立趋势越发明显。这些地区的实践操作经验与文本规范旨在明确本行政区内的土地流转发展方向，在此基础上进一步整合，将成为黑龙江省土地承包经营权流转立法的重要基础。

第四节 流转立法的构建设想[①]

一、立法目的

（一）稳定土地承包关系

为适应农业生产经营的现代化和规模化，家庭承包经营需要突破单独、分散经营的局限，将耕地资源形成有效、适度的集中，发展规模经营，但更为重要的是，坚持家庭承包经营制度的稳定是黑龙江省土地承包经营权立法的首要目的。客观上讲，土地承包经营权流转需要稳定的土地承包关系。若土地的承包关系经常变动，其导致的不良后果是显而易见的。它必将阻碍整个农村生产力的提高和加剧农民对短期利益的追逐，不把土地当作长期发生作用的高效益投资领域，使农业始终徘徊在一个比较利益偏低的领域。与此同时，会使农村的"寻租"行为更为严重。例如，基层干部用行政手段调整土地名义上是在解决一些人地矛盾，实际上这其中为许多乡村干部提供了谋取私利的途径。稳定的土地承包关系是农村改革与发展的前提，是建立土地流转机制的前提。有了这个前提，就可以让农民进入长远投资领域，加强农地基础设施建设，提高农地的肥力，就可以使土地流转机制产权清晰，管理规范，符合市场规律。并且，以此为契机，可以发展适度的规模经济，解决农业比较利益偏低、农业在市场竞争中处于不利地位的深层次矛盾。稳定的承包制度使农民对土地有了稳定的预期，同时又不妨碍在各种条件成熟时启用土地承包权的流转和集中，无论土地今后有偿转让给谁，土地

[①] 本节内容发表于《农村经济》（2010.7）：刘兆军. 政策演进下的适度规模经营制度保障探析。

如何增值，承包者对自己承包的土地均享有应得的收益。因此，开展土地承包经营权流转立法，是在坚持并完善家庭承包经营制度的同时，继续稳定土地承包关系，以此巩固统分结合的双层经营体制。

（二）规范土地流转关系

地方立法作为调整特定区域社会关系的准则，首先，具有对合规社会行为的明示作用。黑龙江省地方立法将规制农村土地承包经营权的流转行为，以地方法律条文形式明确告知用地主体，什么可以做，什么不可以做，怎样做合法，怎样做不合法，违法将受到怎样的制裁等，这样就对土地流转关系做出了明确的指引。通过土地承包经营权的立法和普法工作，农民对承包地的流转能逐步规则化、通畅化。同时，通过流转获得土地的承包经营户也受到了约束和引导，在对流转所得土地的利用上做到合理化、合法化，从而保障了土地从流转到使用的整个过程合规而顺利。其次，具有保障土地流转市场健康发展的社会性效益。土地流转市场应是一个高度秩序、高度稳定、高度效率的市场，这也是立法规制黑龙江省土地流转的基本目的和本质作用。完善的土地流转立法能理顺流转主体之间的利益关系，提高农村土地流转市场的运行效率和规范程度。

（三）落实中央战略主旨要求

十七届三中全会后，"保障农民权益，坚持以人为本，尊重农民意愿，着力解决农民最关心最直接最现实的利益问题"成为我国农村制度建设的首要任务。土地承包经营权是农民的权益之本，推进土地适度规模经营导致承包经营关系的变化，关涉广大农民的切身利益，更要真正贯彻十七届三中全会、十八届三中全会、党的十九大报告等最高层面政策文件的精神。十七届三中全会对继续稳定和完善农村基本经营制度的要求更为严格，只有在土地承包关系稳定并长久不变的前提下，提高家庭经营的集约化水平、加强统一经营下的农户合作联系，才能实现统分结合双层经营体制的创新与经营方式转变。这一目标的实现，需要作为载体的土地形成更有效的联合，发展适度规模经营是其必然结果。在此基础上，十七届三中全会对适度规模经营进行原则性界定，通过加强土地承包经营权流转管理和服务，建立土地承包经营权流转市场，按照依法、自愿、有偿的原则，允许农民以多种形式流转土地承包经营权，进而发展多种形式的适度规模经营，培育不同的规模经营主体。十七届三中全会从实现土地承包经营权流转的路径、相关配套制度建设等方面进行了总体说明，延续和传承了之前政策的主体要义，但其

第九章 黑龙江省土地承包经营权流转立法研究

设计的立足前提较已有内容更为突出,即坚持稳定现有承包制度、保障农民权益这条主线。因此,十七届三中全会在土地承包经营权流转的政策取向上并没有突破现行制度,而是以农民意愿为基础重在稳步推进、提升流转主体地位、健全已有制度体系,标志着新时期的土地承包经营权流转制度建设更为符合农业发展和农村制度建设的趋势。

十七届三中全会的意义在于从宏观上把握土地承包经营权流转的制度建设走向,黑龙江省能否对其准确适用,则须在规范中突出"鼓励促进"与"循序渐进"。

传统的家庭承包经营方式在保证耕者有其田同时不可避免地造成了土地分割、细碎的利用格局,受资源禀赋差异较大、基础设施整体欠缺等制约因素的影响,我国农业综合实力难以取得实质提高。此时,转变农业经营体制的最直接途径即寻求农地资源的重新整合与配置,改变土地分散经营的局面,这也是我国农业改革发展第二次飞跃所要实现的目标。土地承包经营权流转可以节支增效和提高劳动效率,进而增加农民收入增强农产品的市场竞争力,是我国农业走出困境的正确选择(孙自铎,2001)。以此为基点,各地在制订土地承包经营权流转的相关政策中必然要以扩大土地经营规模、加强农户间的联合为重点,尤其是增强土地承包经营权流转的良效,落实十七届三中全会关于"鼓励促进"的原则要求。黑龙江省各城市对此已有足够的重视,纷纷出台了促进当地土地适度规模经营的政策性意见或办法,实施相应措施引导土地耕作形成连片、集中的状态,致力于经营面积的扩大。

另外,土地承包经营权流转是农业生产发展至高级阶段的必然需求,但其所要求的土地面积并不是固定的,而是一个动态的概念,因客观条件和科学技术的发展不断变化(吴凌峰等,2004),它的真正实现需要漫长的过程和多方面的条件。已有的成功范例主要具有以下明显优势,即当地的农村劳动力向非农产业转移比例较大;村组具有一定的经济实力;农业服务体系较为健全、机械装备和作业能力较强,更重要的是农民有流转承包地的实际需求。这些基本条件,就黑龙江省的典型农村地区来说已经具备,但大部分地区准备仍然不足。土地对于绝大多数农民来说,仍然是安身立命之本。对于这一情况,十七届三中全会强调"有条件的地方可以发展专业大户、家庭农场、农民专业合作社等规模经营主体",即明确了土地承包经营权流转中应兼顾"条件"。因此,推行土地承包经营权、发展适度规模经营必须要克服一些理论误区,创造良好的外部条件(韩喜平,2009)。因此,黑龙江省土地承包经营权流转立法更要考虑自身所处发展阶段,以充分的考察和农民的现实需求为依据,掌握本地农业生产发展和社会保障的真实水平,客观判断适度规模经营开展的可能、可行及实效性,在条件具备的地区先行先试,规避主观意识下的盲目跟进特别是为突出政绩而采用行政手段强行推进的行为。

二、立法思路

土地承包经营权流转多由群众自发组织形成,实际运作缺乏直接规范作依据,当各方经营主体权益难以均衡协调时,较易引发纠纷甚至影响流转效益。为贯彻落实黑龙江省对于土地承包经营权流转的相关政策和导向,依法保护经营主体及关系人的合法权益,加强土地承包经营权流转的制度建设,促使其向适度规模经营这一趋势不断演进,就必须依靠高效的直接规范进行规制,最终形成黑龙江省土地承包经营权流转的完整立法规范体系。

从制度层面来看,土地承包经营权流转实现了由"放开—支持—规范"的制度变迁,取得重大进步,但直接规范典型区域的土地承包经营权流转规范还只停留在政策文件层面上。尽管黑龙江省可以对土地承包经营权流转进行调整与更新,但主要依靠政策约束,特别是各自为政的地方政策保障土地承包经营权流转积极效应的顺利实现还是缺乏有力支撑的,这就应该提升至地方立法层面有效解决土地承包经营权流转政策的效力失范问题。为此,黑龙江省应在总结地方政策经验的基础上,加快推进的政策向立法的转化。这个过程不是对地方土地承包经营权流转管理创新的限制,而是为了更好地保护和推动(武建东,2008)。

三、立法重点

总的来说,现行法律虽然承认了土地承包经营权流转的合法性,全国性的法律与部门规章有《农村土地承包法》《农村土地承包经营权流转管理办法》《关于审理涉及农村土地承包纠纷案件适用法律问题的解释》《物权法》《农村土地承包经营纠纷调解仲裁法》等。这些法律法规涉及土地流转双方(或三方)的权利、义务,利益补偿,转包、转让价格的确定,矛盾与纠纷的解决等内容,但规定都过于笼统,有关内容和程序不够具体明确,缺乏可操作性。由于土地承包立法还没有体系化,存在诸多的立法漏洞(陈小君,2004),这将使农地交易过程中的协商成本增加,并可能由于交易双方的信息隐瞒导致农地流转的风险增大;另外,由于缺乏规范的农地流转法律要件,可能导致农地流转后期发生争议

第九章 黑龙江省土地承包经营权流转立法研究

的概率上升，使承包经营权流转的操作程序较为随意，不能很好地用于解决具体区域内的流转典型问题。但黑龙江省尚未出台适宜本地农地流转的具体配套措施，仅在一些政府文件中有所涉及，而没有通过立法制定相应的实施细则，在流转实践中并不能真正起到法律支撑和保障作用。因此，在我国农地承包经营流转法律制度整体框架下，黑龙江省可借助先行先试的优势，充分考虑当前土地流转现实，借鉴国内部分地区的流转制度建设经验，因地因时制宜，完善符合全省实际需求的土地承包经营权流转立法规范。

在考虑立法重点时，应意识到黑龙江省土地承包经营权流转的发展并不平衡，这就需要以国家宏观层面的政策界定为依据，植根于农村实践的适度规模经营保障制度主体内容，对其共性问题进行考量。结合当前土地承包经营权引导趋向的固有内涵，此时所需跟进的立法内容应在以下方面得以体现。

（一）强调农民土地承包权益保护

土地承包经营权流转的前提是家庭承包经营制度的稳定，在维护农民充分而有保障的土地承包经营权基础上凭借农民与关系人之间的自愿、合理、有序、有偿流转行为而实现。所以发展土地承包经营权流转不能脱离于农民各项承包经营权益的保护。在土地承包经营权流转较发达且条件充分的地区，政策应创造更为有利的制度环境；对相对欠发达地区而言，则应重视"条件"的积累，为土地承包经营权流转的开展形成必要准备，具体的实施必须以农民需求和市场规则为根本。推进土地承包经营权流转，可通过宣传发动、示范带动、扶植激励等手段加强农户对流转的认识，但开展的程度则必须考虑当地的客观条件和实际情况，防止侵害农民权益的强行流转与集中。

（二）把握扩大规模与适度经营的关系

一定技术条件下，土地承包经营权流转规范必须处理好规模与适度的关系。对土地承包经营权流转主体来说，经营土地的规模要依自己的技术水平、投资能力、经营管理能力等方面而定，同时也要充分考虑当地的农业自然条件、市场销售环境和土地收益状况等影响。所以对不同的地区、种植不同的作物和不同的经营者来说，规模的大小是相对的。如果经营面积过大，劳动力和机械等要素配置不足，就会导致粗放经营、单产下降等土地利用的不经济；反之，如果农地规模过小，则会导致其他要素的闲置和利用不当，同样也会产生不利后果（伍业兵等，2007）。该关系的影响因素众多，立法规范仍需要综合农业生产能力、产出水平、资源配置、机械化程度等客观现实,保证土地承包经营权流转不出现急于冒进的现象。

(三)合理引导不同的流转方式

黑龙江省内各地的土地承包经营权流转方式不尽相同,同一区域内的不同村组也会因实际需求产生不同的操作方式。只要是符合现代农业和市场经济发展的要求,有利于承包关系稳定、适度规模经营目标实现的,就都是实践的有益做法,如依托农民普遍欢迎的土地合作社、农机合作社、土地入股、抵押等多种形式实现。因此,黑龙江省的土地承包经营权流转立法应肯定多元的土地流转方式,依托土地、农机设备等生产资料的外部联合形成适度规模经营,推动土地向种田能手、专业合作社、规模产业集中。而对仍处于分散经营状态的大部分地区,则要鼓励在整合农业资源入手,通过内部挖潜、改善基础设施建设、推广农业科技等途径降低生产成本并提高经营效益,推动传统的农耕劳作向现代的农业生产转变。因此,立法既要积极推进土地承包经营权流转,又要允许和鼓励现阶段农业经营的多模式、多样化的存在和发展。

(四)建立流转的后续服务机制

土地承包经营权流转需要有规范的流转市场作为平台。在流转市场的公平环境中,各方主体严格遵守规则参与交易,土地的巨大价值就将通过市场显现出来。因此,立法应对形成有序的土地承包经营权流转有形市场提供规范。其中,要明确流转市场的公益、服务性。流转市场的建立应是政府土地承包管理职能的延伸,以提供指导和规范为宗旨,不应出现任何附加的管理费用;依靠市场规则确立流转价格;为有意参与方提供信息、政策咨询、价格协商、合同签订、纠纷调处等服务,因地制宜地运用政策杠杆为具有流转愿望的农户提供系统服务。在现行管理体制之下,应整合部门资源,特别是基层农经部门对土地流转的指导、协调、监管职能,在此基础上建立有效的流转监管体制。有条件的地域可借鉴外地先进地区(如武汉)的经验建立综合性的土地流转交易中心,规范并指导适度规模经营的自发行为,由此形成区域性和市、县、镇、村信息共享的流转网络。

(五)充实相关的配套保障内容

当前的黑龙江省土地承包经营权流转发展总体情况较为乐观,对公平和效率两大目标做出了较好的兼顾（王炳春等，2006），这样的局面实属来之不易。因此，立法中更应注重如何巩固已有基础，解决典型问题，不因制度建设缺陷而造成土地承包经营权流转局面的倒退。此方面的重点在于解决衍生出的支持和保障问题。一方面，要根据条件向具有流转意愿、扩大适度规模经营能力的农户提供可行的资金和信息、技术支持，如在现有的农业生产补贴基础上，可考虑加大对流转参与农户的补贴力度，通过财政设立扶持经营大户发展的专用资金，协调金融部门为适度规模经营主体在资金融通过程中提供支持；在农作物病虫害防治、国内外农产品供求及价格信息取得等方面给予扶助，从而提高广大农民的积极性并形成整体的支持机制。另一方面，重视流转后从土地上分流出的剩余劳动力，积极扩大这部分农民的就业安置渠道，使之进入非农产业。此时要利用国家开展农民职业培训等利好条件加强本区域的公益性职业技能培训，以便实现农民顺利转型；同时，根据行业需求信息，组织劳动力有序转移，减少劳动力转移过程中的个人和社会成本。

（六）明晰村组集体的作用

为推进土地承包经营权流转，作为土地所有人的村组集体可以发挥良好的中介服务作用，但村组的整体规划、统一发包不能替代农民的个体灵活性。土地所有人介入的界限是：土地承包经营权的流转是否遵守土地承包经营权流转的原则，是否符合法律规定的条件和要求，土地所有人扮演一个中介者、协调者和监督者的角色，使流转过程规范，同时防止在转让过程中，转让方与受让方恶意串通，改变土地用途或破坏土地的情况。村组集体如何参与，要根据农民意愿和土地预期用途的可行性谨慎考虑，政策还须明晰村组在组织适度规模经营中的义务和资格。

四、立法构想——《黑龙江省农村土地承包经营权流转管理办法》

通过前面分析可知，高效的土地流转必须在成熟完善的规范保障下进行，特别是针对不同特点的农地流转情况予以具体规范。在土地流转方式不断创新、流转规模不断扩大、关系日益复杂的现实中，尽早实现黑龙江省土地承包经营权流转的规范化与法制化，是解决上述问题、为流转健康有序进行提供制度保障的关键。没有通过立法制订相应的实施细则，在流转实践中并不能真正起到法律支撑和保障作用。相比之下，其他流转大省如江苏、浙江、吉林等早已在区域内实行了专门的流转管理办法,健全的规范有力促进了流转的开展。此时,在国家支持土地流转制度建设的有利条件下,正是启动新一轮流转立法的大好时机(湖南便在近期展开了省内立法)。黑龙江省应在客观认清流转现状基础上,充分考量流转主体的利益关系,以保障农民权益、维护农村基本经营制度为主线,细化国家宏观层面的法律法规和相关政策,及早制订并实施关于全省土地承包经营权流转的直接立法规范,即具有专门效力的《黑龙江省农村土地承包经营权流转管理办法》(前面提到的黑龙江省曾对《关于进一步做好农村土地承包经营权流转发展适度规模经营工作的意见》进行征求意见,并考虑以省政府文件形式下发,然而未能最终出台。与此形成对比的是,黑龙江省已经针对林权制度改革出台了国有林地流转的专门管理办法)。

针对当前亟待规范的流转问题和未来流转发展趋势,此管理办法应在以下方面进行重点设计:第一,规范流转行为。对实践中的自发流转行为进行总结,充分考虑农民意愿,将其普遍适用和乐于接受的流转方式加以完善,促使土地零散、盲目流转向规模、有序流转转变。第二,加强合同管理。将土地承包经营权流转合同的主要条款、内容确定下来,明晰流转主体的权利义务,防止纠纷的发生。第三,扩展服务平台。健全流转的服务体系,以当前具有基础的流转服务组织或村民愿意信赖的村委会为基础发展流转服务体系,以此促进流转市场的形成。第四,提供政策扶持。可为土地流转大户等不同形式的规模经营主体提供信贷、保险方面的政策扶持,并通过其带动作用推动流转。第五,形成配套保障。对土地流转的手续办理、纠纷仲裁、合同确认、法律责任等方面给予配套保障,可在基层政府农经部门与村委会的协作下展开。第六,规避流转风险。在农民的逻辑中,他们一方面追求土地的"经济最大化",另一方面又对土地有着深深的情感依赖(陈成文等,2008)。因此,考虑流转可能产生的非农化与非粮化等风险,以此保证农村基本经营制度的稳定、土地保护与粮食安全等公共利益。

五、关联制度建设

(一)扶植农村专业户和农村经济合作组织

依靠政府的力量提高农民素质,启动实施农业劳动者再教育工程,并将这一工作作为一项长期的基本工作加以贯彻落实。教育的主体内容以农业技术知识和市场经济知识为主,重在引导农户的生产经营技术与观念,培养其市场主体意识。不能因为农民是社会的弱势群体就只知道一味地如何保护,而不从根本上去解决，那么其弱势地位永远也无法改变。加快农地流转进程，就必须让从土地上解放出来的农民从事第二、第三产业，但是他们往往面临着缺乏基本职业技能的窘境。因此，政府应积极组织、指导和引导，通过各种途径，利用各种力量，加强对这些农民的职业技能培训，并做好职业需求和职业技能方面信息的定期发布工作，以引导农民的学习。当这些农民掌握了一定的职业技能，能够长期安定于非农产业时，他们才会彻底离开土地，成为非农业人口，从而推动地区产业结构的调整和城镇化的发展。

政府还必须加强农村义务教育的监督管理与投入，并加强农业职业技术教育，以保证未来农业劳动者的素质。首先，改革农村教育投资方式，加大地方政府的教育投资力度，加大农村教育投资总量，通过各种可能的途径对农村居民进行最大范围的再教育培训，增加其财富创造能力和就业适应能力。其次，建立农村专业户、重点户帮扶制度。各级政府应该一如既往地积极培育和扶持一批农村专业户和重点户，不仅在政策上扶持，还应该在资金和技术上予以扶持，使之不断壮大并真正地起到示范作用，从而带动农户的专业化分工。最后，建立农村集体经济组织登记制度。在登记的基础上授予农村各类经济合作组织的法人地位，接受其土地所有权申请，条件成熟时颁发土地所有权证书，以激励农户之间形成的各种经济合作组织的快速成长，并使之逐步取代村组之类的"准行政组织"。

（二）培育流转中介组织

首先，培育较有规模的农地流转中介组织，一方面可以借助培育起来的农地流转中介组织对目前较为混乱的农地流转市场信息进行梳理，促进农地流转市场有效信息的流动，促进农地流转市场的完善与发展；另一方面可以为农地流转中介组织的进一步发展积累技术和经验，以促进农地流转中介组织自身的发展壮大，并填补当前农地流转市场主体构成上中介组织的空白。此外，农地流转中介组织的培育可以在一定程度上弥补黑龙江省农户的市场信息分析处理能力的不足，在实质上可以起到保护农户农地产权利益的作用。

其次，在农地流转中介组织培育的过程中，一方面必须出台农地流转中介组织条例，规范农地流转中介组织的功能与职责，制订执业人员标准等；另一方面，从一开始就应该注意保证这一组织的市场独立性，将其作为具有独立市场行为能力的经济主体来培育，政府在当前农地流转市场并不发达、中介需求量不大的情况下给予一些政策上的倾斜，如减少税费、提供人员培训便利和优惠条件等。

(三) 建立流转的监测预警机制

为解决土地供需双方未能及时沟通而使流转受阻，各地应尽早建立土地流转交易信息网络，由有关政府行政主管部门或市场中介机构通过各种渠道调查、搜集土地流转的供给和需求、市场价格等信息资料，并加以统计、分析、整理和预测，定期、公开对外进行发布，使广大农户能及时、准确获取可靠信息，沟通市场供需双方的相互联系，为尽早达成土地流转交易创造条件，并对交易流转中出现的普遍性问题进行整合。其中，农地流转信息监测网络的建设尤为重要，建立农地资源监测预警制度，在逐步建立统一的土地流转信息监测网以完善农地流转信息获取途径的同时，增加各级农地流转管理机构的信息加工处理与信息储存能力，构建农地流转的信息服务体系，形成统一的农地流转信息平台。为保证农地流转信息的及时性与真实性，每一个县域范围内至少应该拥有一个监测网点，这应该成为近期农地流转管理机制建设的首要任务。

(四) 建立流转关联保障制度

针对当前绝大多数农民文化水平偏低、法律意识和法律知识欠缺，不重视或不懂得如何签订合同的现状，最简单易行的办法就是向承包户发放土地承包经营权证时采取正副本制。正本由承包户保存，用于确认最初的承包经营权；副本服务于承包经营权的流转，起到土地流转合同的辅助作用。副本以规范样式记录最新评定的土地质量等级以及每一次流转的时间、期限、转让人和受让人等情况，格式化地明确流转当事人的权利义务。副本由最后一次流转的受让人持有，并以此作为签订合同的凭据。由县级土地主管部门定期组织辖区土地质量等级评定工作，并将最新评定的土地质量等级记录于该土地承包户所持土地承包经营权证副本。此外，为保护耕地，避免流转过于频繁使受让方减少或放弃对土地的投入，进行掠夺性使用，可根据不同土地类型和用途确定每次土地流转的最短期限，禁止受让方在一定期限内再次流转。这两类定期可结合起来，一并规定为5年。每次流转可以最新的土地质量等级为依据而定价交易。进行一次流转后，5年内不得再次流转。土地流转合同签订后，受让人每年应交纳一定数量的风险保证金，以防范其因经营困难等原因无法履约的情况发生。一方面保障土地出让人的基本权益，另一方面防止因各种因素导致的土地撂荒现象发生。

(五) 强化政府在流转中的服务职能

土地承包经营权进入市场流转，是一项复杂的商品交易活动，农民由于在信

第九章 黑龙江省土地承包经营权流转立法研究

息渠道、经济意识、法律常识等各方面的薄弱，难以独立完成高风险的流转活动。因此，必须培育相关的市场中介服务机构，如土地资产评估机构、法律咨询机构、信息传导和预测机构、土地保险服务机构、土地融资信托等金融服务机构。因此，在当前加快扶植农村集体组织和培育农户市场主体意识的同时，政府在土地流转市场中的职能需要进行明确的定位，黑龙江省各级政府对土地流转进行一定的调控和规范，从而为农地流转市场的完善与发展提供良好的环境。

一方面，将农地流转的管理主体统一到一个政府指定的部门，改变当前的多头管理局面。从统一管理的原则出发，本章认为将农地流转管理主体界定为各级土地行政主管部门较为有利，这样农地和市地管理统一起来，便于对整个土地流转市场的监测和调控，同时可以较大幅度地缩减管理成本。另一方面，着手制订统一的农地流转管理程序，包括：农地流转用途变更申请登记程序、农地产权变更申请登记程序、农地流转档案管理程序、农地流转总量与结构统计程序、农地流转价格申报登记程序、农地流转违法违规行为处理程序、农地流转费收缴程序。此外，应明确界定管理机构的责权利范畴。从农地流转管理的权力范围来看，农地流转市场上的所有农地产权交易行为应纳入管理范畴。

当然，这种建设的成本投入很高，在我国目前的水平下，可以结合县（市、区）乡（镇、村）机构建设的实际，建立一个以县农委为指导，乡（镇）农经站为依托的农村土地流转中心，规范本辖区内农村土地的流转行为，能克服因中介组织匮乏而出现的农地流转不畅弊端，促进农地公平、公正、公开依法流转。土地流转中心的主要职责如下：第一，发布土地流转信息。包括地理位置、土地面积、坡度、适宜种植粮经作物品种、光照等自然属性以及能源交通、政策扶持程度、劳动力价格、综合物资水平等社会属性状况。第二，确定流转土地指导地价。就经济学角度而言，土地价格应包括土地资源（物资）价格和土地资本（资产）价格两部分。土地价格是由土地资源价值决定的，它是对土地使用权转让的补偿。土地资源价格的数量基础是地租，而地租可以视同利息，即把地租收入当作存入银行的一定数量的货币所带来的利息。考察土地价格与地租、利息率的关系时，应把土地资本（资产）价格加在土地资源价格上，进行计算和分析得出理论数据，再经全体村民大会讨论确定。第三，制定土地流转文本。根据《农村土地承包法》《合同法》，制订土地流转格式化、标准化的"农村土地流转合同"文本。第四，主持土地流转竞标。对法律规定通过招标、拍卖和公开协商等方式流转的荒山、荒沟、荒丘、荒滩等特殊土地，依据有关法律法规，草拟竞标方案，经村集体经济组织成员大会（代表大会）集体讨论决定。在地块所在村组公开招标，中标者与村、组签订"农村土地流转合同"，办理其他有关事宜。第五，鉴证土地流转合同。"农村土地流转合同"签订后，农村经营管理部门应予以鉴证"农村土地流转合同"，督促当事人双方履行合同约定的条文。第六，管理土地流转档案。对已签订的"农村土地流转合同"，登记造册，分类立档管理。

总之，符合黑龙江省实践发展需求额度土地承包经营权流转是实现家庭承包经营与现代农业顺利对接的关键。因此，只有不断完善土地承包经营权的政策内容，并使之向成熟的立法规范转变，才可为实践中的经营行为提供更为有效的保障，从而尽早实现"适度规模"经营的良好愿望。

第十章 农地流转与农业转移人口市民化研究

乡村兴则国家兴，乡村衰则国家衰。党的十九大提出实施乡村振兴战略的重大历史任务，在我国"三农"发展进程中具有划时代的里程碑意义。"三农"问题始终是关系国计民生的重大问题，加快推进农村人口非农化和稳步推进农地流转是现阶段破解"三农"问题的重要途径。农村人口非农化形式及其对农地流转有何影响？农业转移人口市民化的现状与困境如何？如何构建农民工市民化内生机制？如何有序推进农业转移人口市民化？本章将予以全方位展示。

第一节 农村人口非农化形式及其对农地流转的影响[①]

随着我国工业化、城镇化的快速发展，农村人口非农化程度不断提高、形式多样，对农地流转具有深刻影响，并进一步影响到现代农业的发展。本节根据国内外已有研究对农村人口非农化的形式进行归纳与总结，并分析其对农地流转产生的影响。结果表明，升学、择业、参军、投亲几种完整型非农化形式对农地流转有促进作用，长期稳定的农地流转有利于农业规模经营与现代化发展；务工这种暂时型非农化对农地流转有促进作用，但短期的时断时续的农地流转不利于农业规模经营与现代化发展；兼业这种不彻底的非农化对农地流转并无积极作用，甚至在一定程度上抑制农地流转。最后，为促进两者良性发展针对不同类型的非农化提出对策建议。

[①] 本节内容发表于《农业经济与管理》（2014.6）：杜国明等. 农村人口非农化形式及其对农地流转的影响。

一、引言

在我国的社会经济发展过程中,"三农"问题始终是关系国计民生的重大问题(王英,2012)。党的十八大报告强调,解决好农业农村农民问题是全党工作的重中之重。加快推进农村人口非农化和稳步推进农地流转是现阶段破解"三农"问题的重要途径。改革开放以来,随着城镇化、工业化的快速发展,农村地区受城镇社会经济文化的影响越来越深刻,农村人口不断向城市流动,人口非农化的趋势不断加强,农地流转的规模不断加大(曹建华等,2007)。从总体上来看,农村人口非农化使农村剩余劳动力从土地上逐步解放出来,并为农地流转和规模经营提供条件(杨渝红等,2009)。因此,研究农村人口非农化对农地流转的影响,探讨促进人口非农化与农地稳定流转的对策措施,有利于破解现阶段我国乡村中人(人口非农化)、地(土地规模化)、业(农民职业化)协同发展中的现实问题。目前国内外学者在农村人口非农化与农地流转关系方面作了大量研究,可归纳为三个方面:一是从农村劳动力转移作为农地流转的影响因素视角开展研究,认为农村劳动力非农就业转移是影响农地流转的主要因素,劳动力转移使农业生产的劳动力减少,出现劳动力不足、土地相对富余现象,会促进农民流转土地(Kung,2002;Feng et al.,2008;宁爱凤,2010;徐红新,2010;汤昕晨等,2012)。二是从农地流转作为农村劳动力转移的影响因素视角,认为农地流转提高农业劳动生产率进而促进农村劳动力转移(李泉,2010)。各地通过多种形式的农地流转努力实现农地规模化经营的同时(周妮笛等,2013),也解决了外出农村人口人地分离的矛盾,使一部分农民从土地的束缚中解放出来,转移到非农产业(徐红新,2010)。三是从两者的相互作用关系入手,认为两者之间存在相互促进和相互制约关系(张杰,2005;徐红新,2010),大量研究表明农村人口的转移数量与农地流转面积之间存在高度线性正相关(周滔等,2012),另有研究发现,由于受农村人口转移中的兼业行为影响,非农就业不必然导致促进农地流转,低层次的农村人口非农化甚至会降低农地流转效率,同时不完善的农地流转制度也阻碍了农村劳动力非农化转移进程(李娟娟,2011;谢冬水,2011)。现有研究揭示农村人口非农化与农地流转之间的相互作用关系。由于我国城乡二元结构的存在,农村人口非农化具有不完整性、暂时性、摆动性等特征,不同形式的农村人口非农化对农地流转影响机制必然不同。本章针对这一问题开展深入分析,旨在为合理推动农村人口非农化、土地流转和促进农业规模经营与农业现代化提供依据。

二、农村人口非农化及其形式

（一）农村人口非农化的概念

农村人口是指常住农村的人口，包括农业人口和一部分非农业人口。据2011年4月28日发布的第六次全国人口普查结果显示，我国居住在农村的人口为6.7亿人，占总人口的50.32%。

由于研究视角不同，学者对农村人口非农化概念的理解不同，经济学家多数从农村人口非农就业视角理解人口非农化，认为农村人口非农化是指将农村劳动力中的绝大多数逐步转向非农产业，强调非农化过程中的经济行为（温晓明，2004；康建林等，2005）。社会学研究者则强调农村人口非农化的社会过程，重视农村人口非农化的居民身份转变、社会结构变迁和阶层的流动等（黄平，1997）。地理学研究者主要从农村人口非农化时空过程、地域类型及其适应性特征来解析非农化（方方，2013）。

本书认为，农村人口非农化是指农村农业从业人员及其子女放弃农业或从事农业的机会，转而从事其他产业活动的过程。这一过程是一种人地关系地域系统综合演变过程，是农村产业结构社会结构不断调整的过程，是城乡差别缩小并最终走向城乡一体化的自然历史过程。总体来讲，农村人口非农化主要包括三层含义：农村人口的职业转换、地域转移以及身份转变。职业转换，主要是指农民离开农业，转而从事农业（传统种植业）以外的其他职业，且不分从业时间的长短；地域转移，是指农村人口离开农村原住地，临时或长久移住城镇地区；身份转变，是实现职业转换与地域转移后的农民获得市民待遇，进行角色适应并完成角色转换的过程。由于受制度政策约束和区域经济不平衡发展影响，农村人口非农化的三个层次往往并不同步。最容易实现的是农民从事职业的非农化转换，其次是居住地域的转移，最难实现的是农民身份的市民化转变。我国农民非农化一般表现为逐步推进的过程，因此农村人口非农化表现出多种形式。

（二）农村人口非农化的形式

根据农村人口非农化转移过程与特征，将人口非农化归纳为升学、务工、择业、参军、投亲和兼业六种主要形式。

（1）升学：指农村将成年或已成年子女通过高考去城里接受高等教育，如大学、高等职业技术学校等。多数人毕业后，选择留在城里工作或定居，成为城镇人口，最终实现永久性非农化。近年来，教育问题在农村越来越受重视。据统计，2013年有467.13万农村人口通过升学脱离农村，人数比上一年增加8.6%。

（2）进城务工：指农村人口进入城市或乡镇企业，从事非农产业。进城务工农民是目前非农化人口主力军（王维国等，2006）。自20世纪80年代初期开始，改革开放政策开始实施，大批的农村人口自愿放弃农村生活，进城务工，通过在城市务工来获得比在农村更多的收益。多数外出务工人员没有接受过任何形式的技能培训，主要靠体力维生（周滔等，2012）。在户籍等制度背景下，务工人员劳动力市场的不完全性使农民工外出务工被解雇的风险很高，并且他们离开家乡，大多居住在城乡接合部，或者近郊出租房、建筑工地、厂矿宿舍，只是暂住人口，实现暂时的非农化（朱志玲等，2012）。根据人社部统计，2017年全国农民工总量已达到2.87亿人，其中外出农民工1.72亿人。

（3）择业：随着工业化、城镇化快速发展，吸引越来越多的农村人口在农村自主创业，或者在城市投资置业。这些择业人口，不仅增加个人收益，还拥有稳定的工作和收入。其务农技能和意愿渐趋丧失，走上长期甚至永久脱地离农、进城就业轨道（霍生平等，2010）。由于从事民营企业、个体工商业，且从事农业劳动机会成本较高，经济实力相对于外出务工人口较强，因而不少家庭将承包土地转让，以得到一定的租金收入，选择定居城市生活，实现完整非农化。

（4）兼业：是指农村人口在务劳的同时从事非农产业的经营形式（张立平，2006）。兼业人口包括同时从事农业和非农业的人员以及农闲时间外出打工、农忙时期回家务农的人员。兼业的农村人口从事非农产业，但并没有完全脱离农业，属于兼业性或季节性转移（石伟等，2004），是不彻底的非农化。

（5）参军：一般指农村青年到部队参军。参军人员退伍后，大多选择留在城市或乡镇从事非农活动，极少有人从事农业生产。

（6）投亲：一般指在农村的老人离开农村，投奔在城镇里的亲人。投亲的农村人口，一般多是年老体衰、不能料理生活起居、失去务农能力的人，将农地流转后，投奔子女居住地安度晚年；或被子女邀请或要求去城市照顾儿童、辅助经商等（杨彩利，2012）。

根据农村人口非农化的过程与状态，将上述非农化的形式划分为三种类型：暂时型非农化、不彻底型非农化和完整型非农化。暂时非农化，指农村人口非农化过程中没有稳定的非农职业，或者只是地域的暂时迁移，有随时返回农村从事农业生产的可能，进城务工属于暂时性非农化。不彻底型非农化，即没有完全脱离农村的一种半非农化形式，虽然常住城镇、从事非农生产，但是还兼顾农业生产，很难实现市民化身份转移，兼业和部分城市择业人员属于该类型。完整型非农化，是最终在城里稳定就业，地域上永久迁移，实现市民角色转换，升学、择业、参军、投亲等非农化形式大部分可实现完整型非农化。

三、农村人口非农化的形式对农地流转的影响

农村人口作为农地经营权流转权利主体，其非农化形式对于农地流转模式的选择有根本影响，进而影响当地经济、农民收入、农业产业化规模及效率。非农化形式越稳定，越脱离农业，农地流转的意愿越强（罗明忠等，2013）。完整型的非农化形式会对农地流转产生积极影响，而不彻底型非农化形式会对农地流转产生消极影响（徐红新，2012）。并有学者验证非农化的时间（林善浪等，2010）、非农收入占总收入的比例（刘克春，2006）、文化程度（谭丹，2007）与非农化稳定性（罗明忠，2013），是影响农地流转率的重要因素。

（一）完整型非农化对农地流转的影响

完整型非农化人口，大多最终在城镇里稳定就业，实现地域上永久的迁移甚至身份转换。完整型的非农化直接减少从事农业生产劳动力，非农收入是其主要经济来源，由于可得到稳定的保障预期，在国家不允许农村家庭承包土地抛荒的政策约束下和基于收益最大化的目的，其在农村承包土地实施稳定流转的可能性较大（罗明忠等，2013），会以转让的形式长期流转部分或全部农地的承包经营权。农地长期稳定流转，不仅使实际务农的农业人口拥有稳定耕地量，农村人多地少的矛盾有所缓和，而且使转入方有收益保证或稳定的收益预期，有利于其增加土地的投入，有利于实现农业的机械化和产业化经营，提高农地的产出效率（郎义华，2008）。因此，长期、规范的流转对农地实行规模经营产生积极影响，进而促进人口非农化。

在完整型非农化形式中，择业、投亲人口直接导致农业劳动力的不足，引起农地流转；而升学、参军对农地不产生直接影响，因为其非农化前大多基本不从事农业生产劳动。择业、升学、参军人口永久非农化后，家中留守老人可能会投亲，导致农地流转。农地流转率与完整型非农化人口的收入和文化程度成正相关。非农化的收入越高，农户对农业的依赖程度越小，农地流转的可能性越大（刘克春，2006）；农户的文化程度一方面直接影响从事非农工作的能力，另一方

面也影响家庭决策，文化程度越高，农地流转的可能性越大（谭丹等，2009）。

（二）暂时型非农化对农地流转的影响

暂时型非农化人口，主要以获得短期较高货币利益为目标，由于现行户籍制度和社会保障制度等多种因素，使之在城镇的工作大多具有不稳定性、临时性和收入低的特点，存在随时返乡务农的可能，土地是最后的保障和退路（李淑妍，2013）。暂时型的非农化直接减少农业生产劳动力，农村人口为了不使农地闲置又能获取收益，选择将农地流转。但由于其就业的不稳定性和流动的短暂性（毛飞等，2012），一般会以转包和出租为主的形式短期流转部分或全部农地的承包经营权（陶翔等，2009；曲长祥等，2009；郑哲，2011；马亚丽，2013）。这种短期时断时续的流转，不但不能使转入方有稳定的收益预期，没有投入土地的动力，阻碍农业生产的规模化（杨浩，2009），并且为了在短期的租约内取得最大化的收益，很可能会过度使用农地，破坏农地资源利用的可持续性（刘文勇等，2013）。因此，暂时型非农化虽然会促进短期流转，但不利于农地的规模经营和可持续利用。

农地流转率与农村人口外出务工时间、从事非农打工的收入、人力资本状况等因素呈正相关。研究表明，非农化的时间与农户农业活动的时间存在此消彼长关系，非农化时间越长，则农业活动的时间越少，农地流转的可能性越大；由于比较利益的存在促使农村人口选择外出务工，经济利益是外出务工的直接动力。所以非农收入越高，选择非农打工的概率越大，从而需要将土地流转出去的可能性越大，即农地流转率越高（谭丹，2007）。外出务工人口的人力资本水平与土地流转率呈正相关，人力资本水平主要指务工人口的受教育程度和技能水平。人力资本水平越高的务工人口，不仅在城市中的就业能力更强，而且适应、融入城市生活的能力和愿望也更强（谢勇，2012），并且在经济上对土地的依赖性较低，而与农村生活联系较弱，从而选择土地流转的概率较高（谢勇，2012）。

（三）不彻底型非农化对农地流转的影响

不彻底型非农化人口在经营农业的同时还兼顾非农产业。由于现行的城乡二元经济体制、农地产权的缺陷以及农民观念等多种因素的作用，非农产业的发展使农村人口出现兼业行为。而对于兼业型农村人口，非农就业具有不稳定性，农地的生活保障功能以及直接收益功能占农地效用的比例很大，以至于农民不能放弃承包土地（刘红梅，2001）。农村人口的兼业行为，对农业生产和非农业生产都有不同程度的负面影响。农村人口在兼营他业的同时,不放弃土地经营,这样不仅不能全心发展非农产业,影响农民的非农收入增加,对农业生产积极性也不高,往往对农地进行粗放耕作,造成土地利用率低下。兼业农民不愿转出农地,制约农地流转,而对于那些专业大户,转入更多土地就变得比较困难,由此导致农地难以集中,农地规模难以扩大(张立平,2006)。因此,不彻底型非农化对农地流转存在负面影响,在一定程度上抑制了农业生产和农业规模经营(廖洪乐,2012;钱忠好,2008)。

我国城乡二元的社会经济结构导致我国农村人口很难实现完整型非农化,暂时型非农化成为我国农村人口非农化的主要形式(徐红新等,2012)。这种候鸟式的暂时型非农化对农地流转影响颇深。目前,我国农村土地流转规模在不断增大,且土地流转形式丰富多样。但根据我国农村土地网的调研显示,全国的土地流转类型以转包和出租为主,显示我国农村的土地流转以短期流转为主(李香,2012),同时也反映了我国的不完全城市化问题。以转包、出租为主的流转方式是生产力发展水平和城市化水平低的表现,而以转让为主的流转方式则是农民有较稳定非农收入和社会保障、土地适度规模经营有较快发展的反映(张烨等,2010)。土地流转的短期化、不规范的现状也影响农业实际经营者对土地的投资意愿和投资力度,进而影响我国农村土地的适度规模经营(李香,2012)。农村人口的永久非农化才能促使真正的城市化,农地长期流转才能保证农业规模化和专业化经营(陈浩等,2013)。

四、结论与政策建议

(一)结论

本书主要通过分析农村人口非农化的不同形式及其对农地流转的影响,得出以下结论。

(1)农村人口非农化形式包括升学、择业、务工、参军、投亲和兼业。其中升学、择业、参军和投亲在大多数情况下为完整型非农化,即最终在城镇里长期居住,部分实现市民角色转换;而务工作为典型的暂时非农化形式,只是地域性的暂时迁移,存在随时返回农村从事农业生产的可能;兼业为不彻底非农化形式,钟摆式流动于农业和非农业之间,很难实现市民身份转换。完整型非农化对农地流转产生积极影响,并有利于农地的长期流转和规模化、现代化经营。暂时型非农化促进农地以转包、出租等方式进行短期流转,但对于农地规模经营没有积极影响。不彻底型非农化,不利于农地流转,对农地流转产生消极影响。

(2)各种非农化形式相互促进、相互影响,对农地流转产生直接或间接的影响。升学、择业和参军三种非农化形式可能在不同程度上会促进流转,并影响农地间接实现永久性流转。兼业行为存在短期务工,但不会影响农地流转。

(3)农村人口的完整型非农化有利于农地流转,并促进农地规模经营。但由于户籍制度和土地制度的制约,导致务工这种潮汐式转移成为当前农村人口非农化的主要形式,使农地主要以转包和出租的形式进行短期流转。

(二)政策建议

(1)为促进农村人口完整型非农化与土地流转间的良性互动,关键是培育新型农业经营主体,提高农业经营水平,包括新型农机的使用、农业资金的投入、农业科技的创新等,实现农业规模经营,取得规模收益,促进农业现代化。

(2)为促进暂时型农村人口非农化与土地流转,首先,加大对外出务工人员的专业技能培训,使其具有一技之长,进而提高非农化人口的非农就业水平和收入;其次,改革城乡分离的户籍制度和社会保障制度,引导非农化人口向城镇有序流动,实现彻底的非农化。

(3)针对兼业化的农村人口,政府应加强农村人口向非农产业的有序输出,提高其专业技能水平;健全农村人口的社会保障制度,淡化或者消除农地的保障功能,提高非农收入水平,为农地流转提供更强的动力。

第二节 农业转移人口市民化的现状与困境分析[①]

党的十八大报告明确指出,要"加快改革户籍制度,有序推进农业转移人口市民化"。十八届三中全会再次提出:"完善城镇化健康发展体制机制,推进农业转移人口市民化,逐步把符合条件的农业转移人口转为城镇居民。"有序推进农业转移人口市民化不仅有利于推动城乡发展一体化、缩小城乡差距,对实现"中国梦"和全面建成小康社会都有着重大的意义。

2012年12月15日召开的中央经济工作会议提出:要有序推进农业转移人口市民化,积极稳妥推进城镇化,着力提高城镇化质量。当前,我国城镇化质量不

---

① 本节内容发表于《东北农业大学学报(社科版)》(2014.5):赵继颖等.农业转移人口市民化的困境与对策研究。

第十章 农地流转与农业转移人口市民化研究

高的主要问题是农业转移人口市民化滞后。改革开放以来，我国城镇化发展取得显著成就，同时也伴随着很多问题。城镇化的重要标志是农业人口转为城市人口，城镇化绝非单纯的城市空间扩张，也不能简单追求统计数据的城镇化率，更为紧迫的任务是实现人口城镇化，以存量带动增量，有序推进农业转移人口市民化，推动城镇化健康发展。

农村劳动力向城市转移经历两个过程，一是农村劳动力流动到城市就业，这是劳动力转移的数量问题；二是转移出去的劳动力在城市实现定居且融入城市，这是劳动力转移的质量问题。改革开放以来，农村劳动力转移大致可以分为以下几个时期：

1979—1983 年：限制农村劳动力外流，鼓励农民就地开展多种经营。

1984—1988 年：允许农村劳动力向小城镇转移，出现第一次"民工潮"。

1989—1991 年：控制农民向城市流动，"民工流"退潮。

1992—2001 年：规范农村劳动力转移，"民工潮"再现高潮。

2002 年以来：加强针对农村劳动力转移的培训和服务工作，民工潮"常态化"。从农村劳动力转移时期，我们可以清晰地感受到，改革开放以来，党和政府对农村劳动力转移经历了层层深入、步步推进的政策轨迹过程，这个过程是一个由堵到疏，由限制、管理到规范、服务的政策历程。

一、农业转移人口市民化现状

（一）农业转移人口市民化基本概况

所谓城镇化，是指农业人口向非农产业的转移，转移到城镇，将使城镇人口的数量不断扩大规模，城镇人口比重不断上升的历史过程。城镇化是经济社会发展的客观趋势，推进城镇化，提高城镇化率的实质，就是随着工业化的发展，促进农业人口向市民化转移。现在和未来的很长一段时间，我国应将农业转移人口市民化作为一项重要任务，积极稳妥地推进城镇化，调整和优化经济结构，扩大内需，促进经济健康和可持续发展；农业转移人口市民化，是指农民从农村进入城市生活、就业，并逐步成为与城市居民一样平等地享有养老、医疗、住房、教育和其他一切公共服务和保障的过程，这个过程势必是漫长而曲折的。2012 年，全国农业转移人口总量为 26261 万人，比上年增长 3.9%。其中，外出农业转移人口 16336 万人，增长 3.0%；本地农业转移人口 9925 万人，增长 5.4%。2012 年年末全国总人口为 135404 万人，比上年末增加 669 万人，其中城镇人口为

71182万人，占总人口比重为52.6%，比上年末提高1.3个百分点。2017年，全国农业转移人口总量为28652万人，比上年增长1.7%。其中，外出农业转移人口17185万人，增长1.5%；本地农业转移人口11467万人，增长2.0%。2017年年末全国总人口为139008万人，比上年末增加737万人，其中城镇人口为81347万人，占总人口比重为58.52%，比上年末提高1.17个百分点。大力推进农业转移人口市民化，对于促进城镇化、拉动潜在内需意义重大，反过来，城镇化的快速发展也为政府主导和推进农业人口市民化提供了新的机遇和挑战。

（二）受教育程度呈稳步上升态势

《2012年农民工监测调查报告》指出，在农业转移人口中，文盲、小学、初中、高中、中专及以上文化程度分别占1.5%、14.3%、60.5%、13.3%、10.4%。外出和年轻农业转移人口中高中及以上文化程度分别占26.5%和36.4%。《2017年农民工监测调查报告》指出，在农业转移人口中，文盲、小学、初中、高中、中专及以上文化程度分别占1%、13%、58.6%、17.1%、10.3%。大专及以上文化程度农业转移人口所占比重比上年提高0.9个百分点。在外出农业转移人口中，大专及以上文化程度的占13.5%，比上年提高1.6个百分点；本地农业转移人口中，大专及以上文化程度的占7.4%，比上年提高0.3个百分点。值得注意的是，农业转移人口中年轻群体普遍受到较为系统、完善的文化教育，并通过各种渠道不断充实提高自己，一些人还参加过职业技能培训并获得资格证书。他们期望通过教育来改变自身和子女的命运，通过提高自身的知识技能水平，拓宽就业面，使自己能够在城镇长期稳定地生活下去，所以有着强烈的学习愿望。因此，这一群体拥有相对较高的学习素质和职业基础，为他们能够参加全面的技术培训提供了必要的条件，他们还有一个重要特点就是对子女的学习十分重视，希望子女能处在一个更加良好的环境中学习、成长，尽自己最大的能力提高子女受教育的平台，不遗余力地争取和城镇居民的孩子一样接受同等的教育，享受同等的教育资源，希望子女在未来有更好的发展空间和发展方向。

（三）社会保障需求强烈，维权意识不断增强

2011年，雇主或单位为农业转移人口缴纳养老保险、工伤保险、医疗保险、失业保险和生育保险的比例分别为13.9%、23.6%、16.7%、8%和5.6%。到2017年年底，我国农业转移人口参加职工基本养老保险6202万人、职工基本医疗保险6225万人、工伤保险7839万人、失业保险4897万人，分别比2012年年

底增长36.5%、24.6%、9.3%和81.2%。通过大力推进建筑工程按项目参加工伤保险工作，2017年新开工建设项目参保率99.73%，累计将4000多万人次建筑业农业转移人口纳入工伤保险保障。从数据看，农业转移人口社会保险意识较以前有所增加，但是其参保率仍然处于很低的水平。农业转移人口思想上更亲近城市，行为上更接近市民，但对比城市劳动力，他们相对低下的专业知识和技能，很难在竞争更为激烈的正规就业市场觅得机会，真正在城市中立足生根，选择的职业往往也是短期、临时的工作，参保率相对较低，遇到生存风险时，也不愿意或没有回到农村务农的勇气和能力，往往就会成为摇摆于城市和农村之间的"双重边缘人"。因此，不仅需要对其劳动权益进行保护，还迫切需要健全社会救助制度，但这些情况也在发生一些可喜的变化，他们中的一些人在对职业要求方面，已经不局限于工资性报酬，开始重视安全和福利待遇，企业是否缴纳社会保障已经作为择业的一个重要参考依据；他们的维权意识也在不断增强，当自身权益受到威胁或侵害时，大多数已经不愿意再选择"沉默"，或者盲目的过激行为，而是积极冷静地采取正确、有效的方法联合整个群体成员，通过法律手段或借助于媒体、网络或向相关政府部门反映等措施为自己维权，这必将有利于保护自身的合法权益，也有利于整个群体的健康长远发展。

（四）思想观念和生活方式出现新特征

首先，对土地的依赖程度低，土地一直被视为农民的命脉，但一些农业转移人口由于长时间离开农村，甚至出生在城市，基本脱离了和农村的乡土情结，在思想观念、生活习惯、休闲方式等方面都有了很大的改变，重视生活品质及自身发展，并注重职业规划和人生发展方向，因此，他们更希望通过自己的努力，最终可以融入城市的主流社会中去。其次，勤俭意识越来越淡化，消费方式和观念也更加开放，开始追求城市物质生活和精神生活，享乐主义开始萌生，造成一部分农业转移人口工资出现"月光"族、"鲜花"族，储蓄率低，不积累财富，这将不利于他们生活的改善和事业的发展，缺少吃苦耐劳的品质和勤俭节约精神，对于这部分群体，应多加以引导，把精力放在促进自身更好的发展方向上来，合理消费，适度放松。最后，农业转移人口在职业选择方面也出现了一些新的变化，职业期望显著提升，由于受教育水平影响着他们的职业期望和选择，拓宽了其就业领域和选择的余地，使其不再甘心从事那些脏、累、苦的简单工作，他们更倾向就业于待遇好、能够开阔眼界、有发展前景的领域。对薪资待遇、工作环境和生活条件等各方面都比较挑剔，在考虑薪酬待遇的同时，更加重视劳动关系、工作环境、人格尊重和老板的人品等因素，具有乐观积极的就业观念，希望通过自身努力可以得到较好的工作，获得较为满意的生活条件和工作环境。这种有意识地选择自己喜欢和擅长的职业，有利于获取更好的就业机会，提高发展空间，而且有利于维护自身的合法权益，更有利于促进这一群体适应城市劳动力市场，是有效促进农业转移人口市民化的良好开端。

二、农业转移人口市民化的主要问题与困境

（一）我国农业转移人口的问题

农业转移人口主要问题表现为：不包容、不均衡、不可持续。

（1）不包容。农业转移人口在城镇落户定居难，享有的公共服务水平低，缺乏制度化的利益表达渠道和社会上升通道，社会参与和融入程度低，在城镇形成新的二元结构。特别是，外省农业转移人口和本省农业转移人口在市民权利方面的差距日趋扩大，跨省农业转移人口已成为城市的最边缘群体。

（2）不均衡。农业转移人口主要集中在东部发达地区和地级以上城市（均超过60%），导致大城市人口过于集中，中小城市和城镇发展不足，大中小城市和小城镇协调发展的格局一直没有形成。

（3）不可持续。人口分布和城市承载能力错位，使大城市资源环境压力日益加大；适应农业转移人口市民化的财政分担机制不健全，地方政府推进农业转移人口市民化的动力不足；农业转移人口收入水平低，农村财产处置的市场机制缺失，市民化能力不足，内需潜力不能有效释放，这种"半城镇化"模式难以为继。

（二）农业转移人口市民化的困境

1. 农业转移人口市民化社会保障缺乏有力保证

缺乏社会保障的根本来源于，我们目前的社会保障体系是一个封闭的城市公共社会保障体系，社会结构的"二元化"是农业人口转移政策滞后的根本原因。农业转移人口在社会地位和社会保障方面，受到与城市居民不公平的待遇，农业转移人口为我国经济发展现代化进程做出了巨大的贡献，却无法分享我国多年来积累的经济和社会发展成果，在户籍制度的背景下，形成了城市居民享受的是城市社会保障、农村居民享受的是农村社会保障两种保障制度共存的局面，但农业转移人口又是一个特殊的群体，拥有双重身份却又成为社会保障的空缺，被排除

在城市和农村社会保障制度保障体系之外，只能把希望寄托在就职的企业给他们参保，但他们中的大部分人工作稳定性差、收入低、边际就业和工作劳动强度高，甚至有些不法企业逃避政府监管工作，拒绝缴纳社会保险，拖欠工资，自身社会保障意识又不强，导致农业人口转移不能正常参与养老、失业、工伤、生育等基本保险，造成他们一般缺乏安全感，也就不可避免地限制了其融入城市生活的进程和能力。

2. 农业转移人口市民化融入城市困难重重

农业转移人口转移到城市也就是开始新的社会生活，接触新的社会群体，适应新的社会环境，形成新的思维方式，否则，只是从一个空间到另一个空间简单的一种机械变化，而不是有机的结合。农业转移人口主要障碍是城市和农村地区之间的文化差异，是难以逾越的"文化鸿沟"，是阻碍农业转移人口融入城市生活和工作的重要因素。社会互动理论认为，社会交往本质上是一种均相和非均相人群不断交流和互动的过程。人的社会化的一个重要步骤是逐渐从与同质人群的简单互动到与异质群体互动，扩大人文交流，加深相互了解的过程。农业转移人口为城市的发展做出了巨大的贡献，付出很多心血和汗水，但却受到了很多不平等的待遇，这给他们内心造成很大的伤害，也带来了很大的心理落差，不仅造成身心失衡而且对城市秩序和城市居民生活带来了负面影响，增加了融入城市生活的障碍。由于城市居民和农村居民的社会环境不同，缺乏沟通，加之城市社区的管理也没有把该群体纳入服务对象，从而导致他们的自尊受到伤害，自卑心理更加严重，对城市居民产生强烈的抵触心理，进而导致农业转移人口融入城市困难重重。

3. 农业转移人口子女受教育矛盾突出

现行的教育制度及教育资源分配大部分附属在户籍制度之上，城镇户籍和农村户籍实行等级制、区别对待，农业转移人口的孩子很难享受到与城市户籍儿童平等接受教育的权利，随迁子女不能享受在城市公立学校接受义务教育。当地政府在教育资源、教学计划的分配方面，主要考虑的是当地的户籍居民，没有充分考虑随迁子女的教育情况，致使很多农业转移人口子女辍学或者不能完整地完成学业。无奈之下大多数只能选择在农业转移人口子弟学校上学，而子弟学校由于教育经费不足，往往存在办学条件差、教师素质偏低、教学效果不好的情况，而好一点的学校往往收取高昂的所谓"建校费"，他们不仅要承担自身的生存压力，还要担负子女入学的压力，这让多数农业转移人口无力应对。城市的义务教育主要服务对象为城市居民子女，极少考虑到农业转移人口子女的实际需要，这使这一群体很难融入城市的生活,也影响了他们的身心健康成长,无法接受优质的教育,进而影响无法达到应有的文化素质水平,很多子女在城市由于不能接受公平、稳定的教育,只能选择辍学或返乡就读。由于教育排斥的存在,直接将使农业转移人口子女的受教育权益受到损害,如何解决此问题,使他们能和城市居民子女获得同等的教育权利将成为关键。

4. 农业转移人口市民化自身素质限制就业能力

农业转移人口能否在城市定居并顺利转化为市民,在一定程度上取决于自身的综合素质,因为其直接影响着是否具备在城市的生存和发展的能力。长时间以来,由于城市的快速发展,造成了政府资金、民间资金都集中在城市的投入,而忽略了在农村的投入,农村教育在学校环境、基础建设、师资力量等方面与城市教育都无法比拟,农业转移人口的文化程度仍以初中及以下学历为主,与城市青年相比,差距还是很大。与此同时,农业转移人口缺乏必要的职业技能和劳动技能培训,由于没有接受过正规的培训体系,整体技术水平和职业素质仍然偏低,无法适应城市产业升级和就业需求,竞争的矛盾日益突出,难以满足以信息技术、城市化、现代化、高科技行业为特点的新兴产业和第三产业的需求,导致大量农业转移人口主要从事体力和低技能的职业,不能适应以科学技术型为主的工作职位。工作状况不理想、模糊的职业前景、生存的巨大压力,已成为制约农业转移人口市民化的"瓶颈"。此外,其原有的生活方式和习惯也很难改变,虽然大多数在城市工作和生活了很长时间,有的甚至已经在城市生儿育女,但他们长期生活在一个相对封闭的环境,结交的朋友也多以同村、同乡居多,没有真正与城市居民形成社交圈,无法改变原来的封闭思想,面对激烈的竞争,往往选择逃避,缺乏沟通和情感交流,心智发展尚未成熟、思想尚未稳定、就业期望值高与敬业精神差,缺乏务实的就业理念,绝大多数很难真正融入城市主流社会,这些都制约了农业转移人口市民化的进程。

第三节 农民工市民化内生机制构建[①]

农民工市民化关系到新型城镇化乃至整个经济社会的和谐健康发展。农民工市民化最重要的内生因素是人力资本和社会资本。人力资本主要表现在受教育水

---

① 本节内容发表于《学术交流》(2015.3):肖峰、吴玲.论农民工市民化内生机制之构建。

平和职业技能两个方面,社会资本主要包括强关系型社会资本和弱关系型社会资本。农民工市民化的实现,需要相应的经济地位和社会地位做保障,而人力资本和社会资本正是农民工获取这两种地位的关键因素。人力资本和社会资本的提升不仅会提升农民工就业能力和收入水平,而且会增强农民工城市生活适应能力及权益表达能力,从而在物质层面和精神层面全面提高农民工的生活质量。因此,必须制订相应的提升农民工人力资本和社会资本的策略,以实现农民工市民化内生机制系统的良性有效运行。

农民工是一个具有多重社会属性的特殊群体,农民工市民化是推进新型城镇化的一项重要任务,目前我国常住人口城镇化率为58.52%,户籍人口城镇化率为42.34%左右,我国市民化率低于常住人口城镇化率约16%的水平,这表明在城市常住且已经就业的农民工没有享受到与城镇居民均等的基本公共服务,农民工基本的社会生活权利无法保障,难以融入城市社会,成为漂泊于城乡的"边缘人",陷入非城非乡的无奈境地。因而实现农民工全面而有序的市民化是新型城镇化的关键,是我国经济社会和谐稳定发展的重要举措。随着户籍制度改革的进一步深化,农民工市民化制度壁垒不断被削弱,农民工是否能在城市中落户扎根,真正成为市民,更取决于农民工自身是否具有市民化能力,而内生要素是影响农民工市民化能力的关键因素,提升农民工的内生要素水平,其就业能力、城市适应能力等都会相应地增强,这为农民工市民化的顺利推进提供了物质和精神保障。因此,在分析农民工市民化内生机制两大要素的基础上,探索农民工市民化内生机制的构建路径,并从内生视角给出促进农民工市民化进程的保障措施,具有重要的理论意义和现实意义。

一、农民工市民化内生机制的要素分析

(一) 农民工市民化内生机制要素之——人力资本

"人力资本"这一概念是美国经济学家沃尔什于1935年在他的著作《人力资本观》中首次提出的。20世纪50年代末60年代初美国经济学家舒尔茨提出了完整的人力资本理论体系,他认为经济发展主要取决于人的质量的提高,人力资本是凝结于人身上的知识和能力,是通过培训、教育、经验而体现出来的。具体地说,农民工人力资本主要表现在受教育水平、专业技能、工作经验和健康状况等方面,我国农民工人力资本最大的缺口主要体现在受教育程度与职业技能两个方面。目前,我国农民工人力资本存在着存量低、积累不足、结构不合理等诸

多问题，这些问题不仅制约了农民工市民化的积极性，而且限制了农民工市民化能力，成为制约其市民化的"瓶颈"问题。

在当今知识经济时代，个体生存和发展的动力就是学习能力，而提升学习能力的关键就是教育，对农民工而言，教育是农民工融入城市社会的关键因素。农民工受教育程度越高，学习能力和适应能力越强，就业能力也会随之增强，从而使其融入城市成为市民的主观意愿和客观机会增大。我国农民工人力资本呈现出的特征是整体文化水平、教育程度偏低，资本存量不足、质量不高。根据2014年全国农民工监测调查报告的数据显示，在农民工群体中，老一代农民工初中以下文化水平占24.7%，初中文化程度占61.2%，高中文化程度占12.3%，大专及以上文化程度仅占1.8%。新生代农民工主要指1980年及以后出生的农民工，占农民工总量的46.6%。新生代农民工群体中，初中以下文化程度占6.1%，初中文化程度占60.6%，高中文化程度占20.5%，大专及以上文化程度占12.8%。根据2017年全国农民工监测调查报告的数据显示，在农民工群体中，未上过学的占1%，小学文化程度占13%，初中文化程度占58.6%，高中文化程度占17.1%，大专及以上占10.3%。大专及以上文化程度农民工所占比重比上年提高0.9个百分点。在外出农民工中，大专及以上文化程度的占13.5%，比上年提高1.6个百分点；在本地农民工中，大专及以上文化程度的占7.4%，比上年提高0.3个百分点（见表10-1）。由此可见，农民工受教育程度普遍较低，人力资本结构仍以初中文化程度为主，尽管新生代农民工高中及以上文化程度比老一代农民工高19.2%，但仅占到新生代农民工群体总数的30%，比重相对较小，仍有较大的提升空间。可见，农民工总体的文化程度仍然处于较低的水平，人力资本存量不高，这成为制约农民工市民化的重要障碍。

表10-1　　　　　　　　　农民工文化程度构成　　　　　　　　单位：%

	农民工合计		外出农民工		本地农民工	
	2016年	2017年	2016年	2017年	2016年	2017年
未上过学	1.0	1.0	0.7	0.7	1.3	1.3
小学	13.2	13.0	10.0	9.7	16.2	16.0
初中	59.4	58.6	60.2	58.8	58.6	58.5
高中	17.0	17.1	17.2	17.3	16.8	16.8
大专及以上	9.4	10.3	11.9	13.5	7.1	7.4

资料来源：2017年全国农民工监测调查报告。

在职业技能方面，大部分农民工都没有经过职业技能培训，农民工监测调查报告显示，2013年各年龄段农民工接受非农技能和技能培训的比重如下：20岁及以下分别占29.9%和31%；21~30岁分别占34.6%和35.9%；31~40岁分别占31.8%和34.1%；41~50岁分别占27.8%和32.1%；50岁以上分别占21.2%和25.9%。各个年龄段的农民工2013年的培训比重较之2012年都有一定的提升，但涨幅比例较小，接受过技能培训的农民工2013年仅占32.7%，只比2012年提高1.9个百分点。2017年接受过农业或非农职业技能培训的农民工占32.9%，与上年基本持平。其中，接受非农职业技能培训的占30.6%，比上年下降0.1个百分点；接受农业技能培训的占9.5%，比上年提高0.8个百分点；农业和非农职业技能培训都参加过的占7.1%，比上年提高0.6个百分点。其中，本地农民工接受农业或非农职业技能培训的占30.6%，比上年提高0.2个百分点；外出农民工接受农业或非农职业技能培训的占35.5%，比上年下降0.1个百分点（见表10-2）。数据表明，尽管新生代农民工接受技能培训的比重较老一代农民工高，但总体来看，没有经过技能培训的农民工仍占绝大多数。农民工的职业技能状况对其就业质量有很大的影响，农民工职业技能水平偏低，导致其就业空间狭小，大多数农民工都是在低端劳动力市场或城市非正规部门寻找就业机会，从事脏、苦、累、险的工作，呈现出"高脆弱性"和"高流动性"的职业状态，低技能、低工资水平限制了他们在城市的稳定就业，融入城市更是遥不可及。

表10-2　　　　　　　　接受技能培训的农民工比重　　　　　　　　单位：%

	接受农业技能培训		接受非农职业技能培训		接受农业或非农职业技能培训	
	2016年	2017年	2016年	2017年	2016年	2017年
合计	8.7	9.5	30.7	30.6	32.9	32.9
本地农民工	10.0	10.9	27.8	27.6	30.4	30.6
外出农民工	7.4	8.0	33.8	33.7	35.6	35.5

资料来源：2017年全国农民工监测调查报告。

（二）农民工市民化内生机制要素之二——社会资本

20世纪80年代法国社会学家皮埃尔·布迪厄最早提出了社会资本的概念。他认为社会资本是实际或潜在社会资源的集合。詹姆斯·科尔曼指出社会资本是个人拥有的社会结构的资本。美国社会学家罗伯特·普特南从两个方面界定社会资本,即社会组织和社会结构,他认为社会资本不仅包括网络和信任,还包括一定的社会规范。特纳从结构性角度出发,指出社会资本应在宏观层次(社会制度)、中观层次(社团单元)、微观层次(面对面相互作用的交往)三个层次上进行分析。本章重点探讨的是社会资本作为内生变量对农民工市民化的影响,所以在此将其定义为:社会资本是一种特殊资本,它来源于社会关系和社会网络,是通过人际互动,个体可获取的存在于其个人关系网络中的一切资源。从这个角度出发,将社会资本划分为强关系型(初级)社会资本和弱关系型(次级)社会资本。

强关系型社会资本是先赋资本,是农民工进城的生存资本,是基于农民工的血缘、亲缘与地缘为主的亲戚、老乡等构成的社会网络关系。边燕杰根据在天津和新加坡等地进行的调查,提出了"强关系假设"。他认为中国是"人情社会",信息的传递通常是强关系而不是弱关系起作用;他还指出有关强关系的研究多是强调直接关系的影响,但实际上间接关系所起的作用是不容忽视的,当求职者与中介人是强关系时,最终关系人才可能愿意提供帮助。

袁鹏举等指出农民工的日常生活中,强关系处于绝对的主导地位,农民工参加聚会或组织活动占前3位的分别是亲戚聚会、同学会、老乡会,所占比重分别为32.5%、25.8%、15.5%,强关系所占比重总计为73.8%。由此可见,这种以亲缘、血缘为纽带的强关系型社会资本蕴含着的是同质资源,是从乡村社会延伸到城市社会中的传统关系网络,强关系是农民工主要的职业搜寻方式,通过老乡、亲戚等使农民工在职业流动中获得更多的帮助,缩短了工作搜寻时间,在劳动力市场上获得更多的就业机会。但是由于"熟人社会网络"的同质性过高、密度稀疏、广度受限、群体成员的经历差别微小、社会交往有限、拥有的信息资源具有较高的重复性、造成社会网络的内倾性,由强关系所带来的就业机会与当地市民相比层级较低,收入相对较少,加之城市居民对农民工的轻视与排斥,导致农民工产生严重的自卑情绪,对城市的认同感不强,从而大大减弱了农民工市民化意愿。

1973年,美国学者格兰诺维特提出了"弱关系力量假设"。他认为对个体而言,通过弱关系传递的信息是非重复的,也是最有价值的。之后国内外众多学者的研究都表明,弱关系型社会资本是农民工扎根城市的发展资本,弱关系比强关系充当获取信息和资源桥梁方面的能量更大,这种弱关系在网络中呈现"工具性差序格局",由初级社会关系网发展为次级社会关系网,带有功利性、实用性、工具性等特点。弱关系型社会资本与强关系型社会资本不同,它是自致资本,是农民工基于自身努力建立的以业缘、人缘、学缘为主的朋友、同事等构成的社会网络关系，主要通过"工具性行动"和"情感性行动"获取有价值的社会信息资源。弱关系中蕴含的异质性资源，能成功地构建异质性的社会资本，有利于农民工获取就业信息、社会信息等，促使劳动力能够向外部劳动力市场流动，从而有更多的机会接触更高层次的职业。目前，我国农民工通过弱关系获取的现代型社会资本存量少，其所拥有和运用的绝大多数是传统型强关系社会资本，现代型弱关系社会资本的缺失，导致农民工市民化进程缓慢。

基于亲缘、血缘、地缘为主的传统型社会资本能够使农民工获得支持和理解的精神力量，为他们提供排解生活和工作困扰的途径，农民工利用强关系社会资本成功进入了城市，找到了自己的第一份工作；而以友缘、学缘为主的弱关系社会资本，能使农民工积累更多异质性的社会资本，利用工具性的弱关系社会资本，农民工在城市中扎了根，真正定居下来。强关系和弱关系社会资本特征比较如表 10-3 所示。从社会资本角度看，农民工市民化的过程实质上就是强关系社会资本与弱关系社会资本相互转化的过程，即农民工不断重构新的社会关系网，在强关系中构建弱关系，将弱关系转化为强关系，这是农民工在城市社会中定居下来的重要法宝。

表 10-3　　强关系型社会资本与弱关系型社会资本的特征比较

特点 \ 类型	强关系社会资本	弱关系社会资本
网络状态	同质封闭	异质开放
辐射范围	小	大
联系程度	紧密	松散
资源类型	人情资源	信息资源
继承性	强	弱
载体	血缘、亲缘、地缘	人缘、业缘、学缘
外界联系	排外	宽松

二、农民工市民化内生机制构建路径

农民工要实现市民化，需要具备一定的经济和社会地位，经济地位主要取决于农民工的就业能力和收入水平；社会地位主要取决于农民工的城市生活适应能力及权益表达能力。人力资本和社会资本是决定农民工获取经济和社会地位的关键因素，人力资本是先决条件，社会资本随着人力资本的提升而提升，两者协同互动，共同影响农民工市民化的进程。农民工具有较高的受教育水平、较强的职业技能，在劳动力市场上则更有可能提升职业流动的层次，其社会地位、人文尊重等社会资源也随之增加，那么农民工个体所拥有的社会资本就会越来越丰富，社交网络也会越来越完善，他们城市择业的时间成本和交易成本就会减少，社交半径将会扩大，知识、技术能力等传递的效率将随之提高，这不仅会提升农民工在城市社会的就业能力和收入水平，而且会增强其城市适应能力和权益表达能力，使农民工的经济地位和社会地位得到显著提升，从而加速农民工市民化的进程。

（一）人力资本——社会资本——就业与收入——市民化

就业能力主要指农民工所具备的职业搜寻能力、职业转换能力和职业稳定能力。就业能力的提高会导致农民工收入水平的提高，为农民工市民化提供经济保障。人力资本、社会资本对农民工就业能力和收入水平的决定作用具体表现在：第一，农民工因文化水平较低，对就业信息的辨别能力较差，对职业中介机构缺乏信任，且多数人不会利用现代媒介来搜寻工作，而是利用基于血缘和地缘的强关系社会网络，或同质的农民工群体搜寻工作，社会网络宽度的狭窄限制了农民工就业渠道的宽度，导致其职业搜寻能力的不足，大多数农民工职业选择受限，多以从事服务业和建筑业为主。反之，拥有较高的人力资本水平的农民工更懂得利用市场信息，能利用各种现代媒介途径获取招聘信息寻找工作，他们摆脱了乡村式强关系型社会资本的束缚，获取了较强的职业搜寻能力。第二，农民工人力资本水平的提高，必然导致其内部群体的分化，在同质性的群体中又产生了异质性关系，弱关系型社会资本的逐渐增多，农民工职业选择空间和能力都必然增强，农民工更容易实现工作的转换，实现向上流动。第三，农民工拥有较高的受教育水平和职业技能，技术创新能力越强，就越易适应新的工作和环境，从事的工作将不再是简单的体力劳动。由于从事脑力劳动比例大，其工作不可替代性增大，职业选择的机会增多，职业的稳定性必定增强。农民工就业能力的显著提升，导致其收入水平的大幅度增长，收入水平的提高使农民工物质生活质量提高，农民工在城市社会中有了一定的经济地位，这必然增强其市民化的意愿和能力。

(二) 人力资本——社会资本——城市生活适应能力——市民化

城市生活适应能力包括城市社会网络的构建能力、与城市居民交往的能力及心理调适能力。文化水平不高、职业技能低下导致的社会资本贫乏，是制约农民工市民化的关键因素，较低的人力资本水平抑制了农民工的社会资本积累，影响了其城市生活适应能力，从而抑制了其市民化的实现。首先，人力资本影响着农民工城市社会网络的构建能力。社会网络是私人型社会资本的重要表现形式，可以将社会网络分为3个方面：即社会网络高度、社会网络宽度和社会网络结构。社会网络高度指衡量农民工接触的人群中职业层次的高低，所接触的乡村或城市中的亲戚、朋友是否有在政府机关、事业单位、知名企业工作的；社会网络宽度主要是衡量农民工在城市中亲戚和朋友数量的多少；社会网络结构主要是衡量农民工经常联系人群的结构，即联系人中家乡的亲戚或朋友和务工城市的同事、邻居或朋友所占比重大小。人力资本水平高的农民工，所拥有的资源相对较多，社会网络的高度会提升，社会网络的宽度会扩展，社会网络的结构会更优化，异质性社会资本的积累能力就愈强。其次，人力资本影响农民工与城市居民交往的能力。农民工的人力资本水平越高，学习能力和认知能力越高，接受城市社会的价值观念和生活方式的能力越强，更易拓展社会资本的层次与范围，从而得到城市社会的关注和认可。而人力资本水平较低的农民工，难以割舍农村传统的价值观念和生活方式，不能理解城市社会的行为方式，难以与城市居民沟通交流，不能适应城市陌生的环境，缺乏城市归属感，无法融入城市社会。最后，内生要素影响农民工的心理调适能力。高人力资本使农民工的收入水平和社会地位显著提升，构建社会网络的能力增强，他们不仅可以通过初级社会关系网络中的亲人、老乡、同学宣泄压力，也可以通过次级社会关系网络中的朋友、同事、邻居排解苦闷，甚至可以向社区、志愿者组织等寻求帮助，社会资本层次的提高使他们能通过多种途径释放不良情绪，并能以积极的态度调适心态，增强自身的抗挫能力，这必定会坚定农民工扎根城市的信念，增强其自我效能感，使农民工能保持乐观积极的生活态度和工作态度，自信、坚韧地去迎接挑战，努力地融入城市社会中去。

(三) 人力资本——社会资本——权益表达能力——市民化

农民工通过教育培训提升了其人力资本存量，对自身利益和相关法律的认知力增强；通过扩展农民工社会关系网络，农民工会接触到更多高层次的社会群体,可以促进其权利意识的觉醒和利益表达渠道的拓宽。拥有较高人力资本的农民工更愿意进行社会联络和集体行动,他们扩展社交网络的能力较强,个人社会资本积累较丰富,拥有较强的权利意识和政治参与能力,能够掌握利益表达的技巧,提高利益表达的效率,能更好地维护自身的各种权利。这类农民工在城市中拥有一定的社会地位,自身的能动性和身份认同感非常强,在城市生活中充满信心,市民化意愿十分强烈。反之,农民工人力资本、社会资本水平较低,农民工对自身拥有的权利了解程度不够,导致其不仅缺乏对政策法律的解读能力和相应的利益表达能力,更缺乏有效的政治参与能力,农民工不能维护自身的合法权益,使其在城市生活中处处碰壁,融入城市社会更是难上加难。

三、提升农民工市民化内生机制的策略

上述内部机制构建路径表明,人力资本和社会资本的提升,将开启一套良性累积、协同互动的农民市民化系统,这也表明农民工市民化进程的顺利推进,关键在于人力资本和社会资本的提升,二者的低质和贫乏,必将使农民工市民化进程大大受到抑制。提升农民工人力资本的主要途径是发展多种形式的农民工教育培训;提升农民工社会资本的主要途径是重构农民工的社会资本,扩展其社会关系网络。

(一) 构建多元化农民工教育体系,提高农民工人力资本存量和质量

加强对农民工的基础教育。农民工获取人力资本的最初途径就是农村基础教育,应加大对农村教育经费的投入,增强农村义务教育的执行力度,提高农村中小学教育水平。

第一,改善农村办学条件,提高乡村教师待遇,是农民获取人力资本的基础素质,从根本上改变农村人口的文化素质结构。同时,要在农村基础教育的授课体系中加入具有实用性的技能性课程,使农村学生具备一定的基础文化知识的同时,也掌握一些工作技能,这使农村学生在基础教育阶段就获得相对系统的专业技术知识,其从事技术型或智能型职业的机会将会提高,为其未来市民化打下良好的基础。第二,加强在职农民工的成人继续教育。开展有针对性的农民工成人继续教育和补偿教育,全面提高他们的学历、技能水平和思想道德素质,帮助农民工改变陈旧的价值观念,得到思想观念上的升华。开展多种形式的继续教育,就是要构建以在职教育为主的、立体多维的农民工成人教育模式,设立农民工职

业大学、夜校、农民工文明礼仪课堂等,将文化教育、社会文明、礼仪培养、信息素养等教育融为一体,使农民工不仅学习到文化知识,也学习到在城市社会生存的实用性的知识与技能,如求职技巧、健康常识、文明礼仪、信息捕捉和处理能力等,从而提高农民工的市民化能力。第三,对农民工进行城市适应性教育,努力培育其心理资本。面对与农村迥异的城市社会,农民工常常难以适应,工作及生活中的种种困难,使他们疲惫、焦虑、手足无措。要让农民工从茫然和沮丧的情绪中恢复过来,就需要对农民工开展市情、安全常识、法律法规、心理健康等城市适应性教育。政府及相关社会组织要重视对农民工的城市适应性教育,特别是要加强对其心理方面的教育。心理资本能通过后天环境培育,具有可塑性。针对农民工群体的特殊性,政府或相关组织要成立心理援助机构,组建专业的咨询团队,委派专业的人员,定期对农民工实施心理援助,对其提供免费心理咨询辅导,帮助农民工疏导心理问题。通过对农民工进行城市适应性教育,培育并强化其心理资本,能培养农民工良好的心理素质和坚韧豁达的生活态度,使他们树立正确的人生观、价值观,增强他们战胜挫折的信心,提升他们与人合作、和谐共处的能力,这样农民工更易接纳城市的文明与文化,并能以城市公民的责任感融入城市生活中。

(二) 构建多层次农民工职业技能培训模式,增加农民工人力资本积累

目前我国农民工职业技能培训薄弱,农民工就业能力较弱,缺乏竞争力,要从根本上改变农民工的技能结构,需要建立健全农民工技能培训体系,为农民工提供多种技能培训的机会,开启多渠道、多层次、多形式的培训模式,将就业前培训、在职培训与转岗培训有效衔接并制度化,建立以政府主导的,政府、企业、农民工三方共同分担成本的技能培训机制。

(1) 政府层面。第一,政府要履行公共服务的职能,打造农民工政府培训平台,将农民工纳入培训管理范围之内,兴办一些职业培训技校,由政府有关部门统一组织农民工进行职业技术培训,使其掌握更多的生存技能,从而提升其就业能力;第二,构建政府采购培训成果新模式,即由符合资质的专门培训机构对农民工进行技能培训,政府对这些机构进行资质审查,并下达培训任务,实施培训效果监督,但政府不干预具体的培训过程,按照培训后的就业效果进行等级评价,作为培训经费支付的依据;第三,政府采取措施为农民工参加各类培训提供支持与保障,如为在岗农民工提供职业技术培训补贴、对为农民工提供免费在岗培训的企业提供资金支持或税收优惠等措施。

(2) 企业层面。第一，企业要发挥主体作用，独立承担职业技术培训的职能，创办自己的职业培训机构，根据自身实际情况构建科学合理的培训体系，采取长训与短训、集中培训和在岗培训相结合的方式，科学设置培训项目，不断丰富培训内容，实现企业和职工的双赢；第二，建立农民工人力资源供求网络，即当企业无法创办培训机构实施内部培训时，可通过农民工供求网络，向相关的培训机构传递工作技能的需求信息，培训机构可以据此需求信息，有重点、有针对性地选择培训类型、培训内容和培训方式，并将培训结果反馈给用工企业，企业会根据生产和发展的需要选择合适的农民工，这样既能提高培训的针对性，又可提高培训的工作效率。

(3) 个人层面。农民工个人要发挥内在作用，增强培训意识，适当增加自我培训投入。农民工要充分认识到参加技能培训的重要性，积极主动参加培训，增加培训投入，进行自我投资，参加职业技术培训班进行系统学习，以获取具有实用价值的知识与技能，不断提升自己的业务素质和综合素质，使自己的人力资本不断增值。

(三) 重构农民工社会资本，实现其社会关系网络的转变

农民工社会资本的集聚特别是异质性社会资本的集聚，对实现市民化起着关键作用。重构农民工社会资本的主要任务是超越以亲缘、血缘为纽带的同质的农村传统关系型社会资本，建构以业缘为纽带的异质的现代型社会资本，实现农民工社会关系网络由内聚型封闭网络向外延型开放网络的转变。第一，要提升农民工自我意识。农民工要摆脱传统社会网络的束缚，就必须不断增强社会资本投资的主体意识，扩大与城市居民的社会交往范围，积极参与社区活动，在维持原有乡村社会强关系网络的同时，最大限度地获取和运用城市社会网络资源，不断扩大自己的社会关系网络。第二，发挥城市社区的接纳功能，实现城市社区管理模式由传统的"劳动力管理模式"向现代"居民管理模式"的转变，将农民工纳入社区的日常管理服务的范围之内，可以从以下几个方面入手：(1) 要加强宣传。政府和社区可以定期地通过广播电视传媒宣传农民工典型的先进事迹，强调农民工为城市社会的建设做出的重大贡献，引导城市居民消除对农民工的歧视、淡漠和隔阂，增强农民工的社区认同感和归属感，使农民工逐渐适应城市生活。(2) 不断完善社区民主选举制度，给予农民工与城市居民均等的权利，树立"同城待遇"理念，使农民工参与社区自治的权利得到保障。(3) 城市社区要实施关爱农民工计划，完善农民工公共文化服务设施，可以在一些社区公共活动场

所，设立棋牌、图书等物品专区和流动报刊亭，供农民工免费使用和借阅；提供篮球、台球、羽毛球等体育用品及其体育活动的场地，供农民工免费进行体育运动。(4) 加强社区文化建设。城市社区要向农民工宣传城市文化，并为其提供沟通交流的平台，可以以文体、娱乐活动的多种方式将农民工组织起来。城市居民和农民工共同参与社区组织活动，能提升农民工参与社会活动的意识，激发农民工与城市居民人际交流的热情，增强彼此间的了解和信任，在农民工和市民之间建立和谐的信任关系，重塑农民工城市生活的人际关系网络，形成其城市生活的"熟人社会"。第三，要发挥工会组织的作用，让工会真正成为农民工的组织归属。工会组织要鼓励农民工积极参加工会，并真诚地接纳他们，倾听他们的心声，关注他们的利益。同时通过多种形式对农民工的择业就业、权益保障、人际交往等进行有效的指导，帮助农民工获取更多的社会资源和服务，扩大农民工以业缘为主的社会关系网络，从而获取更多的异质性社会资本。由此可见，要重构农民工市民化的社会资本，不仅需要农民工发挥主动性、创造性，积极融入城市社会，和城市居民进行交流和互动，不断扩展其社会网络，也需要城市社会真诚地接纳和关心农民工群体，肯定他们为城市发展做出的巨大贡献，并为农民工融入城市创造和谐的社会氛围，这样才能使农民工真正实现市民化。

第四节 有序推进农业转移人口市民化的制度安排与对策建议[①]

《城市蓝皮书》建议，未来应分阶段稳步推进市民化进程，多措并举、分层分类做好市民化工作，积极引导农业人口有序转移，建立政府主导、多方参与、成本共担、协同推进的市民化机制，使农业转移人口获得与城镇户籍居民均等一致的社会身份和权利。十八届三中全会前瞻提出，加快户籍制度改革，实施"三步走"战略。第一步，在"十二五"期间，农业转移人口就业的稳定性进一步增强，公共服务均等化和在城镇落户的政策体系基本建立并取得显著进展，居住证制度全面实施，公共卫生、子女义务教育等基本公共服务实现全覆盖。第二步，在2020年前，农业转移人口市民化全面推进，除少数特大城市以外，基本实现自由迁徙，全国有50%的农业转移人口在城镇落户，基本公共服务覆盖所

---

① 本节内容发表于《科学社会主义》(2014.2)：赵继颖等. 有序推进农业转移人口市民化的制度安排。

有未落户的农业转移人口。第三步，到2030年，农业转移人口可自由在城镇落户并融入城镇，农民工现象终结，农业转移人口市民化基本实现。

这样就需要在推进市民化的过程中，进一步深化户籍制度、社会保障制度、就业制度、住房制度等综合配套改革，消除各类生产要素在城乡之间双向自由流动的障碍，为促进城乡一体化发展创造良好的政策环境。

一、有序推进农业转移人口市民化的制度安排

（一）加快户籍制度改革，推进公共服务均等化

党的十八大报告提出，要加快改革户籍制度，有序推进农业转移人口市民化，努力实现城镇基本公共服务常住人口全覆盖，这是实现农业转移人口市民化的必由之路。

户籍制度改革是一个逐步推进的过程，从2001年国务院户籍改革文件下发，到2011年国务院出台《关于积极稳妥推进户籍管理制度改革的通知》，都提出地级市以下市区全部放开户籍制度。首先，放宽落户条件，让有意愿、有能力的农业转移人口在城镇落户定居成为市民。放开除北京、上海、天津、广东、浙江、江苏6省市以外的所有省份的各类城市、城镇的落户条件，实现自由迁徙。建立和实施阶梯式户口迁移制度，逐步放宽上述6个省份各类城市落户限制，并向举家外出农民工倾斜。2014年7月，国务院印发了《关于进一步推进户籍制度改革的意见》，标志着新一轮户籍制度改革正式启动。此次改革提出3个方面11条具体政策措施，主要包括：一是进一步调整户口迁移政策；二是创新人口管理模式；三是切实保障转移人口及其他常住人口合法权益。其次，进一步清理取消歧视性规定，使社保、住房、子女教育等社会福利与户籍逐步脱钩，引导人口有序迁徙流动和就业。推广居住证制度，符合当地政府规定相关条件的，可以在当地申请登记常住户口。为了推动改革政策落到实处，2016年，国务院办公厅出台了《推动1亿非户籍人口在城市落户方案》，绝大多数省（市、区）制定了更加宽松和优惠的农村人口在城市落户的条件，其中最重要的政策是建立居住证制度，把原先的地方经验上升为国家的统一政策。最后，健全农业转移人口市民化公共成本分担机制。

加快推进公共服务均等化，实现基本公共服务向农业转移人口全覆盖。一是切实保障农业转移人口随迁子女受教育权利，重点是解决学前教育和落实异地高考政策。二是加强农业转移人口公共卫生和医疗服务，重点是合理配置医疗卫生

服务资源,提高农业转移人口接受医疗卫生服务的可及性,方便农业转移人口在城务工期间就近就医和及时补偿。

总之,只有保障农业转移人口市民权益,放宽落户条件和推进公共服务均等化并行,才能使农业转移人口取得户籍资格,获取完整的市民权利,真正实现社会身份的转换。

(二) 建立高层次农民工社会保障制度,顺畅转移农业人口

要加快农民工在城市融合的进程,必须充分考虑农民工的自身特点和现实需要,建立高统筹层次的农民工社会保障制度方案,为解决新生代农民工问题创造法制环境和制度保障。把保护新生代农民工的各项福利待遇等社会权益纳入法制轨道,司法部门和执法部门要依法严格监督用工单位为受雇新生代农民工提供相应的社会保障,从法律上保障新生代农民工的权利。贯彻落实《中华人民共和国劳动合同法》及相关法律法规,积极指导新生代农民工签订劳动合同,督促企业依法规范用工。贯彻落实《城镇企业职工基本养老保险转移接续暂行办法》为契机,努力提高新生代农民工基本社会保险的参保率。加强新生代农民工职业健康保护和职业病防治,严格执行高危行业农民工持证上岗制度,依法保障他们的职业卫生和生产安全。

做好农业转移人口社会保障工作,重点是健全城镇企业职工基本养老保险与新型农村社会养老保险制度之间,以及城镇职工医疗保险和"新农合"之间的衔接政策,实现养老和医疗保险在城乡之间以及跨统筹地区之间的顺畅转移接续;提高农业转移人口在流入地城镇的参保率,解决非正规就业、劳务派遣工、随迁家属的参保问题。

(三) 完善农民工就业用工制度,切实保障农业转移人口的劳动权益

鼓励第一代农民工返乡就业创业和落户定居,引导新增农业转移人口就近转移就业,让农业转移人口的大多数在省内实现市民化。首先,创造平等的社会环境。相互尊重、平等的社会环境是新生代农民工快速融入城市社会的前提和基础。在省级行政区域内建立城乡统一的户口登记制度,为本省农业转移人口在省内市民化创造条件。建议政府要大力肯定新生代农民工在发展经济、城市建设和创造财富中起到的重要贡献,在思想意识上要求社会努力消除对农民工的歧视、偏见和隔阂。其次,完善城市就业制度。打零工的就业方式使多数农民工往往成为城市的过客,现实的生存条件使他们难以在城市长期稳定地居住下去。因此非

常有必要对城市就业制度进行深化改革,取消城市用工的户口限制,给农民工以平等竞争的权利和机会。再次,加强对中小企业劳动用工的规范和指导,切实保障农业转移人口的劳动权益。加强对农民工创业的政策引导、项目开发、风险评估、小额担保贷款、跟踪扶持等"一条龙"服务,扶持各类农民工创业园的建设。最后,积极鼓励农民工自主创业,投资办厂,让从事非公有制经营的农民工享受与城市居民平等的待遇。

(四)推进城镇保障性住房体制改革,促进农民工市民化

在"十二五"期间乃至更长的时期,要顺应城镇化发展趋势,稳步推进覆盖农民工的城镇保障性住房体制改革,促进农民工市民化。指导思想是:强化政府的主导作用,落实企业的社会责任,发挥市场的调节功能,允许各地探索由集体经济组织利用农村建设用地建设农民工公寓,多渠道改善农民工居住条件。不断完善农民工住房保障体系和政策支持体系,加快建立多种形式、多个层次的农民工住房供应体系,逐步解决农民工居住问题。以公共租赁住房为重点,扩大城镇住房保障覆盖范围,将中低收入住房困难的农业转移人口家庭纳入保障体系;逐步将住房公积金制度覆盖范围扩大到在城市有固定工作的流动人口群体,建立和完善住房公积金异地转移接续制度。

农业转移人口市民化问题已经成为当今社会关注的焦点,因此,合理解决农业转移人口市民化问题,有序推进城镇化进程,对维护社会稳定和全面建成小康社会有重要的理论意义和现实意义。随着城镇化进程的不断推进,农业转移人口涌入城镇,不仅为城镇化的发展带来了丰富的劳动力资源,并成为城镇化水平快速提升的重要推力。推进农业转移人口市民化,一方面,需要降低门槛接纳农业转移人口,让农业转移人口在城镇落户定居成为市民;另一方面,推进公共服务均等化,让暂不符合落户条件又有常住需求的农业转移人口,能享有基本公共服务,有序推进农业转移人口市民化。

二、推进农业转移人口市民化的对策建议

(一)为农业转移人口提供平等的社会保障权利

建立以适应农业转移人口特点,覆盖城乡全体劳动者的社会保障体系,需要从我国实际国情、地区具体情况出发,逐步推进制度改革、逐渐完善制度建设,提高农业转移人口社会保障水平。符合农业转移人口实际情况的社会保障制度应

该是多元化的，实行全国统筹，城乡统一的社会保障制度，不仅可以维护农业转移人口的根本权益，同时也是我国社会保障制度的基础所在，平衡各地利益，缩小地区之间的养老金差距，平等地享有社会保障权益将成为改革的目标。政府要设计符合农业转移人口利益的社保制度，根据农业转移人口职业特点及诉求不同，建立健全针对农业转移人口的专项社保制度，建立专门针对农业转移人口的救助救援制度，这主要涉及农业转移人口的紧急救济、贫困救助以及法律援助等；加大资金投入社会福利、社会救济、社会优抚事业，还原医院的公益性质，降低医药费，可以引入民间资本来解决资金不足的局面，逐步将农业转移人口纳入城市社会保障体系，这是我国社会保障制度建设的长远目标，也是全面建成小康社会和加快城镇化进程的必然要求。

（二）为农业转移人口提供良好的人居环境和发展空间

营造和谐社会人文环境、增强农业转移人口的城市主人翁意识、实现城乡一体化，是建立在经济、文化和心理一体化的基础之上的。农业转移人口在实现城市就业的前提下，如何实现自我身份的认同、城市的认同、归属感的认同，从而实现真正的城乡融合，是一项系统工程，不仅是政府和企业的责任，也是全社会共同的责任，需要我们大家共同努力，依靠全社会力量，齐心协力把农业转移人口的城市融入进程向前推动一大步，具体可以借助于新闻、报纸、电视等媒体的宣传作用，多报道农业转移人口正面的信息，多进行深入内心的采访活动，进而引导市民客观的评价，消除偏见，从心理上接受他们，关心、爱护农业转移人口；以该群体聚集的社区为切入点，建立民间的非正式组织，规范其社会行为，了解其社会需求，疏导其心理问题，满足其社会交往的需要，并实际解决在生活中遇到的难题；在大中型企业可以成立以农业转移人口为核心的工会、社区等相关组织，关心他们的思想动态，帮助维护他们的合法权益，解决他们的生活困难；城市居民也要改变思想，端正态度，从内心理解农业转移人口，体会他们的难处，用宽容的心态和他们接触、交往，让市民认识到农业转移人口对城市建设和城市发展的重要性，给予相应的理解、尊重，唤起社会的重视，让农业转移人口增加对城市的归属感。农业转移人口自身也要消除文化、心理等方面的障碍，培养自身的公民意识和主人翁责任感。我们每个人都有责任和义务，伸出援助之手来帮助农业转移人口，用真挚的情感去温暖和感动他们的内心，使农业转移人口更好、更快地融入城市生活，融入城市的大家庭。

(三) 加强对农业转移人口子女的教育

彻底打破城乡"二元化"结构的户籍制度，只有釜底抽薪，才能有效解决农业转移人口子女的教育问题，改进现行义务教育管理制度。政府应将进城务工的农业转移人口子女教育问题纳入城市的统一规划中，建立相关入学制度，确保其正常入学、提高学习质量，实现农业转移人口子女平等地分享义务教育资源，实现教育公平，加大教育经费，切实解决失学、辍学的现象；尽可能扩大融资范围，改善农业转移人口子弟学校的办学环境，加大政策面支持和资金投入，合理引导民间资本加入投资办学的队伍当中，在教学质量方面要严格掌控，加强管理，在教学环境方面要努力改善，通过教师之间的交流，提高教学水平，进而改善整个教学条件；在增强师资力量方面，政府可以制订相关的优惠政策，鼓励年轻教师到农村施教，同时支持城市民办基础教育机构接纳农业转移人口子女入学；全社会还应该营造一种重视、支持他们的社会氛围，并在入学费用方面通过设立助学基金和开发慈善基金的方式对其给予相应的援助。逐步把符合标准的困难家庭子女纳入扶困助学体系，根据家庭实际情况减免学费，设立奖学金，建立生活资助保障制度，帮助他们更好地完成学业，成为国家有用的栋梁之材。

(四) 提高农业转移人口就业能力

可以采取完善职业培训系统，加快实施终身职业培训体系，为各类城乡就业人员和愿意接受培训的人员提供各种职业技能培训，多渠道促进农业转移人口劳动力就业，努力提高他们的就业能力和创业技能。为农业转移人口提供各种形式的培训，要坚持职业教育与在岗培训的双重培训制度，职业学校和用工单位将成为主导作用，立足农业转移人口的实际需要设置课程，实行专项或专题培训，使他们尽快熟悉岗位的要求，了解岗位的特点，适应岗位的环境，切实提高其入职能力和实际操作水平，提高自身核心竞争力。合理划分政府、企业、学校的职责，政府部门要增加公共经费，强化对农业转移人口的劳动职业技能鉴定，对考核合格者发放职业能力证书，可以适当考虑把此条件作为城市落户的基本条件之一，由此就可以充分调动农业转移人口学习和参加教育培训的积极性；用工单位则需要对农业转移人口进行必要的上岗技能、生产安全等方面的培训，增加自身的人力资本，积极提高社会资本；与此同时，农业转移人口自己也应主动学习科学文化知识，强化劳动技能，提高业务水平，不断完善自己；此外，农业转移人口必须提高自身的知识技能和心理文化素质以更好地融入城市，应当树立正确的人生观和价值观，用健康向上的思想指导自己的行动，遵纪守法，文明行事，礼貌待人，爱护公共设施，以树立诚实、热情、勤奋的新形象；当然，在推进农业转移人口市民化过程中，光靠资金和技术的投入是远远不够的，也需要人文的关怀和良好的社会氛围，可以通过树立农业转移人口先进典型、城市建设者先进表彰大会等形式，并借助网络媒体等主流媒介的宣传引导，让更多的人走近农业转移人口、了解农业转移人口，并逐步消除长久以来对他们持有的偏见，促进他们不断地提升自己，不断地融入城市，为城市建设做出更多、更大的贡献。

第十一章　依托家庭农场促进农地流转与农民增收研究

在农村改革发展的新阶段，2013年中央"一号文件"提出鼓励和支持承包土地向专业大户、家庭农场、农民合作社流转。其中，"家庭农场"的概念是首次在中央"一号文件"中出现。此后，家庭农场越发得到国家政策的重视。党的十八届三中全会强调："坚持家庭经营在农业中的基础性地位，推进家庭经营、集体经营、合作经营、企业经营等共同发展的农业经营方式创新。"2014年中央"一号文件"进一步提出：以解决好地怎么种为导向加快构建新型农业经营体系，引导和扶持家庭农场发展。因此，发展家庭农场已成为新时期我国推动农业经营方式创新、解决好地怎么种问题的重要途径。

近两年，我国家庭农场发展势头迅猛。2012年农业部确定的33个农村土地流转规范化管理和服务试点地区内有家庭农场6670多个（曹茸、宋修伟，2013）；截至2012年年底，全国30个省、区、市（不含西藏）共有家庭农场87.7万个。[①] 对于黑龙江来说，截至2013年6月末，全省通过自发形成的家庭农场数已达到98077家（李婷婷，2013），在改变全省农业传统格局、促进现代农业发展方面发挥了积极作用。发展家庭农场是提高农业集约化经营水平的重要途径，但家庭农场作为新型农业经营主体仍处于刚刚起步的阶段，对其培育发展还有一个循序渐进的过程。黑龙江作为典型农业大省，发展家庭农场具有耕地资源方面的天然优势，如何结合省情加快推进家庭农场建设、发挥促进农民增收的重要作用，亟待深入研究。为此，课题组于4月24日走进黑龙江省第一个登记注册的家庭农场——"大力家庭农场"进行调查，目的在于通过了解家庭农场运作的现实状况、发现其中的典型问题，进而提出推动黑龙江省家庭农场健康快速发展并有利于农民增收的对策建议。

[①] 2013年3月农业部公布的《对全国家庭农场发展情况统计调查》结果。

第十一章 依托家庭农场促进农地流转与农民增收研究

第一节 大力家庭农场经营状况分析

一、大力家庭农场简介

（一）基本情况

大力家庭农场位于黑龙江省绥化市绥棱县长山乡四部村，由该村村民马兆力2004年创办；2013年4月他在全省第一个注册了"绥棱县大力家庭农场"，完成了登记发证。在农场现有土地2800亩中，有水田1960亩、林地795亩、水面45亩，有水稻插秧机、旋耕机、打浆机、收割机、推土机等农机具12台（套）。农场场部占地面积2万平方米，有办公室、场房990平方米，固定员工15人，固定资产600万元，年收入超百万元。

（二）发展过程

大力家庭农场由马兆力投资建成，其前身形式即种植大户经营。早在2004年，马兆力就承包了县食品公司的150亩土地进行农业经营。此后，不断通过租赁、流转村民耕地，承包沟塘水面、低洼旱田进行改造等方式扩大土地经营规模。至2012年，规模经营土地面积已达2800亩。同时开展了所需的基础设施建设，2004年以来新拉高压线路3公里，打井23眼，仅改造水田就投入150多万元，又投入140万元购买了农机具大机械，为农场发展奠定了坚实的硬件基础。硬件问题解决了，农业技术成为增产增收的关键。随着土地规模经营面积的不断扩大和机械化水平的大幅提升，马兆力高度重视农业新技术的应用，积极应用种子包衣、智能催芽、毯式育秧等新技术，大力推广水稻机打浆、机插秧、机收割等新农艺，实现水稻生产全程科技化、机械化，粮食产量逐年提高，农场收入逐年提高，2012年年末农场仅水稻种植一项收入达到了110万元。

农场登记之前，负责人马兆力一直在考虑如何实现多种经营，做到农林牧副渔多业并举，既能实现加工增值、过腹增值，还能规避市场风险。2006年他投资80万元，利用场区内的空闲地块修建了养殖场，建起了总建筑面积650平方米的标准化畜禽养殖舍3栋，先后尝试进行了猪、牛、貉子养殖。考虑到自己种植面积比较大，粮食销售上有文章可作，又在2007年修建了粮食收购点，修建粮食储存库房1栋、地秤1座,不仅出售自家粮食,还对外代收、代储、代销粮食。为了丰富农场的经营结构,2011年又新建了占地5000平方米可种植木耳10万袋的木耳种植基地,配套修建了储水设施、喷灌设备,积极发展地栽木耳产业。同时,利用795亩林地养殖森林鸡,利用场区内自然形成的45亩水面,投放鱼苗,放养家鸭。初步形成了以水稻种植为主,以林业、木耳种植、畜禽养殖和粮食收购为辅,种、养、加同步发展的农场雏形。

2013年,中央"一号文件"提出鼓励农民创办家庭农场,马兆力开始做起了自己的"中国农场梦"。好处显而易见,建立规范化的家庭农场不仅会得到国家相应的政策扶持,而且有效提高了农场在社会上的信誉度和影响力,必然能够得到更好的发展。在基层政府的鼓励下,马兆力对农场重新进行了定位规划,明晰了发展思路,并在2013年4月全省第一个注册了"绥棱县大力家庭农场"。注册后的大力家庭农场,确定了以土地规模经营为牵动、农林牧副渔综合发展的经营定位,明确了农场法人身份,参照现代企业管理模式,建立了财务管理、农机管理、用工管理等规章制度。同时,在坚持水稻种植这一主体经营项目的基础上,对场区进行了重新规划,划定出了农场办公区、种植区、育苗区、养殖区、加工区、农机库房区,完善了道路、电、机井等基础设施。

(三)后续规划

登记注册后,大力家庭农场继续加大投资力度。2013年投资300万元新建占地1400平方米的农机库房1栋,总占地面积2万平方米、单栋面积1800平方米的双拱钢筋骨架育苗大棚8栋,切实提高农场机械力量和育苗水平;并与家庭农场周边46户农户达成土地流转协议,新流转土地2045亩,使农场规模经营面积达到4845亩。同时,经过精心的市场调研,确定把米质好、口感佳、市场畅销的"特优十"水稻品种,作为农场2014年主栽品种,并注册了"大力"牌大米商标。目前,大力家庭农场正在积极筹划新建储粮仓、烘干塔,建设一个年加工能力10000吨的稻米加工厂,实现产加销一条龙的农场发展模式。下一步,大力家庭农场还准备上马粮食精深加工设备,生产精洁米、免淘米等精深加工产品,打入高端市场,叫响"大力"牌系列农产品这一自主品牌,真正打造经营规范化、生产标准化、产品精品化的庄园式现代家庭农场。

注册后的大力家庭农场,确定了以土地规模经营为牵动、农林牧副渔综合发展的经营定位。农场计划利用两年时间,再流转土地2000亩,规模经营面积达到6800亩以上。同时,黑木耳种植发展到50万袋,建设2000只奶山羊养殖小

第十一章 依托家庭农场促进农地流转与农民增收研究

区、100栋大棚育苗基地，新建2000吨有机大米精深加工厂，实现产加销一条龙的农场发展模式。这种坚持品牌化生产，通过精细经营壮大发展空间的做法可以把生产经营项目做精做细，实现农机、农技、优良品种综合配套使用，使分工更加精细、生产更加规范、效益不断提升。

二、大力家庭农场的规模效益分析

由于大力家庭农场以种植水稻为主业，调查中农场负责人马兆力以上年每公顷（15亩）土地种植的"特优十"水稻品种为例讲解了成本和收益的具体情况，主要体现在以下方面。

（一）每公顷地平均成本构成

（1）种子：400元；
（2）肥料：1000元；
（3）农药：300元；
（4）水电：400元；
（5）人工：2100元；
（6）整地：800元；
（7）收割：1000元。
共计：6000元，每亩：400元。

以上所用的土地是自己原有的，即不需支出土地成本。但近年来该农场还不断从周边村民手中转包土地，转包的费用是每公顷土地1万元左右。因此，在新流转进来的土地上再衡量成本的话，每公顷地则变成16000元，每亩1067元。

（二）每公顷地平均收益情况

负责人马兆力介绍，之所以选择种植"特优十"这一品种，是因为该品种比较耐倒伏，最后损失少，同时加工后口感好、质量过硬，受到市场认可，所以价格要比其他村民普遍种植的品种高，但其产量略有降低。

（1）2013年水稻产量：每公顷地7500公斤（亩产500公斤左右）。
（2）最终售价：0.735元/公斤。
（3）每公顷总收入：22000元左右。
（由于2013年黑龙江省与往年相比积温过低，在4月20日的时候都无法扣苗，最终导致产量下降，属于灾年。2014 年升温较早，在 4 月 24 日同样的日期苗已经长出近 10 厘米，2014 年如没有灾害发生，每公顷地应至少有 9000 公斤；如仍按 0.735 元/公斤计算，总收入可达 26000 元左右。)

(三) 每公顷地平均净收入

通过前面的成本和收益相抵：(1) 无须承担土地成本的自己土地：最终每公顷地的净收入为 22000 - 6000 = 16000 （元），每亩约 1067 元。(2) 承担转包费用的新转入土地：22000 - 16000 = 6000 （元），每亩约 400 元。

(四) 与农户分散种植的效益比较

负责人马兆力介绍说，大力家庭农场所在的长山乡属耕地资源较丰富的地区，人均土地达到 1 公顷（即 15 亩）。从成本构成上看，家庭分散购买种子、肥、药等必要农资的成本高于家庭农场；但每家都有自己的小型农用机具，直接自己操作耕种，在家庭内部劳动力充足的情况下所花费的人工费用则低于家庭农场，只是支出燃油等费用；整地、水电的成本大致相同。总体上说，单位面积上农户分散经营与家庭农场规模经营的成本相差不大。农户为更多地追求产量，所选用的不是"特优十"品种，普通品种的产量略高，但在最终的售价上略低，每公斤低 1 分钱。此外，农户的分散经营无法实现统一操作，小型农用机具的耕作能力有限，田间管理水平也不高，这又对产量产生一定影响。因此，高低相抵后，在都不需要额外支付土地成本的情况下，农户分散经营的收益在 15000 元/公顷，与家庭农场在单位面积上的平均收益水平大致相同但略低（每公顷少 1000 元左右），但这是以土地分散零散利用、未能充分发挥土地利用效率作为代价而实现的。

尽管农户分散经营与家庭农场的平均收益水平接近，但家庭农场最明显的优势就在于它的高效率，特别是对劳动力的解放。马兆力特别强调，对于人均 1 公顷地的全乡来说，50 公顷地要由 50 个劳动力耕种。而在他的家庭农场里，通过购买的一台先进插秧机，就可以发挥 50 个劳动力的作用，而这个插秧机只需要 1 人驾驶、1 人摆苗共 2 人，最多后面需要补苗的时候再用 1~2 个人即可。这样的比较可以看出，两种不同的生产经营方式在所需劳动力数量上的巨大差异。

大力家庭农场通过流转土地扩大了经营规模，而流转出土地的农户则通过外出打工、留在村内成为雇工等方式选择从业。这样，转出方每年获得的土地收益在每公顷 1 万元左右，其他的打工收入每人年均都在 2 万元左右。因此，对于一家三口人的农户来说，获得的土地转包费用约3万元，如同时在外务工则会获得6万元左右的收入，全年家庭总收入约9万元；如仅是耕种土地，则只能获得45000元的收益，前后相比相差一倍。

大力家庭农场在经营中，除了马兆力自身家庭获得了较好的收益外，还以雇工的方式为部分没有出村的村民提供了就业创收的机会。该农场长期的雇工有5人，农忙的时候最多雇工20人。这些人都是把土地转包给农场的分散农户，每人还可获得在农场的工作收入，如春耕看水的雇工可获得700元/公顷的收入；其他雇工从育苗开始可获约160元/天的收入，一个周期都可获得近万元的收入。

因此，家庭农场是可被视为农业生产中一次专业化和经营化发展方向的转变，用马兆力形象的一句话来说就是"家庭农场比大帮哄的效率高"。通过这样的转变，直接提升了农业生产者的人均耕种面积，在很大程度上可以降低生产成本投入，提升人均产出，并可为城镇化发展提供更多人口和劳动力，这种转变也必然推动农资供应体系的进步和发展。

第二节 大力家庭农场经营存在的问题及对策分析

一、大力家庭农场面临的突出问题

大力家庭农场作为新型农业经营主体取得了很好的开端，农业部、黑龙江省委省政府、绥化市和绥棱县各级农业部门都对其加以关注和鼓励。该农场目前的成功体现出农业家庭经营的广泛适应性，这种模式解决了农业生产中的合作、监督、激励，以及可提供农产品追溯等保障，是农业生产经营的先天最佳组织形式，也是世界各国农业生产中占绝对优势的经营形式。从近两年来的中央"一号文件"、十八届三中全会、中央农村工作会议要求中，我们可以看出国家对于家庭农场的总体支持，黑龙江省也在其农村工作会议中提出加快形成有关家庭农场的支持政策。然而家庭农场仍然是新生事物，处于自发探索阶段，与之发展建设相配套的规范还不健全。目前国家、省并未出台具体的政策措施，目前农业基础设施现状和农业本身高风险、高投资和低回报的特点，家庭农场很难迅速壮大。大力家庭农场同样面临着诸多突出的难题，主要体现在以下几个方面。

（一）家庭农场需要农机补贴政策扶持

目前，马兆力最为忧虑的就是缺少农机，影响了春耕。由于家庭农场扩大了经营规模，原有的农机配比严重不足。但先进农机较为昂贵，大力家庭农场目前无力全部购买所需的全套农机。自在2013年成立了家庭农场后，马兆力就不断提出申请，希望获得农机方面的补贴。省、市、县、乡各级管理部门来农场调研时，都表示出对该农场发展的鼓励并会研究投入农机。这给马兆力带来了极大的希望，正是有主管部门和领导的肯定，他在2013年投入300多万元建成了农机库房，等待农机到位，然而至今仍未获得任何农机方面的支持。即使现在有机会流转更多的土地，但也因农机耕作能力不足而无法扩大规模。

与此形成鲜明对比的是，国家、省有关农机合作社发展的支持政策非常明确，对其投入的补贴资金数额巨大，马兆力所在的四部村刚刚获得批准成立了一个农机合作社，而他去申请时却被告知不符合农机补贴的条件，无法按照农机合作社的方式享受补贴待遇。不容忽视的是，一些农机合作社在争取到各项待遇后，采购了价格不菲的农机，但农机的利用效率并不高。前面提及，每家都有小农机，在各自的分散土地上可以完成耕作。在农机合作社并没有规范运作、真正实现社员入股分红，而只是名义上集中若干农户签名的情况下，农机合作社的社员仍然是分散经营状态，自家顾及的都只是自己的土地，所以农忙时农机合作社的农机无人操作，而家庭农场又无法利用，使国家惠农资金极大浪费。因此，家庭农场急须针对该类经营主体特定需求的农机补贴政策保障。

（二）家庭农场资金来源需要改善

家庭农场的专业化、规模化、市场化提高了农业生产的效益，促进了农业的发展和农业的现代化。但是家庭农场的主体——农业家庭，本身并不富裕。家庭农场前期需要大量资金投入，这对农民来说是无形的障碍。目前，家庭农场资金投入主要来源于家庭农场开办者个人财富的积累和亲友的借款，大力家庭农场正是通过这种渠道进行发展的。家庭农场的运营也需要相当数量的资金，规模扩张、农机购置亦需大量资金的支持，然而个人的能力始终有限。马兆力2013年投资的300多万元中，有100多万元是自有资金，近200万元是借款，借款发生在亲属、朋友间，还有一部分属民间借贷（1分利）。后期绥棱县对农场进行了扶持，筹集50万元注入，乡政府筹集7万元修建了农场连通主干道的水泥路。

2014年又值备春耕时期,马兆力的资金压力巨大。虽然他表示农业银行可为其提供贷款,但因手续复杂、程序麻烦并没有选择贷款,而是直接通过民间借贷融资。此外,因没有更充足的资金,他扩大经营规模的设想还不能完全实施。因转包土地需要在年初给农户土地费用,而不是等到年底,即使有很多农户想把土地转包给他,但无力承担。因此,家庭农场大量的资金投入对其是巨大的负担,政府应为其提供贷款资金并进行优惠照顾,对农业生产物资应提供适度补贴,在奖励、补贴、贷款等方面进行灵活处理。

(三) 家庭农场的配套支持需要完善

大力家庭农场还希望通过它的试点,出台用地、保险以及农业项目扶持等相关政策。

大力家庭农场中有750亩土地用于植树造林形成了林带,这些土地本是田间规划的防风林,也与周边的其他经营主体地块形成隔离。但近年来,随着其相邻土地不断由旱田改成水田,在灌溉中不断侵蚀浸泡林带土地,旱层与其接壤的林带被淹严重,大批树木已经被泡死。受林地管理规定的约束,现在农场自己无法改变林带用地。这类土地本身已经被淹,正适合改成水田,因此需要土地管理部门、林业管理部门及时调整。

家庭农场在经营中仍然要"靠天吃饭",面临诸多的不确定风险。例如,2013年黑龙江省受到了洪涝灾害,绥棱县长山乡也属受灾地区,大力家庭农场的产量也受到了影响,每公顷至少损失1500公斤。虽然该农场购买了农业保险,但理赔过少。目前购买的农业保险由国家和个人分担,国家每亩补27元,自己交6~7元,出现灾害风险理赔时,保险公司对水田的理赔标准在60元/亩以内。这与耕种成本相比理赔过少,缺乏科学的理赔标准确定损失。当然保险公司为其盈利不能完全理赔,但剩余的巨大差价应由国家投入加大补贴力度,考虑经营者实际的投入,以最基本的成本价格补齐灾害理赔后的成本损失。

基层政府对家庭农场直接投入和补贴非常有限,但基层政府农业部门负责了当地农业开发的一些示范带动项目。这些项目需要具有高标准农田、统一规划和完善的灌溉等条件,家庭农场在这些方面都有良好的基础,可直接利用或经过略微改造后即可落实项目。但此类农业开发项目选址并没有考虑到大力家庭农场,在一些地方的实施经过了较大力度的改造,人力、物力、财力花费较大。

此外，大力家庭农场形成的"大力牌"大米，初步形成了自己的品牌，已经得到市场的认可，有人特地上门收购。但对于家庭农场来说，完整的产业链还没有构建起来，仍是以最原始的耕作为主，亟须在资金有保障的前提下加快建设烘干塔、水稻深加工工厂；同时通过示范带动效应的发挥，引导周边农户都种受市场欢迎的品牌，再由农场加工、包装、出售，从田间到市场完整的链条都由农场主导，但这就需要更多的市场信息，需要农业部门予以协调解决。

二、推进家庭农场建设的对策建议

（1）针对家庭农场的农机需求，制订适用于家庭农场的农机补贴政策。以农机合作社的补贴方式为参照，将家庭农场列为受到补贴的对象，农机目录可与农机合作社共同适用，标准可根据不同规模的农场情况分等定级。

（2）国家新增的农业补贴应向家庭农场倾斜和集中。当前，用于补给所有农户的农业补贴过于分散，虽然为个体提供了一定的支持，但并没有形成更好的集聚作用。但如果将日后继续投入的新增农业补贴有针对性地使用，如考虑经营规模，达到一定规模标准的家庭农场才具备补贴条件，这样可使资金投入更加集中，有利于解决家庭农场的难题。

（3）形成有关推动家庭农场健康发展的政策规范。面对家庭农场迅猛的发展势头，黑龙江省亟须从政策层面加以规范和保障，对国家宏观政策精神、黑龙江省农业厅和中国人民银行等部门有关支持家庭农场发展的具体细则进行落实，同时体现出为解决黑龙江省家庭农场特定问题的措施，避免主管部门所做的鼓励、建议无法落到实处。

（4）在农业基础设施建设方面，优先考虑家庭农场地区的环境，以其为中心进行扩展，不断完善灌溉等基础设施投资。

（5）拓宽家庭农场融资渠道，对家庭农场的贷款提供优惠利率或者无息贷款，积极引导社会资金对家庭农场进行注资。

（6）对农产品进行风险控制，如对相关经营提供保险产品的贴补，控制农产品价格风险、自然灾害风险等。

（7）要提高对家庭农场的支持力度，完善农业产业链，提升农业专业分工水平。家庭农场发育会对土地整理、经营管理和技术吸纳提出新的挑战，政府不仅应资金扶持，还需要在教育培训方面给予支持。

（8）政府还可以支持城市资本进入农产品流通和农业生产资料供应服务领

域，加大农村市场体系建设力度，增强家庭农场的市场竞争力。同时，向家庭农场倾斜发展农业示范项目。

（9）通过特色化经营和控制同业数量，弱化同业竞争。目前家庭农场大量兴建，应避免同质化而导致的无序竞争。差异化、特色化、专业化战略对现阶段家庭农业的发展较为有利。

第十二章 依托农机合作社促进农地流转与农民增收研究

在坚持并巩固家庭经营的农业基础性地位的同时，创新农业经营方式，加大培育新型农业生产经营主体，加快构建新型农业经营体系，以发展多种形式规模经营、推进农业现代化进程，是实现农业增效、粮食增产、农民增收，保障中国粮食安全的必然选择和重要任务。为贯彻落实党的十八大及十八届三中全会提出的构建新型农业经营体系与培育新型农业生产经营主体，2013年12月召开的中央农村工作会议及2014年中央"一号文件"进一步强调，"要提高种地集约经营、规模经营、社会化服务水平，增加农民务农收入，鼓励发展、大力扶持家庭农场、专业大户、农民合作社、产业化龙头企业等新型主体""鼓励发展专业合作、股份合作等多种形式的农民合作社，引导规范运行，着力加强能力建设"。农民合作社作为新型农业生产经营主体的重要形式之一，是带动农户进入市场的基本主体，是发展农村集体经济的新型实体，是推动现代农业发展的有效载体。

农机合作社作为农民合作社的一种重要形式，是农业机械与农民、农地有机结合的有效载体，是实现农业机械化、发现现代农业的有效组织模式，对推动农地流转、促进农民增收具有巨大作用。尤其对于黑龙江省来说，作为我国传统的农业大省，粮食总产量及其商品化率、耕地面积、人均耕地占有量及农户家庭人均经营耕地面积均居我国首位，由于人均耕地面积大，土地连片，且占全省80%的耕地、90%的粮食产量位于"两大"平原（即松嫩平原和三江平原）之中，为农机合作社的迅猛发展及其效用的有效发挥提供了最有利的自然条件。黑龙江省从2003年开始试点组建农机合作社，从最初的18个发展到2012年的总量为1774个，居全国第一位（刘萍、夏晓宇，2014）；2008年开始将组建千万元以上的现代农机专业合作社作为农机合作社建设的重心。截至2013年年底，黑龙江省现代农机合作社数量达916个，农机合作社自主经营土地面积1100万亩，占全省农村土地规模经营面积5099万亩的 21.57%[①]。

历经 10 余年的探索与不断发展，农机合作社已成为黑龙江省发展现代化大农业的重要支撑，尤其是近几年现代农机专业合作社的快速发展，在推动农地流转和农业规模经营方面成效显著，也是今后充分发挥大农机优势、促进农业持续增效、粮食持续增产和农民持续增收的重要潜力挖掘领域。与全国其他省份及区域的农机合作社发展不同，黑龙江省具有显著的区域特点和丰富的农业资源。在实践中，黑龙江省涌现一些创新的农机合作社模式，如吸引农户带地入股的生产型、经营型实体模式，既充分发挥了大农机的优势，又调动了农民农地流转的积极性，既促进了农村剩余劳动力的快速转移，又带动了农户各项收入的显著增加，取得了显著的效益。但农机合作社，尤其是现代农机专业合作社作为一种新型农业经营主体仍处于发展的初期阶段，对其培育并规范发展过程中必然存在众多问题需要研究解决。为此，课题组于 2014 年 4 月对黑龙江省农机合作社的典型——克山县仁发现代农机专业合作社（以下简称"仁发农机合作社"）进行个案调查，运用座谈、访谈及问卷调查的形式对合作社、入社农户、未入社农户进行深入调研，通过详细了解仁发农机合作社的基本状况，深入剖析其促农增收效益、具体做法及存在的典型问题，进而提出推动黑龙江省农机合作社健康快速发展以更好地促进农地流转和农民增收的对策建议。

第一节 仁发农机合作社经营状况分析

一、仁发农机合作社的基本情况及其发展历程

（一）仁发农机合作社的基本情况

克山县仁发现代农机专业合作成立于 2009 年 10 月，位于黑龙江省齐齐哈尔市克山县河南乡乡直所在地，距离县城 30 公里，法人代表兼理事长为时任仁发村党支部书记的李凤玉。截至 2013 年年底，合作社成员 2436 户，入社土地面积为 50159 亩，合作社总资产达到 3879 万元，其中，国投资产 2468 万元、自筹资金 850 万元、自购资产 167 万元、专项资金 394 万元；合作社拥有各类大型农业

---

① 黑龙江省农业委员会.2013 年全省农业农村工作总结及 2014 年工作要点 [EB/OL]. http://dzzw.hljagri.gov.cn/zwgk/zywj/201403/t20140305_554238.htm, 2014 – 03 – 05/2014 – 04 – 05.

机械装备113台（套），价值2622万元，机械总动力达3128.7千瓦；合作社总占地面积1.75万平方米，拥有380平方米综合办公楼1座、1500平方米的农具棚4栋、10000平方米的水泥停放场1处；2013年，合作社投资1600万元建成了1800平方米的马铃薯组培楼、4800平方米的网棚、3800平方米的种薯窖，投资560万元修建了年烘干玉米3万吨的烘干塔。

（二）仁发农机合作社的发展历程

仁发农机合作社从成立之初到现在，经历了由亏到盈、由小到大，由单一经营到多元化发展，由保底分红的初级阶段到"风险共担、利益共享"的高级阶段，由经营不善到规范经营等发展历程。

（1）2009年10月，时任仁发村党支部书记的李凤玉带领其他6户农民出资850万元（其中李凤玉出资550万元，其余每户出资50万元）组建仁发农机合作社，国家及省级补贴1234万元，总投资为2084万元。

（2）2010年仁发农机合作社正式运营。当年，仁发农机合作社以240元/亩的价格租赁农民土地1100亩种植大豆，同时代耕作业4万标准亩[①]。由于租赁的土地地块分散，无法连片种植，不仅大型农业机械难以发挥其应有的效用，反而需要雇用当地农户的小型农业机械对租用土地进行耕作，最终导致合作社经营不善，仅依靠代耕作业获取总收入100万元，实现盈余13万元，提取折旧后亏损187万元。

（3）2011年年初，按照黑龙江省农委的直接指导，依据《农民专业合作社法》中有关农民专业合作社生产经营与管理的核心思想，仁发农机合作社通过转变经营方式和创新管理机制，实施将国家补贴平均量化到每个社员、民主管理、保底分红等"七条承诺"，积极主动吸引农民带地入社。当年吸纳入社农户307户，社员总数量达到314户，涉及附近3个村，连片土地经营面积1.5万亩，种植结构由单一的大豆种植调整为种植玉米1.3万亩、马铃薯0.2万亩，同时代耕作业面积28.4万标准亩；实现总收入2763.7万元，扣除各项费用和土地经营投入1421.5万元，总盈利1342.2万元，扣除农户入社土地保底金后剩余总盈余为817.2万元（土地保底收益为350元/亩）；提取408.6万元公积金，记入社员个

---

① 标准亩（即折熟亩），是指拖拉机及配套农具所完成工作量的基本计算单位。一个标准亩就是在土壤比阻为0.5公斤/平方厘米左右，耕深为20~22厘米的条件下，耕一亩熟地的工作量。其他各种不同的作业可用相应的换算系数（折熟系数）折合成标准亩。折熟系数是由各种作业生产率对标准条件下耕熟地生产率的比值来确定的。

人公积金账户，等同投资，参与下年分红；入社农户亩均效益710元。

(4) 因2011年仁发农机合作社经营方式及管理机制的转变与创新，实现了经营效果由亏转盈的根本性变化，入社农户得到了实惠，亩均收益比当地土地流转收入高出近2倍、农户分散经营高出1.5倍多，极大地激发了农户以农地入社的积极性。2012年，全河南乡9个行政村的农户积极主动要求入社，仁发农机合作社成员数量达到1222户，入社土地面积达30128.4亩，种植结构为玉米25128.4亩、马铃薯5000亩，同时代耕作业面积31万标准亩；当年总收入5594万元，扣除各项费用和土地经营投入2835万元，实现盈余2759万元，扣除农户入社土地保底金后剩余总盈余为1704.5万元；提取852.3万元公积金，记入社员个人公积金账户，等同投资，参与下年分红；入社农户亩均效益730元。当年，仁发农机合作社被授予"黑龙江省现代农机合作社示范社"以及"全国农民专业合作社示范社"称号，并获得300万元的资金奖励。

(5) 2013年年初，经过社员大会决定，取消土地保底金，建立"风险共担、利益共享"合作经营机制。当年，仁发农机合作社的社员规模扩大到2436户，入社土地面积达50159亩，种植结构调整为种植玉米3万亩、马铃薯1万亩、大豆1万亩、西瓜和香瓜159亩，同时代耕作业面积42万标准亩；实现总盈余5328.8万元，其中74%按入社土地面积分配、26%按资金分配；提取1540万元公积金，记入社员个人公积金账户，等同投资，参与下年分红；入社农户亩均效益922元。与此同时，仁发农机合作社的经营领域向产前和产后延伸，投资建成了马铃薯组培楼、网棚、种薯窖及玉米烘干塔。

2014年，仁发农机合作社继续适度扩大土地经营规模，以入社土地面积6万亩为目标，计划新建存栏600头肉牛养殖场、6000平方米网棚，扩大种薯繁育基地面积，投入1.2万亩土地种植绿色有机食品，力争两年内建成绿色有机食品生产基地，实现多业经营，拓展产业链条，增加经营效益。

二、仁发农机合作社农地流转规模及其增收效果分析

(一) 仁发农机合作社农地流转规模分析

依据《农村土地承包法》第三十二条，通过家庭承包取得的土地承包经营权可以依法采取转包、出租、互换、转让或者其他方式流转。实践中，农地流转的主要方式有转包、出租、互换、转让、入股、代耕等。克山仁发农机合作社于组建初期主要采取租赁和代耕的方式转入土地，然而其经营效果不佳；自2011

年开始,在黑龙江省农委的直接指导下,攻克农地流转难关,采取农户带地入股、入社的方式流转农地,同时为其他未入社农户提供代耕服务,充分发挥大农机的效用,在农地规模化经营、农业生产现代化及促进农业增效、粮食增产与农民增收方面效果显著。

从表 12-1 可以看出,除从运营初期的运用租赁方式转入农民农地 1100 亩外,仁发农机合作社主要采取农地入股和代耕两种方式进行农地流转,扩大经营规模。入股方式流转农地的规模由 2011 年的 1.5 万亩增加到 2013 年的 5.0159 万亩,增长 234.17%,年均增速 117%;代耕作业面积由 2010 年的 4 万标准亩增加到 2013 年的 42 万标准亩,增长 9.5 倍,年均增速 3.17 倍;流转农地总面积由 2010 年的 4.11 万亩增加到 2013 年的 47.0159 万亩,增长 10.44 倍,年均增速 3.48 倍;入社农户由运营初期的 7 户增加到 2013 年的 2436 户,增长 347 倍,年均增长 86.75 倍。仁发农机合作社自我生产经营的农地面积由 2010 年的 0.11 万亩增加到 2013 年的 5.0159 万亩,增长 44.6 倍,年均增长 14.87 倍,其增长的核心来源是农户带地入股、入社。至此,仁发农机合作社通过多渠道、多策略引导农户自愿入社,部分村屯实现了整村、整屯及整户入社,实现了由单一机械代耕、经营地块分散向直接经营集中、成片土地的根本性转变。农地集中、成片,为农机合作社大型农业机械的效用发挥提供了自然基础条件,提高了合作社的生产经营效益,带动了社员农地收益的大幅度增长,进一步调动了农户入社的积极性和主动性;同时仁发农机合作社要求以一个自然屯为单位进行整屯入社,这也是仁发农机合作社社员数量发展迅猛的重要因素。农地流转规模的不断扩大、农业规模经营的效益稳步提高为仁发农机合作社的稳步健康发展打下了坚实的基础。

表 12-1 　　　　2009—2013 年仁发农机合作社农地流转规模

年份	2009	2010	2011	2012	2013
租赁方式流转农地（万亩）	—	0.11	0	0	0
入股方式流转农地（万亩）	—	0	1.5	3.01284	5.0159
代耕方式流转农地（万亩）	—	4	28.4	31	42
农地流转总面积（万亩）	—	4.11	29.9	33.01284	47.0159
入社农户数（户）	7	7	314	1222	2436

(二) 仁发农机合作社农地流转的增收效果分析

仁发农机合作社的收入主要是来自土地流转后的种植业收入和农机代耕收

入,代耕费用每标准亩20元。2010年,合作社租赁农民土地1100亩约47个地块,用于种植大豆,由于种植大豆的经济效益较低,再加上地块分散导致的大型农机具难以发挥效用,同时需要雇用小型农业机械进行耕作,使种植成本大幅度上升,此外还需要支付240元/亩的农地租赁成本,致使原本收益就较低的大豆种植收入微乎其微甚至连成本都难以回收。当年的经营收入主要来自代耕作业的总收入100万元,但由于代耕作业主要在外地,作业难度大、成本高,最终实现盈余13万元,若扣除合作社自有农业机械的折旧则亏损187万元。

2011年及以后,通过积极引导农户带地入社,使合作社流转农地规模增大,并实现了流转农地地块的集中、连片,入社土地面积由1.5万亩增加到5.0159万亩,种植结构也作了相应的调整,加大了马铃薯的种植规模,代耕作业面积增加到42万标准亩。推动农户以农地折资入社后,合作社总盈余由2011年的1342.2万元增加到2013年的5328.8万元,增长297.02%,年均增速148.51%。2011—2013年仁发农机合作社总盈余的增长速度与合作社通过入股方式流转农地规模的增长速度较为接近、增长趋势近乎一致(见图12-1)。

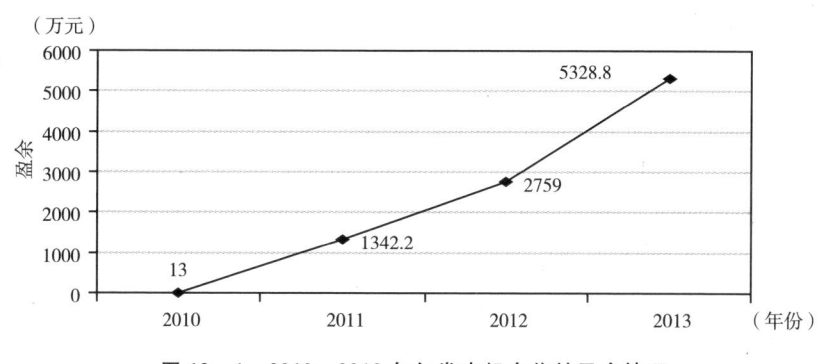

图12-1 2010—2013年仁发农机合作社盈余情况

三、仁发农机合作社推动农地流转的具体做法

在组建初期,仁发农机合作社的生产经营遇到了极大困难,甚至影响了部分合作社创建社员的动力和信心。2011年年初,黑龙江省农委王忠林主任带队赴仁发农机合作社调研,通过深入分析,揭示了合作社发展面临的核心问题,其主要表现为:(1)仁发农机合作社缺乏与农户的合作,没有将农民的利益与合作社的发展紧密关联,仅仅是创建人的合作社;(2)缺乏对农机合作社本质的深刻认识,使合作社自身的作用无法体现;(3)缺乏对农业生产中的核心要素之

———农地及其规模经营的深入理解,使其他要素(如现代化大农机)的经济效益无法发挥。针对黑龙江省农委提出的建议,仁发农机合作社的核心成员将扭转合作社发展颓势的主要措施放在解决农地流转难、农户入社积极性不高等问题上。结合课题组对仁发农机合作社及其社员的深入调查研究,将仁发农机合作社推动农地流转、吸纳农户带地入社的具体做法归纳、总结如下。

(一) 运用较高保底收益以降低入社农户风险

在进行生产经营决策过程中,与收益相比,农户更加看重风险的大小。究其原因,主要是由于小农户的资本积累较少,以及农村金融体系不完善导致的农户资金筹措能力较差,最终导致农户的抗风险能力较弱。然而,向农户承诺与市场价格一致的农地流转保底收入,一方面由于人情世故使那些已经将农地流转出去的农户转而将土地入股合作社,另一方面也无法调动农户入社的积极性。仁发农机合作社通过综合分析农户带地入社后的预期经营效益,大幅度提高农户入社农地的保底收益,确定为350元/亩,较当时的农地流转市场价格240元/亩高110元/亩,亩均流转收入增长45.8%;较那些以较低价格将农地转给亲戚朋友的农户,农地流转收益增幅更大。在此基础上,合作社向村民发布《致全体村民的一封信》,通过进屯入户、远赴农户打工地进行面对面的大力宣传与对比分析,极大地降低了农户入社的风险。通过大幅度提高农地入股、农户入社的保底收益,吸纳农户入社的效果显著,仁发农机合作社于一周内吸引307户农民带地入社,入社土地规模达1.5万亩。

(二) 创新收益分配机制以调动农户入社积极性

保底收益能够有效降低农户入社风险,但在调动农户入社积极性、吸纳农户主动入社方面的功效不显著,尤其是对那些以较低价格从亲戚朋友手中转入农地的农户的拉力不足。为充分调动农户入社的积极性,在黑龙江省农委的直接指导下,按照《农民专业合作社法》的相关规定,仁发农机合作社对盈余的分配机制进行了极大的创新(尤其是第二条规定):(1) 不论入社先后,盈余均按入社资金同等比例分红;(2) 政府补贴资金所产生的盈余,按社员户数平均分配;(3) 按社员大会决议提取公积金,并量化到社员个人账户,参与下年分红。盈余分配或年终分红不因入社时间先后而不同,保障了后续入社农户的利益,避免了一些因各种因素影响而没有及时入社的农户的积极性。仁发合作社对收益分配机制的最大创新在于将国投资金产生的盈余按"人头"平均分配,既不仅仅分

第十二章 依托农机合作社促进农地流转与农民增收研究

配给初始创建人,也不按出资比例分配,充分体现了农民合作社的本质内涵,极大地提高了国家补贴投资的受益面,真正显现了国家惠农政策的效益,大幅度提高了入社农户的收益,充分调动了农户入社的积极性。按照仁发合作社的盈余分配机制,入社农户的收益包括入社土地保底收益及其分红、国家投资所产生盈余的平均分配及公积金分红,依据调查数据测算,2011—2013年国家投资按入社土地面积分红(扣7户创建人所得的剩余部分)分别为249元/亩、229元/亩和136元/亩,分别占当年入社农户亩均收益(分别为710元、730元和922元)的35.1%、31.37%和14.75%,入社农户亩均收益中国投分红平均所占比例为27%。

(三) 发挥规模化经营优势以促进入社农户持续增收

吸引农户带地入社,形成集中、成片、成规模的用地形态是农机合作社发展的前提和基础;促使大农机与规模用地的有效结合,最大限度地发挥规模化经营优势并产生极大效益、促进入社农户持续增收是农机合作社发展的根本,是农机合作社吸引更多农户入社、扩大经营规模、延伸产业链条的有效途径。经历2010年的经营与发展困境之后,仁发农机合作社充分意识到只有构建生产型实体才能凸显大农机的优势,才能发挥规模化经营的优势。自2011年起,仁发农机合作社以农户入股土地开展规模化经营,从以下几个方面充分显示出大农机、规模化经营的优势:(1)提高生产效率、节约生产成本。整合入社土地,按作物划分成300~500亩不等的网格,种植全过程实施"统一整地、统一种肥、统一播种、统一管理、统一收获"等"五统一"模式,充分发挥了大农机的作业优势,增强了机耕、机播、机收环节的效率并节约了成本。(2)提高作物产量与品质。依托大农机,采用大豆垄四、玉米垄双、马铃薯大垄及测土配方施肥等先进技术,实施标准化生产,全面提高了作物产量和品质。(3)实施农业产业化战略。依托规模优势,拓展产业链条,由种植业的生产环节拓展到产前育种、产后仓储,如建成马铃薯组培楼、网棚、种薯窖、玉米烘干塔,由种植业拓展到养殖业,正计划建设肉牛养殖场等,取得了"节流开源"的效果。(4)发挥作物规模销售优势。除以上通过品质提高、储藏及初加工(烘干)创造的销售价格优势外,规模化的销售增强了卖方的议价优势,其销售价格比普通农户高0.1元/公斤左右。因规模化经营优势及其效益的不断显化,2011—2013年仁发农机合作社的年终盈余由1342.2万元增加到5328.8万元,年均增长近1倍;入社农户亩均收入中因入社土地而产生的收益(即土地保底收益及其分红)分别为461

元/亩、501元/亩和786元/亩,分别占当年入社农户亩均总收益的64.9%、68.63%和85.25%,年均增速32.78%。

(四)实施民主管理与决策以增强入社农户组织化与合作化程度

实施民主管理、重大事项民主决策,增强入社农户参与合作社日常管理和决策的广度与深度,让入社农户真正体会到"合作社是农户自己的合作社""合作社的事情是农户自己的事情""合作社的事情由农户自己说了算",进而增强入社农户的组织化与合作化程度。在民主管理与决策过程中,不论出资比例大小、入社土地多少,按社员权利均等的原则,实施"一人一票"制度。仁发农机合作社实施民主管理与决策的具体做法如下:(1)民主议事制度。合作社的年度预决算、大额开支、接收新社员、扩大发展规模等重大事项,由理事会或其他成员提议,再提交社员代表大会集体讨论,按"一人一票"民主表决。(2)民主监督制度。监事会社员由社员代表大会选举产生,代表着全体社员的切身利益,行使监督职权,履行全程监督检查、跟踪问效。(3)财务公开制度。社员最关心的财务状况,每季都向社员张榜公布,接受民主监督,让每一位社员了解每笔收支情况。由于入社农户中有部分社员常年在外务工,社员大会难以召开,为确保每个社员的知情权、参与权和表决权,常年外出务工的社员自行联系其他社员作为其代表。通过实施民主管理与决策,入社农户充分体会到合作社不是某个人的合作社,而是自己的合作社;合作社的各项日常管理及发展决策不是为了少数几个人谋利益,而是实实在在地为广大社员谋收益。例如,仁发农机合作社召开社员代表大会对理事会2014年工作计划进行审议,63名社员代表对理事会提交的关于"接纳周围村屯新成员270户,1万亩土地入社""建立年出栏3000~5000头的黄牛养殖场""3000~4000亩绿色有机生产基地项目"及"合资建立水果玉米加工厂项目"等四个项目进行表决,前三项计划得到绝大多数代表的同意,而最后一个项目仅得到28位代表的支持,因未超半数被否决。

(五)充分尊重并保护农户权益以免除入社农户后顾之忧

农地对农户来说主要具备三种功能:资产功能,即农户家庭的一种重要财富;就业功能,即作为一种重要的就业途径,为农户家庭劳动力提供就业机会;投资功能,即农户可以将土地作为一种投资品,对其进行生产经营(VanWey,2005)。农户在进行农地流转决策时,主要考虑两方面因素:一方面考虑比较效益,即流转前后的收益高低;另一方面主要考虑风险,即流转可能带来的各种风险，主要是就业风险、农地政策变化风险。在仁发农机合作社吸引农户带地入社初期，很多农户犹豫不决，他们主要担心入社后如果找不到其他就业途径则面临失业，担心入社后则无法享受原先所享受的或未来可能享受的政府相关补贴，担心入社后因合作社效益不好导致保底收益无法兑现，等等。要想吸纳农户入社，必须消除农户的后顾之忧。仁发农机合作社通过制订相应的制度和政策，充分尊重并严格保护农户应有的权益，以免除入社农户的疑虑和担忧，其主要做法包括：（1）严格遵守"入社自愿、退社自由"的原则，以消除入社农户对未来发展的不确定性的担忧；（2）入社农户依旧享有政府发放的各种涉农补贴，以保证农户原本就享有的各种权益；（3）对于资金紧张或困难的农户，可预先兑现保底收益，但须按银行利率支付利息。

第二节 仁发农机合作社促农增收原因与政策启示

一、仁发农机合作社相关利益主体增收情况及其原因分析

合作社的相关利益主体主要包括集体和农户，其中集体包括合作社所涉及的村集体和合作社自身，农户主要包括带地入社农户和仅向合作社流转农地而未入社的农户。四年来，仁发农机合作社通过吸引农户带地入社，实施规模化、集约化、产业化的生产经营，实现了节本增产增效，促进了各方利益主体的收入增长。

（一）集体总收入增加情况及其原因分析

1. 村集体增收情况及其原因分析

仁发农机合作社通过吸收农户带地入股及提供代耕作业服务，使大量农村劳动力从土地上解放出来，一部分劳动力进入本地非农领域，从事第二、第三产业或养殖业，获取非农收入；一部分劳动力被合作社雇用，继续从事农业生产劳动，获取工资性收入；大部分劳动力外出务工，获取非农劳动收入。仁发农机合作社通过农地流转、实施全程机械化农业生产经营及提供机械化作业服务，极大地促进了农村劳动力转移就业，大幅度提高了村集体的整体收入。2011年，依托仁发现代农业农机专业合作社的优势，为合作社所在的河南乡解放富余劳动力3167人，占全乡劳动力总数的26.4%；其中，有364人在本乡从事第二、第三

产业或养殖业，占转移劳动力总数的14.49%；继续从事农业生产的劳动力仅有36名，占转移劳动力总数的1.14%；2767人外出打工，占转移劳动力总数的87.37%。当前，合作社长期雇用劳动力52人（多数为社员），其中农机手20人，此外，还会依据各个生产环节对劳动力的需求，临时雇用入社农户的其他劳动力（主要是留守农村的妇女和老人），最多时雇用劳动力达数百人。对于长期雇用的劳动力，按月支付工资，其中农机手年基本收入为2万元，并按作业质量支付绩效工资；其他劳动力中，男性劳动力年收入1万~1.5万元，女性劳动力年收入0.8万~1万元；临时雇用的劳动力则按天或工作量支付工资，平均每天收入约120元，与外出务工收入相当；外出务工人员年均收入2万~3万元。按此估算，仁发农机合作社通过促进劳动力转移就业，每年为村集体创造数千万元的收入。

2. 合作社自身增收情况及其原因分析

仁发农机合作社总盈余，由2011年的1342.2万元增加到2013年的5328.8万元，增长297.02%，年均增速148.51%。合作社自身的收入主要来源于种植收入（即土地经营收入）和代耕作业服务收入。其中，代耕作业服务收入占合作社总收入的比例较小，其增长主要源于作业面积的增加。据测算，仁发农机合作社代耕作业服务价格约20元/标准亩，作业服务成本约15元/标准亩，再扣除农机手的绩效提成，代耕作业服务纯收入3~5元/标准亩。合作社收入及其增长的主要来源是规模化经营获取的种植收入。仁发农机合作社作为生产经营主体，通过集中、成片、成规模的农地与大型农业机械紧密结合，运用高产技术实施规模化经营，实现节本、增产、增效、增收，使合作社种植总收入不断提高。种植收入提高的主要来源于：大农机改善土壤结构及科技因素、农田基础设施投入等带来的单产增加；产前育种带来的农作物品质改良；集约化、规模化经营过程中的生产、采购及销售环节带来的成本节约和销售价格上升；种植结构调整及产业链延伸带来的收益增长。合作社自身增收的具体原因如下：

（1）大型农机改善土壤结构，提高种植效率。仁发农机合作社拥有各类大型机械113台（套），机械总动力达3128.7千瓦，对连片的土地进行深耕，改良了板结的土壤，加强了土地水分的吸收，减少水分流失，使农作物更好地生长，提高了农作物的单位产量。同时，大型农机具的连片作业，大大提高了耕作效率。同时，实行大片连片作业，农业机械作业成本明显降低，亩均耗油量明显降低，如2011年每亩机耕费节支5元。

（2）农田基础设施建设，提高土地生产率。良好的农田基础设施是农业增效的基础条件。仁发农机合作社一方面通过对入社农地进行整合,按作物划分成300~500亩不等的网格,为大农机作业创造有利条件;另一方面进行农田水利建设,在24个网格安装了大型指针式喷灌21台,卷帘式喷灌15台,新打机电井35眼,既提高用水效率,也提高了农作物的产出率。

(3) 先进技术的应用与推广,提高单产、改良品质。仁发农机合作社聘请当地农业专家进行科技指导,解决各个环节的技术难题。将农民自己耕作时的65厘米小垄改成110厘米大双行垄种植玉米,种植马铃薯的地块也改成了90厘米大垄密植,同时使用测土配方、高产通透测深施肥等高产栽培技术,产量得到极大提高,品质得到改善。2013年,马铃薯和玉米亩产分别增加1500公斤和120公斤,种植收益大幅增加;推行标准化集约化作业,生产出的农产品品质高,其中种植的玉米水分低、等级高,售价比普通农户高出0.05元/公斤。

(4) 集约化、规模化经营,节约生产成本、降低采购价格、提高销售价格。由于实施集约化、规模化经营,会提高生产资料的利用率,因生产资料采购量大而价格相应较低,因农产品销售量大而价格相应较高,从而取得生产成本节约、销售收入增加的节支增收效果。如2011年,仁发农机合作社种植玉米亩均节省种子1公斤节支5元,亩均节省肥料1公斤节支3元;因采购量大,每吨化肥价格约2500元,较普通农户低500元/吨;因销售量大,议价主动权相应增强,同时实施"以销定产"的订单农业,农产品销售价格较普通农户高。如2011年,仁发农机合作社与麦肯食品(哈尔滨)有限公司签署了2000亩马铃薯供货协议,协议价格是每公斤0.425元,比普通农户的销售价格每公斤高出0.1元。

(5) 种植结构调整、产业链条延伸,增加收入来源。仁发农机合作社通过不断调整种植结构,增加高收益作物的种植比重,同时采用多元化种植,延伸产业链条,实施产业化发展战略,不断提高合作社收入。由于种植大豆收益较低,亩均纯收益400元左右,若扣除农地流转成本,收益更低;然而,每亩马铃薯纯收益高达3000元。合作社加大了马铃薯的种植规模和比例,由2011年的0.2万亩提高到2013年的1万亩。同时,产业链条向产前、产后延伸,不仅带来成本的节约,还能增加销售收入。2013年修建的种薯窖节约种薯成本约30万元;修建的玉米烘干塔有利于玉米产后储存,进而提高销售议价权,增收100万元以上。

(二) 农户收入增加情况及其原因分析

农户收入的主要来源包括土地收益和转移就业收入。仁发农机合作社通过农户带地入股、实施规模化生产与经营,不仅给集体创造了收益,更为农户收入的增加作出了重大贡献。不仅入社农户的收入大幅度提高,那些仅转出农地而未入社的农户也因合作社支付较高的租金、转移就业而带来收入的增加。农户增收的主要原因有如下两点。

1. 合作社的收益分配

对于仅流转农地而未入社的农户来说,2013 年仁发农机合作社支付的租金为 400~450 元/亩,高出当地市场价格近 200 元/亩,租金水平与农户自行耕作收益相差无几,高于租地种植的收益。对于入社农户来说,其亩均纯收入由 2011 年的 710 元/亩增加到 2013 年的 922 元/亩,远高于农地流转租金收益甚至自行耕种收入①。入社农户的亩均收益主要是来源于入社土地保底收益及其分红和国家投资所产生盈余的分红,即主要包括入社土地收益和国家投资收益。2011—2013 年入社农户亩均国家投资收益分别为 249 元/亩、229 元/亩和 136 元/亩,分别占当年入社农户亩均收益的 35.1%、31.37% 和 14.75%,入社农户亩均收益中国投分红平均所占比例为 27%。随着入社农户数量的不断增加,入社农户亩均获得的国家投资收益必然不断减小。可见,入社农户亩均收益的增长主要来源于入社土地所创造的价值。2011—2013 年入社农户亩均收入中因入社土地而产生的收益(即土地保底收益及其分红)分别为 461 元/亩、501 元/亩和 786 元/亩,分别占当年入社农户亩均总收益的 64.9%、68.63% 和 85.25%,年均增速 32.78%。

2. 农户劳动力转移就业

劳动力转移就业收入是农户增收的另一重要来源。无论是入社农户还是仅向合作社流转农地的农户,农户将土地交给合作社耕种后,家庭劳动力完全从土地中解放出来,被释放的劳动力中,80% 以上外出务工,其余部分则在本地从事非农产业或被雇用参与农业生产(如被仁发农机合作社雇用)。外出务工人员年均收入 2 万~3 万元;仁发农机合作社为长期雇用的农机手提供 2 万元/年的基本收入,并按作业质量支付绩效工资;在其他劳动力中,男性劳动力年收入 1 万~1.5 万元,女性劳动力年收入 0.8 万~1 万元;对于临时雇用的劳动力则按天或工作量支付工资,平均每天收入约 120 元,与外出务工收入相当。

二、依托农机合作社促进农地流转和农民增收的政策启示

仁发农机合作社已不单纯是专业合作社,其本质是股份合作社。从其发展历

---

① 据调查,当地农户自行耕种玉米总收入约 1000 元/亩,生产成本约 400 元/亩,纯收益约 600 元/亩,若通过农地流转种植他人土地则每亩纯收益约 300 元。

程和取得的成效来看，仁发农机合作社在短时间取得如此成绩的基本前提是引导农户带地入社，形成集中、成片、成规模的农地经营形态，为大型农业机械的有效作业奠定基础；其成功的关键是通过规模用地、大型农机及其他各种生产要素的有效结合，为社员尤其是入社农户创造了实实在在的收益。然而，通过深入调查发现，仁发农机合作社也存在一些问题，其未来可持续发展面临众多困境，主要表现为：（1）当大量外出务工人员因各种原因无法外出就业而返乡时，如何解决其就业问题；（2）种植业增效、增收的潜力是有限的，如何保障入社农户收益的持续增长；（3）合作社的经营规模不可能无限制扩大，如何控制并确定最佳的经营规模；（4）因当前的融资渠道及规模受限，如何解决合作社经营规模扩大、产业链延伸过程中的资金来源；（5）因土地条件差异，部分入社农户手中的仍有一些利用条件较差的土地无法入社而导致该农户劳动力难以从土地中解放出来，如何加快该部分农地入社；（6）因规模大、投资大，一旦发生农业自然灾害或其他原因导致重大损失，合作社如何应对。

立足黑龙江省的区域特点，紧抓黑龙江省"两大平原"现代农业综合配套改革试验契机，结合仁发农机合作社的成功经验及其存在的主要问题，为更好地扶持农机合作社健康发展以促进农地流转和农民增收提出如下对策建议。

（一）抓紧研究出台黑龙江省农机合作社管理办法

依法组建、管理是农机合作社健康、规范、持续发展的制度保障。然而，当前有关农民专业合作社的法律法规不完全适应黑龙江省农机合作社的建设需要。仁发农机合作社吸纳农户带地入社的基本精神和实际做法具有可推广价值。建议在现有的农民专业合作社相关法律法规的基础上，立足黑龙江省的区域特色，结合农机合作社的特点，研究制定《黑龙江省农机合作社管理办法》，重点确定农机合作社的组建形式及其基本条件、生产经营标准化制度、收益分配机制、社务管理模式与决策制度、公积金提取方式及监督检查制度等相关重大事项，以便更好地指导、规范农机合作社的发展，更好地服务黑龙江省现代化大农业的建设与发展。

（二）抓紧研究确定农机合作社的适度经营规模

按照土地报酬递减规模，农地规模不是越大越好，农业生产经营存在适度规模。仁发农机合作社组建初期，因土地少、地块分散，导致大型农机无法发挥效用，经营陷入困境。仍有部分农机合作社因规模过大，超出了合作社农机作业能力、生产投资能力及经营管理能力等,最终导致效益下降甚至难以运营。为了充分发挥农机合作社的优势,应结合土地利用的自然条件、农田基础设施条件,依据合作社经营的作物种类、拥有的农机资源条件、资金实力及管理能力等,综合研究确定分类别的、分等级的和分层次的农机合作社适度经营规模。

(三) 抓紧研究出台扶持农机合作社发展的配套政策

结合仁发农机合作社发展存在的问题和面临的困境,应在如下几个方面制订扶持农机合作社发展的相关配套政策。

1. 设立《黑龙江省农机合作社发展专项基金》

以政府财政投入为主,多渠道筹集资金,以项目、补贴或奖励的形式,增强农机合作社的发展动力和实力。以项目专项资金的形式支持农机合作社研发、应用、推广新技术、配套附属设施建设或其他专项工作,如实施农田整治项目;以政府补贴的形式支持农机合作社参加农业保险、进行农业风险补偿或资金筹措利息补贴等;以奖励的形式支持农机合作社进行各种创新、试验与示范。

2. 出台相应的金融和保险服务政策

鼓励金融机构对农机合作社的信贷支持,拓宽抵押质押范围,创新担保方式,实行利率优惠政策,合理调整贷款额度和期限,充分满足农机合作社的资金需求;以政策性保险为主,积极探索商业性保险的具体模式、保险费率、定损方法及赔偿额度,实施差异化保险政策,开发多元化保险产品,满足农机合作社的需求。

3. 加大农村土地综合整治力度并向农机合作社倾斜

结合黑龙江省土地整治规划,土地整治项目优先安排在农机合作社生产经营范围内,同时鼓励农机合作社申报相关农田整治项目。

4. 建立完善的农机合作社科技和市场服务体系

规模化生产,科技是关键,市场是保障。以完善的科技服务体系实现增产增效,以高效的市场服务体系实现增收。

(四) 加快农机合作社产业化发展步伐

以单纯的农作物生产经营创造持续的收入增长潜力有限,产业化发展是农机合作社持续快速、健康发展,实现合作社及其社员持续增收的必然趋势。产业化发展,即从单一的种植模式向多元化格局发展(如发展养殖业、加工业等),由单纯的农作物生产向产前(如育种)延伸、向产后(如农产品初加工、贮藏及深加工等）拓展。产业化发展，一方面可以增加产品的附加值，促进合作社更好、更快地增收；另一方面可以创造更多的就业机会并带动其他相关产业或行业的发展，最终还能更好地促进农村非农产业发展，加速农业现代化、农村工业化进程，助推新型城镇化发展。实施产业化发展战略，需要进行更细致、更科学的规划，需要投入更多的资金，需要一定的土地资源支撑。因而，加快农机合作社产业化发展，既需要政府更多的资金扶持政策，还需要相应的土地管理支持政策。

第十三章　黑龙江省土地整治促进黑土保护研究

黑龙江省是全国耕地资源、粮食作物播种面积、粮食产量和输出量第一大省，肥沃的黑土资源是保障这一历史功绩的重要物质基础。然而，近年来，黑土层变薄、水土流失、建设压占、环境污染、土壤板结等生态环境问题严重摧残着宝贵的黑土资源。黑土资源退化严重威胁中国的粮食安全和生态安全，黑土保护刻不容缓。黑土地保护工作是保障国家粮食安全、促进现代农业发展的国家战略的重要组成部分。土地整治作为增加有效耕地面积、提高耕地质量、改善生态环境的重要举措，在保护黑土资源中必将大有可为。因此，调查研究黑龙江省土地整治工程对黑土资源的保护具有重大的理论和实践意义。

第一节　黑龙江省黑土区概况

粮食安全是关系国计民生的重大战略问题。黑龙江省由于近年来粮食产量逐年增加，在国家粮食安全中的地位逐年提升。2013年全省粮食总产量达600.4亿公斤，用约占全国1/10耕地生产全国1/4的商品粮，粮食生产连续10年实现跨越性突破。集中连片的黑土区位于黑龙江省西南部的松嫩平原和东部的三江平原上，境内地势平坦、水资源充裕、土壤类型丰富，加之较高水平的农业机械化水平和不断提高的耕种技术，粮食产量逐年稳步提高。肥沃的黑土资源是保障这一历史功绩的重要物质资源。虽然黑土区农业生产条件不断改善，但由于人为不合理生产活动的破坏及生态环境的恶化，诱发土壤侵蚀，导致黑土层越来越薄，土壤有机质含量下降，影响土壤肥力，部分地区甚至出现了成土母质露于地表的现象；尤其是近年来片面地追求粮食产量，对黑土资源粗放利用以及农业化肥、农药等使用量的增加，工业"三废"的排放，造成黑土资源浪费、破坏等不良后果，黑土保护工作亟待加强。

第十三章 黑龙江省土地整治促进黑土保护研究

自1997年国土资源管理部门正式启动土地整理工作以来，陆续拉开我国大规模土地整治的序幕。由于建设用地占用大量的耕地，导致耕地数量急剧缩减，土地整治前期以单纯开发未利用地增加耕地为主要目标，忽略了对耕地质量和生态环境的影响。此后逐步转向以整治现有农田、实现耕地质和量双重提高，同时注重项目区的生态效益。黑龙江省国土部门自2000年启动土地整治工作以来，开展了大量的土地整治项目。特别是近期即将启动一亿亩生态良田建设，如何在后续这些项目中充分发挥黑土保护功能既是体现土地整治项目功效的客观要求，也是促进黑土区耕地资源可持续利用的必然选择。

黑龙江省黑土区范围是包括松嫩平原、三江平原及其边缘的黑土地带，共包括36个县市：嫩江、五大连池、北安、讷河、克山、克东、拜泉、甘南、依安、明水、青冈、望奎、兰西、庆安、绥棱、绥化、海伦、宾县、巴彦、哈尔滨（不含阿城、呼兰区）、双城、五常、阿城、呼兰、依兰、佳木斯、鹤岗、汤原、桦南、桦川、富锦、勃利、友谊、宝清、集贤、双鸭山。

黑龙江省黑土区土地总面积为15.40万km^2。至2010年年末，农用地13.68万km^2，建设用地9818km^2，未利用地7311km^2，土地利用率为95.26%。另外，该区域垦殖率为55.99%，森林覆盖率为26.99%。黑土区农用地以旱地为主，农业生产稳定性较差，且农用地施用化肥、农药、农用塑料薄膜等过度使用对环境影响日益显著。区内大部分县市经济总产值以第一产业为主，占总产值的40%左右，部分经济基础较好的市县第二、第三产业也较为发达。

当前，黑土区的主要环境问题包括：第一，土层变薄，地力减退。黑土区开发较早，土壤有机质含量流失严重，加之过度施用化肥等造成坡耕地粮食减产，严重威胁黑龙江省粮食增产稳产的目标。第二，风害横行，沙化加剧。黑龙江省西部干旱地区风沙较大，造成西部草原面积锐减，形成沙带，区域内耕地沙化现象严重。第三，沟壑增多，效益下降。大量侵蚀沟的存在将坡耕地割裂，使机耕作业成本提高，生产效率降低，这一现象在水土冲刷严重的漫岗丘陵区尤为突出。第四，流失严重，泥沙淤积。黑龙江省水土流失面积11.5万km^2，占全省土壤总面积的25.4%，水土流失产生的大量泥沙淤积影响水利工程，加剧洪水灾害。第五，建设占用，土壤污染。由于黑土区是黑龙江省经济最为发达的地区，随着城市化、工业化的迅速扩张，占用黑土现象严重，致使部分黑土永久退化，加之受工业"三废"的污染，加上不合理使用化肥、农药和地膜，使局部黑土区有毒金属元素含量超标，污染问题比较严重。

第二节 开展黑土区综合性土地整治规划

根据黑龙江省黑土区自然地理与社会经济条件,针对黑土区耕地保护中存在的问题以及现代农业发展的需要,在国家土地整治宏观框架下,基于第二次土地调查数据开展黑土区综合性土地整治规划,并着重从构建分区整治模式和构建多部门联动机制两个方面来提升规划的可操作性和规划执行的顺畅性。

一、构建分区整治模式

作为国家重要商品粮基地的黑龙江省黑土区是我国新一轮土地整治的重点区域,全省30个县(市)和5个农垦管理局被列入高标准基本农田建设示范县。今后应结合《黑龙江省土地整治规划(2011—2015年)》所确定的黑土保护与整治重大工程范围,着重在大小兴安岭山前台地、嫩江中上游地区、三江平原丘陵沟壑区、松嫩平原漫川漫岗区,构建分区整治模式,坚持生物措施、工程措施和农业耕作措施紧密结合,以小流域为基本单元,连片整治、规模推进、"疏、堵"结合,完成土地整治的同时实现黑土资源保护。另外,针对黑龙江省农田防护林网部分地区过密的问题,加大方田面积,使当前方田面积扩大5~10倍,以利农业机械化。

(一)超坡耕地整理区

针对大小兴安岭、张广才岭、老爷岭和完达山等山区半山区的各市县,结合第二次土地调查成果,将15°以上的超坡耕地退耕还林、还草,广泛推行穆棱市采取的鱼鳞坑造林整地的方式,营造樟子松、落叶松和经济果林,对暂时无力治理的陡坡荒山超坡耕地拉出了停耕线,实施封育治理措施。

(二)漫川漫岗治理区

主要位于大小兴安岭山前台地和松嫩平原,是黑土整治的重点区域。对1.5°~3°坡耕地,主要实行顺坡垄改等高垄作,提高抗冲抗蚀能力;对3°~5°坡耕地治理以改垄和种植防冲带为主,应用"垄向区田"技术,大力推广深松或免耕等方法；对5°~15°坡耕地提倡修建水平梯田、坡式梯田和地埂植物带，通过在岗脊坡顶植树戴帽、林地与耕地交界处挖截水沟等方式，就地拦蓄坡面径流、泥沙。针对漫川漫岗黑土"大平不平"的特点，在坡度较大的地形上，种植经济价值较高的灌木防冲带（如紫穗槐、柠条等），拦截雨季冲刷的水、肥、土，实行农畜结合、草田轮作，实施农作物与优质饲草的轮作或间作、深耕深松，打破犁底层，增强土壤透水性，使黑土层下面的黄土逐渐腐熟，补充黑土的消耗，以保持或增加黑土的腐殖层厚度。

（三）丘陵沟壑治理区

主要在松嫩平原和三江平原的局部范围内。对形成黑土侵蚀沟的地方须针对性治理：沟头要建沟头防护和修跌水，防止沟头前进；沟岸要削坡造林，防止沟岸扩张；沟底以修植物谷坊或石谷坊为主，防止沟底下切；大型侵蚀沟则须修建塘坝以建立完整的沟壑防护体系。

（四）风沙区防治

主要分布于松嫩平原西南部地区，此部分黑土地分布较少，可以主要采取林草措施。对于沙岗和半流动沙丘先采用沙障阻止沙丘流动，再营造防风固沙林带、农田防护林网或封育还草等措施恢复植被；对风蚀沙地，在合理开发利用水资源的前提下，以草先行，实施草、灌、乔混交的生态修复；对于沙化退化草原地区，重点实施围栏封育、划区轮牧等政策，积极推广舍饲，落实草原承包责任制，多利用少耕、免耕、留茬、秸秆还田和合理轮作等水土保持耕作技术，防止进一步退化。

二、构建多部门联动机制

黑土地保护涉及国家主体功能布局、粮食安全、城乡统筹发展、水土流失治理、中低产田改造、土壤培肥改良、生态环境安全等诸多领域。目前农业、林业、水利、国土、环保、财政等各部门都有专项资金从不同角度投放于黑土保护与治理。但是项目分散，内容交叉重复，职能和措施错位，不利于保护黑土资源目标的整齐划一。应按照"省级政府主导，县级政府承担，乡级政府实施，当地农民参与"的原则，构建国土资源、发改委、监察、财政、水利、农业、林业、畜牧、审计局等多部门连动制度。以县、乡两级政府为主体，积极整合各类项目资金，明确职责分工，加强项目监督、协调，真正发挥项目资金的效益，切实保护好肥沃的黑土地，保住祖国的大粮仓。

在项目实施过程中，财政部门负责筹措资金并完成工程项目资金预算管理工作，审计部门负责对资金使用和有关政策落实情况的日常审计监督，监察部门负责对项目承担主体、建设单位及其工作人员履行职责情况进行监督，农业、交通、水利和林业部门也从部门职能出发，全方位提供技术指导，优化土地整治项目规划方案。在资金上，黑龙江省要求财政部门统筹相关部门涉农资金，支持土地整治项目实施，农业、交通、水利和林业部门要在市县政府的统筹安排下，将农业综合开发、农业基础设施建设、泥草房改造等涉农资金优先投入土地整治项目区中，提高了资金的综合使用效益。除此之外，为做好土地整治工作，省政府成立土地整治工作联席会议，分管国土工作的副省长为召集人，国土、财政、发改委、建设、交通等部门负责人为成员，负责土地整治工作组织指导和协调，联席会议办公室设在省国土部门，具体负责土地整治日常工作。同时要求市县政府建立相应的工作机制，加强统筹协调，确保项目统一实施，整体推进。

第三节　拓展土地整治领域

一、实施表土剥离

目前，黑龙江省正处于工业化和城市化快速发展时期，新增建设用地中占用耕地数量较多，黑龙江省黑土区土地资源浪费严重，不利于农业生产和粮食安全。因此，迫切需要改变过去建设占用耕地的表土处理办法，大力开展表土剥离工作。

黑龙江省的表土剥离工作存在的主要问题有：一是黑龙江省对占用耕地表土剥离的制度还缺乏"刚性管理"；二是用地单位开展表土剥离工作的积极性不高；三是剥离耕层表土技术研究不够深入。因此建议：

（1）对建设用地占用耕地逐步刚性要求实施表土剥离。在建设用地占用耕地审批和工程验收环节增加表土剥离的要求。

（2）在配套政策和资金方面给予支持。制订表土剥离优惠政策，对实行表土剥离的建设项目优先批复，地方政府可以从土地收入中支付部分表土剥离经费;加大政府投入,建立表土剥离专项资金,以财政预算安排。

(3) 对浪费表土的建设工程实行经济处罚措施。

二、试点污染土壤修复

无论是在全国范围内还是在黑龙江省黑土区,土壤污染都已经成为威胁农业可持续发展的重要因素。2014年中央"1号文件"以及国土资源部国土资源工作会议均提出开展污染土壤修复试点工作。黑龙江省黑土区作为全国首个"现代农业综合配套改革试验区"的核心区,应率先开展试点工作,探讨重金属污染、有机污染、地膜污染等不同类型的污染耕地的土壤修复办法,建立行业标准,为全国土壤污染修复进行示范。

三、强化水土保持

水土流失是黑龙江省黑土区耕地资源利用中的首要生态环境问题。然而,过去的土地整治工作重点聚焦于增加耕地面积和提升耕地质量,对保护和改善黑土区生态环境关注严重不足。建议在今后的黑土区土地整治工作中:

(1) 专门设立水土保持类项目,针对水土流失严重的区域进行专门化整治,切实改善其生态环境;

(2) 在土地整理、高标准基本农田建设等类型的土地整治项目中增加水土保持的内容,统筹安排农田水利工程、防护工程、土地平整工程等土地整治的具体内容,注重土地整治综合效益的提升。

第四节 开展黑土区耕地资源安全监测与预警

针对黑土区耕地利用与保护过程中存在的耕地数量减少、耕地质量下降、生态环境恶化等突出问题,基于GIS、RS、GPS数据库和网络技术,开展耕地资源安全监测,建立一套能够报警、排警、辅助耕地动态监测的耕地资源安全预警系统,使预警结果能够客观地反映耕地数量、质量与利用环境的变动趋势,通过预警能够迅速采取对策,保障区域耕地资源安全。以便:第一,及时掌握黑土区耕地数量与质量变化情况,为统筹耕地资源利用提供客观依据;第二,对满足黑土区经济发展需要的耕地状况实行临界警戒，提供耕地质量逆转和耕地数量锐减的早期预警，避免耕地资源状况的严重恶化；第三，对耕地保护和粮食生产等发展趋势进行预测，从而对耕地保护形势做出更加准确的判断；第四，针对耕地保护中存在的问题，为相关部门提供对策和解决方案，以保障耕地资源安全。

一、构建综合性耕地资源安全监测体系

国土资源管理部门每年开展地类变更调查、违法用地监测等耕地资源数量变更调查。应在此基础上扩展耕地资源数量、质量和生态安全综合监测。

进行耕地资源数量安全性监测。充分利用高分辨率遥感影像，基于年度土地利用变更调查进行耕地资源数量监测工作，保证耕地数量增减、变化区域、总体及局部变化趋势等信息能够得到及时准确获取。

进行耕地质量安全监测。基于遥感数据、地面抽样数据、地区统计数据等多源数据开展耕地质量监测，对耕地总体质量、质量变化情况及变化趋势同步监测，做到"数质并重"。

进行耕地资源生态安全监测。对耕地资源本身及其周边生态安全状况进行多尺度监测，诊断各区域耕地安全状况及其面临的生态环境威胁，为耕地资源保护提供更充分的依据。

二、构建耕地资源安全预警体系

在上述耕地资源安全综合监测的基础上，构建一套面向黑龙江省黑土区现代农业发展需求的耕地资源安全预警体系，并确定各项监测指标、安全阈值和预警级别标准，制订耕地资源安全预警预案，从而及时发现威胁耕地资源安全的警兆、分析警义、确定警情，最大限度地避免耕地资源安全事故的发生。

三、研发黑龙江省耕地资源安全监测及预警平台

在已有耕地资源数量监测系统的基础上，根据黑龙江省国土系统日常业务，结合现代农业管理工作中的实际需求，研发黑龙江省黑土区耕地资源安全监测及预警系统，构建综合性管理平台，要求系统运行稳定、界面友好、开放性强、操

作便捷、功能合理、处理高效、保密性好,能够及时向国土、农业等主管部门提供数据。

上述工作是一项系统性强、技术性高、任务量大、持续性长的工作,建议由国土资源管理部门牵头,联合高校、科研院所及相关企业共同开展,从而为推动"两大平原"现代农业综合配套改革试验区建设,保障黑龙江省耕地资源安全和国家粮食安全作出积极贡献。

第五节　加强土地整治与黑土保护科学研究

当前,黑土保护与土地整治工作中需要应用表土剥离方法、土壤培肥技术、测土配方施肥技术、"垄向区田"技术、深松轮耕技术、土壤修复技术等多方面技术。这些技术在国内外及不同地区发展的技术水平存在较大差异,且这些技术应用中具有显著的区域性。因此,要加强与国内知名高校、科研院所的合作,积极开展专题研究,使科研工作与整治工程紧密联系,促进科研成果在实践中的应用,提高整治工程的科技含量。

通过研究尽早查明黑土资源数量和时空变化,并深入开展相关基础研究。要对黑龙江省土壤进行普查,尤其对黑土这一宝贵资源进行全面、系统、深入的调查研究。建议有关部门设立黑土专项研究基金,通过立项研究,提出防止黑土退化、水土流失和增加黑土有机质含量的有效工程措施和对黑土进行保护性开发的相关政策和措施。如开展黑土区表土剥离、存储、回填、培肥技术标准研究;建立黑土资源动态监测信息网,进一步加强对黑土水土流失和耕地质量变化情况的动态监测,实现定性与定量、微观与宏观、一般监测与重点监测相结合,及时准确地预测预报水土流失动态变化数据、客观评估土地整治效果。

一、规模化、生态化、现代化的农地整理规划与设计技术研究

针对黑土区土地资源丰富、农地利用相对粗放、农田基础设施条件较差、抵御自然灾害能力差以及耕地土壤侵蚀、沙化、盐渍化、沼泽化等生态问题凸显等特点,研究示范不同自然地理状况与社会经济条件下农地综合整治模式,重点研究土地利用景观格局、土地平整、交通路网、农田水利、防护工程、表土剥离保

存与回填、配套设施等规划设计技术体系，以实现区域"田、水、路、林、村"的优化配置，提高土地利用率和综合生产能力，发挥土地利用的多重功能，拓展城乡绿色空间，改善区域生态环境。

二、寒区生产、生活生态型农村居民点综合整治技术研究

针对黑土区农村居民点规模小、布局分散、设施条件差的现状，研究示范将规模小、设施条件差的居民点撤、并或新建。重点研究村屯体系布局、居民地内部结构优化、废弃建设用地复垦；将农村居民点土地综合整治与城乡建设用地增减挂钩紧密结合，保障城镇、园区基础设施和重点项目的建设用地，促进城乡居民点体系优化，统筹城乡发展；确定村屯对外交通系统布局以及对外交通设施的布局；提出道路、给水、排水、电力、电讯等各项基础设施的配置建议，确定工程管网走向和技术选型等，促进农村建设用地节约集约利用、改善农民居住环境。

三、黑土土壤恢复与水土保持技术

针对黑土区土壤退化，肥力下降、水土流失严重，导致作物单产提高缓慢、总产不稳的突出问题，结合"3S"技术和实地调查，监控土壤污染与退化过程与范围，探索东北主要土壤污染与退化机理，重点研究土壤污染修复关键技术、退化黑土区土壤质量定向培育关键技术和土壤侵蚀综合整治关键技术。研究示范东北黑土区耕地保育与持续高效现代农业技术体系，为东北粮食主产区污染与退化提出治理和决策方案，为促进循环经济的发展和建设生态区提供集成技术。为我国东北优质商品粮基地和生态保障基地建设提供科学依据、示范模式、配套技术和咨询建议。

四、黑土区土地综合整治模式研究

综合考虑黑土区自然和社会经济条件差异，选择黑土区代表性地区，建立示范区，对"土壤、田、水、路、林、村"综合整治示范研究，重点研究不同区域农地整理规划与设计技术、农村居民点综合整治技术、土壤恢复与水土保持技术、耕地保护监控与预警技术集成模式。

第六节 推动黑土保护法制与机制建设

一、积极推动黑土保护立法

要从根本上解决黑龙江省黑土地保护问题，应尽快制订保护黑土地的政策法规使保护黑土有法可依。法律手段具有强制性、规范性、统一性、公开性、长期性等特点，强化黑土保护的法制化管理，完善有关法律法规，建立黑土保护管理、建设的法律支撑，是搞好黑土管理的关键，是实现黑土资源可持续利用的根本保障。

有关部门要尽快制订对黑土进行保护性开发利用的相关法律和政策措施强化黑土质量管理，以调动全社会力量参与黑土及土壤保护的积极性。加强土地的法制管理，针对黑土地的情况及发展趋势，一要积极做好水土保持法、土地管理法等配套法规的立法工作，结合当地情况，制定出台地方性水土保持法规，加强执法力度，严厉打击毁林开荒、毁草开荒、陡坡种地以及破坏水土保持设施的违法行为。同时，完善相关配套规章和政策措施，逐步建立完备的法律、法规和规章体系。二要加大执法监察力度，建立经常性的执法检查制度，限制非农用地对农业用地的竞争，积极探索出一条预防为主、事前防范和事后查处相结合的执法监察新路子，切实保护黑土区资源的可持续利用，使黑土区生态环境向良性循环方向发展。国家已颁布了很多相关法律法规但法律体系还不够完善，规范内容不够全面，约束力度还不够强。黑土资源保护是一项系统工程，对其保护需要根据黑龙江省的实际情况，统筹考虑，制订有针对性的措施。为此，应尽快制定保护黑土资源的政策法规，使保护黑土有法可依，而不是笼统地包含在其他法规内。黑土资源在黑龙江省分布范围广泛，考虑到其显著而又独特的生态意义和政治意义，应由全省进行统一立法而非各地市单独立法，即以全省专门立法的形式确定其重要地位、保护范围、保护政策、补偿机制、监管措施等，把黑土资源保护和建设作为全省乃至国家的一个重大生态安全问题来对待，以便依法管护、依法补偿、依法监督，确保黑土资源得以永续利用，从而有助于黑龙江省和全国的经济、社会、可持续发展。

在立法层次的选择上，由黑龙江省制订《黑龙江省黑土资源保护条例》较为合适。该条例应该以国家有关耕地保护、水土保持等法律政策为基础，将黑土保护的重要政策措施法定化、制度化；应当针对黑龙江省黑土资源的特殊地理和人文社会状况，结合黑土资源利用的实际情况和保护的特殊要求，以解决现存的实际问题为出发点，整合现有法律法规中适用于黑土资源保护的内容，综合考虑黑土资源保护各方面的具体要求，采取具有针对性的制度安排；应当突出恢复和治理当地的黑土资源保护责任，以罚金处罚为辅，注重法规的可操作性、可实施性。

黑土资源保护立法实施的关键是健全监督管理机制，特别是设立统一协调的黑土资源保护监督管理体系。在现有管理体制的框架下，宜设置专门的机构统一负责黑土资源保护的监督管理，可在国土资源管理部门中设立"黑土资源保护委员会"，统一行使法律、行政法规规定的黑土资源保护监督管理职责。

二、构建黑土保护生态补偿机制

黑土区每年向国家上交大量商品粮，同时也带走了大量的土壤养分。据不完全统计，近10年间，黑龙江省产粮区生产粮食带走的土壤养分就有氮204万吨、磷38万吨、钾143万吨，土壤肥力处于匮乏状态，土壤损失应该得到补偿，否则就等于涸泽而渔。国家和省应该建立黑土耕地生态补偿机制。国家和省应该从财政拨款，设立黑土耕地补偿资金和土壤保护基金，加大对黑土耕地的保护性投入，以鼓励用地养地的机制对从事水土流失防治和土壤质量保护的单位和个人进行扶持激励。加大对保护性耕作和深松整地的补助，对深松整地补助进行全额配套。

下篇

分省研究

第十四章　关于黑龙江省农村土地流转现状与问题的调研报告

黑龙江省耕地面积2亿多亩，常住人口3834万，乡村人口1652万，乡村户数512.46万，乡村从业人员989.17万，黑龙江省将近占现有全国耕地面积的（20.31亿亩）的1/10，是适宜稳定利用的耕地（18亿亩）的1/9。黑龙江省人均耕地5.2亩，是全国人均耕地（1.52亩）的3.43倍，也高于世界人均水平（3.38亩）；居民家庭经营耕地面积13.56亩/人（全国平均水平2.3亩/人），户均耕地39.03亩（全国平均水平9.13亩），劳均20.2（20.6亩）（全国平均水平5.3亩）。以人均和户均占有耕地数量多而著称，2013年，全省粮食总产达到创纪录的600.4亿公斤，比上年增产24.25亿公斤，总产连续三年居全国第一位。粮食商品量、商品率连续多年位居各省（市、区）之首，是全国粮食净调出最多的省份，不仅促进了农民增收致富，而且为保障国家粮食安全作出了重大贡献。黑龙江省作为农业大省，必须肩负起维护国家粮食安全的重大责任，大力发展高产高效高质农业，不断提高粮食综合生产能力，让黑龙江农民尽快富裕起来，让全国人民饭碗里装更多的龙江粮。

为了贯彻落实党的十八届三中全会、中央农村工作会议和2014年"一号文件"精神，黑龙江省按照稳定政策、改革创新、持续发展的总要求，为了实现保障国家粮食安全、促进农民持续增收、推进农业现代化的新突破，农村土地流转作为促进农业规模经营、有效增加农产品供给、提高资源配置效率、促进农民增收的重要途径，需要系统梳理与准确把握现阶段黑龙江省农村土地流转发展的状况，及时发现和解决面临的主要问题，促进农村土地流转健康有序规范进行，达到农业增产、农民增收、农村发展的目的，亟须根据新情况在政策上做出调整与改进。本书通过走访省农委、省国土资源厅等相关政府部门调研，深入黑龙江省各乡镇，通过召开乡村干部座谈会、走访农户、问卷调查等方式，对黑龙江省农村土地流转现状与特点进行了宏观把握，对存在的主要问题进行了梳理，并据此提出了相应的策略与建议。

第一节 黑龙江省农村土地流转现状与主要特点

近年来,随着全面废止农业税、现代农业建设的整体推进以及农业劳动力市场的变化,农村土地流转呈快速发展趋势,流转的数量和规模逐步增长,流转的形式变成以转包和出租为主,流转的对象从农户对农户拓展到专业大户、专业合作组织、企业等,黑龙江省各地坚持把推进农村土地流转和发展规模经营,作为加快转变农业发展方式和建设现代化大农业的重要内容,在坚持稳定和完善家庭承包关系的基础上,采取完善服务体系、搭建合作平台、加大扶持力度和实施典型引带等措施,引导农民按照依法、自愿、有偿的原则进行农村土地承包经营权流转,有效促进了粮食增产、农业增效和农民增收。

一、流转数量扩大化

作为农业大省,黑龙江省素以人均占有耕地数量多而著称,以松嫩、三江两大平原建设现代农业综合改革试验区为突破口,大胆探索、勇于实践,不断完善以家庭承包经营为主、统分结合的双层经营体制,依法有序推进土地合理流转,加快土地规模化、集约化经营,土地流转由局部向黑龙江省大面积推进,土地流转呈现加速发展的态势,流转规模和流转比例不断提高。到2013年年末,黑龙江省农村土地承包经营权流转面积5099万亩,占农村集体经济组织耕地面积的39.2%(见表14-1)。放眼全国与其他省、区、市,据农业部统计,截至2012年12月底,全国土地流转面积约2.7亿亩,占家庭承包耕地面积的21.5%;截至2013年年底,全国承包耕地流转面积3.4亿亩,流转比例达到26%。目前上海、浙江、江苏三省、市高达45%以上,黑龙江省流转比例高于全国平均水平,但相比快速发展地区,还存在很大差距,处于全国中上游水平。

表14-1　　　　　2007—2013年黑龙江省农村土地流转数量

时间	流转面积(万亩)	流转比例(%)	全国流转比例(%)
2007	2050	14.6	5.2
2008	2340	16.7	8.7

续表

时间	流转面积（万亩）	流转比例（%）	全国流转比例（%）
2009	2808	21.3	12.0
2010	3263	25.1	14.7
2011	3677	28.3	17.8
2012	4446	34.2	21.5
2013	5099	39.2	26.0

资料来源：根据黑龙江省农业委员会调研报告与农业部网站相关资料整理。

二、流转形式多样化

从调查情况看，黑龙江省农村土地承包经营权流转主要有五种方式，其中转包、入股和出租是最主要的流转形式（见表14-2）。一是转包，指承包方将土地承包经营权以一定期限和价格转给同一集体经济组织内部的农户从事农业生产经营。这是当前土地流转中面积最大、比例最高的形式，农民比较认可，是黑龙江省农村土地承包经营权流转的主要形式，转包总面积为3976万亩，占黑龙江省农村土地流转总量的89.4%。二是入股，指农民将土地承包经营权量化为股权，入股组成联合体、股份公司或者合作社等，从事农业生产经营。黑龙江省入股流转面积为178万亩，占流转总量的4%。三是出租，指承包方将土地承包经营权以一定期限和价格租赁给本集体经济组织以外的人或单位从事生产经营。出租后原土地承包关系不变，承租方按出租时约定的条件对承包方负责。这是一种符合市场化规律的形式，目前黑龙江省农村以出租方式流转的土地面积为164万亩，占流转总量的3.7%。四是转让，指承包方将土地承包经营权让渡给其他从事农业生产经营的农户，由其履行相应土地承包合同的权利和义务。转让后原土地承包关系自行终止，原承包期内的土地承包经营权灭失。黑龙江省转让流转面积为52万亩，占流转总量的1.2%。五是互换，指承包方之间为了耕种方便或发展规模经营的需要，农户之间或农户与集体经济组织间按照自愿、互利的原则串换土地，交换承包地块的使用权。目前，黑龙江省农村以互换形式流转土地面积有21万亩，占农村土地流转总量的0.5%。

表 14-2　　　　　2012 年黑龙江省农村土地流转的主要形式

流转形式	流转面积（万亩）	流转比例（%）
转包	3976	89.4
入股	178	4.0
出租	164	3.7
转让	52	1.2
互换	21	0.5
其他	55	1.2

资料来源：根据黑龙江省农业委员会调研报告与网站相关资料整理。

三、流转主体规模化

各地以农业经营主体创新引领土地流转向规模化方向发展。截至 2012 年年底（见表 14-3），黑龙江省农村土地规模经营面积达 4079 万亩，占农村集体经济组织耕地总面积的 31.3%，比上年增长 19.6%。有 11 个乡实行整乡流转，流转面积 195 万亩；有 208 个村实行整村流转，流转面积 281 万亩。黑龙江省克山县流转土地的 52% 由大户经营，6.7% 由土地股份合作公司经营，3.9% 由企业经营，其他主要由各类专业合作社等经营。从调查看，黑龙江省土地规模化经营主体主要有七种形式。

表 14-3　　　　　2012 年黑龙江省农村土地规模化经营主体

规模化经营主体	规模经营面积（万亩）	比例（%）
种植大户	2348	57.6
合作组织	1141	28.0
农户联合经营	269	6.6
家庭农场	143	3.5
龙头企业	75	1.8
场县共建	70	1.7
集体经济组织	33	0.8

资料来源：根据黑龙江省农业委员会调研报告与网站相关资料整理。

一是种植大户经营。主要是指科技户、种田能手或有一定经济实力的人，以租赁、转包方式把分散经营农户土地承包经营权承租或接包过来，使分散的插花地达到归方连片，种植品种统一、种植方式统一、种植技术集成，实现了专业化生产、规模化经营和集约化发展。目前，2012年黑龙江省经营土地规模面积200亩以上的专业种植大户发展到8.8万个，规模经营面积2348万亩，占规模经营总面积的57.6%。齐齐哈尔市发展2.2万个种植大户，共经营480万亩耕地，占该市规模经营总面积的54.8%。泰来县大兴镇青岗村农民赵福和，近年来共投入200余万元添置各类农机具20台（套），农业综合机械化作业水平达到92%，规模经营耕地1.8万亩，其中种植水稻8000亩，种植玉米1万亩。宁安县卧龙乡罗城沟村种粮大户仝玉龙，通过二轮土地承包分配和开荒，自有土地达到600亩，多年来承包周边村屯耕地900亩，经营土地总面积达到1500亩。

二是合作社经营。黑龙江省素以土地集中连片和大农机规模化作业著称，通过组建农业种植合作社、农机专业合作社，通过流转将土地集中连片经营。把土地、机械等生产要素有机整合，变分散个体经营为合作经营，推动农业生产实现机械化、规模化、专业化和市场化，提高了农民进入市场的组织化程度，提高了农业的经营规模和效率，实现了农业产出效益的最大化。黑龙江省创建发展各类专业合作经营组织3万个，经营土地面积达到1141万亩，占黑龙江省土地规模经营总面积的28%。齐齐哈尔全市有1056个合作社，规模经营土地293.7万亩，占规模经营总面积的33.5%。克山县昆丰大豆专业合作社是2008年组建的集产、加、销于一体的农民专业合作经济组织，吸纳农户3.5万户，占全县农户总数的36.8%，覆盖全县15个乡镇、122个行政村和666个自然屯，当年实现利润2000万元，税收1000万元。该县西联乡通过该合作社带动，全乡20.5万亩土地全部实现规模经营。依安县新兴乡惠民农业生产合作社有社员105户、380人，分成农业生产、农机作业、畜牧养殖和建筑工程四个小组，共经营土地1.7万亩。嫩江县长福镇共组建17个农民合作社，采取带地入社、合作经营等方式，全镇21万亩耕地全部由合作社种植，实现了全镇规模化经营。北林区新天地现代农业合作社在周边乡镇设置四个作业区，规模作业面积12万亩，其中自主经营8000亩，全程代耕6万亩。

三是农户联合经营。主要是指保持土地承包经营权和使用权不变的前提下，农户自发或通过园区建设等载体，将土地集中连片经营，采取统种（即：统一整地、品种、播种、施肥）、统管或分管、统收或分收、统销或分销、单独核算的方式经营土地。目前，黑龙江省有7016个农户联合经营组织，经营总面积269万亩，占黑龙江省农村土地规模经营总面积的6.6%。克山县曙光乡兴光村曹家屯全屯96户农户，全部2569亩耕地都实行联户经营。

四是家庭农场经营。种植大户经营资本积累达到更高阶段后，土地产出率、资源利用率和劳动生产率进一步提高，竞争能力、抵御自然和市场风险能力显著增强，发展成为家庭农场，实现集团式经营、社会化服务。黑龙江省家庭农场发展到911个，规模经营总面积143万亩，占黑龙江省规模经营总面积的3.5%，平均每个家庭农场经营土地面积1500亩。齐齐哈尔市创办了92个家庭农场，共经营34.6万亩耕地，占土地规模经营总面积的4%。克山县西河镇保胜村农民王银巨四兄弟，从1995年开始便对4家的土地进行整合，实行优势互补、风险共担、利益共享的经营机制。通过不断接包村里机动地和其他农户土地，经营规模扩大到6000亩，拥有大型农业机械4台（套），固定资产达到200多万元，王氏家庭农场每年仅土地和机械两项纯收入就突破100万元。

五是龙头企业经营。以企业为生产经营主体，租赁农户土地承包经营权建立原料生产基地，或农户将土地承包经营权作价入股，土地由企业直接经营。企业以工业化、产业化的思维和方式组织开展农业生产，通过采取"企业+基地+农户"和"企业+专业合作组织+基地+农户"的方式，将土地集中连片经营。黑龙江省已发展农业企业226个，规模经营面积75万亩，占规模经营总面积的1.8%。桦川县付士米业、星火精洁米业、华康米业公司承包了星火乡农民土地3.2万亩种植水稻，实现了整乡土地流转。齐齐哈尔市涉农企业共经营耕地27.3万亩，占规模经营总面积的3.1%。博天糖业依安分公司租赁农户土地2.6万亩，采取集约化手段种植甜菜原料。克东县飞鹤乳业租赁农户土地4万亩，为企业两个万头奶牛牧场建设青贮饲料基地。

六是场县共建经营。主要是发挥垦区农场在机械、技术、资本、管理等方面的优势，利用农机、技术等优势条件，带动县域农村土地实现规模经营。农民可以把自己承包的土地直接转租给农场经营，农场按当地亩平均效益付给农民租金，或者农民把从播种到收获的全过程交给农场作业，农民按价付费，成果归己。目前，黑龙江省场县共建规模经营总面积达到70万亩，占黑龙江省农村土地规模经营总面积的1.7%。赵光农场与北安市赵光镇建立了合作共建机制后，东丰村二屯从2007年开始就把全部1200亩土地，以每亩200元的价格整体租让给赵光农场，赵光农场按照垦区模式实施规模经营。齐齐哈尔市与周边7个垦区农场合作共建，面积达到15.9万亩。

七是集体经济组织经营。主要是集体经济条件较好、"统"的功能比较强的村，通过强有力的组织领导，把全村土地或部分土地集中起来，实行统种、统管、统收，创造的效益作为村集体积累，用于发展村级公益事业。黑龙江省有

115个村级组织连片规模经营耕地面积33万亩,占规模经营总面积的0.8%。齐齐哈尔市集体经济组织共经营18.7万亩,占该市规模经营总面积的2.1%。甘南县音河镇兴十四村18户农民经营全村1.68万亩耕地,2%的劳动力务农,98%的劳动力从事非农产业。

四、流转效益综合化

从实践看,黑龙江省农村土地流转和规模经营的深入开展,有力地促进了现代化大农业建设,取得了可喜成效。

一是农村经济结构不断优化。规模经营把更多的农民从土地中解放出来,在土地收益得到充分保证的基础上,他们大多选择了从事畜牧业、外出务工,发展第二、第三产业等"第二职业",打破了种植业单打一的就业格局,农村的第二产业与第三产业得到迅猛发展。

二是农业综合效能显著增强。发展土地规模经营,实现了土地、资金、劳动力等生产要素优化配置,加快了大农机、新品种、新技术、新农艺的集成运用,有效提高了资源利用率、劳动生产率和土地产出率,直接促进了粮食增产、农业增效、农民增收。规模经营后生产投入环节实现了集中采购,生产成本下降了10%。规模经营采用大机械连片作业,减少堑沟增加土地3%左右。规模经营采用良种、良法和先进耕暄整地及配套农艺等措施,亩增产10%以上。据有关部门测算,2012年黑龙江省规模经营土地增产粮食11.75亿公斤,相当于增加400多万亩耕地的产量;实现增收30.8亿元,农民人均收入170多元。肇源县和平乡原华村种粮大户刘宏伟以每亩400元的价格从137个农户流转土地2000多亩,全程实行机械化作业、开展科学种田和连片规模经营,玉米平均亩产达到750公斤,比一般生产田高200公斤。克山县仁发农机合作社规模经营土地30128亩,实现利润2758万元,1222个成员获得分红达到852万元,户均分红6972元。富锦市兴隆岗镇兴富村农民乔治国兴办的家庭农场经营土地7570亩,生产粮食425万公斤,实现纯收入310多万元,家庭人均收入100万元。

三是提高了农民收入。通过进行土地流转和发展规模经营,促进了产业分工和效能提升,黑龙江省2013年农民人均纯收入9634元,其中农业收入占57.6%。农民增收渠道不断拓宽。2013年全省转移劳动力540万人,实现劳务收入567亿元,劳务收入已经成为农民增收的一个重要渠道。农民财产性收入占农民收入的8%左右。土地转出方农民获得财产(流转)收入、转移收入(粮补)

和务工收入，土地转入方农民从降低成本和提高单产两个方面获取规模效益。方正县德善乡安乐村安乐屯共有187户655人，2011年全屯3897亩水田以每年每亩1000元的价格整体流转给北京食粮公司，并签订5年土地流转合同。这个屯解放出来的200多名劳动力外出务工收入305万元，农民人均增收4656元。

四是农业竞争力显著增强。新型经济组织和经营主体的形成，使农业经营方式发生转变，农村土地集体所有、农户家庭承包经营的双层经营体制得到进一步完善，为农业和农村发展注入新的活力和动力，使农村土地流转的形式、规模、内涵等都发生了深刻变化，农业成为业主收入的主要来源，经营者大多注重应用新品种、新技术、新机械提高生产水平，并能够及时捕捉市场信息，针对市场需求调整种植结构和生产优质产品、发展品牌农业，农业生产的科技化、机械化、规模化、产业化水平明显提升，市场竞争能力明显增强。兰西县长江乡光辉水稻种植专业合作社，现有水田5万亩，他们依托省农科院水稻研究所，注册了自己的品牌"河顺"牌大米和杂粮，根据市场需求，利用自己资源优势，生产的"河顺有机贡米""河顺珍珠米""河顺香米"市场供不应求，目前，根据市场需要正在研发"乳香米""月子米""儿童生长米"等高端米，开拓市场的能力显著增强。

五、流转市场雏形化

黑龙江省建立了土地流转管理服务机构，搭建了信息服务平台，形成了省、市、县、乡四级土地流转信息网络平台，通过土地流转信息网络平台，统一发布、统一交易、统一签订合同、统一合同鉴证，使农村土地依法、有序、公开、快捷流转，推进了土地流转信息化、网络化管理服务，逐步形成信息顺畅、运转高效、服务规范的土地经营权流转交易市场。建立了农村土地流转制度，落实了农村土地流转合同制度和土地流转登记管理制度，提高了合同签订率，重点建立了土地流转的备案登记、资格审查、信息报送发布、合同管理和鉴证、收益评估、档案管理、服务承诺、投诉举报、流转主体预审申报以及工作例会等相关制度，使土地流转工作制度化、规范化。完善了流转纠纷调处机制，建立了民间协商、乡村调解、县级仲裁、司法保障的农村土地承包纠纷调处机制。从调查统计看，黑龙江省有46个县（市）建立了土地流转办公室，751个乡（镇）建立了土地流转中心，初步形成了"村有信息员、乡镇有服务窗口、县市有流转大厅"的流转管理服务体系。阿城、克山、富锦、桦川和五大连池5个市（县）建立了县土地流转服务大厅。黑龙江省统一制发了规范的土地流转合同文本，齐齐哈尔、大庆市农户土地流转合同签订率在80%和74%以上。克山县逐级建立了服务组织机构，专门负责收集发布土地流转信息、审查受让方资质、指导土地流转合同签订、登记土地流转台账、开展土地流转合同鉴证、监督土地流转合同履行、调解土地流转纠纷和适时仲裁等。2012年全县共签订流转合同8.5万份，签订率和鉴证率均达到100%，土地流转纠纷化解率达到98.6%。

六、流转价格市场化

黑龙江省各地土地流转价格通过平等协商来决定，初步建立了市场化的价格形成机制。在已经建立土地流转服务中心的地方，流转土地的面积、位置、价格等信息在电子显示屏上公开发布，流转双方自行协商确定流转。由于经济发展水平和流转土地用途不同，各地土地流转价格差别较大。克山县流转价格大体在150~280元之间，多数为200元左右，绥化市流转价格平均为268元。从流转形式看，一般以出租形式流转的价格较高，农户间转包价格较低，其中口头协议流转的土地价格较低，集中连片的土地流转价格较高。费用支付方式多样，一般采用实物计价、货币结算和实物计价、实物结算等方式，黑龙江省普遍采用了"上打租"的办法，在生产前转入方就要将流转费用支付给转出方，转出土地的农户不承担生产风险。

七、流转期限短期化

黑龙江省各地土地流转期限均以短期和中期为主，多为5年以下。农户间土地流转期限多数为3~5年，由乡镇政府、村委会组织的土地流转，一般流转年限较长。在签订流转合同的2254万亩耕地中，期限为1年的占71%，2~3年占16%，3~5年占7%，5~10年占2%，10年以上占4%。

八、流转政策主导化

为了促进规模经营与现代农业发展，政府的主导、引导作用日益凸显。黑龙江省出台了支持农地流转的政策措施，包括财政补贴、投资倾斜、就业扶持、政策倾斜等。各地、市利用多种形式，多层次宣传上级有关土地流转法规、政策及土地流转中涌现出的典型，调动广大农户对土地流转的积极性。针对当地情况选择建立了土地流转示范点，并相继出台了扶持政策，推进土地流转，通过积极协调，争取上级资金，改善农村基础设施条件，为土地流转营造有利环境。黑龙江省克山县对实现整乡流转的乡镇奖励 5 万元，实现整村流转的村奖励 2 万元，经营规模达到 1000 亩以上的生产大户奖励 2000 元，规模经营面积达到 2000 亩以上的农业专业合作社奖励 5000 元。在政府的支持引导下，目前克山县已经有 5 个乡实现整乡流转，流转面积达 87197 万亩。

第二节 黑龙江省农村土地流转存在的突出问题

近年来，黑龙江省土地流转和规模经营发展很快，但也存在一些矛盾和问题。从调查的情况看，应解决好土地流转进程中带有方向性、前瞻性、政策性的重大问题。

一、流转认识不充分

一是基层重视程度不够。部分基层干部对土地流转的政策法规、方式方法、矛盾问题等研究不深、宣传不够、引导不力，认为土地流转与乡镇村社关系不大，造成土地流转无人监管。二是小农经济思想严重。部分农民恋土观念强，认为务工经商虽然收入高但有风险，宁可粗放经营，甚至不惜撂荒弃耕，即使外出务工也不愿转出土地，担心失业、没地而生活养老没保障；农业税全面取消，优惠政策不断出台，土地收益逐年上升，按承包面积给予的粮补促使部分农民不愿转出土地；城镇扩建或国家重点工程实施，导致部分农民等待承包地被征用而得到补偿费。三是对流转政策心存误解。部分农民担心政策不稳，政府收回土地承包权，没有安全感。

二、流转权益难保障

在农地流转中，农民是流转的主体。然而，从实际情况看，农民的流转主体地位往往受到侵害。少数地方将土地流转作为增加乡村集体收入、干部福利的手段，用行政手段干预农民土地流转，承租大量土地进行规模开发，常压低流转价格，使农民获得补偿往往最低；业主因投资失败和市场变化等原因，不能及时兑现农民租金，农民流转收益存在风险。流转收益缺乏增长机制。在流转合同约定上，农民土地流转收益一般固定，流转期间不再调整租金，流转收益没有随经济发展得到相应增长。

三、规模实力不强大

目前，黑龙江省土地规模经营主体中，普遍存在实力不强、集约化水平不高、市场带动能力弱化等问题。规模经营主体中种植大户唱主角，经营面积达到60%。部分种植大户转包土地期限短，经营稳定性差，影响到规模经营的效果。代表经营实力的家庭农场经营模式数量不足、发展慢，合作社发展也不快，不规范，带动力不强，家庭农场与合作社等经营面积占规模经营总面积的30%。经营农业效益低、风险高，需要经营主体有一定的生产经营技术和资金投入，具备抵御各种风险的能力，在我国农村金融支持不足、农业保险缺乏的情况下，农业规模经营主体面临着自然风险和市场风险的双重威胁。

四、流转行为不规范

黑龙江省农村土地流转大多是农民自发进行，土地流转的程序不规范、手续不完备。虽然黑龙江省统一制发了规范的土地流转合同文本，但是多数地方农户流转土地未到村集体经济组织登记备案，没有签订书面合同，只是口头约定，即使签订书面合同，也不使用规范的土地流转合同文本，造成合同内容不完整，由此引发了很多土地流转纠纷。个别地方还存在土地流转合同期限超过二轮土地承包结束期等问题。部分业主借合同不规范，经营不善违约逃债，或未经有关部门审批同意，擅自改变土地农用性质。国家各项惠农政策落实后，土地不断增值，部分农民借合同不规范索回土地经营权。

五、流转体系不健全

不少地区还没有真正建立农地流转市场，土地供需信息平台尚未形成，供需双方的信息不能得到有效沟通。多数县、乡、村未建立服务体系，有的土地流转服务功能不完善，缺少信息服务平台，土地流转衔接难，导致有规模经营意愿者找不到流转地源。流转管理制度不完善、流转行为不规范，流转服务能力比较弱，在信息收集与发布、咨询服务、合同服务、纠纷调解等方面的功能还不健全。特别是缺少土地流转价格评估指导机制，土地流转价格增长过快，导致规模经营成本快速提升，在一定程度上阻碍了土地流转和规模经营的健康发展。在农地流转过程中，存在土地确权不到位、流转无合同、合同不完备、缺乏利益协调机制、强制流转等不规范行为。

六、流转倾向"非粮化"

农地流转后存在"非粮化"倾向。由于种植传统的粮食作物收益比较低，部分规模经营主体流入农地种植水果、花卉等，发展高效农业、设施农业等，利用流转土地从事非粮食产业发展。部分流转土地还有"非农化"现象。一些企业在原来的耕地上修水泥路、建饭店、建简易宾馆，建设农业休闲园区，发展休闲观光业等，破坏了耕作层，减少了耕地数量，加大了耕地保护的难度，导致农地的大规模非农化。

七、租赁流转待规范

我国农民普遍缺乏资金、技术、信息和市场网络，工商企业利用资本、信息、市场、部分基层政府和干部支持等优势，在与农民的谈判和签约中占据有利地位，租赁合同条款往往会有利于企业一方，在市场竞争中产生"挤出效应"。在与农户的流转合作中，农民处于弱势地位，难以获得与农业企业、工商资本平等协商的地位与权利，流转双方没有建立合理的收益分配机制，产业发展的收益绝大部分归业主，流转土地的农民仅是取得较低的租金收入和部分打工收入等相对固定的收益，而不能比照产业发展和土地经营效益提高获得持续增长的土地增值收益，对周边农户很难形成带动效应。同时，农民的土地经营权被一次性以低价、长期流转出去，失去了长期持续增收的依托，随着现代农业效益进一步提高，极易由此引发矛盾，既影响农业持续发展，也破坏农村社会稳定。

八、流转政策不完善

目前，省里还没有出台扶持土地流转和规模经营发展的具体政策，导致地方工作积极性、主动性不高，推进力度不大。据调查，齐齐哈尔、黑河、七台河和克山、富锦、肇州、海伦等市、县出台了一些扶持土地流转和规模经营的政策措施，但大多是对规模经营主体或村级组织给予奖励，一些涉农项目资金还没有集中向规模经营主体倾斜，黑龙江省绝大多数市、县没有出台这方面的支持政策。规模经营投入较大，特别需要流动资金支撑。目前，很多规模经营主体需要提前预付土地租金，在购买农机具和种子、化肥等生产资料方面投入很大。由于种地大户、合作社等普遍缺乏抵押物，导致一些规模经营主体资金匮乏。规模经营主体普遍反映，目前农村信贷门槛较高，农业融资难，信贷规模难以满足规模经营发展需要，一些种植业大户、农民合作社等规模经营主体由于受资金的制约，难以扩大经营规模和新上加工经营项目，融资难已经成为制约规模经营发展的"瓶颈"问题。

第三节 推进黑龙江省农村土地流转的策略与建议

一、坚持家庭经营作为新型农业经营主体的基础

解决好"地怎么种"的问题，从生产关系角度看，要创新农业经营体系，加快构建一般农户的集约化生产、新型经营主体的规模化经营和社会化服务的新型农业经营体系。现在很多劳动力都离土离乡了，人户分离、人田分离的情况比较普遍，我们就应该顺势而为，推进土地承包权和经营权分置并行，发展适度规模经营。农业经营主体多元化、经营方式多样化的趋势越来越明显，但不管怎么变，农村土地集体所有、家庭经营基础性地位、现有土地承包关系不能变。党的十八届三中全会进一步明确，要"坚持家庭经营在农业中的基础性地位"，这是中国共产党在总结我国和世界农业发展的正反两个方面经验中所得出的正确判断。纵观世界农业发展的经验，凡是坚持集体经营的国家，农业生产基本鲜有效率，而实施家庭经营的国家一般说来农业生产都有效率。

在我国现代农业发展的选择上，坚持家庭经营在农业中的基础性地位，推进家庭经营、集体经营、合作经营、企业经营等共同发展的农业经营方式创新，以农民为主体发展现代农业和农业产业化经营，使组织起来的农民真正成为建设主体和受益主体，使现代农业发展的过程成为农民增收致富奔小康的过程。在实践中，以土地要素利用为载体，以适度规模经营为路径，发展以农民为主体的多种

形式适度规模经营，解决"谁来种地""如何种地""让谁受益"等关键问题。生产组织层面，完善以专业合作组织和社会化服务体系为纽带的统分结合双层经营机制，把农民组织起来按照标准化要求进行家庭适度规模的种植养殖。从我国农村实际出发，家庭经营现在是、将来也是农业最基本的经营形式，而让企业成为各类农业的经营主体，把所有农民都变成农业工人，不是农业经营体制改革的方向。

目前，新型农业经营主体包括专业大户、家庭农场、农民合作社、农业企业等，其功能、作用和地位不同。其中，专业大户和家庭农场属于家庭经营，农民合作社和农业企业属于合作经营、集体经营或者企业经营，应确立专业大户和家庭农场在农业生产中的基础性地位。农民合作社和农业企业除了一些特殊产业如养殖业和特种农业之外，一般是作为农业经营中提供服务的主体，它们的主要功能应放在为专业大户和家庭农场提供各种产前、产中、产后社会化服务上，服务与引领是主要职责。没有它们提供各种社会化服务，专业大户和家庭农场的经营就不可能实现规模化、集约化，从而生产率就不可能提高。

土地适度经营规模作为发展现代农业的手段，要维护和保障土地流转过程中的农民增收和农民权益，使土地的利用方式既适应生产力发展和农业现代化进程要求，又符合新形势下农村生产关系和组织农民进入现代农业产业体系的要求。为此，要把握好三个方面：一是把握土地流转对象，最好是首先在集体经济组织的成员中进行，支持与鼓励农户家庭经营、联户经营、家庭农场、合作经营等农户间多种形式的土地规模流转，实现连片开发。二是创新土地经营机制，探索能带动农民参与生产经营、持续增收的土地流转机制，探索国家财政性投入转化为合作社资产使农民可以入股分红机制，创造更大空间让农民分享不断增长的土地收益。三是合理确定土地流转时限，一般情况下，土地流转期限不宜过短，但也不能太长，尤其不能一次性以低价将农民土地承包经营权长期流转出去，使农民的土地收益权被长期低位固化，最好是根据产业特点、配套设施建设的相关要求，理性实行土地流转协议年限，给农民更大的自主权、收益权和发展权。

各级政府和村集体应做好服务工作，确保农民在土地流转中的主体地位。一是要加大土地法规政策的宣传力度，让普通农民了解土地承包经营权的具体权利，知道在农地流转中自己享有的权益，并最好在农户承包合同、承包经营权证书中加以注明。二是要依法保障农户的主体地位，惩处侵害农民承包地权利的行为。三是要清晰界定集体与农户土地权利之间的界限，规范村集体代表农民流转土地的程序，明确村集体在农地流转中的地位和职责，保障农民对土地的占有、使用、收益等权利。四是要健全集体参与机制，建立和完善村集体经济组织，明确其地位和职责，健全其职能，并明确集体不得变相收取或截留农地流转收益。农地流转的转包费、租金、转让费等，应当由当事双方协商确定或在流转委托书中进行明确，流转收益全部归承包方所有，任何组织和个人不得擅自截留侵占。

二、保障农民土地承包经营权，进一步搞好土地确权工作

稳定和完善农村基本经营制度，坚持以家庭承包经营为基础、统分结合的双层经营体制，赋予农民更加充分而有保障的土地承包经营权，保持现有土地承包关系稳定并长久不变，这是农地流转的制度基础，也是维护农民农地流转权益的保证。一是要严格执行《农村土地承包法》《物权法》等有关法律政策规定，坚持农村土地承包制度，坚定赋予农民更加充分的土地承包经营权，坚决保障农民各项土地承包经营权权能，保障农民的土地承包经营权用益物权。土地经营权有序流转，是一项政策性很强的工作，需要遵循规律，综合考虑经济发展水平、农村社会保障水平等多方面因素，不能急于求成，强迫命令。要充分尊重农民意愿，流转不流转、流转多少、流转给谁，由农民自主选择，流转价格多少由市场决定，政府要做的是典型示范、政策引导、提供服务，维护流转行为的公平公正。二是各级地方政府要积极、扎实开展土地确权工作，加强组织领导，把握好基本原则、处理好利益关系、落实好工作经费，明确时序进度，积极稳妥地加以推进。农村土地承包经营权确权登记颁证，关系到坚持农村基本经营制度、保障农民财产权利、推进土地要素加快流转，是一项重大的基础性工作。进一步做好农村土地丈量、确权、登记、颁证工作，进一步明晰土地产权，明确农民土地承包经营权用益物权权益，明确农民土地承包经营权的占有、使用、收益等各项权益。

三、建立健全农地流转市场，培育市场化流转机制

在黑龙江省广大农村地区，农地流转已经有了一定发展并将逐步扩展，在此背景下，应尽快建立健全农地流转市场，培育市场化流转机制，通过农民、合作社、农业企业之间土地经营权的自愿转让，实现经营规模的扩大和生产效率的提

高。政府的作用应当主要体现在健全土地法规，界定土地产权和制订农地流转的规则上，而不是采取行政命令手段、搞运动方式推进土地规模经营的发展。在坚持土地承包关系长期不变和尊重农民意愿的前提下，要积极探索建立"依法、自愿、有偿"的市场化农地流转机制。要建立健全农地流转市场定价机制，引导流入与流出双方对农地流转合理定价。完善价格形成机制，如对入股合作流转，鼓励农民土地承包经营权入股收益实行按股保底分红，按实物作价。建立分类定价机制，农地流转价格应根据土地区位优劣、流入户种植的作物不同、流转期限不同等确定不同的价格。建立价格调整机制，以实物收入作价，动态调整，保障农民收益。

四、建立合理的农地流转收益分配机制，减少流转纠纷发生

土地实施规模化生产，注入资本与技术等高效农业生产要素后，会产生比流转前传统农业更高的收益。在股份合作形式的流转中，农户土地作价入股股份往往过小，在与拥有工商资本的投资主体的谈判过程中，难以获得平等协商的权力，不能根据土地经营效益获得进一步的收益。故此，农地流转双方应在流转初期就制订增值收益分配条款，建立合理收益分享机制，让农民从土地增值中获得进一步的收益，以避免流转双方因此而产生纠纷与矛盾，保障双方的合理利益。

五、支持并规范农地股份合作社发展，带动农业经营体制创新

从调查情况看，目前黑龙江省农村土地流转的五种主要方式中，入股占有较大比例。农地股份合作社是集合农民的土地承包经营权、结合资本和技术等要素、多样化联合与合作，进行农业生产的一种组织方式。农民以土地承包经营权作价出资入股合作社，能有效地把土地集中起来、连片开发、规模经营，是把农业生产要素合理地整合起来的较好方式。目前黑龙江省农地股份合作社的登记和管理办法还不成熟。浙江省出台了《农村土地承包经营权作价出资农民专业合作社登记暂行办法》，对农民以土地经营权作价入股农民专业合作社的范围、原则、作价办法、章程修订、登记程序、合同终止等进行了规范。借鉴与参考浙江经验，结合黑龙江省的现实，形成土地股份合作社发展与管理出台了管理办法，解决了工商登记和农民土地承包权益保护的问题。

六、禁止流转土地"非农化",限制流转土地"非粮化"

在农地流转过程中,要采取严格措施限制农用地转为非农用地,落实最严格的耕地保护制度,不得以农地流转名义将农用地转变为非农用地。农地流转必须保障粮食安全,解决好耕地"非粮化"问题。要大力发展粮食规模经营,鼓励和引导经营大户、合作社种粮,稳定粮食生产。降低种粮成本,提高种粮补贴与粮食价格,使粮食生产有利可图,增强农业企业、经营大户、合作社等土地流入主体的种粮积极性。

七、规范引导和严格监管工商企业经营土地

坚持农民的主体地位,要正确引导工商资本进入农业农村,高度重视和充分发挥龙头企业和工商资本的带动作用。但必须把握好一个基本原则,即引进企业是要"带动"农民发展现代农业,而不是"代替"农民发展现代农业,绝不能只讲土地流转,而偏废以家庭经营为基础的双层经营体制,在工商资本进入农业的过程中,必须加强引导和监管,确保以农民为主体发展现代农业,发挥龙头企业带动效应,防止发生"挤出效应"。必须明确对工商企业到农村大规模租赁农地的准入限制,设计适合黑龙江省省情的限制和规范工商企业租赁农地的制度,企业租赁农地应当有严格的资质和条件限制,这些资质和条件主要应当包括:企业经营领域必须与农业相关;租地企业负有保护农地的责任;企业租地如果没有从事农业生产,农户和集体有权解除租地合同等。地方政府和土地管理部门要加强土地用途监管,坚决制止工商企业进入农业后直接或间接改变土地农业用途,坚持农地农用、农地农有。

八、完善财政支农力度

以财政性投入政策为导向,坚持补助给农民和专业合作组织,解决好"如何支持农民种地"的问题。要坚持正确的财政政策导向,持续增加投入,确保总量增加、比例提高,创新财政性资金项目的投入方式,确保财政性资金推动现代农业发展,使农民持续稳定增收。一是在补贴对象上,实施普惠制的同时,增加特惠制,明确指向家庭农场、联户经营、种植大户、专业合作组织以及发挥带动作

用明显的企业（业主）等新型农业经营主体，防止财政性资金项目直接安排给流转土地后的业主项目，其产生的新增效益由业主独享而流转出土地的农户不能分享；防止用财政性资金扶持对农民没有带动作用的业主，进而与邻近同产业的农民形成竞争。二是在补贴目标上，以支持粮食等主要农产品供给为重点，以价格支持为基础，以直接补贴为主体，实现指向明确、重点突出、操作简单、受益直接的"保供给，促增收"目标。要总结现行补贴政策存在的不足，对有些政策适当归类合并，降低操作成本，增强补贴的政策导向功能和收入支持功能。在此基础上，补贴再兼顾环境保护、农业可持续发展、农产品质量安全、农民收入支持等更高层次的目标，更多地将"黄箱"政策转化为"绿箱"政策。三是在支持方式上，要实行先建后补、以奖代补，推行民办公助，引导农民增加生产投入，特别是要把家庭农场、专业合作组织作为财政支农的重要载体和平台。四是在资产权属上，要构建财政资金投入形成的资产民有、民管、民受益的管理运行机制，积极探索将财政资金投入转化为专业合作组织资产，成为农民生产经营资本的多种途径，增强专业合作组织和农民参与市场经济、发展现代农业的能力。五是加大财政对农业一般服务支持的投入力度，优化一般服务支持结构，有效改善当前我国农村地区基础设施建设滞后、科技研究及技术推广不足、农民生产技能偏低、农产品外销困难等困境，进而夯实农业发展基础，带动农业生产的顺利发展和农民收入的稳步提升。

九、建立健全农业保险制度

结合黑龙江省农业相对还不发达、农民可抵押私有财产稀缺等实际情况，政府应尽快建立健全农业保险制度和支持体系，理顺农业保险发展体制机制，扩大农业保险覆盖面和风险保障水平。一是农业部门、证监会、保监会等要牵头制订针对各个农业产业的农业保险条例，同时明确界定政府和作物保险公司的作用；二是基于农业生产经营风险、物化成本、农民合理收入等指标，制订保险条款、赔付标准等，研发不同种类的作物保险产品，满足不同类型农民的风险管理需求；三是继续扩大农业保险补贴规模，增加品种，提高标准，健全管理制度，建立再保险和巨灾风险保险制度。

十、培育与壮大新型职业农民

以加强教育培训为抓手，着力培养有文化、懂技术、会经营的新型职业农民,解决好"谁来种地"的问题。现代农业发展需要一大批掌握农业先进适用技术、能从事标准化生产的劳动者,这既是发展现代农业的重要组织基础,也是坚持农民主体地位的重要条件。一是要围绕推进规模化标准化生产,通过对农村劳动力开展现代农业科学知识、生产技术的培训,提高农民从事现代农业生产的技能水平。二是要围绕发展适度规模经营,加强对农民综合素质培训、实用技术培训、创业能力培训,着力把农村有经营管理能力的农民培养成为"专业大户""小农场主",并引导和支持其发挥示范作用,带动更多农民积极发展现代农业产业,共同参与利益分配。黑龙江省应进一步扩大新型职业农民培育试点工作,每个县选择2~3个主导产业,重点面向专业大户、家庭农场、农民合作社、农业企业等新型经营主体中的带头人、骨干农民等,围绕主导产业开展从种到收、从生产决策到产品营销的全过程培训,重点探索建立教育培训、认定管理和扶持政策三位一体的制度体系,吸引和培养造就大批高素质农业生产经营者,支撑现代农业发展,确保农业发展后继有人。

第十五章　关于吉林省农村土地流转现状与问题的调研报告

推动农村土地流转，实行适度规模经营，是提高农业产业化经营和优化土地资源配置的有效方式，也是深化农村经济改革和破解"三农"难题的关键，更是发展现代农业的客观要求和促进农民增收的重要途径。课题组通过走访吉林省农业委员会、省农村经济管理总站等相关政府部门调研，深入吉林市、四平市、梨树县、延边市等地调研农地流转情况，通过召开乡村干部座谈会、走访农户、问卷调查等方式，对吉林省农地流转现状与特点进行了宏观把握，对存在的主要问题进行了梳理，并据此提出了相应的策略与建议。

有关农村土地承包经营权流转的总体情况数据来源于部门调研，对样本地区乡镇政府和村干部的调查，其他数据主要来源于样本地区的土地流转农户调查问卷、各年度中国及吉林省统计年鉴、中国及吉林省农业统计年鉴、中国及吉林省工业统计年鉴，农业部相关公报、国土资源部相关公报数据等。

第一节　吉林省经济社会发展概况

吉林省位于中国东北地区的中部，地处东经122～131度，北纬41～46度之间，中部的松辽平原，地势平坦，土壤肥沃，连片集中，农业生产条件得天独厚，是著名的"黑土地之乡"，素有"黄金玉米带"的美誉，是全国商品粮集中产区。吉林省耕地面积1.0545亿亩（吉林二调数据），占全国耕地面积（20.31亿亩）的5.2%，人均耕地3.15亩，是全国平均（1.52亩）的2.18倍；居民家庭经营耕地面积8.34亩/人（全国平均水平2.3亩/人），户均耕地20.4亩（全国平均水平9.13亩），人均和户均占有耕地数量较多。吉林省是全国13个粮食主产区之一，盛产玉米、水稻、大豆和杂粮杂豆等优质农产品。多年来，粮食人均占有量、粮食商品率、粮食调出量和玉米出口量均居全国第1位。绿色食品、有机食品、无公害农产品生产占耕地面积的50%。2013年,全省粮食总产达到创纪录的350.1亿公斤,比上年增产20.8亿公斤,增长6.22%,高出全国增幅4.12个百分点,总产量由全国第5位上升到第4位,创历史新高。全省粮食单产达494.25公斤,高出全国单产135.79公斤,继续列全国第1位。2013年年末GDP达到12981.46亿元,占全国的2.06%,全省城镇居民人均可支配收入达到22274.6元,比上年增长10.2%,城镇居民人均消费性支出为15932.3元,增长9.0%。农村居民人均纯收入达到9621.2元,增长11.9%;农村居民人均生活消费支出7379.7元,增长19.3%。城镇恩格尔系数为29.2%,农村恩格尔系数为33.0%。

吉林省发展规模经营的优势和潜力巨大:一是耕地条件好,人均耕地高于全国水平,多数地块地势平坦开阔,适合集中连片;二是技术装备水平较高,农业机械化和种养技术水平走在全国前列,为规模经营创造了条件;三是组织化基础较好,种养大户、合作社、专业农场发展有一定基础。当前,吉林省以建设"吉林特色现代化大农业"为主攻方向,正致力于发展规模型农业,充分发掘资源禀赋、产业特色和比较优势,农业现代化已经驶入"快车道"。

第二节 吉林省农村土地流转现状与显著特征

研究表明,随着吉林省工业化和城镇化进程加快,农村劳动力外出增多和现代农业的发展,农地流转规模逐渐增大,呈现出面积逐年稳步增长、形式日趋多样、主体日趋多元、流转地域扩展、流转效益明显提高等良好发展态势,凸显出独特的区域特征。

一、流转面积稳步增长

从全国范围看,吉林省农村土地流转起步较晚,大范围流转始于20世纪90年代第二轮农村土地承包之后。虽然吉林省人均和户均占有耕地数量高于全国水平,但土地流转的速度、规模和范围等却处在全国中下水平,随着工业化和城镇化水平的不断提高,中央政府的规模化经营目标与流转政策的明确指向,近年来吉林省土地流转呈现明显加快趋势。吉林省在2004年被定为"全国农业税免征试点"后呈现拐点,土地流转数量由上升转为明显下降,在2007年税改后出现最低点,2008年开始迅速回升。据农业部门资料统计,2007年吉林省土地流转面积为191.39万亩，2008年激增到460.69万亩，2009年流转总面积达到585万亩，2010年为618万亩，2011年为646.5万亩，2012年达到了885万亩，占全省家庭承包地总面积的14%，2013年土地流转达到了1206万亩，占全省家庭承包地总面积的19%，比上年增加321万亩，增幅达到36%，土地流转面积呈现逐年稳步增长趋势。

二、流转形式日趋多样

目前，吉林省土地流转形式主要有5种。转包、出租、入股、转让、互换、租赁、抵押、托管、统种分管等多种形式并存，流转方式主要以转包和出租为主。2013年转包面积876万亩，占流转总面积的72%。在全省参与土地流转的农户39万户中，有28.5万户转包给农户、亲戚和朋友，占流转总户数的73%；9万农户转包给专业大户、家庭农场、专业合作社、工商企业等，占流转农户总数的23%。吉林市、四平市、榆树市、德惠市和梨树县以转包形式流转的土地面积分别占流转总面积的78.6%、72.8%、73.0%、71%和52%。四平市、梨树县、德惠市和榆树市出租土地面积占流转总面积的14.8%、23%、18%和8.5%。通化县、榆树市土地入股面积占流转总面积36.2%、0.9%。榆树市采用土地转让形式，占流转面积的3.3%。榆树市、德惠市土地互换面积分别占土地流转总面积的6.3%和2%。

三、规模经营主体凸显

吉林省农地流转过去主要在农户间进行，参与主体也主要是农户。现在正在从以农户为主逐步向专业大户、家庭（专业）农场、专业合作社、农业龙头企业等规模化主体发展。

家庭农场作为新型农业经营主体，是农户家庭承包经营的升级版，已成为引领适度规模经营、发展现代农业的主要力量。截至2013年，吉林省家庭农场总数21058个，其中从事种植业家庭农场17369个，经营耕地面积343万亩，占全省流转总面积的28%。家庭农场流转土地期限均在5年以上，种植面积大多为50亩以上，有稳定的技术依托单位和一定的农田基础依施，机械化作业水平达到60%以上，实行标准化生产和管理。

专业大户通过承包集体或流转其他农户承包地实现规模经营，改变了超小规模生产经营，提高了农业生产的集约化、专业化和标准化，增产增收幅度提升明显。2013年种粮专业大户2.7万个。

农民合作社也是当前规模经营的主体之一，主要有三种形式："农民合作社+农户"模式、农民合作社租赁经营模式和土地股份合作社模式。截至2012年年末，吉林省农民专业合作社达到3.08万个，同比增长37%，带动农户190多万户，占全省农户总数的47%。2013年吉林省农民专业合作社联合会成立，约500家农民专业合作社参加联合会，这意味着吉林省农民专业合作社走向"抱团"发展，目的是提高合作社产品知名度，拓宽销售渠道，增加合作社收入，为会员提供市场价格、行业走势等信息服务，规避风险，提升合作社的市场竞争力。

农业产业化龙头企业带动经营模式是农业产业化龙头企业为发展农产品基地，提高加工产品质量和市场竞争力，承包集体土地或流转农民承包地，从事种植业生产，获取初级农产品的规模经营模式。2013年吉林省从事种植业的企业共684个。农业产业化龙头企业具有雄厚的资本，与农民合作社、种植大户、家庭农场等相比，在产品销售和资本投入等方面优势明显，产业链条更加完善。企业资本的介入，缓解了农业生产资金投入不足的困境。

公主岭市农村土地流转总面积达75万多亩，其中规模经营面积达37万亩，占流转面积的49%，其中种粮大户1497户，经营面积27万亩；股份经营6家，经营面积1.01万亩；农民专业合作社285个，经营面积7.2万亩；农业龙头企业4家，经营面积1.2万亩。

规模化经营主体机械化作业水平较高。2013年年底，吉林省农作物耕种收综合机械化水平达到73.6%，水稻育插秧、水稻收获、玉米收获等关键且相对薄弱环节实现重大突破，水稻机插、水稻机收作业水平分别达到60.7%和73.3%，玉米机收水平首次突破40%，达到41.6%，玉米、水稻全程机械化作业面积近3000万亩。2013年吉林耕种收综合机械化水平达到73%，水稻机械种植水平达到83.4%，玉米机收水平达到了36%。吉林农机合作社达到1992个，新增444个，入社成员33465人，服务农户103.5万户，农机服务面积2764万亩。农机户达到57万户，其中，拥有农机原值20万元以上的农机大户8109户。农业机械的广泛运用，为土地流转提供了坚实的物资装备基础。

四、流转用途农业化

目前，吉林省多数地方的土地流转主要是用于农业生产和经营，未改变土地基本用途，其中从事粮食作物最多。2013年用于种植粮食作物面积802.5万亩，占流转总面积的91%；种植经济作物和蔬菜70.5万亩，占流转总面积的8%。2013年吉林市土地流转用于种植粮食作物的面积占总流转面积的94.3%；四平市土地流转用于粮食生产的面积占流转总面积的88.4%。还有部分用于经济作物和蔬菜生产。四平市用于经济作物和蔬菜生产的面积占流转总面积的10.8%，吉林市用于种植经济作物和蔬菜的面积占流转总面积的3.4%；土地流转为其他用途的仅占流转总面积的1%~2%。

五、理性流转相对突出

流转期限选择短期化。由于农地流转价格不断提高，相机选择价格，使吉林省各地土地流转期限均以短期和中期为主。农户间土地流转期限多数为1~3年；流向合作社、企业的期限相对较长，多数为3~5年，由乡镇政府、村委会组织的土地流转，流转年限较长，一般在10年以上。调研显示，在签订的流转合同中，期限为1年的占72%，2~3年占15%，3~5年占8%，5~10年占2%，10年以上占4%。

合同规范率提高。近年来，农户自我保护、维权意识增强，使用规范的流转合同文本，提高了合同签订率。调研显示，吉林省口头合同由2006年的87%降为现阶段的46.3%，规范的正式书面合同由2006年的12%提高到现阶段的52.2%。

参照市场价格，流转双方自行协商流转价格。吉林省各地初步建立了市场化的价格形成机制，建立了土地流转管理服务机构，搭建了信息服务平台，形成了省、市、县、乡四级土地流转信息网络平台，在土地流转服务中心，流转土地的面积、位置、价格等信息在电子显示屏上公开发布。2012年吉林省流转价格660~730元/亩，2014年达到860~930元/亩。由于经济发展水平和流转土地用途不同，各地土地流转价格差别较大。从流转形式看，一般以出租形式流转的价格较高，农户间转包价格较低，其中口头协议流转的土地价格较低，集中连片的土地流转价格较高。梨树县农户间土地流转价格在600元/亩左右；向合作社和家庭农场流转价格较高，达到730元/亩左右。

费用支付方式多样，一般采用实物计价、货币结算和实物计价、实物结算等方式，普遍采用了"上打租"办法，在生产前转入方就要将流转费用支付给转出方，转出土地的农户不承担生产风险。调查显示，虽然土地流转形式多样，但是"长期出租、固定租金、每年支付"仍然是当前土地流转的主导模式。

六、"人走"促进"地转"

农村劳动力转移为土地流转及规模经营提供了土地资源，通过农村劳动力转移，有效地促进农村土地流转及规模经营发展。比较典型的区域是吉林省延边朝鲜族自治州，总人口为218万，其中农业人口为72万，农民人均耕地为6亩，户均耕地30亩，此州属于地广人稀的朝鲜族聚集区，延边州朝鲜族人口占36.7%，农村人口中朝鲜族占42.0%。由于民族特点和民族关系，40万农村劳动力中常年在国内外务工的劳动力15万人，其中在韩国务工的劳动力3.2万人。延边州的城镇化率较高，2008年已达到64%，基于延边州发展实际：大量青壮年劳动力外出务工、零散的土地无人耕种，农地流转相当普遍，土地私下流转和低价流转广泛，有些朝鲜族村屯的土地全部流转给临近村屯耕作，单家独户经营收益下降、粮食作物规模经营可以实现机械化等，这就为土地流转提供了土地资源，为专业农场的建立打下了土地规模经营的基础。延边州政府因势利导，于2008年出台了《中共延边州委州人民政府关于推进农村改革发展的实施意见》，提出了培育专业农场、扶持新型经营主体、实现规模经营的发展思路。截至2013年7月，延边州专业农场总数达654家，经营土地面积73.1160万亩，占全州耕地面积的13.5%，平均每家专业农场经营土地1125亩；流转土地面积占总经营面积的83%，涉及土地流转农户21582户，平均每个专业农场流转33家农户土地。统计数据显示，专业农场的99%实现了盈利，共计实现净利润2.04亿元，平均每个农场盈利45万元，专业农场的粮食单产高出全州平均值20%左右；农村土地流转价格已经从过去的每公顷2000~3000元，提高到目前的每公顷6000元以上，土地流转价格的提高加速了农村劳动力的转移步伐，延边州的城镇化率由2008年的64%提高到2013年的70.21%。

七、流转效益逐渐显现

一是通过规模经营实现转入方与转出方的双赢。吉林省农安县永安乡大力培育新型经营主体,合作社和种粮大户转入土地后,土地规模化生产,有利于高效资源配置,科学种田,提高机械化和组织化程度,达到提高产量、节约成本、提高效益的目的,实现增产、增质、增收;有利于推广新品种和新技术,组织生产绿色、有机农产品,提高农产品品质,比一家一户小规模耕作增产15%以上,实现增产、增质、增收。图们市石岘镇永昌村永昌专业农场统一经营全村3192亩土地,生产有机玉米每公斤14元,脱毒马铃薯每公斤2元,价位明显高于一般农产品,而且供不应求。对于土地转出方而言,农户稳定获得土地流转费600~680元/亩,农民转让土地后就地或外出务工又获得了打工收入,加上国家的惠农补贴,收获颇丰。以双辽市柳条乡为例,土地流转出让方的农户每户每公顷地每年获得的承包金、打工收入和各种补贴共计达1万~1.4万元。

二是通过龙头企业带动经营模式建立稳定的销售渠道,保障农民收益。"粮食银行"是一种有益探索,这是粮食企业面向粮食生产者开展的一种粮食代储代销业务,通过搭建企业与规模经营主体专业化生产、销售和存储的联系机制,企业减轻了现金流压力,农民增收有保障,形成农民、企业和政府利益共享、风险共担的机制,凸显显著的双赢效应。2013年中粮生化能源(榆树)有限公司推出了"粮食银行"业务:公司按农民卖粮当日的挂牌价格支付给农民10%的预付款,在6个月内,农民可以自由选择结算日,公司根据结算日的挂牌价格结清剩余粮款。如果结算日挂牌价低于送粮日价格,中粮按高于送粮日10元/吨的价格结算。这种运行方式对企业而言,稳定了粮源,非一次性付清购粮款,降低了成本,缓解了企业资金流转压力;对农户而言,既解决了农户储粮、卖粮问题,又存取方便,"掉价保底,涨价顺价",保障了相机抉择高价售粮的可能,增加了收益。"粮食银行"试点工作也受到了金融部门的关注。农行公主岭支行与中粮生化能源(公主岭)有限公司达成了合作意向,农民将粮食卖给"银行"后,如果资金困难,农民的仓单可以作为抵押物贷款,可凭仓单到该行办理粮款70%的贷款。

八、探索创新融资模式

吉林省农村贷款利率畸高,高利贷盛行,金融机构贷款年利率平均在12%,高利贷利率超过20%,农村金融满足率不到40%,农民贷款难、贷款贵问题凸显。吉林省探索建立多渠道投融资机制,正在积极推动设立农村金融综合改革试验区,积极探索开办"土地收益保证贷款"、农村直补保贷款等农村金融创新模式，最大限度地满足广大农民的信贷需求，助力农村新型经营主体发展，为破解吉林农村融资难、融资贵困境提供一条有效路径。

一是开展"土地收益保证贷款"模式。土地收益保证贷款是在不改变土地的所有权性质和农业用途的前提下，农户需要贷款，先与具有农业经营能力的县级物权融资农业发展有限公司（具有独立法人资格的国有公司），签订"土地承包经营权流转合同"，公司组织乡镇主管农业的领导、农业站长、农经站长、村委会主任和村民小组组长5人组成评估小组，对农户的土地收益进行评估，核定贷款额度。贷款金额与农户达成一致后，再由物权融资公司向金融机构申请融资、提交保证贷款承诺函，金融机构按照承诺函中的核定贷款数额向农户发放贷款。当贷款到期时，如果农户正常归还金融机构借款，物权融资公司与农户达成的土地流转合同自动解除；如果农户逾期未能偿还借款，物权融资公司会利用政府的惠农保障金先代还，防止银行呆账、坏账发生，然后将农户的土地挂牌竞标转包，用转包款偿还贷款本息，待还款完毕后，仍将土地承包经营权退还给农户。土地转包期间，所获得的各种国家补贴仍归农民所有，农民既不会失去土地，也不会失去基本生活保障，而且土地收益保证贷款只是农户承包经营土地面积的2/3用于收益保证，余下1/3留做今后生活使用。农民申请贷款不再需要实物抵押，最大的贷款难题迎刃而解，同时土地收益保证贷款利率为一年期7.8%，三年期7.995%，五年期8.32%，大大低于其他贷款利率。目前土地收益保证贷款单笔贷款额度上限为5万元，最低限额为1000元，若农民实际拥有土地面积较多，可适当突破5万元额度。梨树县在全省率先开展试点，目前全省60个县（市、区），已有42个县（市、区）成立物权融资农业发展公司，其中25个发放了贷款，累计为农户、家庭农场和农民专业合作社发放贷款8750笔，金额为3.6亿元，贷款主体由农户扩展到专业合作社、家庭农场、农业企业以及其他农村经济实体。

二是实施财政直补资金担保贷款。吉林省农行依托省政府、财政厅主导推出财政直补资金担保贷款，就是对依法享受国家及各级地方政府财政补贴资金的农户发放的以家庭粮食直补、农资综合直补等两项补贴资金作为担保的贷款。金融机构与财政部门签订协议，如果农户贷款到期未能按时偿还，由财政部门负责将直补资金扣划到贷款行，用于收回到期贷款。对申请直补担保贷款的农户没有信用等级、年龄、直补资金额度和申请贷款时间的限制，无需抵押物，门槛低是此项贷款最贴近农民的地方，所有享受国家直补政策的农户，均具有申请直补资金担保贷款的资格。贷款额度根据金融机构不同略有差异，但原则上不超过农户一年直补资金的10倍，贷款利率在基准利率基础上统一上浮30%。2010年开始在吉林省公主岭等9个县市开展试点后，受到农户普遍欢迎，2011年在全省42个粮食主产县全面推开。截至目前，吉林省累计发放贷款158.5亿元，业务覆盖全省672个乡镇。直补资金担保贷款放大了直补政策的惠民效应，还款率为99.96%，运行效果良好。

九、流转政策倾斜

一是吉林省《关于农村土地承包经营权流转的若干意见》，对吉林省土地流转的总体要求和基本原则、土地流转形式、建立和完善土地流转机制、规范土地流转管理等内容作了具体规定。二是2009年省政府办公厅印发了《全省农村土地承包经营权流转市场服务体系建设试点工作方案》，规划用3年或更长一段时间，在全省逐步建成功能齐全、制度完善、服务直接的农村土地承包经营权流转市场。三是2013年5月，提出了《关于积极培育多种形式经营主体加快土地流转促进土地适度规模经营的意见》明确了鼓励土地流转促进适度规模经营的形式、扶持的规模经营主体，并拟订采取实施资金扶持、项目扶持、税收工商登记优惠、农业设施用地支持、创新农产品流通方式、创新农村金融保险服务体制、促进劳动力转移就业、完善土地流转市场服务体系、加强对规模经营主体社会化服务等项措施，激发全省农村土地流转要素活力，逐步实现农业规模化、集约化、标准化和专业化。

吉林省政府出台扶持政策，整合科技攻关项目，把国家级科技示范县项目、国家高产示范片项目、配方施肥项目、高产高效竞赛协同推进。制订优先农机补贴、免费技术培训、帮助协调优惠生产资料等政策，同时设立奖励措施，以土地连片300亩为标准，达到连片规模的地块，每亩补贴13元，同时结合"高光效栽培技术"推广，凡是高光效栽培地块，可享受补贴500元。完善流转政策，通过规范流转方式、稳定流转期限、合理流转价格等形式，鼓励全家外出打工农户、劳动力不足无力正常经营农户、生产技术落后产出效益低的农户等积极参与土地流转。培育农业生产者、经营者、组织者和管理者，重点地选择农村种养大户、专业户、打工返乡户、经济能人等具有一定经济基础、科技素质和创业能力的农民群体作为培植对象，发挥示范带动作用。九台市在2013年向家庭农场发放各类补助达30多万元。长春地区工商部门率先为家庭农场实行免税机制，累计为全市家庭农场减免税额近40万元。

第三节 吉林省农村土地流转存在的突出问题

一、土地流转规模不大，进展不平衡

近年来，尽管吉林省土地流转比率有所增长，但土地流转面积占耕地总面积的比重只有19%，尚未达到全国平均水平28.8%，属于低水平流转。吉林二调数据显示，吉林省耕地面积实为1.0545亿亩，面对2013年只有1206万亩流转面积，发展空间巨大。由于多数土地流转的自发性和农户间的小规模流转，使流转后的土地只在经营主体数量上缩小，土地细碎程度改善不大，经营方式仍为分散经营，集中连片的规模经营比例在农户主体间微乎其微。同时，现有规模经营主体发育不健全，规模小、数量少、实力弱，机械操作十分不便，辐射带动能力不强，示范带动作用没有充分发挥。经营面积在60亩以下的仍占规模经营耕地面积的38%，其中30亩以下占了20%，难以适应现代农业规模化的要求。由于各地经济发展水平、自然条件差异较大，土地流转工作进展不平衡。土地流转呈现经济发展较快的地方比重高，城郊区比边远乡村高，农业产业化程度高、规模化条件好的地方流转率高，地势复杂、人均耕地数量少且分散的地方流转规模较小。目前，流转地域主要聚集在中西部地区，集中在长春、松原、四平和延边等地区，流转面积分别为237万亩、168万亩、144万亩和103.5万亩，其中四个地区流转面积之和占全省流转总面积的74%。

二、流转成本高昂，规模化瓶颈约束

一是土地成片流转难。基于均田制的原因，土地零碎、分散，很多农户家庭20亩左右的土地分成4块、5块甚至10多块较为普遍，一些先进农业生产技术和大型农机受土地规模限制，难以直接应用。二是2008年，吉林省流转价格只有350~450元/亩，2012年为660~730元/亩，2014年达到860~930元/亩。土地流转价格涨势过快，致使土地转入方流转成本过高，降低了流转效益。三是口头约定，不签合同或书面合同不规范，对双方权利义务及违约责任等缺乏明确具体规定，引发纠纷，给农村社会造成了不稳定因素。四是农业生产者在进行农业经营时面临着高额的生产成本和难以预料的自然风险和市场风险，规模经营主体

与一般农户相比,面临着更高的成本和风险。五是地方有限的配套资金无法满足规模经营主体发展要求,扩大规模时贷款融资难、融资贵。六是从事农业劳动力年龄普遍偏大,农业人才支撑力量薄弱。七是农业基础设施建设滞后,现有农田基础设施大多是二三十年前建设,新建的配套不完整。八是流转服务体系建设水平相对落后、服务功能不完善,难以满足土地资源要素配置的现实发展需要。九是缺乏有效的政策推动和引领:其一,鼓励引导农民流转土地的政策缺失;其二,规模经营主体发育奖励扶助政策缺失;其三,规模经营主体在项目、税收、信贷、保险、设施用地、农田改造、农电安装等方面缺乏支持。

三、融资探索有待完善,需要实践破解

农民融资难是我国农村长期普遍存在的问题,吉林作为农业大省,更是急于找出农村金融问题的破解之道。直补资金担保贷款和土地收益保证贷款,都是政府部门为解决农民贷款难进行的有益探索,在一定程度上满足了农民的资金需求,为农户增收作出积极努力。但在政策实施过程中,仍有一些潜在问题需要未雨绸缪。土地收益保证贷款目前仍属于试行阶段,一旦发生农户逾期未偿还贷款现象,农户的土地就将按照土地流转合同由物权融资公司进行挂牌转包,如果长期无人承包土地,土地就没有收益,贷款如何偿还?即使转包成功,农户是否会允许承包者耕种自己的土地?如何避免将还款矛盾转嫁到农户与承包者之间,仍需要在实践中进一步探索和完善。直补资金担保贷款已运行3年,较为成熟。现行的直补资金担保贷款仅依据粮食直补和农资综合补贴两项资金,如果将良种补贴、农机补贴等国家长期稳定施行的其他补贴项目也纳入担保贷款体系中,不仅可以大幅增加农民的贷款额度,也更有利于此项贷款政策在更多省区推广应用,惠及更多农民。

两项贷款探索都面临的问题是:两项贷款均以土地承包经营权证上的名字为依据,新型经营主体(种粮大户、家庭农场、专业合作社等)经营使用他人土地进行耕种,不能获得相应贷款。如何满足种粮大户、家庭农场、专业合作社等新型经营主体的贷款需求?相关政策值得进一步研究。目前,两项贷款体系的利率均为国家基准利率上调30%,在确保金融机构参与积极性的前提下,国家是否可给予部分贴息支持?以减轻农业大省、财政小省农民的经济负担,更好地实现农民增产增收。破解"三农"、金融先行。吉林在农村融资贷款探索方面已经迈出了坚实的一步,后续仍需完善。

四、土地流转不规范，潜在隐患较多

一是农户之间的纠纷。近年来由于耕地产出效益偏低，个别农户将土地经营权无偿或低价有偿转让，甚至出售，而现在粮价上涨，土地流转价格不断攀升，现在又想要回土地经营权，但承包方农民又不愿意轻易交出自己耕种多年的土地，从而产生矛盾和纠纷。土地流转行为不规范现象仍然普遍，农户间的土地流转大多为口头协议，有的即使签订了书面合同，由于合同不规范，对流转双方权利义务及违约责任等缺乏明确的约定，导致潜在纠纷隐患很多。

二是农户与村委会之间的纠纷。其一，有的农户由于种种原因把自己的耕地退回给村委会后，村委会又将其耕地转包给其他农户耕种。现阶段弃耕农户到村委会索要原本属于自己的耕地，因此产生纠纷。其二，承包乡村两级"机动地"纠纷。乡村两级抽出了一定比例的机动地承包出去，承包期5—20年不等，这部分土地当初的承包价每亩不足70元，现阶段土地承包价每亩600元以上，加上当初向外承包时不够公开，导致农民与乡村两级组织之间矛盾产生。其三，部分土地流转年限较长，当初没有考虑到政策变化及粮价上涨情况，随着国家惠农政策的出台，粮食价格的上涨，参照物价指标对比分析，对转出方或转让方存在显失公平现象，埋下了纠纷的隐患。

第四节　推进吉林省农村土地流转的策略与建议

一、保障土地流转农户的权益

有效贯彻和落实相关政策，固化农民土地收益权。（1）确保现行土地承包关系长久不变，农民离乡进城即使把户口迁出，其承包土地不回收、不调整，依附于土地的各项权益归承包人所有，并可继承或有偿转让。（2）鼓励和引导土地流转后的农民进城定居。进城农民原来参加"新农保"的，可以继续保留其原保险关系；没有参加"新农保"的进城农民，也可以随着社会保障体制改革进程，纳入城镇职工基本养老保险或城镇居民社会养老保险范围。农民进城后仍可以到农村从事各种产业活动。（3）进城农民仍然享受原农村集体经济收益权，有条件的地方可以将所在村集体经济组织的资产量化到农民个人股份，发给股权

证，保证其利益不受损失。

二、培育规模经营主体

大力发展专业大户和家庭农场，引导有资金、懂技术、会经营的乡村各类人才和返乡创业人员受让农户流转的土地，形成专业大户和家庭农场。鼓励专业大户和家庭农场与农业产业化龙头企业对接，提升农产品品质，拓宽农产品销售渠道。大力发展农民专业合作社，各县（市、区）加快培育一批产业规模大、产品竞争力强、品牌信誉高的农民专业合作社，提高农民的组织化程度，改变农民单打独斗的市场竞争局面。大力发展农业产业化龙头企业，鼓励龙头企业以租赁方式流转农户承包地，发展适度规模经营。鼓励龙头企业以企业法人资格领办创办合作社，与农民结成利益共同体，带动农民增收。在培育壮大规模经营主体的过程中，重点引导立足实际，着力抓好规模主体的外延与内涵，数量上大幅度增加，流转规模适度提升，确保稳定的利益回报，充足的效益支撑，保持规模经营主体的生命力。

三、完善土地收益保证贷款融资模式

"土地收益保证贷款"作为"农民得实惠、银行得效益、政府得民心"的金融创新，还有一些关键问题有待突破。深入研究土地保证贷款试点过程中可能涉及的法律问题，确保土地保证贷款的每一个环节、每一个领域和每一个类型依法合规，规避法律风险；增加保障资金的投入，提高贷款的能力，化解金融风险。进一步扩大收益保证贷款范围，细化土地收益保证贷款的操作办法和流程。一是抓紧设立吉林省物权融资登记托管交易公司，公司的核心业务包括统筹协调农业龙头企业、大宗物权融资活动，全面拓展耕地等融资模式。二是落实惠农信贷周转保障基金。省级财政需要出资，积极争取中央财政支持。三是探索建立保险资金直接参与惠民金融体系，引入保险制度，缓解物权融资公司的风险压力，积极协调人保、人寿公司参与到保证贷款试点融资工作中来，探索建立保险资金惠农投资计划。

四、强化土地流转的政策保障

一是加大资金扶持力度。要健全土地流转补偿机制，财政每年安排一定额度的土地流转补贴专项资金，对土地转出方予以一定的资金补贴，提高农民土地流转的积极性；对流转期限长，流转合同手续完备，形成一定规模的经营主体进行一次性补助或奖励；对土地流转工作开展好的乡（镇）村进行奖励，促进该项工作更好、更快开展。同时，协调金融部门，拓展农业开发贷款、农田水利中长期贷款，合理投放低产田改造贷款、全程农业机械化配套贷款等新的贷款品种。二是加大项目扶持力度。规模经营主体优先享受财政、农业、水利、国土等部门安排的农田水利设施建设、中低产田改造、优势农产品基地、农业综合开发、土地整理、农业科技入户等各级基建类和财务专项补助项目，对经营面积达到一定规模的农民专业合作社和农业企业，符合立项条件的优先安排列入农业综合开发项目。三是落实农业生产配套用地政策。国土部门对规模经营主体因生产需要建造简易仓库、畜舍、晒场等生产配套设施的临时性用地，在不破坏耕作层、不改变土地权属和用途、不建造永久性建筑物的前提下，应视作农业生产用地，不办理农用地转用手续，由乡（镇）协调用地选址，到县（市、区）土地管理部门备案，加强管理，防止改作非农用地。

五、健全金融保险扶持体系

农业生产者在进行农业经营时面临着高额的生产成本和难以预料的自然风险和市场风险，规模经营主体与一般农户相比，面临着更高的成本和风险，在充分保障所有生产者的基础上，针对规模经营主体可以适当提高政策扶持培育力度。(1) 对规模经营主体实施贷款贴息。原则上，对经营水田作物种植面积达到750亩以上、旱田1500亩以上的经营主体实行贷款贴息，由政府补贴60%，州和县各20%，并可一次性享受5台农机具购置补贴。(2) 提高规模经营农作物保险保费补贴。在充分保障所有生产者的基础上，针对规模经营主体可以合理提高保额和理赔额，并对农作物保险保费给予补贴。具体地，在原农作物政策性保险的基础上，对规模经营主体可以增加土地承租费保险，相应提高保险金额和保费标准。专业农场保险在原政策性农作物保险保费不变基础上，保费增加部分由州、县（市）财政、专业农场按1:1:1比例承担。规模经营主体有了风险防范机制，就不会因灾致贫，土地流转农户的利益也得到了保障。(3) 注册登记的专业大户可享受各项国家农业财政补贴和政策（含农机具购置补贴、钢骨架储粮仓补贴等），不受身份和户籍限制。(4) 加大财政资金支持力度。捆绑使用政策性支农资金，采取以奖代补、项目扶持等形式，重点向新型农业经营主体倾斜。实施税收优惠政策，建设直接为农业生产服务的生产设施而占用农村集体林地，免增耕地占用税。(5) 经各级政府城乡规划、国土、建设等部门的许可，可以使用集体建设用地、未利用土地建设农产品仓库、晾晒场、农机具仓库等生产经营用临时建筑物。(6) 建立县乡干部联系人制度，县乡干部联系人主要帮助经营主体争取项目（如包装土地整理、高标准农场建设、水利建设等项目），帮助衔接贷款（如指导农场用他项权证、林权等贷款），帮助研究种植结构调整（如提供市场信息），帮助普及和推广农业科学技术（如推广测土施肥、种子包衣、大垄双行、掐尖等技术），帮助研究加工和仓储问题（如联系统筹牵头仓库建设），帮助解决卖难问题（如发布市场信息、联系外地买家、开展品牌经营），监控专业农场的经营风险（如专业农场是否参加了农作物保险），维护土地流转农户的利益（如专业农场是否按时足额支付土地流转费用）等。

第十六章 关于辽宁省农村土地流转现状与问题的调研报告

辽宁作为新中国工业的摇篮、共和国的"总装备部",工业基础雄厚、产业体系完备;区位优势明显,战略地位得天独厚;拥有较为完善的基础设施,雄厚的人才资源和科技实力,厚重的历史传承和文化底蕴。作为老工业基地,全力抓好"三农"工作,打造全国闻名的优质农产品生产基地,让农业强起来、农村美起来、农民富起来,也是辽宁义不容辞的责任。推动农村土地流转,实行适度规模经营,是提高农业产业化经营和优化土地资源配置的有效方式,也是深化农村经济改革和破解"三农"难题的关键,更是发展现代农业的客观要求和促进农民增收的重要途径。课题组通过走访辽宁省农业委员会、省农村经济管理总站等相关政府部门调研,深入铁岭市昌图县、阜新市、辽阳市、海城等地调研农地流转情况,通过召开乡村干部座谈会、走访农户、问卷调查等方式,对辽宁省农地流转现状与特点进行了宏观把握,对存在的主要问题进行了梳理,并据此提出了相应的策略与建议。

有关农村土地承包经营权流转的总体情况数据,来源于部门调研,对样本地区乡镇政府和村干部的调查,其他数据主要来源于样本地区的土地流转农户调查问卷,各年度中国及辽宁省统计年鉴、中国及辽宁省农业统计年鉴、中国及辽宁省工业统计年鉴,农业部相关公报、国土资源部相关公报数据等。

第一节 辽宁省经济社会发展概况

辽宁省位于我国东北地区的南部,全省下设14个省辖市、17个县级市、27个县(其中8个少数民族自治县)、56个市辖区。全省陆地总面积14.8万平方公里,占全国陆地总面积的1.5%。2013年年末全省常住人口4390万,城镇人口2917.2万人,乡村人口1472.8万人,乡村户数722.5万,乡村从业人员664

万,城镇化率为66.45%,居全国第五位。辽宁省是我国重要的工业大省,经济实力雄厚。2013年全年地区生产总值27077.7亿元,居全国第七位。三次产业增加值占地区生产总值的比重由上年的8.7∶53.2∶38.1变为8.6∶52.7∶38.7。人均地区生产总值61686元,按可比价格计算,比上年增长8.6%。全年城镇居民人均可支配收入25578元,农村居民人均纯收入10523元。

辽宁省地形概貌大体是"六山一水三分田"。根据二调统计结果,全省耕地面积7562.89万亩,占全国现有耕地面积(20.31亿亩)的3.72%,人均耕地约1.72亩,居民家庭经营耕地面积3.78亩/人(全国平均水平2.3亩/人)。80%的耕地分布在辽宁中部平原区和辽西北低山丘陵的河谷地带。土质肥沃、淡水资源丰富,是我国玉米、大豆等重要粮食作物和油料、蔬菜等经济作物的主产区之一。2004年以来,辽宁省粮食总产量连续10年实现大丰收,粮食生产"十连丰",得益于国家和省级财政对粮食生产投入的逐年增加,得益于新品种、新技术、新模式的大力推广应用,这10年也成为辽宁省粮食生产发展最好最快的时期。2013年,全省粮食总产达到创纪录的109.7亿公斤,比上年增产6.2亿公斤,总产量居全国第12位,比上年提升一位。

第二节 辽宁省农村土地流转现状与主要特点

近年来,我国农村土地流转进程全面推进,呈快速发展趋势。在土地流转的过程中,辽宁省表现出了许多突出的特征,下面从流转规模、流转速度、流转主体、流转方式、流转价格、服务组织和流转收益六个层面分别进行讨论。

一、流转速度飞跃式发展

近年来,在强大的土地流转政策推动作用下,辽宁省土地流转呈现出了飞跃式发展的态势,流转规模和流转比例不断提高。2006年,全省登记在册的土地流转面积仅为98.4万亩,流转率仅为约1.9%(远低于4.57%的全国平均水平),2008年为104.68万亩。2011年以后流转速度明显加快,2011年上升至418.36万亩,2013年达到811.7万亩,而截至2014年4月末,这一数值已高达1071.6万亩,占全省家庭承包总面积的21.2%,涉及90万承包农户。2014年年末全省农地流转总面积达到1500万亩,流转率达到30%(见表16-1)。

第十六章 关于辽宁省农村土地流转现状与问题的调研报告

表 16-1　　　　　辽宁省土地流转率与全国平均水平比较　　　　　单位：%

年份	2006	2008	2009	2010	2011	2012	2013	2014
全国水平	4.57	9.8	11	14.7	17.8	21.5	26	28.8
辽宁水平	1.9	2.1	4.7	5.9	8.3	—	16	21.2

资料来源：根据辽宁省农业委员会调研报告与农业部网站相关资料整理。

二、流转形式多样化发展

辽宁省土地流转主要包括出租、互换、转包、反租倒包等多种形式。一是转包是最主要的流转形式。进程务工的农民往往愿意将自己所承包的土地转包给继续从事耕种的农民，有利于保证他们的土地使用权利，对于原来的承包关系没有变化，流程相对规范，不易引发纠纷。截至 2013 年年末，采用转包的为 528.3 万亩，占流转总面积的 65.1%，比 2008 年增加了 3 个百分点。二是近年来出租形式增长明显，农民将承包地出租给他人的面积为 171.4 万亩，占流转总面积的 21.1%，流转比重比 2008 年年底上升了 14.1%。三是反租倒包形式广泛应用，这是一个农户与村集体双赢的流转模式，在辽宁省的大部分地方都已经开始广泛利用，如锦州市，在农村流转的近 3 万亩的土地中，就有近 0.1 万亩的土地转入村集体组织，再由村集体统一转包，这不仅解决了转包的搜寻成本问题，也使规模化经营进一步推动与实现。

三、经营主体规模化发展

2013 年以来，辽宁省农户参与土地流转的主动性明显增强，农户之间流转面积为 580.7 万亩，占流转总面积的 71.6%，比 2009 年降低 6.9 个百分点；流转入合作社和企业的面积分别占 9.1% 和 8.2%，比 2009 年分别上升 3.1 个和 1.6 个百分点。正是由于农村土地承包经营权流转规模的不断扩大，促进了农业实现规模化、产业化、集约化经营。家庭农场、农民合作社、龙头企业等新型农业经营主体成为引领土地流转的重要力量。与一家一户分散经营相比，新型农业经营主体经营模式更灵活、管理更规范，对抗市场的风险能力也更强。从调查看，辽宁省土地规模化经营主体主要有三种形式。

一是合作社经营。农民合作社是在农村家庭承包经营基础上，同类农产品的生产经营者或者同类农业生产经营服务的提供者、利用者自愿联合、民主管理的互助性经济组织。农民合作社以其成员为主要服务对象,提供农业生产资料的购买,农产品的销售、加工、运输、贮藏以及与农业生产经营有关的技术、信息等服务。铁岭县在工商局注册的各类农民专业合作社达558家,现有合作社社员共8500户,带动农户2万户,社员人均纯收入达2万元。其中从事玉米、水稻生产的合作社192家,农机专业合作社104家,养殖业合作社82家,蔬菜生产合作社56家,榛子生产合作社41家,其他果业合作社21家,苗木生产合作社17家,寒富苹果合作社14家,中草药合作社14家,草坪合作社10家,其他类合作社7家。合作社已经成为为农民服务的有效载体和联结市场的重要纽带。

二是家庭农场经营。家庭农场是指以家庭成员为主要劳动力,从事农业规模化、集约化、商品化生产经营,并以农业收入为家庭主要收入来源的新型农业经营主体。2013年"家庭农场"的概念首次在中央"一号文件"中出现,称鼓励和支持承包土地向专业大户、家庭农场、农民合作社流转。截至2013年,辽宁省全省登记注册备案管理的家庭农场达722个,其中工商部门注册361个,主要以个体工商户、独资企业或股份公司名义登记;农业部门备案361个,主要以农场、示范区、基地等名义备案。共流转土地235万亩,其中铁岭县永收家庭农场流转耕地5000多亩。

三是龙头企业经营。是指以农产品加工或流通为主,通过各种利益联结机制与农户相联系,带动农户进入市场,使农产品生产、加工、销售有机结合、相互促进,在规模和经营指标上达到规定标准并经政府有关部门认定的企业。铁岭县大力发展农产品加工业,建成了"赢大肉禽""方兴绿色产业集团"等规模以上农业产业化龙头企业46户,拉动稻米、生猪、肉鸡、蔬菜等产业快速发展,带动全县3.6万多户农民参与产业化经营,全县农民人均从产业化经营中年获纯收入4571元。

四、流转价格差别化发展

辽宁省不同地区由于土地肥沃程度、流转后用途等不相同,土地流转的价格也不尽相同。一般规律是土地肥沃、生产经济作物则流转价格相对较高,一般在600~800元/亩之间。铁岭昌图新门村从2005年开始,村里就组织成立了玉米种植专业合作社,以每年每亩800元的价格将土地从农民手中流转出来,统一种植,再与种子公司签订合同,销售符合规定的良种。到目前为止,全村7400亩土地已经流转80%,平均每户每年就可收入1.6万元。沈北新区兴隆台镇五家子

第十六章 关于辽宁省农村土地流转现状与问题的调研报告

村的农民与当地的米业集团订立5年的转让合同，农民一次性拿3年的租金，每年每亩600元。

五、流转服务组织探索式发展

土地流转中介组织是土地交易日趋活跃的必然产物，它有效地提高土地流转的效率，保障流转双方的权益。2009年3月20日辽宁省首个土地流转服务中心在沈阳市沈北新区挂牌成立，中心主要职责是开展对农村土地承包有关法律和政策的咨询，对从事农村土地流转服务的工作人员进行政策和业务培训；规范土地流转程序，提供辽宁省统一的农村土地流转合同文本，指导各乡镇建立和完善农村土地承包和流转台账以及相关档案；建立区级农村土地流转信息平台和数据库，搞好闲置土地登记，收集、整理、发布全区农村土地流转的相关信息和来信来访、纠纷的调处及仲裁。当前，辽宁各地纷纷探索建立土地流转中介组织，截至2012年，全省已在35个市县建成364个土地流转市场或交易大厅。流转中介组织有微小化、基层化发展倾向，大连市共形成了各类流转中介组织534个，其中482个为村级中介服务组织（占90.3%），52个为乡级中介服务组织（占9.7%）。

六、流转收益综合式发展

从成效看，辽宁省土地流转进程的不断推进对于农业综合生产能力不断增强、农业现代化水平不断提高、农民收入水平不断增长等形成了巨大的促进作用。

一是农业综合生产能力不断增强。土地规模化、集约化经营使粮食和各类农副产品产量显著提高。2013年全年粮食总产量2195.6万吨，比上年增产125.1万吨，增长6%；蔬菜及食用菌产量3270.9万吨，增长9.8%；水果产量944.7万吨，增长5.6%；猪肉产量230.4万吨，增长0.1%；牛肉产量43.2万吨，增长0.1%；羊肉产量8.1万吨，增长2.1%。

二是农业现代化水平不断提高。大规模土地流转的展开，促进了农业生产现代化水平的不断提高。首先，促进农业产业化经营。"龙头企业+农户+基地""龙头企业+中介合作组织+农户+基地"的经营方式，将分散的小农户组织起来，实现专业化、规模化经营，有效推动了农业产业化经营。在龙头企业的带动下,近年来,辽宁省涌现出一批"百头猪""千只羊""十万羽鸡"的专业化、规模化养殖户,使养殖效益大幅增加。其次,促进了农业科技化发展。只有加快推进农业科技进步与创新,才能缓解农业发展的资源约束,推进农业增长方式转变,扩展农业发展领域。最后,促进了农业机械化发展。机械化可以大幅度地提高农业劳动生产率、土地产出率、资源利用率,缓解农业生产中劳动力结构性、季节性、区域性短缺矛盾,巩固农业基础地位,保障社会稳定,提高广大农民的生活质量和水平。农业机械总动力(不包括渔船)2650万千瓦,比上年增长4.9%。全年化肥施用量(折纯)151.8万吨,比上年增长3.3%;测土配方施肥面积400.47万公顷,全年主要作物良种覆盖率98%。

三是农民收入水平不断增加。通过土地流转,促进了土地流入主体和流出主体双方效益的增加,直接带动了农民收入的增长。一方面,土地流入主体通过土地规模经营,土地种植收益率明显提高。2013年,盘锦市大洼县东风镇二道边村农民曲佰堂以每亩750元的价格流入土地400亩,2014年流入720亩,种植总量达到1400亩,进行稻蟹双养,利用自有的10台(套)农机设备全程实施机械化种植水稻。土地流转后,集中购置农资和机械化种植每亩地可以节省成本300多元,养殖扣蟹每亩地又能多收入300~500元,再加上田埂上种豆子、稻田里养野生泥鳅,别的不算,仅1400亩地全部开发稻田养蟹一年就能收入40万~50万元。另一方面,将土地流出的农民既可以获得土地流转收益,又通过务工等非农劳动获得工资收入,整体收入水平明显提高,农民增收的渠道不断拓宽。2013年,铁岭西堡镇河夹心村村民安庆凯把家里的20亩土地以每亩600元的价格全部流转给宏达农机合作社后,就到市里一家企业务工了。一年内,他既收取了固定的土地流转费用,还获得了近3万元的务工收入。据统计,全年全省农村居民人均纯收入10523元,比上年增长12.1%,扣除价格因素,实际增长9.5%。

七、政府政策主导式发展

辽宁铁岭、海城等多个农业发达地区抓住机遇,以政策促流转,形成政府政策主导式的间接农地流转模式,起到良好的带动示范效应。铁岭市素有"辽北粮仓"之称,铁岭县通过起草《铁岭县关于加快推进农村土地承包经营权流转实施意见》等文件,推进农村土地承包经营权流转工作,促进成立农民合作社,建立土地流转市场,扩大流转土地机械化生产范围。截至2013年年底,铁岭市的

第十六章 关于辽宁省农村土地流转现状与问题的调研报告

农村土地流转面积达到162万亩，比上年同期增加40万亩，同比增长33%，占全市农户家庭承包经营耕地面积的23.7%，首次突破20%大关，跃居全省第一位。农民合作社流转土地近35万亩，家庭农场、专业大户和企业流转土地约10万亩。经营规模超过1000亩以上的合作社有25家。进一步，铁岭将加大政策和资金方面的扶持力度，建立项目补贴制度、建立土地流转直接补贴制度、建立土地流转奖励制度等进一步促进流转规模的扩大和效率的提高。海城市在土地流转工作中，健全农用地流转服务体制，强化农用地流转监督管理工作，开展农民承包土地确权、登记、颁证工作，加快实现"三权"分离，推进农村交易改革，发挥村集体作用实现流转增值，推进农业生产方式改革，积极推进流转土地与金融接轨，处理好复耕地流转问题。截至2014年春，全市共流转土地面积17万亩，占总耕地面积的10.2%。沈阳市财政安排1000万元资金，对新增加的土地流转期限5年以上、面积超过500亩的村和超过5000亩以上的乡（镇）分别给予10万元奖励。

2014年4月30日辽宁省人民政府进一步明确方向，印发了《关于推进农村土地承包经营权流转促进土地集约化经营的实施意见》，意见中重点突出了四个方面的内容：一是明确了土地流转的目的和发展方向。有序流转、发展土地集约化经营是土地流转的目的。重点扶持以家庭农场、农民合作社、农业产业化龙头企业为代表的新型农业经营主体，使之成为土地流转和集约化经营的重要牵动力量。二是明确了各级政府推进土地流转的重要抓手。通过建立健全覆盖全省所有乡村的土地承包经营权流转市场，形成市、县、乡、村四级土地流转管理和服务网络，为流转双方提供流转信息发布、法律政策咨询、流转价格评估、指导合同签订、协调利益关系等相关服务，确保所有土地承包经营权流转都要通过流转市场进行，达到统一交易流程、统一合同文本、统一服务标准的规范化要求。三是明确了扶持政策。省政府选择10个县（市）作为推进土地承包经营权流转促进土地集约经营的示范县，实施重点推进；鼓励农村集体利用闲置或者废弃土地改建农机仓库棚和粮食晾晒场，统一向土地规模经营主体提供服务；鼓励发展农机合作社、水利合作社等各类农民专业合作社，以及供销社、工商企业等农业生产性服务组织，为土地规模经营者提供产前、产中、产后服务。四是明确了工商企业进入农村流转承包地的积极意义。发挥工商企业引领农业适度规模经营发展的作用，与农户、农民合作社建立紧密的利益联结机制，鼓励和引导工商企业到农村发展适合企业化经营的现代种养业，向农业输入现代生产要素和经营模式。

第三节 辽宁省农村土地流转存在的突出问题

一、流转规模有待进一步扩大

辽宁省规模性土地流转启动较晚，2010年以后土地流转速度虽明显增快，但从流转率上看，仍低于全国平均水平和其他主要产粮大省，有待进一步扩大。截至2014年4月，辽宁省土地流转率为21.2%，而2013年年末全国平均水平已达26%，产粮大省黑龙江、安徽、河南土地流转率分别为39.2%、32.2%和33%。

二、地区间速度差异较大

辽宁省下设14个省辖市、17个县级市、27个县，调查显示，不同地区间土地流转效率存在着较大的差异。部分农业大县流转较快，拥有6.85万亩耕地的海城市望台镇的土地流转面积达4.8万亩，流转率高达70.6%，远远高于全省21.2%的平均水平。而很多地区仍处在初期流转阶段，流转率长期没有大幅度增长。

三、土地流转程序不规范

主要表现在流转仍以农户之间的直接流转为主，自2013年以来，农户之间流转面积为580.7万亩，占流转总面积的71.6%。流转往往以口头协议的方式进行，由于没有签订正式的流转合同或合同不规范，发生在农户之间的流转纠纷呈上升趋势，处理起来相当困难，因此，村干部不愿参与农户之间的流转过程。

四、土地流转稳定性不强

调研表明，很多地区为加速流转出台了各种各样的政策措施，然而流转目标短期实现后，却不能保证流转的长期性，究其原因，主要在于有的地区盲目扩大产业基地规模,没有龙头企业和交易市场带动,在市场竞争中缺乏话语权;有的地区产业链条两端发展不匹配,难以增强产业的流动性;有的地区守着产业优势吃老本,竞争优势只能越吃越少。结果既无法实现土地的持久流转,也无法把农村劳动力完全地从土地上解放出来。

五、农民土地流转意识淡薄

许多农民对于国家或地区性土地流转政策一知半解,虽然国家出台了一系列惠农政策,但往往因为农民不了解而得不到有效的作用发挥,政策形同虚设,客观上阻碍了流转意愿的形成。很多农民由于恋乡、恋土情节,不愿进入城市,在主观上排斥流转。部分50岁以上的农民,由于身体原因不愿再到城市中承担繁重的劳动,更希望留在家里从事农业生产,安度晚年,他们不仅耕种自己的土地,还无偿地为其子女耕种土地,客观上也阻碍了土地流转的进程。

六、土地流转动力不足

第二次农业普查数据显示,辽宁外出务工劳动力占农村劳动力资源总量的13.2%,而全国的平均水平是24.8%;从外出务工人员外出从业时间来看,辽宁外出务工时间在10个月以上的人员比重只有44.1%,而全国平均水平是外出从业10个月以上的务工人员比重为62.2%,短期务工者居多,转移人口市民化进程缓慢。因不能在城市中稳定地生活,造成不敢也不愿放弃赖以生存的土地。

七、农业企业带动作用有限

农业生产经营企业是农业规模化、产业化、现代化的重要载体,而辽宁各地有实力的农业生产经营企业相对缺乏,没能形成良好的带动作用,促进流转。据调查,普兰店市莲山乡自2010年以来,通过招商的形式只引来了三个投资主体,其中两个项目是以承租山地为主,一个项目为流转农民承包地为主,但总计土地需求500多亩。而实际上,像莲山乡这种经济不够发达地区,农民虽然有土地流转需求,但由于农民很难寻找到实力较强的农业投资主体,因而大大影响了该地区的土地流转。

第四节　推进辽宁省农村土地流转的策略与建议

2014年9月29日,中共中央全面深化改革领导小组第五次会议明确提出:现阶段深化农村土地制度改革,要更多考虑推进中国农业现代化问题,既要解决好农业问题,也要解决好农民问题。要在坚持农村土地集体所有的前提下,促使承包权和经营权分离,形成所有权、承包权、经营权三权分置,经营权流转的格局。为全国各省份推进农村土地流转制定了总的原则和基调。结合辽宁省农地流转的现状和存在的问题,提出如下几方面推进流转的策略和建议。

一、加大宣传力度、解放农户思想观念

促进农地流转进程的加快,更需要承包户自身思想上的认同,解放根深蒂固的恋土、恋乡思想观念。一是加大对于承包户政府流转相关政策的宣传。通过广播、报纸、书籍、网络等多种媒介向广大农民广泛宣传国家和地区性的农地流转政策,还可以组织专人深入农村进行宣传,"面对面"回答农民提出的所有关于流转的问题,让农民真正了解具体政策,解除由各种不确定和不了解造成的担忧和排斥。二是打破城乡二元经济体制,塑造现代市场经济观念。加强社会主义市场经济的思想观念的灌输,扩大和强化市场经济思想文化的影响,建立起与社会主义市场经济相适应的文化氛围,营造出一种自主、自由、竞争、效率的市场经济文化,让更多的农民认识到农地流转是我国农业现代化进程的必然。三是加强村干部队伍的培养。在实行新农村建设的伟大实践中,培养一支具有正义感、责任感、使命感的优秀农村干部队伍,是乡村社会走向现代化不可忽视的重要途径,也是转变农民思想观念的重要途径。

二、推进确权颁证工作、夯实土地流转基础

开展农村土地确权颁证是一项惠及广大农民群众的民生工程。在第二轮土地承包的基础上,进一步完善农村土地承包关系,开展农村土地确权颁证工作,对坚持农村基本经营制度,保护农民土地承包权益、促进农村土地流转具有十分重大的意义。按照2013年中央"一号文件"规定,将在5年内完成农村土地承包

经营权确权颁证工作，解决农户承包地块面积不准、四至不清等问题。做好确权颁证工作，首先要全面核查，逐户开展。以村组为单位，逐户开展农村承包地面积摸底和清查工作，核定承包面积，并对承包地块、面积、空间位置、地类、权属进行分户确权颁证，要完成一个村，发放一个村，做到不漏户、不漏地、不漏界、不漏项和不污损，要求严格做到"地、簿、账、证"四相符。采取招标、拍卖、公开协商等其他承包方式承包农村土地的，当事人申请土地承包经营权登记，按照《农村土地承包经营权证管理办法》的有关规定办理，并向申请人依法颁发农村土地承包经营权证。其次要据实确认、及时变更。依据完善后的农村土地承包档案，对承包地被征用、占用，退耕还林等面积发生变化的，家庭人口变动导致经营权分割、合并的，经营权转让、互换的，以及承包地灭失或全户消亡等情形，实事求是地实施变更或注销登记。最后要加强领导、明确责任。建立农村土地确权颁证"一把手负责制"，各乡镇要建立主要领导要亲自抓，分管领导具体负责的工作机制；各村村支两委主要领导负责落实土地确权的资料摸底调查工作；驻村干部负责督促各村在规定时间内完成土地的摸底调查，并收集整理好摸底数据；各村负责汇总资料，并做好信息录入工作，确保农村土地确权颁证工作的顺利开展。

三、完善土地流转市场、规范土地流转行为

辽宁省政府规定，除代耕不超过 1 年的短期流转以外，所有土地承包经营权流转都要通过流转市场进行。目的是流转必须按照法律规定签订书面流转合同、流转合同必须进行备案、流转价格必须符合经济发展的趋势。这也是稳定土地流转关系、规范土地流转行为、减少流转纠纷的重要措施。一是要建立和完善土地流转服务机构。众所周知，土地承包经营权流转市场是较为特殊的要素市场，服务性组织集服务、管理、监督等多项职责于一身，本身不应是以营利为目的的中介性企业。所以服务组织的建立应由国家设立的职能部门负责。二是要建立健全土地承包经营权流转的价格机制。在政策上对于土地流转的价格进行规定，让流转双方在商定流转价格时有据可依。价格政策制定时要考虑土地担负着农民社会保障功能的因素、级差地租因素以及流转方式、流转期限等因素。三是要充分尊重和维护承包户土地承包经营权的主体地位，这是土地流转市场建立的核心。《农村土地承包法》明确规定，土地承包经营权流转的主体是承包方，承包方有权依法自主决定土地承包经营权是否流转和流转的方式。要尊重承包户土地流转

的权利就要切实完善相关的法律程序、确认承包户转让主体的法律地位和完备的承包户维权法律体系等。

四、加大监管力度、发挥农业生产经营企业引领作用

将承包地使用权出租给农业生产经营企业,并签署正式的租赁合同,规定双方的权利和义务。出租后土地的承包关系不变,合同期满后,承包户可以选择继续出租土地或是收回土地的使用权,具有较大的自主性。农业生产经营企业规模经营有效地促进农业产业化的实现。因此要大力鼓励支持有实力的农业生产经营企业参与农地流转。但这种流转方式的时间通常较短,土地使用企业存在短期行为,非农化、非粮化现象严重。因此,要有效地监督农业生产经营型企业流入土地后的行为。一是制定严格的土地经营监管制度。制定相关的监管政策,设置工商企业流入土地的条件和经营方向,对流转的土地用途进行长期监督,引导工商企业合理、科学地流转土地和进行农业经营,保障农民应有的合法权益。二是鼓励以镇、村为单位,集体组织土地连片流转或组织签订全托管服务合同。进一步规范土地流转(托管)行为,做到程序合法、合同规范、手续完备、价格合理,维护流转(托管)双方权益。三是在贷款、财政补贴、生产技术和市场经营方面加大对种植粮食作物的农业生产经营企业的扶持力度,出台相关的扶持政策。通过降低其种植粮食作物的成本,提高种植粮食作物利润的方式,提高种植粮食的积极性,达到引导其长期、稳定发展,保障国家粮食安全的目的。

五、完善政府扶持政策、加速土地流转进程

借鉴其他省份的成功流转经验,结合辽宁省实际,选取重点县(市)作为土地承包经营权流转的示范县,实施重点推进工程,并明确政府扶持的重点政策内容。一是鼓励农村集体利用闲置或者废弃土地改建农机仓库棚和粮食晾晒场,统一向土地规模经营主体提供服务;二是鼓励发展农机合作社、水利合作社等各类农民专业合作社,以及供销社、工商企业等农业生产性服务组织,为土地规模经营者提供产前、产中、产后服务。三是对财政用于鼓励农村土地规模流转的奖补资金应作为一项经常性支出纳入财政预算。此外,财政每年在有关土地收入分配用于支农的资金中安排一定额度,用于鼓励农村土地流转、壮大规模经营主体,培育重点产业和发展龙头企业。四是金融机构加强对规模经营主体的支持和

服务，在符合信贷政策的前提下，为经营主体和基地建设提供积极的信贷支持，出台相应的办法简化资金贷款手续，把参与规模经营的产业化农业龙头企业、种植大户、农村土地股份合作等纳入服务范围，促进土地流入主体的经营和发展。五是建立健全农村土地承包仲裁体系。加强仲裁基础设施建设，改善办案条件，提高仲裁工作效率，使流转纠纷问题得到及时处理和解决。

六、健全社会保障体系、建立土地流转动力机制

完善社会保障体系，为转移劳动力在城市中生活建立健全保障体系，是建立土地流转动力机制的重要方面。一是对长期外出迁入城镇并有稳定职业和固定住所的农民鼓励其自愿放弃承包土地，制订相应的鼓励政策，给予补偿、补助，享受与迁入地城镇居民同等待遇和社会保障。二是对流转土地后进入城镇经商或办企业的农民，各级工商行政管理部门参照下岗失业再就业人员管理办法，享受国家、省、市相关优惠政策；对流出土地后进城务工人员可提供公益性岗位优先安排给这些农民，其子女可在县（市）教育部门指定的学校就学，享受与城镇居民子女同等待遇。三是进一步扩大农村社会养老保险的参保覆盖面。对流出土地农户尤其是年龄较大的农民，尝试利用部分土地流转收益和政府补助相结合的方式，对其进行农村养老保险，解决这部分农户土地流出后的后顾之忧。

主要参考文献

[1] 埃里克·拉斯穆森. 博弈与信息：博弈论概论 [M]. 北京：北京大学出版社，2009.

[2] 毕于运. 中国耕地 [M]. 北京：中国农业科技出版社，1995.

[3] 卞琦娟，周曙东，葛继红. 发达地区农地流转影响因素分析——基于浙江省农户样本数据 [J]. 农业技术经济，2010（6）.

[4] 卞琦娟，周曙东，易小燕等. 农户农地流转现状、特征及其区域差异分析——以浙江省为例 [J]. 资源科学，2011，33（2）.

[5] 卞琦娟. 农户土地承包经营权流转问题研究 [D]. 南京：南京农业大学，2011.

[6] 蔡立东，姜楠. 承包权与经营权分置的法构造 [J]. 法学研究，2015（3）.

[7] 蔡志明. 议价行为的博弈理论与博弈实验研究 [J]. 华东师范大学学报（哲学社会科学版），1999（6）.

[8] 藏俊梅，王万茂，陈茵茵. 农地非农化中土地增值分配与失地农民权益保障研究——基于农地发展权视角的分析 [J]. 农业经济问题，2008（2）.

[9] 曹建华，王红英，黄小梅. 农村土地流转的供求意愿及其流转效率的评价研究 [J]. 中国土地科学，2007，21（5）.

[10] 曹昆. 中国农民收入微观计量分析及区域经济增长关联研究 [D]. 西南交通大学，2013.

[11] 曹茸，宋修伟. 发展家庭农场：意义重大 难题待解 [N]. 农民日报，2013-3-8（1）.

[12] 陈刚. 土地承包经营权流转与农民财产性收入增长——来自《农村土地承包法》的冲击实验 [J]. 社会科学辑刊，2014（2）.

[13] 陈浩，陈中伟. 农村劳动力迁移与土地流转动态不一致分析——基于河南省进城务工农村劳动力的调查 [J]. 西北人口，2013（5）.

[14] 陈立双，姜明英. 辽宁省土地承包经营权流转现状与问题分析——基

于200户农户的调查[J]. 农业经济, 2011 (7).

[15] 陈小君. 我国农村土地法律制度变革的思路与框架: 十八届三中全会《决定》相关内容解读[J], 法学研究, 2014 (4).

[16] 陈延秋, 金晓彤. 新生代农民工市民化意愿影响因素的实证研究——基于人力资本、社会资本和心理资本的考察[J]. 西北人口, 2014 (4).

[17] 陈昭玖, 胡雯. 农业规模经营的要素匹配: 雇工经营抑或服务外包——基于赣粤两省农户问卷的实证分析[J]. 学术研究, 2016 (8).

[18] 陈竹, 张安录, 张雄, 宋敏. 农地城市流转的外部成本测算——以仙桃市为例[J]. 资源科学, 2010 (6).

[19] 邓大才. 农村家庭承包土地转让的价格研究[J]. 改革, 2001 (2).

[20] 邓大才. 制度安排、交易成本与农地流转价格[J]. 中州学刊, 2009 (2).

[21] 丁静. 新生代农民工完全市民化的有效机制构建[J]. 中州学刊, 2014 (4).

[22] 丁静. 中国新生代农民工市民化问题研究[J]. 学术界, 2013 (1).

[23] 杜国明, 李瑞雪, 王介勇, 黄善林. 农村人口非农化形式及其对农地流转的影响[J]. 农业经济与管理, 2014 (6).

[24] 范维. 人力资本对农民工市民化能力提升的影响分析[J]. 农村经济与科技, 2014 (4).

[25] 方方, 刘彦随. 传统平原农区人口非农化对耕地利用方式的影响[J]. 人文地理, 2013 (1).

[26] 高富平. 农地"三权分置"改革的法理分析及制度意义[J]. 社会科学辑刊, 2016 (5).

[27] 高映轸, 潘家华, 顾志明. 土地经济问题再认识[M]. 南京: 南京出版社, 1996.

[28] 郜永昌. 分离与重构: 土地承包经营权流转新论[J]. 经济视角. 2013 (5).

[29] 顾智鹏, 曹宝明, 赵霞. 粮食目标价格政策的实施效果分析——基于2015年黑龙江省大豆主产区的调查[J]. 价格理论与实践, 2016 (2).

[30] 关浩杰. 收入结构视角下我国农民收入问题研究[D]. 北京: 首都经济贸易大学, 2013.

[31] 郭爱请, 高晓巍, 秦岭. 土地承包经营权流转价格研究——以河北省

故城县青罕镇为例［J］. 价格月刊, 2016 (6).

［32］郭涛. 辽宁省2017年农村经营管理统计分析报告［J］. 农业经济, 2018 (5).

［33］国务院发展研究中心课题组, 侯云春, 韩俊, 蒋省三, 何宇鹏, 金三林. 农民工市民化进程的总体态势与战略取向［J］. 改革, 2011 (5).

［34］韩学平. "三权分置"下农村土地经营权有效实现的物权逻辑［J］. 社会科学辑刊, 2016 (5).

［35］贺雪峰, 仝志辉. 论村庄社会关联——兼论村庄秩序的社会基础［J］. 中国社会科学, 2002 (3).

［36］黑龙江省农村发展研究中心课题组. 黑龙江省由农业大省建设农业强省的对策研究［J］. 农场经济管理, 2017 (7).

［37］侯淑涛, 张羽鑫, 黄善林. 黑龙江省农民收入的结构、贡献与限制因素研究［J］. 农业经济与管理, 2015 (5).

［38］胡初枝, 黄贤金, 张力军. 农户农地流转的福利经济效果分析——基于农户调查的分析［J］. 经济问题探索, 2008 (1).

［39］胡初枝, 黄贤金. 农户土地经营规模对农业生产绩效的影响分析——基于江苏省铜山县的分析［J］. 农业技术经济, 2007 (6).

［40］胡家勇. 中国个体经济发展的回顾与展望［J］. 财经研究, 2003 (4).

［41］胡宜挺, 肖志敏. 农户农业生产环节外包行为影响因素分析——基于内蒙古宁城县玉米种植户调研数据［J］. 广东农业科学, 2014 (19).

［42］黄丽萍. 农村承包地使用权流转价格低廉的原因探讨［J］. 农业经济问题, 2005 (8).

［43］黄平. 寻求生存: 当代中国农村外出人口的社会学研究［M］. 昆明: 云南人民出版社, 1997.

［44］黄善林, 冯云龙. 黑龙江省农户农地流转影响因素研究［J］. 东北农业大学学报（社会科学版）, 2014 (2).

［45］黄善林, 张羽鑫, 侯淑涛, 杜国明. 东北地区农地经营规模对农民收入的影响研究［J］. 干旱区资源与环境, 2016 (5).

［46］黄延廷. 农地流转、规模化进程中的农地制度创新研究［J］. 社会科学, 2012 (1).

［47］黄艳娴. 欠发达地区农民收入结构变动对收入影响的量化分析［J］.

浙江农业学报，2012，24（6）．

［48］霍生平，苏学愚．农地流转中农民分流就业径向、机制及策略［J］．求索，2013（5）．

［49］季柯辛，乔娟．农业技术外包的生产率效应及其发生机制：以生猪良种外包为例［J］．华南理工大学学报（社会科学版），2016，18（4）．

［50］姜松，王钊．土地流转、适度规模经营与农民增收——基于重庆市数据实证［J］．软科学，2012，26（9）．

［51］姜天瑞，张一豪，刘永悦，郭翔宇．农产品供应链中农民合作社的助农增收效应——以黑龙江省240个农户为例［J］．江苏农业科学，2017（3）．

［52］蒋和平，张忠明．诱人的职业：新型农民［J］．中国农村科技，2013（6）．

［53］蒋勋功．关于龙头企业引领土地流转的调查——对衡阳县台源镇的考察［J］．湖湘三农论坛，2009．

［54］蒋媛媛．绍兴农村土地信托制度的社会学解读［D］．南京：南京师范大学，2007．

［55］金丽馥．中国农民土地财产性收入：增长困境与对策思路［J］．江海学刊，2013（6）．

［56］金三林．农业转移人口市民化制度创新与对策［N］．东方早报，2013-4-2．

［57］康建林，王永军．用"三化"解决"三农"问题［J］．河北建筑科技学院学报，2005（2）．

［58］赖丽华．基于"三权分置"的农村土地经营权二元法律制度构造［J］．西南民族大学学报（人文社科版），2016（11）．

［59］郎义华．新农村建设示范区农村劳动力转移与土地流转研究［D］．重庆：西南大学，2008．

［60］李彬，范云峰．我国农业经济组织的演进轨迹与趋势判断［J］．改革，2011（7）．

［61］李景文．农民工市民化障碍及实现途径分析［D］．北京：中央民族大学，2009．

［62］李娟娟．中国农村土地流转与劳动力转移的关联分析［J］．改革与战略，2011（7）．

［63］李孔岳．农地专用性资产与交易的不确定性对农地流转交易费用的影

响 [J]. 管理世界, 2009 (3).

[64] 李明秋, 王宝山. 中国农村土地制度创新及农地使用权流转机制研究 [M]. 北京: 中国大地出版社, 2005.

[65] 李明贤, 樊英. 经营模式、经营特性与农民专业合作社的发展研究——基于湖南省浏阳市三家典型蔬菜类合作社的研究 [J]. 农业经济问题, 2014 (2).

[66] 李淑妍. 农民工市民化视角下的农村土地流转问题研究 [D]. 沈阳: 辽宁大学, 2013.

[67] 李婷婷. 关于黑龙江省家庭农场发展与金融服务情况的调查 [J]. 黑龙江金融, 2013 (10).

[68] 李香. 农村土地流转对劳动力转移的影响研究 [D]. 济南: 山东大学, 2012.

[69] 李志远, 李尚红. 农业生产组织方式创新及发展模式的选择 [J]. 经济问题, 2006 (6).

[70] 李中. 农村土地流转与农民收入——基于湖南邵阳市跟踪调研数据的研究 [J]. 经济地理, 2013, 33 (5).

[71] 梁高峰. 对雇佣劳动的再认识——从现代科技革命到现代发展, 从雇佣劳动到体面劳动 [J]. 社科纵横, 2007 (5).

[72] 廖洪乐. 农户兼业及其对农地承包经营权流转的影响 [J]. 管理世界, 2012 (5).

[73] 廖西元, 申红芳, 王志刚. 中国特色农业规模经营三步走战略: 从生产环节流转到生产经营流转再到承包权流转 [J]. 农业经济问题, 2011 (12).

[74] 林娣. 新生代农民工市民化的社会资本困境与出路 [J]. 社会科学战线, 2014 (6).

[75] 林善浪, 王健, 张锋. 劳动力转移行为对土地流转意愿影响的实证研究 [J]. 中国土地科学, 2010 (24).

[76] 林雪梅. 家庭农场经营的组织困境与制度消解 [J]. 管理世界, 2014 (2).

[77] 刘爱玉. 城市化过程中的农民工市民化问题 [J]. 中国行政管理, 2012 (1).

[78] 刘恒科. "三权分置"下集体土地所有权的功能转向与权能重构 [J]. 南京农业大学学报 (社会科学版), 2017 (3).

[79] 刘鸿渊. 政府主导下的农地集体流转收入增长效应研究——以成都农地集体流转为例 [J]. 农业经济与管理, 2010 (2).

[80] 刘克春, 池泽新. 农业税费减免及粮食补贴、地租与农户农地转入行为——以江西省为例 [J]. 农业技术经济, 2008 (1).

[81] 刘克春. 农户农地流转决策行为研究 [D]. 杭州: 浙江大学, 2006.

[82] 刘鹏凌等. 种植大户成立新型农业经营组织的动因分析——基于安徽省桐城市的调研 [J]. 农业技术经济, 2015 (12).

[83] 刘萍, 夏晓宇. 黑龙江省农机专业合作社管理机制分析 [J]. 应用能源技术, 2014 (1): 1-5.

[84] 刘卫柏, 彭魏倬加. "三权分置"背景下的土地信托流转模式分析——以湖南益阳沅江的实践为例 [J]. 经济地理, 2016 (8).

[85] 刘文勇, 张悦. 农地流转中农户租约期限短期倾向的研究: 悖论与解释 [J]. 农村经济, 2013 (4).

[86] 刘洋, 邱道持. 农地流转农户意愿及其影响因素分析 [J]. 农机化研究, 2011 (7).

[87] 刘永悦, 郭翔宇, 刘雨欣. 供应链集成视角下欧美农业合作社发展经验及对中国的启示 [J]. 世界农业, 2016 (2).

[88] 刘兆军, 李松泽. "三权分置"权利关系下的农地流转方式研究 [J]. 学习与探索, 2018 (2).

[89] 楼建波. 农户承包经营的农地流转的三权分置——一个功能主义的分析路径 [J]. 南开学报 (哲学社会科学版), 2016 (7).

[90] 鲁先凤. 中国现阶段农业雇工的特征与成因简析 [J]. 理论月刊, 2008 (12).

[91] 罗必良, 李孔岳, 吴忠培. 中国农业生产组织: 生存、演进及发展 [J]. 当代财经, 2001 (1).

[92] 罗必良, 汪沙, 李尚蒲. 交易费用、农户认知与农地流转——来自广东省的农户问卷调查 [J]. 农业技术经济, 2012 (1).

[93] 罗必良, 吴晨. 交易效率: 农地承包经营权流转的新视角——基于广东个案研究 [J]. 农业技术经济, 2008 (2).

[94] 罗炳锦. 充分重视农民工市民化 [J]. 合作经济与科技, 2012 (6).

[95] 罗丹, 陈洁. 域外经验、当下状况与中国特色农业组织体系构建 [J]. 改革, 2013 (3).

[96] 罗明忠, 杨永贵, 林文泽. 农地流转中的非农就业因素分析——基于化州市播扬镇的实证检验 [J]. 产经评论, 2013 (3).

[97] 罗正月. 农民工城市化的意义和路径选择 [J]. 商业时代, 2009 (36).

[98] 马爱慧, 蔡银, 张安录. 基于土地优化配置模型的耕地生态补偿框架 [J]. 中国人口资源与环境, 2010 (10).

[99] 马亚丽. 浅议农村土地流转管理 [J]. 魅力中国, 2013 (28).

[100] 毛飞, 孔祥智. 农地规模化流转的制约因素分析 [J]. 农业技术经济, 2012 (7).

[101] 莫艳清. 城市农民工市民化问题研究综述 [J]. 长春工程学院学报 (社会科学版), 2009 (3).

[102] 倪锦丽. 吉林省农村土地流转问题及对策研究——基于对吉林省农村土地流转的调研 [J]. 农村经济, 2010 (2).

[103] 聂辉华. 最优农业契约与中国农业产业化模式 [J]. 经济学 (季刊), 2012 (1).

[104] 聂建亮, 钟涨宝. 农户分化程度对农地流转行为及规模的影响 [J]. 资源科学, 2014, 36 (4).

[105] 宁爱凤. 农村土地流转的制度障碍与对策研究——以农村劳动力转移为视角 [J]. 理论探讨, 2010 (1).

[106] 牛海鹏, 张安录. 耕地利用生态社会效益测算方法及其应用 [J]. 农业工程学报, 2010 (5).

[107] 潘樾, 郑再良. 土地承包经营权流转方式的法理解析 [J]. 皖西学院学报, 2011 (03).

[108] 庞君. 电子商务环境下中介功能转化 [J]. 特区经济, 2005 (6).

[109] 钱贵霞, 李宁辉. 不同粮食生产经营规模农户效益分析 [J]. 农业技术经济, 2005 (4).

[110] 钱克明, 彭廷军. 关于现代农业经营主体的调研报告 [J]. 农业经济问题, 2013 (6).

[111] 钱忠好. 非农就业是否必然导致农地流转——基于家庭内部分工的理论分析及其对中国农户兼业化的解释 [J]. 中国农村经济, 2008 (10).

[112] 钱忠好. 家庭经营——目前中国农业生产组织与制度创新应坚持的合理内核——与唐敏同志商榷 [J]. 农业经济问题, 1998 (8).

[113] 钱忠好. 农村土地承包经营权产权残缺与市场流转困境：理论与政策分析. 管理世界, 2002（6）.

[114] 曲长祥, 刘家旭. 黑龙江省农村劳动力转移与农村土地流转关联性探析 [J]. 东北农业大学学报（社会科学版）, 2013（2）.

[115] 任勤, 李福军. 农村土地流转中介组织模式：问题及对策——基于成都市的实践 [J]. 财经科学, 2010（6）.

[116] 任守云, 叶敬忠. 市场化背景下李村换工与雇工现象分析——兼与禄村之比较 [J]. 中国农村经济, 2011（6）.

[117] 任淑荣. 河南农民收入结构变动及影响因素分析 [J]. 河南农业大学学报, 2007（2）.

[118] 尚旭东. 政府主导农地流转能"增效保粮"吗？——基于地租乘数、成本变动和议价地位的一个分析 [J]. 农村经济, 2016（1）.

[119] 申兵. 我国农民工市民化的内涵、难点及对策 [J]. 中国软科学, 2011（2）.

[120] 申惠文. 法学视角中的农村土地三权分离改革 [J]. 中国土地科学, 2015（3）.

[121] 申云, 朱述斌, 邓莹等. 农地使用权流转价格的影响因素分析——来自于农户和区域水平的经验 [J]. 中国农村观察, 2012（3）.

[122] 沈映春, 周晓芳. 关于我国农村土地流转的中介机构研究 [J]. 当代经济管理, 2009（8）.

[123] 石磊. 中国农业组织变迁备忘录 [J]. 学术月刊, 2001（2）.

[124] 石伟, 周静. 中国农村剩余劳动力转移的现状、问题与对策 [J]. 中共济南市委党校学报, 2004（4）.

[125] 史清华, 徐翠萍. 农户家庭农地流转行为的变迁和形成根源——1986—2005年长三角15村调查 [J]. 华南农业大学学报（社会科学版）, 2007, 6（3）.

[126] 宋辉, 钟涨宝. 基于农户行为的农地流转实证研究——以湖北省襄阳市312户农户为例 [J]. 资源科学, 2013, 35（5）.

[127] 宋晓梧. 中国社会保障体制改革与发展报告 [M]. 北京：中国人民大学出版社, 2001.

[128] 宋艳萍. 农民工市民化的人力资本障碍分析 [J]. 全国商情（经济理论研究）, 2007（9）.

[129] 谭仲春, 曲福田, 黄贤金. 耕地资源可持续利用的经济分析与政策启

示 [J]. 农业环境与发展, 1998 (4).

[130] 汤昕晨, 孙思思. 关于农村劳动力转移与土地流转的研究综述 [J]. 中国电子商情: 通信市场, 2012 (4).

[131] 唐文金. 农户土地流转意愿与行为研究 [M]. 北京: 中国经济出版社, 2008.

[132] 陶翔, 王祥军. 农村劳动力转移对土地流转的影响 [J]. 合肥学院学报 (社会科学版), 2009 (5).

[133] 滕海峰. 欠发达地区土地要素对农户收入影响的实证研究——基于甘肃省青城镇344家农户调查 [J]. 甘肃理论学刊, 2013 (5).

[134] 田北海, 雷华等. 人力资本与社会资本孰重孰轻: 对农民工职业流动影响因素的再探讨——基于地位结构观与网络结构观的综合视角 [J]. 中国农村观察, 2013 (1).

[135] 王春超. 农村土地流转、劳动力资源配置与农民收入增长: 基于中国17省份农户调查的实证研究 [J]. 农业技术经济, 2011 (1).

[136] 王德福, 桂华. 大规模农地流转的经济与社会后果分析——基于皖南林村的考察 [J]. 华南农业大学学报 (社会科学版), 2011, 10 (2).

[137] 王德福. 农地流转模式对农村社会稳定的影响——一个阶层分析的视角 [J]. 学习与实践, 2012 (6).

[138] 王华. 发达地区农村劳动力迁移意愿研究 [M]. 北京: 经济科学出版社, 2010.

[139] 王美艳. 教育回报与城乡教育资源配置 [J]. 世界经济, 2009 (5).

[140] 王曙光. 中国农民合作组织历史演进: 一个基于契约—产权视角的分析 [J]. 农业经济问题, 2010 (11).

[141] 王维国, 王森. 我国非户籍迁移人口的结构与数量分析 [J]. 生产力研究, 2006 (2).

[142] 王颜齐, 毕欣宁, 李玉琴. 土地规模化流转背景下农业雇工受雇现状及问题分析 [J]. 农业经济与管理, 2017 (06).

[143] 王颜齐, 毕欣宁, 孟杰. 土地规模化流转背景下农业雇工受雇意愿及影响因素分析 [J]. 农业现代化研究, 2017, 38 (3).

[144] 王颜齐, 郭翔宇. 种植户农业雇佣生产行为选择及其影响效应分析——基于黑龙江和内蒙古大豆种植户的面板数据 [J]. 中国农村经济, 2018 (4).

[145] 王颜齐, 郭翔宇. "反租倒包"农地流转中农户博弈行为特征分析

[J]. 农业经济问题, 2010 (5).

[146] 王颜齐, 郭翔宇. "交易外部性": 外部性的重新理解及系统整合[J]. 当代财经, 2011 (7).

[147] 王颜齐, 郭翔宇. 土地承包经营权流转: 双边交易与集中交易[J]. 农业技术经济, 2011 (10).

[148] 王颜齐, 郭翔宇. 土地承包经营权流转外部性问题探索——基于土地发展权的讨论[J]. 学术交流, 2014 (07).

[149] 王颜齐, 郭翔宇. 种植户农业雇佣生产行为选择及其影响效应分析——基于黑龙江和内蒙古大豆种植户的面板数据[J]. 中国农村经济, 2018 (04).

[150] 王颜齐, 李玉琴, 毕欣宁. 农业种植户雇佣生产意愿及影响因素分析——基于黑龙江和内蒙古豆农的经验数据[J]. 世界农业, 2018 (7).

[151] 王颜齐, 孟杰, 毕欣宁. 种植户"粮改豆"意愿及影响因素的实证分析——基于黑龙江和内蒙古两地微观样本[J]. 农业现代化研究, 2017 (4).

[152] 王颜齐, 王福林. 农村土地承包经营权流转议价机理及成因分析[J]. 农业经济与管理, 2016 (04).

[153] 王颜齐. 基于发展权价值评估视角的农地经营权流转定价方法研究[J]. 统计与信息论坛, 2017 (05).

[154] 王英. 农业劳动力老龄化背景下的土地流转研究[D]. 重庆: 西南大学, 2012.

[155] 温晓明. 论实现农民非农化的制度创新[J]. 乡镇经济, 2004 (7).

[156] 吴来桂. 新生代农民工市民化的困境与对策[J]. 宏观经济管理, 2013 (5).

[157] 吴玲, 周利秋. 我国土地承包经营权流转典型模式比较研究[J]. 东北农业大学学报 (社会科学版), 2014 (1).

[158] 吴玲, 周利秋. 我国土地承包经营权流转典型模式比较研究[J]. 东北农业大学学报 (社会科学版), 2014 (1).

[159] 夏宁, 夏锋. 农民土地财产性收入的制度障碍与改革路径[J]. 农业经济问题, 2008 (11).

[160] 肖峰, 吴玲. 论农民工市民化内生机制之构建[J]. 学术交流, 2015 (3).

[161] 肖鹏. 农村土地"三权分置"下的土地承包权初探 [J]. 中国农业大学学报（社会科学版），2017（2）.

[162] 肖绮芳. 农地制度与农民社会保障制度整体性变迁研究 [M]. 湖南人民出版社，2010.

[163] 谢冬水. 劳动力迁移、农地制度与土地使用权流转 [J]. 经济与管理研究，2011（6）.

[164] 谢勇. 外出农民工的土地处置方式及其影响因素研究——基于江苏省的调研数据 [J]. 中国土地科学，2012（8）.

[165] 熊云洋. 动态议价模型及其应用 [J]. 当代财经，2001（5）.

[166] 徐红新，张俊桥. 农村劳动力转移与土地流转的关系研究 [J]. 邯郸职业技术学院学报，2012（4）.

[167] 徐旭，蒋文华，应风其. 我国农村土地流转的动因分析 [J]. 管理世界，2002（9）.

[168] 许恒周，郭忠兴. 农村土地流转影响因素的理论与实证研究——基于农民阶层分化与产权偏好的视角 [J]. 中国人口·资源与环境，2011（3）.

[169] 薛凤蕊，乔光华，姜冬梅. 土地合作社对农户收入影响评价 [J]. 农业经济问题，2012（5）.

[170] 薛凤蕊，乔光华，苏日娜. 土地流转对农民收益的效果评价——基于 DID 模型分析 [J]. 中国农村观察，2011（2）.

[171] 杨彩利. 农村老人的城市迁移——基于河南省 X 高校青年教师公寓 144 户家庭的调查 [J]. 价值工程，2012（12）.

[172] 杨浩. 农村劳动力转移中的土地流转研究 [D]. 重庆：西南大学，2009.

[173] 杨宏. 基于社会资本论域的农民工市民化问题研究 [J]. 求索，2010（3）.

[174] 杨渝红，欧名豪. 土地经营规模、农村剩余劳动力转移与农民收入关系研究——基于省际面板数据的检验 [J]. 资源科学，2009，31（2）.

[175] 叶剑平，蒋妍，丰雷. 中国农村土地流转市场的调查研究——基于 2005 年 17 省调查的分析和建议 [J]. 中国农村观察，2006（4）.

[176] 易小燕，陈印军. 农户转入耕地及其"非粮化"种植行为与规模的影响因素分析——基于浙江、河北两省的农户调查数据 [J]. 中国农村观察，2010（6）.

[177] 游和远, 吴次芳, 鲍海君. 农地流转、非农就业与农地转出户福利——来自黔浙鲁农户的证据 [J]. 农业经济问题, 2013 (3).

[178] 游和远, 吴次芳. 农地流转、禀赋依赖与农村劳动力转移 [J]. 管理世界, 2010 (3).

[179] 于传岗. 基于国家治理视角下农户主导型土地流转性质分析 [J]. 农业经济, 2012 (10).

[180] 于华江, 杨飞. 城乡一体化建设与农民土地发展权保护 [J]. 中国农业大学学报 (社会科学版), 2011 (2).

[181] 袁鹏举, 周化明. 中国农民工社会资本的调查分析与评估 [J]. 调研世界, 2014 (5).

[182] 张红宇等, 农村土地使用制度变迁阶段多样性与政策调整 [J], 农业经济问题, 2002 (2).

[183] 张洪霞. 新生代农民工社会融合的内生机制创新研究——人力资本、社会资本、心理资本的协同作用 [J]. 农业现代化研究, 2013 (7).

[184] 张会萍, 倪全学, 杨国涛. 农村土地信用合作社对农户家庭收入的影响分析——基于宁夏平罗县225个农户的实证调查 [J]. 农业技术经济, 2011 (12).

[185] 张吉星. 新型集体经济系列报道之一——政村联建、集体得利的汤营道路 [J]. 村委主任, 2012 (18).

[186] 张杰, 詹培民. 农村土地流转与劳动力转移的关联分析——以重庆市为例 [J]. 涪陵师范学院学报, 2005 (3).

[187] 张克俊. 农村土地"三权分置"制度的实施难题与破解路径 [J]. 中州学刊, 2016 (11).

[188] 张立平, 钟涨宝, 颜其松. 农地流转新困境及其破解对策 [J]. 农村经济, 2006 (12).

[189] 张立平. 东部发达地区农地流转过程中农户行为研究——对绍兴县L村的调查与思考 [D]. 武汉: 华中农业大学, 2007.

[190] 张良悦. 土地发展权框架下失地农民的补偿 [J]. 东南学术, 2007 (6).

[191] 张美红, 王伟. 农地承包经营权流转权纠纷的分析与思考——以村委会、村民小组侵害流转权为中心展开 [J]. 河南农业, 2008 (11).

[192] 张笑寒. 农村土地股份合作制的农户收入效应——基于江苏省苏南地

区的农户调查 [J]. 财经科学, 2008 (5).

[193] 张烨, 赵金龙, 冯晓明. 河北省农地流转问题研究 [J]. 中国农学通报, 2010 (10).

[194] 张一豪, 刘雨欣, 姜天瑞, 郭翔宇. 黑龙江省农机合作社助农增收绩效评价——基于DID模型的实证研究 [J]. 农机化研究, 2017 (11).

[195] 张益丰. 由农业经营主体的变迁看现代农业发展之路 [J]. 农村工作通讯, 2012 (19).

[196] 张毅, 张红, 毕宝德. 农地的"三权分置"及改革问题：政策轨迹、文本分析与产权重构 [J]. 中国软科学, 2016 (3).

[197] 张忠军, 易中懿. 农业生产性服务外包对水稻生产率的影响研究 [J]. 农业经济问题, 2015 (10).

[198] 赵红梅, 王宏起. R&D联盟网络结构对高新技术企业竞争优势影响研究 [J]. 科研管理, 2013 (12).

[199] 赵继颖, 曹玉昆, 王永欣. 有序推进农业转移人口市民化的制度安排 [J]. 科学社会主义, 2014 (2).

[200] 赵继颖, 李洪亮. 农业转移人口市民化的困境与对策研究 [J]. 东北农业大学学报（社科版）, 2014 (5).

[201] 赵继颖, 周利秋. 农业转移人口市民化进程中的社会保障问题研究 [J]. 学习与探索, 2013 (11).

[202] 赵显洲. 中国农业剩余劳动力转移问题研究——以产业结构变动为主线 [M]. 北京：经济科学出版社, 2010.

[203] 赵玉妍, 焦源, 高强. 农业技术外包服务的利益机制研究 [J]. 农业技术经济, 2013 (5).

[204] 郑宏, 李保华. 农地流转、分工演进与二元经济结构转化 [J]. 理论月刊, 2013 (7).

[205] 郑哲. 温州市农村土地流转现状、问题及对策研究 [D]. 南京：南京农业大学, 2011.

[206] 钟文晶, 罗必良. 禀赋效应、产权强度与农地流转抑制——基于广东省的实证分析 [J]. 农业经济问题, 2013 (3).

[207] 钟涨宝, 汪萍. 农地流转过程中的农户行为分析——湖北、浙江等地的农户问卷调查 [J]. 中国农村观察, 2003 (6).

[208] 钟涨宝. 中介组织在土地流转中的地位与作用 [J]. 农村经济,

2005 (3).

[209] 周妮笛,李明贤.城市郊区农户土地流转意愿及其影响因素——基于长沙市8乡镇农户调查数据[J].湖南农业大学学报(社会科学版),2013 (6).

[210] 周滔,陈影.农村剩余劳动力转移与土地流转耦合关系研究——以重庆市九龙坡区为例[J].广东农业科学,2012 (1).

[211] 朱娜,王宁.黑龙江省农村居民人均纯收入构成分析[J].价值工程,2012 (1).

[212] 朱志玲,吴启蒙,张芳霞.宁夏城镇化进程中人口转移战略研究[J].宁夏大学学报(自然科学版),2012 (2).

[213] Benjamin C, Kimhi A. Farm work, Off-farm Work, and Hired Farm Labour: Estimating A Discrete-choice Model of French Farm Couples' Labour Decisions [J]. European Review of Agricultural Economics, 2006, 33 (2).

[214] Dupraz P, Latruffe L, Mann S. Trends in Family Labour, Hired Labour and Contract Work on French Field Crop Farms: The Role of the Common Agricultural Policy [J]. Food Policy, 2015, 51.

[215] Feng Shuyi, Heerink N. Are farm households' land renting in and migration decisions inter-related in rural China? [J]. NJAS - Wagenin-gen Journal of Life Sciences, 2008 (4).

[216] Feng, S. Land rental, off-farm employment and technical efficiency of farm households in Jiangxi Province, China [J]. NJAS WageningenJournal of Life Sciences, 2008, 55 (4).

[217] Gillespie J, Nehring R, Sandretto C, et al. Forage Outsourcing in the Dairy Sector: The Extent of Use and Impact on Farm Profitability [J]. Agricultural & Resource Economics Review, 2010, 39 (3).

[218] Kung J K. Off-farm Labor Markets and the Emergence of Land Rental Markets in Rural China [J]. Journal of Comparative Economics, 2002 (2).

[219] Olynk N J, Wolf C A. Aligning Incentives for Contract Diary Heifer Growth [J]. Journal of Agricultural and Resource Economics, 2010, 35 (3).

[220] Rajkumar, Paulrajan. Food Mileage: An Indicator of Evolution of Agricultural Outsourcing [J]. Journal of Technology Management & Innovation, 2010, 5 (2).

[221] Samuelson, P. A. and W. D. Nordhaus. Economics (17th eds) [M]. New York: McGraw-Hill, Companies, Inc. 2001.

[222] Van der Ploeg J D. The Peasantries of the Twenty-first Century: The Commoditisation Debate Revisited [J]. Journal of Peasant Studies, 2010, 37 (1).

[223] VanWey, L. K. Land Ownership as a Determinant of International and Internal Migration in Mexico and Internal Migration in Thailand [J]. The International Migration Review, 2005, 39 (1).